I0008884

Möbius
Optimale Finanzplanung von selbstgenutztem Wohneigentum

GABLER EDITION WISSENSCHAFT

Optimale Finanzplanung von selbstgenutztem Wohneigentum bei unscharfer Datenlage

Anwendung linearer Fuzzy-Optimierungsverfahren auf ein Finanzierungsmodell

Inaugural-Dissertation
zur Erlangung des Doktorgrades
der Wirtschaftswissenschaftlichen Fakultät
der Eberhard-Karls-Universität zu Tübingen

vorgelegt von
Christian Möbius
aus Rheydt

1997

Gedruckt auf säurefreiem und alterungsbeständigem Papier.

Die Deutsche Bibliothek – CIP-Einheitsaufnahme
Ein Titelsatz ist bei Der Deutschen Bibliothek erhältlich.

ISBN 978-3-8244-6483-8   ISBN 978-3-663-08814-1 (eBook)
DOI 10.1007/978-3-663-08814-1

© 2002 Springer Fachmedien Wiesbaden
Ursprünglich erschienen bei Leske & Buderich 2002

Satz: Werkstatt für Typografie in der Berthold GmbH, Offenbach

Christian Möbius

Optimale Finanzplanung von selbstgenutztem Wohneigentum

Anwendung linearer Fuzzy-
Programmierungsverfahren

Springer Fachmedien Wiesbaden GmbH

Die Deutsche Bibliothek - CIP-Einheitsaufnahme

Möbius, Christian:
Optimale Finanzplanung von selbstgenutztem Wohneigentum :
Anwendung linearer Fuzzy-Programmierungsverfahren / Christian Möbius.
- Wiesbaden : Dt. Univ.-Verl. ; Wiesbaden : Gabler, 1997
(Gabler Edition Wissenschaft)
Zugl.: Tübingen, Univ., Diss., 1996
ISBN 978-3-8244-6483-8   ISBN 978-3-663-08814-1 (eBook)
DOI 10.1007/978-3-663-08814-1

© Springer Fachmedien Wiesbaden 1997
Ursprünglich erschienen bei Betriebswirtschaftlicher Verlag Dr . Th. Gabler GmbH, Wiesbaden 1997.

Lektorat: Claudia Splittgerber / Brigitte Knöringer

Höchste inhaltliche und technische Qualität unserer Produkte ist unser Ziel. Bei der Produktion und
Auslieferung unserer Bücher wollen wir die Umwelt schonen: Dieses Buch ist auf säurefreiem und
chlorfrei gebleichtem Papier gedruckt.

Die Wiedergabe von Gebrauchsnamen, Handelsnamen, Warenbezeichnungen usw. in diesem
Werk berechtigt auch ohne besondere Kennzeichnung nicht zu der Annahme, daß solche Namen
im Sinne der Warenzeichen- und Markenschutz-Gesetzgebung als frei zu betrachten wären
und daher von jedermann benutzt werden dürften.

MEINEN ELTERN

Vorwort

Die vorliegende Arbeit richtet sich an all diejenigen, die sich wissenschaftlich mit dem Thema der optimalen Finanzplanung von selbstgenutztem Wohneigentum beschäftigen wollen. Es erwartet sie ein innovatives flexibles Finanzierungsmodell, das aus der Vielzahl potentieller Finanzierungsinstrumente wie Bausparen, Lebensversicherungs- und Bankhypothekendarlehen mit ihren jeweiligen Variationsmöglichkeiten das optimale Mischungsverhältnis unter stetiger Einhaltung der Liquidität, der optimalen Steuersparpolitik (Basis 1995) und weiterer Nebenbedingungen bestimmen kann. Darüber hinaus beginnt die Planung nicht erst mit der Darlehensphase, sondern bereits mit der Ansparphase, so daß ein zielgerichtetes und damit optimales Ansparen des notwendigen Eigenkapitals ermöglicht wird. Da das Modell die spezielle Lebenssituation des Immobilienerwerbers während des gesamten Planungszeitraums berücksichtigt, kommt es zu sehr individuellen Lösungen.

Die mit jeder Planung auftretende systemimmanente Unschärfe beschränkt sich nicht nur auf Prognoseschwierigkeiten der zahlungsrelevanten Größen wie Zins- und Einkommensentwicklung sowie Immobilienanschaffungskosten, sondern bezieht sich auch auf die Präferenzfestlegung des Erwerbers zwischen Vermögens- und Konsumstreben. Um diese vorhandenen Unschärfen bei der Ermittlung der optimalen Finanzierung angemessen zu behandeln, werden neben zahlreichen Variationsrechnungen einige Verfahren der linearen Fuzzy- sowie der possibilistischen Programmierung auf das Finanzierungsmodell angewandt und anschließend analysiert. Da die erhaltenen Ergebnisse nicht zufriedenstellend waren, habe ich ein neues, lineares hybrides Fuzzy-Optimierungsverfahren entwickelt.

Diese Arbeit ist während meiner Zeit als wissenschaftlicher Mitarbeiter an der Wirtschaftswissenschaftlichen Fakultät Abteilung Betriebswirtschaftslehre, insbesondere Betriebliche Finanzwirtschaft der Eberhard-Karls-Universität zu Tübingen entstanden. Sie wurde im Oktober 1996 von der Wirtschaftswissenschaftlichen Fakultät der Eberhard-Karls-Universität zu Tübingen unter dem Dekanat von Herrn Professor Dr. Heinz Gert Preuße als Dissertation angenommen.

An dieser Stelle danke ich ganz besonders meinem Doktorvater und Erstberichterstatter, Herrn Professor Dr.-Ing. Rainer Schöbel, der mir nicht nur die Gelegenheit zur Anfertigung dieser Arbeit gab, sondern mir darüber hinaus wertvolle Denkanstöße gab und mir mit fachkundigem Rat zur Seite stand. Mein Dank gilt auch meinem Zweitberichterstatter, Herrn Professor Dr. Eberhard Schaich, für seine Bereitschaft, diese Arbeit zu begutachten.

Weiter danke ich Herrn Professor Dr. Lutz Kruschwitz für die sehr fruchtbare und lehrreiche Zeit als wissenschaftlicher Mitarbeiter am Institut für Betriebswirtschaftslehre, insbesondere

Investition und Finanzierung der Universität Lüneburg. Ich danke ebenso Herrn Professor Dr. Egbert Kahle, der mir 1991 als Dekan des Instituts für Betriebswirtschaftslehre der Universität Lüneburg erstmals die Gelegenheit zum wissenschaftlichen Arbeiten gab.

Ferner danke ich Herrn Dipl.-Math. Ralf Münnich, der mir stets ein kompetenter Gesprächspartner über Fuzzy Set-Theorie war. Ebenso zu Dank verpflichtet bin ich meinen Kollegen Herrn Dr. Frederic Merz, Herrn Hartmut Nagel, M.A. und Frau Dipl.-Kff. Ariane Reiß für die gute Zusammenarbeit und die freundschaftliche Atmosphäre während der Lehrstuhltätigkeit in Tübingen. Dasselbe gilt natürlich auch für unsere Sekretärin Frau Vera Klöckner, der ich zusätzlich für das mühevolle Korrekturlesen der Arbeit danke.

Einen ganz besonderen Dank hat meine Frau Conny verdient. Ohne ihre langjährige tatkräftige Unterstützung, auch unter Inkaufnahme persönlicher Einschränkungen, wäre diese Arbeit so nicht zustande gekommen.

Christian Möbius

Inhaltsverzeichnis

Abbildungsverzeichnis

Tabellenverzeichnis

Abkürzungsverzeichnis

A	Auszahlung
BE	Berufswiedereinstieg
BS	Bausparen
E	Einzahlung
EK	Eigenkapital
EL	Einlagen
EF	Ergänzungsfinanzierungen
EStG	Einkommensteuergesetz
GA	Geldanlage
HGB	Hypothekenbankgesetz
HY	Hypothek
Inf	Infimum
KI	Kinder
KLV	Kapitallebensversicherung
LP	Lineare Programmierung
LV	Lebensversicherung
Mio	Millionen
MOLP	Multi Objective Linear Programming
RLV	Risikolebensversicherung
Sup	Supremum
Z	Zielwert

Symbolverzeichnis

1. Konstanten

a	Restriktionskoeffizient
$a_{BS.k}$	Annuitätenprozentsatz bezogen auf die Bauspsumme des Typs k
$a_{DS.k}$	Annuitätenprozentsatz bezogen auf die Bauspardarlehenssumme des Typs k
a_{Hk}	Annuitätenprozentsatz des Hypothekendarlehens des Typs k
b	Restriktionsgrenzenvektor bzw. Restriktionsgrenze
c	Zielkoeffizientenvektor bzw. Zielkoeffizient
c^m, c^p, c^o	mittlerer, pessimistischer bzw. optimistischer Zielkoeffizient
d_x	Anzahl der Toten, die zwischen dem Alter x und x+1 gestorben sind
d_k	Disagio des Typs k
$f_{\tilde{A}}(x)$	Zugehörigkeitsfunktion einer unscharfen Größe $\tilde{A}$
f_i^A	Mindestanspruchsniveau für die Restriktion i
f_Z^A	Mindestanspruchsniveau für den Zielfunktionswert Z
i_{Bk}	nomineller Darlehenszinssatz des Bausparvertrags des Typs k
i_D	nomineller Darlehenszinssatz im Disagiofall
i_{Hkp}	nomineller Zinssatz des Hypothekendarlehens des Typs k für die Periode p
i_{Lkp}	nom. Darlehenszinssatz der Lebensversicherung des Typs k für die Periode p
i'	monatlicher Darlehenszinssatz
i_{eff}	Effektivzinssatz
i_R	Rechnungszinsfuß
h_{Et}	Habenzinssatz der Ergänzungsinvestition im Zeitpunkt t
$h_{Gt,t-1}$	Habenzinssatz der Geldanlage für den Zeitraum von t bis t-1
h_{Bk}	Habenzinssatz des Bausparvertrages des Typs k
k	(individueller) Pessimismusgrad
l_x	Anzahl der Lebenden des Alters x
m_r	Rentenperiode
m_z	Zinsperiode
n	Versicherungsdauer
p_{Bk}	jährlicher Prozentannuitätensatz des Bausparvertrags des Typs k
p_{Hk}	jährlicher Prozentannuitätensatz des Hypothekendarlehens des Typs k
p'	monatlicher Prozentannuitätensatz
p_i	Überschreitungsparameter der Restriktionsgrenze der Restriktion i
q_{Bk}	Zinsfaktor des Bausparvertrags des Typs k
q_{Hkp}	Zinsfaktor des Hypothekendarlehens des Typs k für die Periode p
q'	monatlicher Zinsfaktor
s_{Et}	Sollzinssatz der Ergänzungsfinanzierung im Zeitpunkt t

w	Gewichtungsparameter
x	Variablenvektor
z	Zuteilungszeitpunkt
z_0	Zielanspruchsniveau
A	Restriktionskoeffizientenmatrix
ABP_t	Abschreibungsprozentsatz im Zeitpunkt t
$ABZ_{max,t}$	maximaler Abzugsbetrag im Zeitpunkt t
ANNF	Annuitätenfaktor
AZ	Abschlußzahlung
BE_t	Bruttoeinkommen im Zeitpunkt t
BG_{max}	Bemessungsgrundlage
BGP_i	Bemessungsgrundlagenprozentsatz für das i-te Darlehen
BKG	Baukindergeld
BP	Bruttoeinmalprämie
BP_j	jährliche Bruttoprämie
BP_k	Bruttoprämie für die Lebensversicherung des Typs k
BPR_t	Bruttoprämie der Restschuldversicherung im Zeitpunkt t
BSG_t	Bausparguthaben im Zeitpunkt t
BWZ_t	Bewertungszahl im Zeitpunkt t
BWZF	Bewertungszahlfaktor
C_0	Barwert
C_x	diskontierte Tote des Alters x
D_x	diskontierte Lebende des Alters x
DG	Darlehensgebühr
DK_t	Deckungskapital im Zeitpunkt k
DSS_{tt}	Differenzsteuersatz für das Intervall ι im Zeitpunkt t
E_t	Einlagen im Zeitpunkt t
ESt_t	Einkommensteuer im Zeitpunkt t
EF_{max}	Obergrenze für die Ergänzungsfinanzierung
$GÜ_t$	Grundüberschuß im Zeitpunkt t
GÜP	Grundüberschußprozentsatz
IB	Intervallbreite
IK	Gesamtkosten der Immobilie im Anschaffungszeitpunkt
K_{kt}	Koeffizient der Variante k im Zeitpunkt t
KI_t	Anzahl Kinder im Zeitpunkt t
KSA_t	Konsumausgaben
KSP	Kirchensteuerprozentsatz
KSt_t	Kirchensteuer im Zeitpunkt t

M_x	aufsummierte diskontierte Tote
$MSGP_k$	Mindestsparguthabenprozentsatz für den Bausparvertrag des Typs k
MBWZ	Mindestbewertungszahl
N	Zielanspruchsniveau
N_x	aufsummierte diskontierte Lebende
NDK_t	Nettodeckungskapital im Zeitpunkt t
NP	Nettoeinmalprämie der Lebensversicherung
NP_j	jährliche Nettoprämie der Lebensversicherung
NPR	Nettoprämie der Restschuldversicherung
$RBFV_{x+t-z}$	vorschüssiger Rentenbarwertfaktor für einen x+t-z-jährigen
$RLVP_{x+t-z}$	Risikolebensversicherungsprämie für einen x+t-z-jährigen
RP	Risikoprämie
RSB	Regelsparbeitrag für den Bausparvertrag
RSP_k	Regelsparprozentsatz des Bauspvertrags des Typs k
SA_t	Sozialabgaben im Zeitpunkt t
SFB_t	Sparerfreibetrag im Zeitpunkt t
SP	Sparprämie
$SÜ_t$	Schlußüberschuß im Zeitpunkt t
SÜP	Schlußüberschußprozentsatz
T_{Bk}	Tilgungsdauer des Bauspardarlehens des Typs k
T_{Hk}	Tilgungsdauer des Hypothekendarlehens des Typs k
T_{Lk}	Versicherungsdauer der Lebensversicherung des Typs k
$ÜB_{kt}$	Überschußanteil der Lebensversicherung des Typs k im Zeitpunkt t
$ÜBR_t$	Überschußanteil der Restschuldversicherung im Zeitpunkt t
V	Veranlagungskennziffer
V_t	Vermögenswert im Zeitpunkt t
VS	Versicherungssumme der Lebensversicherung
VSR	Versicherungssumme der Restschuldversicherung
Z	Zielwert
Z^{NIL}, Z^{PIL}	negative Ideallösung bzw. positive Ideallösung für den Zielfunktionswert
Z_{min}, Z_{max}	minimaler bzw. maximaler Zielwert
ZF	Zinsfaktor
$ZÜ_t$	Zinsüberschuß im Zeitpunkt t
$ZÜP_t$	Zinsüberschußprozentsatz im Zeitpunkt t
ZVE_t	Zu versteuerndes Einkommen im Zeitpunkt t
ZVE'_t	Das durch 54 ohne Rest teilbare zu versteuernde Einkommen im Zeitpunkt t
$ZVEN_t$	Zu versteuerndes Einkommen nach Abzug im Zeitpunkt t
$ZVEV_t$	Zu versteuerndes Einkommen vor Abzug im Zeitpunkt t

α	Unschärfeniveau
β	rechte max. Spreizung der halbtriangulären Zugehörigkeitsfunktion der Restriktionsgrenze
χ	linke max. Spreizung der Möglichkeitsfunktion des Zielfunktionskoeffizienten
δ	Unsicherheitsniveau
ε	linke max. Spreizung der Zugehörigkeitsfunktion des Zielanspruchsniveaus
ϕ	Sicherheitsparameter
γ	Gesamtzufriedenheit
γ_A	Anspruchsniveau
η	rechte max. Spreizung der Möglichkeitsfunktion des Überschreitungsparameters
ι	Intervall
φ	rechte max. Spreizung der Möglichkeitsfunktion des Zielfunktionskoeffizienten
λ	linke max. Spreizung der Möglichkeitsfunktion des Restriktionskoeffizienten
μ	rechte max. Spreizung der Möglichkeitsfunktion des Restriktionskoeffizienten
ν	rechte max. Spreizung der Möglichkeitsfunktion der Restriktionsgrenze
π	pessimistischer Index
$\pi_{\tilde{b}}$	Möglichkeitsfunktion der unscharfen Größe $\tilde{b}$
θ	Überschreitungsgrad
ρ	Sicherheitsparameter
σ	optimistischer Index
τ	linke max. Spreizung der Möglichkeitsfunktion der Restriktionsgrenze
ψ	linke max. Spreizung der Möglichkeitsfunktion des Überschreitungsparameters
ϖ	Schnittpunktniveau
Ω_{xt}	t-jährige Überlebenswahrscheinlichkeit eines x-jährigen
Π_{xv}	t+1-jährige Sterbewahrscheinlichkeit eines x-jährigen

2. Variablen

$XAFA_t$	Abschreibungsbetrag im Zeitpunkt t
XB_{kt}	Bausparbetrag des Typs k im Zeitpunkt t
XBA_{kt}	Bausparannuität des Typs k im Zeitpunkt t
XBD_k	Bauspardarlehen des Typs k
$XBRS_{kt}$	Restschuld des Bauspardarlehens des Typs k im Zeitpunkt t
XBS_k	Bausparsumme des Typs k
$XBST_{kt}$	Bausparsondertilgung des Typs k im Zeitpunkt t
XBT_{kt}	Bauspartilgungsbetrag des Typs k im Zeitpunkt t
XBZ_{kt}	Bauspardarlehenszinsbetrag des Typs k im Zeitpunkt t
XEF_t	Ergänzungsfinanzierung im Zeitpunkt t
XEI_t	Egänzungsinvestition im Zeitpunkt t

XGA_t	Geldanlagebetrag im Zeitpunkt t
XH_k	Hypothekendarlehen des Typs k
$XHRS_k$	Restschuld des Hypothekendarlehens des Typs k
$XHST_t$	Sondertilgung des Hypothekendarlehens im Zeitpunkt t
XHY	Gesamtbetrag der Hypothekendarlehen
$XIV_{\iota t}$	Intervallvariable für das Intervall ι im Zeitpunkt t
XKA_t	Kassenhaltungsbetrag im Zeitpunkt t
XL_k	Lebensversicherungsdarlehen des Typs k
XSE_t	Einkommensteuerersparnis im Zeitpunkt t

3. Indizes

a) Lateinische Indizes

fuz	Fuzzy
hyb	hybrid
i	Restriktion
j	Zielfunktion
k	Variante
opt	optimal
p	Zinsperiode
t	Zeitpunkt
v	Versicherungszeitpunkt
x	Alter des Investors bei Vertragsabschluß einer Lebensversicherung

A	Anspruchsniveau
BS	Bausparsumme
DS	Darlehenssumme
G	Geldanlage
H	Hypothek
L	Lebensversicherung
NIL	negative Ideallösung
PIL	Positive Ideallösung
ZB	Zinsbindungsdauer

b) Griechische Indizes

ι	Intervall
τ	Zeitpunkt
ρ	Prolongationszeitpunkt

1. Einführung

Beim Erwerb einer selbstgenutzten Immobilie steht der potentielle Erwerber vor einem komplexen Entscheidungsproblem. Neben der Wahl des Standortes, der Größe und Art der Immobilie muß er auch über den Erwerbszeitpunkt und die Art der Finanzierung entscheiden. Diese Teilprobleme bei der Beschaffung von Wohneigentum sind eng miteinander verknüpft und beeinflussen sich gegenseitig. So bestimmen Größe und Lage der Immobilie den Preis und dieser wiederum den Zeitpunkt der Beschaffung sowie die Finanzierung. Andersherum kann der Preis bzw. die Finanzierung, die sich der Investor gerade noch leisten kann, Einfluß auf Größe und Art der Immobilie nehmen. Geht man davon aus, daß der Investor bereits konkrete Vorstellungen über Art und Größe der Immobilie besitzt, dann herrscht lediglich hinsichtlich des Erwerbszeitpunkts und der Finanzierungsart Unsicherheit. Das Entscheidungsproblem reduziert sich zum Investitions- und Finanzierungsproblem.

Die optimale Wahl des Erwerbszeitpunktes und die optimale Kombination der verschiedenen Finanzierungsmöglichkeiten unter Beachtung persönlicher und objektiver Restriktionen stellt sich als Interdependenzproblem dar und kann sukzessive oder simultan mit Hilfe eines Modells gelöst werden. Liegt der Erwerbszeitpunkt in der Gegenwart, reduziert sich das Problem abermals zu einem reinen Finanzierungsproblem. Der Nachteil dieser Vorgehensweise besteht in der modellimmanenten Suboptimalität, da die für die Finanzierung so wichtige Ansparphase vernachlässigt wird. Dies betrifft insbesondere das Bausparen und die Geldanlage am Kapitalmarkt.

Die beste bzw. optimale Auswahl der Finanzierungsinstrumente trifft der Erwerber, wenn er seine finanziellen Ziele so gut wie möglich erfüllen kann. Als mögliche Zielsetzungen bei Investitionsentscheidungen kommen das Streben nach hohem Vermögen am Ende des Planungszeitraums oder nach hohem laufenden Einkommen während des Planungszeitraums in Betracht.[1] Diese beiden Zielsetzungen stehen in Konkurrenz zueinander, da die Erfüllung des einen Zieles die Erfüllung des anderen Zieles beeinträchtigt. Folglich steht der Investor vor einem Zielkonflikt. Besitzt er zu Beginn der Planung nur unscharfe Präferenzvorstellungen hinsichtlich der Zielsetzung, dann kann man bei der Lösung des Finanzierungsproblems auch nicht auf die klassischen Entscheidungsmodelle, die eine scharfe Zielformulierung voraussetzen, zurückgreifen. Darüber hinaus strebt der Investor einer selbstgenutzten Immobilie nicht unbedingt ein maximales Vermögen bzw. Einkommen für Konsumzwecke an, sondern gibt sich vielleicht schon mit einem "angemessenen Vermögen" bzw. "Einkommen" zufrieden. Die Frage ist dann, wie sich eine so unscharf formulierte Ziel-

---

[1] Unter dem laufenden Einkommen ist in diesem Zusammenhang das nach den Zahlungen für den Wohnungserwerb übrigbleibende Einkommen für Konsumzwecke zu verstehen.

setzung im Finanzierungsmodell integrieren bzw. wie sich diese Art von Unschärfe bei der Lösungsfindung angemessen berücksichtigen läßt.

Hinzu kommt, daß der Investor wegen eines in der Regel sehr langen Planungszeitraums von 30 und mehr Jahren nicht oder nur schwer in der Lage ist, alle für die Berechnung notwendigen Daten exakt zu prognostizieren oder sich über alle Konsequenzen seiner Handlungsmöglichkeiten im klaren zu sein. Ebenso ist es denkbar, daß der Investor sich nicht imstande fühlt, seine Konsumpräferenzen über einen so langen Zeitraum exakt, sondern lediglich als Bereich anzugeben.

In Anbetracht der vielfältigen angesprochenen Problemfelder muß eine Problemeingrenzung erfolgen. In dieser Arbeit soll die Ermittlung eines optimalen Investitions- und Finanzierungsprogamms bei Fixierung des zukünftigen Erwerbszeitpunktes einer selbstgenutzten Immobilie im Vordergrund stehen. Die Ansparphase wird damit explizit bei der Lösung des Finanzierungsproblems mit einbezogen. In diesem Zusammenhang soll auch auf die Frage eingegangen werden, ob und unter welchen Bedingungen für den Investor das Bausparen oder die Geldanlage-Hypotheken-Kombination ökonomischer ist.

Hinsichtlich seiner Zielsetzung kann sich der Investor nicht von vornherein festlegen. Er verfolgt sowohl das Ziel des Vermögensstrebens als auch das Streben nach höheren Konsumausgaben. Über die Gewichtung der Ziele ist er sich zu Beginn der Planung noch im unklaren. Der Zielbildungsprozeß soll vielmehr im Laufe der Optimierungsrechnung erfolgen.

Die einer langfristigen Planung immanente Ungewißheits- bzw. Unschärfeproblematik läßt die Anwendung der klassischen Optimierungsmodelle - deterministische oder stochastische Modelle - auf simultane Investitions- und Finanzierungsprogrammplanungsprobleme als nicht geeignet erscheinen. Deterministische Modelle berücksichtigen die Unsicherheit - wenn überhaupt - über einen Repräsentanten;[2] stochastische Modelle berücksichtigen lediglich die Unsicherheit der Zukunftsdaten, nicht aber die Unschärfe hinsichtlich der Präferenzvorstellungen.[3] Mit Hilfe der Fuzzy- bzw. possibilistischen Optimierung lassen sich beide Arten von Unsicherheit behandeln. Eine Kombination der beiden Optimierungsmethoden führt zu einem linearen hybriden Optimierungsmodell, das sowohl die Unschärfe der Planungsdaten als auch die Unschärfe hinsichtlich der Präferenzvorstellungen des Investors in geeigneter Weise berücksichtigen kann.

Zielsetzung dieser Arbeit ist es, ein lineares Finanzierungsmodell aufzustellen, das den Investor bei seiner Finanzierungsplanung individuell und optimal unterstützt.

---

[2] Vgl. z. B. die Modellansätze von Albach (1963), Weingartner (1963) und Hax (1964).
[3] Vgl. z. B. die Modellansätze von Näslund (1966), Albach (1967) und Laux (1971).

Dazu werden im *zweiten Kapitel* zunächst überblicksweise die verschiedenen Ansätze aus der Literatur anhand der vier wichtigsten Kriterien für die Baufinanzierung - Erwerbszeitpunkt, Zielsetzung, Unsicherheit und Methodik - vorgestellt und diskutiert.

Anschließend erfolgt im *dritten Kapitel*, nach einer kurzen Einführung in die Fuzzy Set-Theorie, eine ausführliche Darstellung ausgewählter linearer Fuzzy- und possibilistischer Optimierungsmodelle sowie die Zusammenführung beider Konzepte zum linearen hybriden Optimierungsmodell. Dabei wird bei der Vorstellung der possibilistischen Optimierungs-verfahren zwischen Unschärfe der Restriktionen und der Zielfunktionskoeffizienten bewußt unterschieden. Nach Darstellung zwei verschiedener, ein wenig modifizierter Ansätze der hybriden Art, folgt dann der Vorschlag für ein selbstentwickeltes Verfahren, das für das Unschärfeproblem der Baufinanzierung am geeignetsten erscheint. Die Ausführlichkeit dieses Kapitels ist aus Gründen der Verständlichkeit und wegen der defizitären Darstellung von Fuzzy-Optimierungssystemen insbesondere in der deutschsprachigen Literatur notwendig.

Im *vierten Kapitel* wird dann nach einer kurzen Systematisierung der verschiedenen Investi-tionsalternativen in der Ansparphase bzw. der Finanzierungsalternativen in der Darlehens-phase ein Grundmodell aufgestellt, das das Problem der simultanen Investitions- und Finan-zierungsprogrammplanung unter Sicherheit für den Erwerb einer selbstgenutzten Immobilie formal ausdrücken soll. Die notwendigen (Un)Gleichungen innerhalb des Restriktionen-systems werden dabei getrennt zwischen finanztitelspezifischen und -unspezifischen Neben-bedingungen entwickelt. Zu den finanztitelunspezifischen Restriktionen zählen die Liquiditäts-, Beleihungs- und Zinsabschlagsbedingungen. Die Formulierung des Modells ist wegen der Berücksichtigung steuerlicher Fördererungsmöglichkeiten der Immobilie sehr zeit-gebunden. Sie beruht auf dem Stand von 1995.

Das *fünfte Kapitel* widmet sich einem Anwendungsbeispiel. Zunächst soll die Abhängigkeit der Finanzierungslösung von den individuellen Planungsdaten verdeutlicht werden, indem drei verschiedene Kostenkategorien für die Immobilie und sechs verschiedene Familien- und Berufssituationen unterstellt werden. Andererseits wird aus Vergleichsgründen die klassische Behandlung der Unsicherheit über die eingehenden Planungsdaten dargestellt, indem optimale Finanzierungsprogramme für eine schlechteste, möglichste und beste Zukunftsentwicklung berechnet werden. Auch hier soll die wichtige Rolle des Immobilienobjektes und der indivi-duellen Familien- und Berufsplanung berücksichtigt werden. Darüber hinaus wird für die verschiedenen Fälle die optimale Abschreibungspolitik analysiert. Im weiteren erfolgt die Anwendung des Fuzzy-Verfahrens von WERNERS sowie die der possibilistischen Verfahren von WOLF und TANAKA/ASAI in modifizierter Form auf das spezielle Finanzierungs-problem. Auch hier wird auf die optimale Abschreibungsstrategie für die unterschiedlichen

Fälle eingegangen. Zuletzt kommt das selbstentwickelte hybride Verfahren zur Anwendung. Das Kapitel schließt mit einer Zusammenfassung der wichtigsten Erkenntnisse.

Die Schlußbetrachtung beinhaltet die wichtigsten Ergebnisse dieser Arbeit.

2. Das Finanzierungsproblem und seine Behandlung in der Literatur

Das Finanzierungsproblem einer Immobilie besteht in erster Linie in der Ermittlung eines optimalen Finanzierungsprogramms unter vorgegebenen Rahmenbedingungen. Diese gesteckten Rahmenbedingungen können hinsichtlich verschiedener Kriterien sehr stark differieren. Anhand der vier wichtigsten Hauptunterscheidungsmerkmale wie

    1.   Erwerbszeitpunkt,

    2.   Zielsetzung,

    3.   Unsicherheit und

    4.   Methodik

läßt sich das Finanzierungsproblem und seine Lösung umreißen und damit die bisherigen Modelle auf dem Gebiet der optimalen Finanzierung von Wohneigentum unterscheiden. Bevor auf die einzelnen Unterschiede der verschiedenen Modelle anhand dieser vier Kriterien im Detail eingegangen wird, soll vorweg eine kurze Beschreibung dieser Merkmale erfolgen.

ad 1. Der Erwerbszeitpunkt der Immobilie ist entweder fest vorgegeben, also *fix*, oder er wird simultan zur optimalen Finanzierung ermittelt und ist somit *variabel*.

ad 2. Die Modelle betrachten bei der Ermittlung der optimalen Finanzierung *ein* oder *mehrere* Ziele des Investors.

ad 3. Die Unsicherheit der Finanzierungsplanung kann *endogen* oder *exogen* in das Modell eingehen.

ad 4. Hinsichtlich der Methodik lassen sich ebenso Unterschiede feststellen. Die Ansätze unterscheiden sich in der Art der Ermittlung der optimalen Finanzierung.

Im Zusammenhang mit der nun folgenden Analyse der bisherigen entscheidungstheoretischen Ansätze[1] wird auf diese Kriterien ausführlicher eingegangen.

---

[1] Mittlerweile erhält man im Handel preiswerte PC-Software, mit deren Hilfe man selbst sein optimales Baufinanzierungsprogramm zusammenstellen kann. Diese Programme beruhen nicht auf der Simultanplanung, sondern lassen lediglich Vergleichsrechnungen zu, die zum größten Teil auch noch mangelhaft sind. Vgl. dazu die Untersuchung von Stiftung Warentest, in: o.V. (1995b), S. 21 ff. Wir werden diese Programme im folgenden nicht weiter berücksichtigen.

2.1.   Der Erwerbszeitpunkt

Der Erwerbszeitpunkt spielt wegen zahlreicher Interdependenzen eine wichtige Rolle bei der
Finanzierung der Immobilie. Er legt die Dauer der Ansparphase und den Beginn der Finanzierungsphase fest, was weitreichende Konsequenzen auf das optimale Finanzierungsprogramm hat. Es wird damit der potentielle Eigenkapitalanteil vorgegeben, was wiederum
Auswirkungen auf die Wahl des Immobilienobjekts hat. Aufgrund der Beleihungsgrenzen für
Fremdfinanzierungsmittel und des vorhandenen Eigenkapitalanteils wird die Finanzierbarkeit
von selbstgenutztem Wohneigentum und damit der mögliche Immobilienpreis nach oben
begrenzt. Somit ist der Investor in puncto Größe, Lage und Ausstattung des Wohneigentums
relativ festgelegt.

Je nach Zielsetzung des Investors lassen sich die Ansätze in zwei Gruppen unterteilen:

Die eine Gruppe sucht simultan die optimale Finanzierung in Abhängigkeit vom optimalen
Erwerbszeitpunkt. Das setzt voraus, daß der Investor keine klaren Vorstellungen von seinem
Kaufzeitpunkt hat. Vertreter dieses Ansatzes sind GODEFROID und ZIETEMANN, die damit
ein dynamisches Finanzierungsproblem verfolgen.[2] Der optimale Erwerbszeitpunkt ergibt sich
bei GODEFROID aus einer Kombination von maximalem Vermögensendwert und "Wert des
Wohnens" in den eigenen vier Wänden. Letzterer erfordert wiederum genaue Präferenzvorstellungen des Investors, da dieser Wert über einen "fiktiven Bonus" in die Berechnung miteingeht.[3] Die *Variabilität des Erwerbszeitpunktes* bedeutet automatisch, daß neben
der eigentlichen Finanzierungsphase auch die wichtige *Ansparphase* berücksichtigt wird.

Die andere, erheblich größere Gruppe *fixiert den Kaufzeitpunkt* und sucht genau zu diesem
Zeitpunkt das Optimum.[4] Bei dem gefundenen Ergebnis kann es sich absolut gesehen nur um
ein Suboptimum handeln. Für den Investor mit fester Kaufabsicht stellt es jedoch eine individuelle optimale Finanzierungslösung dar. Die Modelle konzentrieren sich in der Regel auf die
Gegenwart als möglichen Erwerbszeitpunkt. Der verfolgte Planungszeitraum besteht somit
lediglich aus der *Darlehensphase*. Die mögliche und aus finanzwirtschaftlichen Gesichtspunkten vielleicht sinnvolle, vorgeschaltete Ansparphase bleibt unberücksichtigt. Eine Ausnahme stellt das Modell von KARGL/MAUERER dar, das die Ansparphase des Bausparvertrags und die mit ihr verbundenen finanziellen Konsequenzen in einem sehr engen und

---

[2] Vgl. Godefroid (1976) und Zietemann (1987).
[3] Vgl. Godefroid (1976), S. 27.
[4] Zu dieser Gruppe zählen Karg (1980 und 1987), Huberty (1982), Hirner (1982), Kargl/Lehmann (1983), Göbel
(1989), Lang (1992) und Bertele (1993).

vorgegebenen Rahmen berücksichtigt.[5] Die Höhe des Bausparvertrags wird im Vorfeld fixiert und die mögliche Geldanlage auf dem Kapitalmarkt findet keine Beachtung.

2.2. Die Zielsetzung

Als mögliche Zielsetzungen innerhalb der Baufinanzierung kommen im wesentlichen die bei der simultanen Investitions- und Finanzplanung üblichen Ziele *Vermögensendwert-maximierung* bei Satisfizierung der Entnahmen und die *Entnahme- bzw. Einkommens-maximierung* bei Satisfizierung des Endvermögens in Frage. Neben diesen rentabilitäts-orientierten und konsumorientierten Zielen wird die ständige Liquidität innerhalb des gesamten Planungszeitraums gefordert, da sonst der Verlust des erworbenen Wohneigentums wegen einer Zwangsversteigerung droht. Dieses Ziel wird im allgemeinen über die soge-nannten Liquiditätsrestriktionen eingehalten.

Innerhalb der Literatur wird in der Regel mit dem Vermögensendwert lediglich *ein* Ziel verfolgt.[6] Die Entnahmemaximierung als weitere Zielgröße wird darüber hinaus bei KARG/LEHMANN, LANG und BERTELE untersucht. GODEFROID und BERTELE be-trachten als weitere Zielgröße die *maximal möglichen Anschaffungskosten* bei Satisfizierung des Vermögensendwertes und der Entnahmen. Dabei wird für den Vermögensendwert ein Mindestanspruchsniveau von Null festgesetzt. Eine Ausnahmestellung nehmen KARG/ MAUERER, KARG und HIRNER ein, die den *Gesamtaufwand bzw. die Finanzierungskosten minimieren*.[7] Diese Zielsetzungen sind jedoch bei genauer Betrachtung mit der Vermögesendwertmaximierung äquivalent.[8] Eine Optimierung erfolgt bei allen Ansätzen unter Einfachzielsetzung.

Wenn mehr als eine Zielsetzung verfolgt wird, dann entsteht unter Umständen ein *Zielkonflikt*. Dies trifft beispielsweise im Fall der Vermögensendwert- und Einkommensmaximierung zu. BERTELE erkennt dieses Konfliktfeld und weist in diesem Zusammenhang auf die indivi-duellen Präferenzvorstellungen des Investors hin.[9] Eine praktikable Lösung dieses Problems bietet sie freilich nicht an, sondern weist in diesem Zusammenhang lediglich darauf hin, daß der Konflikt durch eine Zielanalyse des Entscheidungsträgers gelöst werden kann.[10] Wie diese genau aussehen soll bleibt ungeklärt.

---

[5] Vgl. Kargl/Mauerer (1971), S. 861 ff.
[6] Vgl. Godefroid (1976), Karg (1980), Huberty (1982), Karg/Lehmann (1983), Zietemann (1987), Göbel (1989), Lang (1992) und Bertele (1993).
[7] Vgl. Kargl/Mauerer (1971), Karg (1980) und Hirner (1982).
[8] Vgl. Huberty (1982), S. 31.
[9] Vgl. Bertele (1993), S. 52 und S. 66.
[10] ebenda, S. 52 f.

LANG untersucht in seiner Arbeit ebenfalls das Ziel der Vermögensendwertmaximierung und das Ziel der Einlagenendwertminimierung, was einer Einkommensmaximierung gleichkommt. Den Konflikt zwischen diesen beiden Zielsetzungen löst er über eine zu berechnende Kennzahl, die er als "monetären Vorteil" bezeichnet.[11] Der "monetäre Vorteil" ergibt sich aus der Differenz zwischen Vermögens- und Einlagenendwert, plus dem Immobilienendwert.[12] Der Einlagenendwert ergibt sich "als Summe der bewerteten laufenden Einlagen ... und der Auflösung von Vermögen am Ende des Planungszeitraums...".[13] Die Bewertung der Einlagen erfolgt über eine "subjektive Zeitpräferenzrate", mit der die Einlagen auf- bzw. abgezinst werden. Diese Präferenzrate wird mit der Inflationsrate gleichgesetzt und im Zeitablauf konstant belassen. Die Berechnung des "monetären Vorteils" findet dabei simultan mit der Ermittlung des optimalen Finanzierungsprogramms statt. Ein Vergleich dieser "monetären Vorteile" für die Fälle der Vermögensmaximierung und der Einlagenminimierung führt zu einem "klaren" Ergebnis zugunsten der Vermögensmaximierung als geeignete Zielsetzung.[14] Der kritische Hinweis auf eine mögliche Änderung dieses Ergebnisses bei Variation der "subjektiven Zeitpräferenzrate" unterbleibt dabei ebenso wie die generelle Problematisierung einer solchen Rate. Denn die Frage ist doch, wie der Investor seine persönlichen Präferenzvorstellungen zum Ausdruck bringen bzw. entwickeln kann.

In ähnlicher Weise gehen KARG/LEHMANN vor. Die Minimierung der Einlagen bei Satisfizierung des Vermögensendwertes erfolgt unter Zuhilfenahme einer "subjektiven Zeitpräferenzrate".[15] Der Zielkonflikt zwischen Einkommens- und Vermögensmaximierung wird über die Ermittlung eines "hypothetisch möglichen Vermögensendwerts" für den Fall der Einlagenminimierung gelöst.[16] Dieser Wert resultiert aus dem Vermögensendwert plus der aufgezinsten Einlagendifferenz. Der Differenzbetrag ergibt sich wiederum aus den minimalen Einlagen und den satisfizierten Einlagen. Als Aufzinsungszinssatz dient der kurzfristige Ergänzungs- bzw. Habenzinssatz.

2.3.   Die Unsicherheit

Die Unsicherheit spielt für die optimale Finanzierung eine wichtige Rolle. Sie tritt in zweifacherweise auf: zum einen bei *Zukunftsdaten* und zum anderen bei der *Artikulation von*

---

[11] Vgl. Lang (1992), S. 110.
[12] ebenda, S. 34.
[13] ebenda, S. 33.
[14] ebenda, S. 110 f.
[15] Vgl. Karg/Lehmann (1983), S. 96.
[16] ebenda, S. 221.

Präferenzvorstellungen. Die erstgenannte Art von Unsicherheit läßt sich in kalkulierbare und nicht-kalkulierbare Unsicherheit unterteilen, wobei erstere im allgemeinen unter Risiko und zweitere unter Ungewißheit bekannt ist. Im Gegensatz zur Ungewißheit lassen sich im Fall des Risikos für die verschiedenen Daten Eintrittswahrscheinlichkeiten angeben.

Die andere Art von Unsicherheit kann sich z. B. in der Zielvorstellung ausdrücken. Mangels genauer Präferenzvorstellungen schwankt der Investor vielleicht zwischen rentabilitäts-orientiertem und konsumorientiertem Ziel. Eine Entscheidung zwischen diesen konfliktären Zielsetzungen kann er a priori mangels Sicherheit nicht ohne weiteres fällen. Ähnlich verhält es sich mit der jährlich wiederkehrenden Entscheidung über die Verteilung des zur Verfügung stehenden Nettoeinkommens. Auch hier kann Unsicherheit hinsichtlich der Präferenzvor-stellungen vorliegen, insbesondere, je weiter man sich in die Zukunft begibt.

Die Unsicherheit über die *Planungsdaten* findet bei KARGL/MAUERER, KARG und HIRNER keine Berücksichtigung. Die anderen berücksichtigen die Unsicherheit im weiteren Sinne, das heißt, es wird Unsicherheit unter *unvollkommener Information* betrachtet. Diese Art von Unsicherheit wird im allgemeinen als Ungewißheit bezeichnet.[17] Allen Modellen ist dabei gemeinsam, daß die Unsicherheit ausschließlich *exogen* behandelt wird. Hinsichtlich der Methodik lassen sie sich unterscheiden.

Die eine Gruppe fügt der Optimierungsrechnung eine *Variationsrechnung* hinzu, bei der will-kürlich einige Planungsdaten geändert werden und erneut eine Berechnung erfolgt.[18] Bei HUBERTY finden u.a. Variationen bei der jährlichen Einlage, der Überschußbeteiligung bei Kapitallebensversicherungen und bei den Finanzierungsdaten statt, ohne auf die Unsicherheit im einzelnen etwas detaillierter einzugehen. GÖBEL betrachtet das Einkommens-, Zins- und Steueränderungsrisiko, indem er das zu versteuernde und verfügbare Einkommen, sowie die Kapitalmarktzinsen variiert oder eine Steuergesetzesänderung analysiert.[19] Darüber hinaus überprüft er die Wirkung von Änderungen der Finanzierungskonditionen wie z. B. die des Anfangstilgungssatzes und der Disagiosätze auf den Vermögensendwert.[20]

KARG/LEHMANN differenzieren zwischen Unsicherheit bei *vollkommener* und *unvollkom-mener Information.* Im ersten Fall sind dem Investor die Verteilungen für alle unsicheren Größen und seine Risikoeinstellung bekannt. Eine optimale Lösung findet sich dann über die *Maximierung des Risikonutzens* unter Beachtung der angegebenen Wahrscheinlichkeiten. Im Fall der unvollkommenen Information wird dagegen die Unsicherheit berücksichtigt, indem zunächst die Finanzierungsprojekte je nach Unsicherheitsgrad in verschiedene *Unsicher-*

---

[17] Im weiteren werden Unsicherheit und Ungewißheit als synonyme Begriffe verwendet.
[18] Vgl. Godefroid (1976), Huberty (1982), Zietemann (1987) und Göbel (1989).
[19] Vgl. Göbel (1989), S. 231 ff.
[20] ebenda, S. 222 ff.

heitsklassen, die eine homogene Unsicherheitsstruktur aufweisen[21], unterteilt werden. Je nach "Risikoeinstellung" wählt der Investor dann seine Unsicherheitsklasse und berechnet aus den unsicherheitshomogenen Projekten das optimale Programm. Anschließend wird eine Sensitivitätsanalyse durchgeführt, die die Stabilität der gefundenen Optimallösung aufzeigen soll.[22]

KARG baut einige Zeit später obige Methode zur Unsicherheit bei *unvollkommener Information* in einer theoretischen Abfassung aus, indem er zusätzlich zur Unsicherheitsklasse drei Umweltzustände definiert, die eine pessimistische, neutrale und optimistische Entwicklung der Unsicherheitsparameter widerspiegeln. Für jeden Zustand wird die Optimallösung berechnet, so daß man drei optimale Programme erhält. Da für die gefundenen Lösungen auch die anderen Zustände eintreten können, werden für die jeweiligen verbleibenden zwei Zustände die Vermögensendwerte berechnet, so daß dann eine 3x3-Zustands-Ergebnis-Matrix entsteht. Der Investor wählt mit einer geeigneten Entscheidungsregel das für seine individuelle Risikoeinstellung optimale Programm aus. KARG geht von einem risikoscheuen Investor aus und entscheidet sich für die Anwendung der *Maximin-Regel.*[23]

BERTELE erkennt und erwähnt beide Arten von Unsicherheit. Die Behandlung der Unsicherheit hinsichtlich der Zielvorstellungen bzw. der Präferenzen sind bereits eingehend weiter oben unter der Rubrik Zielsetzung beschrieben worden. Die Unsicherheit über die Planungsdaten berücksichtigt sie, indem sie ebenfalls für drei exemplarische Zukunftsszenarien die optimalen Programme aus allen möglichen Finanzierungsprojekten berechnet. Im Gegensatz zu KARG lehnt sie nach eingehender Diskussion die verschiedenen Entscheidungsregeln ab.[24] Die Kennzahlen reduzieren den Informationsgehalt des Entscheidungsfeldes und sind kaum an individuelle Risikoeinstellungen anpassungsfähig.[25] Mit einem von ihr definierten Unsicherheitsmaß, das die Streuung der Vermögensendwerte angibt,[26] läßt sie den Investor mit der Zustands-Ergebnis-Matrix alleine und sagt lediglich, daß die Entscheidung von der individuellen Risikoeinstellung abhängig ist.[27] Die Wertung bleibt vollkommen dem Investor überlassen. Eine Lösung des Auswahlproblems bietet sie nicht an.[28]

Dafür erfolgt eine genauere Analyse der zu beachtenden Unsicherheiten. Sie unterscheidet zwischen *exogenen* und *endogenen Unsicherheiten.*[29] Zu den *exogenen Unsicherheiten* zählen

---

[21] Eine homogene Unsicherheitsklasse wird beispielsweise durch Dahrlehen mit gleicher Zinsbindungsdauer determiniert.
[22] Vgl. Karg/Lehmann (1983), S. 98.
[23] Vgl. Karg (1987).
[24] Vgl. Bertele (1993), S. 64 f.
[25] ebenda, S. 65.
[26] ebenda, S. 63.
[27] ebenda, S. 62.
[28] ebenda, S. 66.
[29] ebenda, S. 27.

die gesamtwirtschaftlichen, kapitalmarktwirtschaftlichen und steuerpolitischen Unsicherheiten wie z. B. die Zinsunsicherheit, die Unsicherheit über die Entwicklung der Überschußbeteiligung bei Kapitallebensversicherungen, die Unsicherheit über den Zuteilungszeitpunkt des Bauspardarlehens, die Änderung des Steuertarifs, die Inflations- und Arbeitsmarktentwicklung. Neben diesen nicht beeinflußbaren exogenen Unsicherheiten spricht BERTELE die sogenannten *haushaltsendogenen Unsicherheiten* an. Damit sind die personenabhängigen Faktoren wie z. B. die Bedürfnisse und Ansprüche der verschiedenen Familienmitglieder gemeint.[30] Auch die Größe des Haushalts und der Gesundheitszustand der einzelnen Familienmitglieder gehören zu den endogenen Unsicherheitsgrößen. Die Geburt eines Kindes oder der Tod eines Familienmitglieds üben einen großen Einfluß auf die Baufinanzierung über die Einlagen aus, und zwar über die Konsumausgaben oder die Einnahmen. Ebenso kann eine schwerwiegende Krankheit die Finanzierung stark beeinflussen. Gegen diese Unwägbarkeiten kann sich der Haushalt jedoch teilweise absichern, indem er eine Risikolebensversicherung oder Berufsunfähigkeitsversicherung abschließt. Die anderen Faktoren sind zumindest im großen und ganzen beeinflußbar.

LANG berücksichtigt lediglich die Unsicherheit der Planungsdaten "Einlagen" und "Zinsentwicklung", indem er wie KARG/LEHMANN und BERTELE drei *Zukunftsszenarien* verfolgt: eine pessimistische, neutrale und optimistische Zukunftsentwicklung.[31] Auf die Streubreite bei den Einlagen weist er zwar hin, vernachlässigt diesen Unsicherheitsaspekt jedoch aus Vereinfachungsgründen.[32]

2.4.   Die Methodik

Was die Verfahrenswahl angeht, so herrscht im wesentlichen Übereinstimmung. Die meisten Autoren wählen die *Lineare Programmierung* als geeigneten Ansatz. Dabei verfolgen sie bis auf KARGL/MAUERER und KARG eine gemischt-ganzzahlige Lösung des Problems. Die einen wegen der Ganzzahligkeitsforderung der Variablen[33], die anderen wegen der Einführung sogenannter Binärvariablen[34].[35]

---

[30] ebenda, S. 26.
[31] Vgl. Lang (1992), S. 88 ff.
[32] ebenda, S. 14.
[33] Vgl. Karg/Lehmann (1983) und Lang (1992).
[34] Unter Binärvariablen werden Variablen verstanden, die entweder den Wert Null oder Eins annehmen. Damit wird die Berücksichtigung bzw. die Ausschließbarkeit einer anderen Variable gesteuert.
[35] Vgl. Godefroid (1976), Huberty (1982) und Bertele (1993).

Drei weitere Autoren setzen dagegen auf eine andere Verfahrensmethode. HIRNER bestimmt sechs verschiedene Finanzierungsprogramme, berechnet isoliert die Zielwerte und vergleicht diese anschließend miteinander. Dasjenige Programm mit dem besten Zielwert stellt die optimale Finanzierung dar. Da hier lediglich ein *Vergleich* zwischen wenigen Alternativen vorgenommen wird, kann in diesem Fall nicht von einer Optimierung die Rede sein.

GÖBEL wählt als geeignete Methode ein *Simulationsmodell mit vorgegebener Kapitalstruktur.* Für die einzelnen Finanzierungsinstrumente werden die jeweiligen Vermögensendwerte berechnet und daraufhin in eine Reihenfolge gebracht.[36] Der Vermögensendwert wird dann der Liquiditätsbelastung gegenübergestellt. Die gefundenen Resultate sind mit "individuellen Glaubwürdigkeitsziffern" zu versehen.[37] Was im einzelnen darunter zu verstehen ist und wie sie ermittelt werden können, bleibt jedoch unbeantwortet. Im Beispielsfall bleiben diese Ziffern unerwähnt. Der Leser wird mit der Gegenüberstellung und Interpretation der Vermögensendwerte und der jeweiligen Liquiditätsbelastung allein gelassen. Von einer optimalen Finanzierungslösung für eine Immobilie kann folglich auch hier keine Rede sein. GÖBEL selbst beschreibt das Simulationsmodell als "...ein grobes, deterministisch aufgebautes Instrument der Vorteilhaftigkeitsanalyse, das nur denkbare Bilder der Wirklichkeit entwirft."[38]

ZIETEMANN führt dagegen mit Hilfe der "System Dynamics" Methode Wirtschaftlichkeitsvergleiche zwischen verschiedenen Programmen durch. Bei diesem systemorientierten Ansatz werden Vergleiche über Simulationsrechnungen vorgenommen. Der Nachteil dieses Verfahrens besteht darin, daß auch hier kein optimales Finanzierungsprogramm vorliegt.[39]

2.5.   Zusammenfassung, Diskussion und Fazit

Bevor wir mit der Diskussion über die verschiedenen Literaturansätze starten, fassen wir die wesentlichen Punkte kurz in tabellarischer Form zusammen. Unter der Rubrik Erwerbszeitpunkt soll auch auf die berücksichtigten Finanzierungsphasen (Ansparphase/Darlehensphase) eingegangen werden. Hinsichtlich der Unsicherheit wollen wir zwischen Unsicherheit über Zukunftsdaten (Daten) und Unsicherheit über Präferenzen (Präf.) unterscheiden. Hinsichtlich der Methodik trennen wir zwischen dem Optimierungsverfahren (OV) und dem Verfahren zur Berücksichtigung der Unsicherheit (UV).

---

[36] Vgl. Göbel (1989), S. 219 ff.
[37] ebenda, S. 209.
[38] ebenda.
[39] Vgl. Zietemann (1987b), S. 374.

Autoren (Jahr)	Erwerbszeitpunkt[40] (*Finanzierungsphase*)	Zielsetzung[41]	Unsicherheit[42] *Daten/Präf.*	Methodik[43] *OV/UV*
Kargl/Mauerer (1971)	fix (A/D)	F	n/n	LP
Godefroid (1976)	variabel (A/D)	V, A	j/n	LP/V
Karg (1980/87)	fix (D)	V, F	n, j/n	LP/SZ
Hirner (1982)	fix (D)	F	n/n	VR
Huberty (1982)	fix (D)	V	j/n	LP/V,S
Kargl/Lehmann (1983)	fix (D)	V, E	j/j	LP/SZ,S
Zietemann (1987)	variabel (A/D)	V	j/n	SD/V
Göbel (1989)	fix (D)	V	j/n	SM
Lang (1992)	fix (D)	V, E	j/j	LP/SZ
Bertele (1993)	fix (D)	V, E, A	j/j	LP/SZ

Tabelle 2.1: Vergleich der Literaturansätze zur Bestimmung der optimalen Baufinanzierung

Die hier vorgestellten Ansätze in der Literatur zur Behandlung des Finanzierungsproblems unterscheiden sich zum Teil deutlich. Das Finanzierungsproblem bei fixierter Ansparphase wird von keinem Modell behandelt, wenn man von dem sehr starren Konzept von KARGL/ LEHMANN einmal absieht. Entweder liegt der **Erwerbszeitpunkt** der Immobilie in der Gegenwart, womit dem potentiellen Erwerber von selbstgenutztem Wohneigentum bereits Freiheitsgrade genommen werden. Ist er dagegen variabel, was den Rahmen sehr flexibel gestaltet, dann tritt zusätzlich das Problem der nichtmonetären Bewertung des frühen Erwerbs von Wohneigentum auf. Darüber hinaus wird wegen der Einführung von sogenannten Binär- variablen die Modellformulierung erheblich komplexer und der Lösungsprozeß wegen der geforderten Ganzzahligkeit komplizierter. Der Anwender kann ebensogut über die Auswir- kungen unterschiedlicher Erwerbszeitpunkte informiert werden, indem die optimalen Finanzierungsprogramme und deren Vermögensendwerte für verschiedene, fixierte Erwerbs- zeitpunkte gegenübergestellt werden. Das Problem der Bewertung ist mit dieser Methode jedoch nicht gelöst.

Was die **Zielsetzung** angeht, so herrscht im allgemeinen Übereinstimmung. Der Vermögens- endwert als erstrebenswertes Ziel spielt bei der Ermittlung der optimalen Finanzierung die

---

[40] A = Ansparphase, D = Darlehensphase
[41] V = Vermögensendwertmaximierung, E = Einkommensmaximierung, A = maximale finanzierbare Anscha ffungskosten, F = Finanzierungskostenminimierung
[42] Präf. = Präferenzen, j = ja, n = nein
[43] OV = Optimierungsverfahren, UV = Unsicherheitsverfahren; LP = Lineare Programmierung, VR = Vergleichsrechnung, SD = System Dynamics, V = Variationsrechnung, S = Sensitivitätsanalyse, SM = Simulationsmodell, SZ = Szenariotechnik

dominierende Rolle. Jedoch kann nicht grundsätzlich und stillschweigend davon ausgegangen werden, daß die Präferenzen des Investors in jedem Fall beim Vermögensstreben liegen. Ebenso ist die Verfolgung minimalen Konsumverzichts denkbar und nicht von vornherein auszuschließen.[44]

Hat man es mit einem Investor zu tun, der sowohl nach steigendem Konsum als auch nach steigendem Vermögen strebt, dann wird ein allgemeineres Ziel verfolgt, welches man in der Literatur als Wohlstandsstreben bezeichnet.[45] Im Gegensatz zu den beiden anderen Zielsetzungen, wo die zeitliche Verteilung der Konsumausgaben vorgegeben ist, ist der Investor im Fall des Wohlstandsstrebens "bereit, auf gegenwärtigen Konsum zugunsten künftigen Konsums bzw. Endvermögens zu verzichten".[46] Mit Hilfe einer Austauschregel aus der mikroökonomischen Theorie, die üblicherweise durch eine Indifferenzkurve bzw. eine mehrperiodige Nutzenfunktion wiedergegeben wird, läßt sich trotz des auf der Mehrfachzielsetzung beruhenden Konflikts eine eindeutige Lösung finden.[47] Dies setzt jedoch voraus, daß der Entscheidungsträger a priori in der Lage ist, seine Präferenzen klar und scharf zu artikulieren und sie in die Form einer Nutzenfunktion pressen kann, an die wiederum bestimmte Bedingungen geknüpft sind, so daß der Investor sich vielleicht in der Ausübung seiner Freiheitsgrade beschränkt fühlt. Darüber hinaus wird man in der Realität auch auf Investoren stoßen, die hinsichtlich ihrer Präferenzvorstellungen unsicher[48] sind, u.z. was die Gegenwart und insbesondere die Zukunft betrifft. Das Problem besteht also in der individuellen Bewertung von Präferenzen bei unvollkommener Information, die vor der Optimierungsrechnung als unscharf und damit als unsicher bezeichnet werden können.

Die von KARG und LANG vorgeschlagene sogenannte "subjektive Zeitpräferenzrate" führt nicht zu einer akzeptablen Behandlung der Präferenzbewertung und Präferenzunsicherheit, da durch die Komprimierung der Präferenzvorstellungen zu einer Kennzahl zu viele Informationen verloren gehen können. Außerdem erfordert die Angabe dieser Kennzahl a priori genaue bzw. scharfe Vorstellungen des Investors. Aus diesen Gründen muß eine völlig neue Methode gefunden werden, die dieses Bewertungsproblem und diese Art von Unsicherheit in geeigneter Weise unter möglichst geringem Informationsverlust lösen kann. Die Anwendungsmöglichkeiten der *Fuzzy Set-Theorie* werden deshalb für dieses Finanzierungsproblem überprüft.

---

[44] Schmidt spricht in diesem Zusammenhang von Konsumeinkommensströmen, die sich durch drei Dimensionen beschreiben lassen: die zeitliche Struktur, die Breite und die Unsicherheit des Konsums. Vgl. Schmidt (1986), S. 33 f.
[45] Vgl. Schneider (1992), S. 66 und Hirshleifer (1958), S. 329 f.
[46] Schneider (1992), S. 66.
[47] Vgl. Schneider (1992), S. 66 und S. 120.
[48] Schneider spricht in diesem Zusammenhang von "mangelndem Bewußtsein über die eigenen "Präferenzen"" und nennt diesen Zustand die zweite Erscheinungsform unvollkommener Information. Siehe dazu Schneider (1992), S. 428.

Die **Unsicherheit** hinsichtlich der *Planungsdaten* findet bei der Suche nach der optimalen Lösung durch die klassischen Methoden Berücksichtigung. Insbesondere die *Variations-rechnung* erfreut sich innerhalb der Literatur großer Beliebtheit. Damit soll die Stabilität bzw. die Anfälligkeit des gefundenen Finanzierungsprogramms überprüft werden. Ob eine willkür-liche Änderung der Inputdaten zu zufriedenstellenden Ergebnissen führt, sei einmal in Frage gestellt. Sicherlich lassen sich aus den verschiedenen Variationsrechnungen Erkenntnisse ableiten, jedoch allgemeine Schlußfolgerungen lassen sie weniger zu. Die Idee der *Szenario-bildung* mit einem neutralen, pessimistischen und optimistischen Umweltzustand, die von KARG, LANG und BERTELE verfolgt wird, ist sinnvoll, da sie den möglichen Zustandsraum vollkommen abdeckt und die möglichen Lösungseckpunkte widerspiegelt. Problematisch stellt sich jedoch wiederum die Bewertung der mit der Unsicherheit verbundenen Lösungs-vielfalt dar. Eine Bewertung mit Hilfe der aus der Entscheidungstheorie hinlänglich bekannten Regeln und Prinzipien ist wegen des einhergehenden Informationsverlustes und der geringen Anpassungsfähigkeit auf die individuelle Risikoeinstellung im Prinzip ungeeignet. Auch hier sollte eine geeignetere Methode gefunden werden, die diese Schwachpunkte ausräumen kann. Dazu wird im folgenden auf die possibilistischen Verfahren näher eingegangen.

Hinsichtlich der **Methodik** und der Verfahrenswahl herrscht bis auf kleine Ausnahmen Einig-keit. Als geeignete Methode zur Lösung des Finanzierungsproblems erscheint die simultane Investitions- und Finanzplanung, die unter Anwendung der *linearen*, zum Teil *gemischt-ganz-zahligen Programmierung* zur Auffindung einer Optimallösung führt. Die von ZIETEMANN und GÖBEL verwendete kasuistische *Simulationsrechnung* dient nicht der Optimum-bestimmung, sondern eher einer systemorientierten ökonomischen Analyse.

An dieser Stelle soll kurz auf die Zweckmäßigkeit eines simultanen Finanzplanungsansatzes eingegangen werden, da er innerhalb der angloamerikanischen und deutschen Literatur seit den siebziger Jahren umstritten ist.[49] Die Kritik beruht auf den Modellprämissen des Simul-tansatzes[50], die einerseits von sicheren Erwartungen hinsichtlich der Planungsdaten und andererseits von einem unvollkommenen Kapitalmarkt ausgehen. Diese Annahmekombi-nation wird als "wenig fruchtbar" bezeichnet, da sie nicht eine "denkbare Welt" beschreibt und damit "nicht konsistent" ist.[51] Darüber hinaus wird kritisiert, daß mit der simultanen Planungskonzeption der Erklärungsversuch aufgegeben wurde, wie es überhaupt zu unvoll-kommenen Marktverhältnissen kommen kann.[52] Hinzu kommt die Schwierigkeit der Datenbe-schaffung und die Veränderlichkeit des Datenkranzes.[53]

---

[49] Stellvertretend sollen hier zwei Vertreter namentlich genannt sein: Vgl. Weingartner (1977) und Hax (1980).
[50] Der erste Ansatz, der diese Prämissen unterstellt, geht auf Dean (1951) zurück. Weitere wichtige Ansätze, die die Liquiditätsrestriktionen unter anderem berücksichtigen und auf der linearen Programmierung basieren, stammen von Lorie/Savage (1955), Massé/Gibrat (1957), Albach (1962), Weingartner (1963) und Hax (1964).
[51] Vgl. Schmidt (1986), S. 115 f.
[52] Vgl. Hax (1980), S. 10.
[53] Vgl. Schneider (1992), S. 133 und Günther (1995), Sp. 966.

Dazu ist folgendes anzumerken:

1. Zur Inkonsistenz der Modellannahmen:

Es gibt zahlreiche Weiterentwicklungen des ursprünglichen Simultanansatzes, die die Ungewißheit bezüglich der Planungsdaten innerhalb des Entscheidungsmodelles berücksichtigen
können. Hier ist das Modell mit Zufallsrestriktionen (Chance-Constrained-Programming) und
das Zustandsbaumverfahren zu nennen.[54] Beide Modelle basieren auf der Wahrscheinlichkeitstheorie und ermöglichen damit Entscheidungen unter Risiko. Als Nachteil erweist sich
der erhöhte Planungsaufwand.

2. Zur mangelnden Marktorientierung:

Dem Simultanansatz wird vorgeworfen, daß er die unvollkommenen Marktverhältnisse als
Datum akzeptiert und keine Erklärungsversuche derselben unternimmt. Vertreter des kapital-
marktorientierten Ansatzes gehen dagegen von einem vollkommenen Kapitalmarkt und damit
von der Irrelevanz der Finanzierung bei Investitionsprojekten aus. COPELAND/WESTON
bemerken dazu:[55]

" As long as capital markets are reasonably efficient, it will always be possible for a firm to
raise an indefinte amount of money so long as the projects are expected to have a positive net
present value. "

Dieser Sichtweise ist im allgemeinen sicherlich nicht zu widersprechen. Insbesondere wenn es
sich um reine Renditeprojekte handelt. In unserem speziellen Fall ist der Investor jedoch an
zahlreiche Nebenbedingungen gebunden, wie z. B. die strengen Beleihungsgrenze der
Immobilie, die sich im Fall der Selbstnutzung an dem gegenwärtigen Sachwert des Objektes
orientiert.[56] Darüber hinaus sind zu jedem Zeitpunkt die Liquiditätsrestriktionen einzuhalten.
Will man des weiteren die optimale Steuerplanung simultan in die Entscheidung mit einbezie-
hen und ist der Immobilienerwerber an der Bestimmung der optimalen Finanzierungsstruktur
interessiert, so bietet sich als geeignete Methode nur die simultane Investitions- und Finanzierungsprogrammplanung an.

---

[54] Vgl. Hax (1980), S. 12. Hax nennt die Simulationstechnik und die Zerlegung des Entscheidungsmodells unter
Verzicht auf Optimierung als weitere Möglichkeiten, wie unvollkommene Information bei den simultanen
Planungsmodellen berücksichtigt werden kann. Ebenda, S. 12 ff.
[55] Copeland/Weston (1988), S. 56.
[56] Vgl. Obst/Hintner (1993), S. 380 i.V.m. S. 410 ff.

3. Zum Problem der Datenbeschaffung und des Datenumfangs:

Jedes Planungsinstrument hat das Problem der Datenbeschaffung. Je realistischer ein Pla-
nungsmodell sein soll, desto komplexer, umfangreicher und teurer gestaltet sich die Daten-
erfassung. Dieses Komplexitätsproblem wird seit längerem diskutiert.[57] Es ist eine Frage der
Verhältnismäßigkeit und kommt auf den Einzelfall an, wie groß die Realitätsnähe bzw. die
Komplexitätsreduzierung ausfallen sollte.

Als Fazit läßt sich ziehen, daß die simultane Investitions- und Finanzplanung ein umfassendes
Planungsinstrument darstellt. Es ermöglicht dem Anwender die problemlose Einbeziehung
anderer Aktivitäten, die mit dem Entscheidungsproblem unmittelbar zu tun haben, und die
Ermittlung des optimalen Mischungsverhältnisses der Finanzstruktur.

Sogar WEINGARTNER, als Entwickler eigener Simultanmodelle und später großer Kritiker
derselben, bemerkt anerkennend in seinem viel zitierten Aufsatz:[58]

*"The mathematical programming formulation of capital budgeting ... has proved useful for
analyzing and dealing with complex problems..."*

Auch HAX hebt die Erfolge des Simultanansatzes als umfassendes Planungsinstrument her-
vor.[59]

Was bleibt ist das Problem der Ungewißheit, wie auch bei den kapitalmarkttheoretischen
Konzepten, und das Problem der Datenfülle. Im weiteren wird nun untersucht, inwiefern die
Fuzzy Set-Theorie eine Verringerung dieser Probleme bei Anwendung des Simultanansatzes
ermöglicht.

---

[57] Vgl. dazu z. B. Hax/Laux (1972), S. 329, Hanuscheck (1986), S. 67 ff. und Adam (1995), Sp. 1016 f.
[58] Weingartner (1977), S. 1429.
[59] Vgl. Hax (1980), S. 11.

3.   Lineare Fuzzy-Optimierung

In diesem Kapitel wird eine Einführung in die Fuzzy Set-Theorie gegeben, die neben Definitionen auch die Darstellung verschiedener Typen von Zugehörigkeitsfunktionen und Aggregationsoperatoren beinhaltet. Die ausführliche Behandlung scheint notwendig, um die folgenden Verfahren besser nachvollziehen zu können. Die hier ausgewählten Verfahren werden in drei Gruppen unterteilt, da sie jeweils unterschiedliche Unschärfebereiche behandeln.

In der ersten Gruppe werden wir fünf Verfahren kennenlernen, die sich alle der linearen Fuzzy Programmierung zuordnen lassen. Es handelt sich dabei um die Optimierungsverfahren von ZIMMERMANN, VERDEGAY, CHANAS, WERNERS und BRUNNER, die nach gesonderter Vorstellung in einer abschließenden Zusammenfassung kritisch gewürdigt werden.

Die zweite Gruppe widmet sich der linearen possibilistischen Programmierung. Diese Gruppe läßt sich nochmals in zwei Untergruppen aufteilen. In der einen Untergruppe werden ausschließlich Verfahren vorgestellt, die unscharfe Restriktionen behandeln. Hier werden wir die Verfahren von DUBOIS/PRADE, DUBOIS, RAMIK/RIMANEK, WOLF, TANAKA/ASAI, TANAKA/ICHIHASHI/ASAI und SLOWINSKI im einzelnen kennenlernen. In der anderen Untergruppe werden dann Verfahren vorgestellt, die sich mit der Behandlung unscharfer Zielfunktionskoeffizienten beschäftigen. Das sind im einzelnen die Verfahren von ROMMELFANGER, ROMMELFANGER/HANUSCHECK/WOLF, LAI/ HWANG, TANAKA/ICHIHASHI/ASAI sowie von DELGADO/VERDEGAY/VILA.

In der dritten und letzten Gruppe lernen wir dann drei weitere Verfahren kennen, die die bisher einzeln behandelten Unschärfearten in den obigen Verfahren nun gleichzeitig berücksichtigen. Deshalb werden sie auch als lineare hybride Verfahren bezeichnet. Neben der Darstellung der Verfahren von DELGADO/VERDEGAY/VILA und ROMMELFANGER wird ein neuartiges Verfahren speziell für das hier zu behandelnde simultane Investitions- und Finanzierungsprogrammproblem entwickelt.

3.1.   Grundlagen der Fuzzy Set-Theorie
3.1.1.   Einführung

Normative Entscheidungsprobleme, die über klassische Optimierungsmodelle gelöst werden sollen, stellen gewisse Anforderungen an den Entscheidungsträger. Einerseits muß er exakte Vorstellungen über Bedingungen und Konsequenzen von möglichen Handlungsalternativen haben, andererseits muß er seine Präferenzvorstellungen a priori scharf formulieren und quantifizieren können.

Erstere Annahme impliziert, daß alle in das Modell eingehenden Größen dem Entscheidungsträger im voraus bekannt sind. Handelt es sich jedoch bei dem Entscheidungsproblem um ein Planungsproblem, dann ist ein deterministischer Modellansatz nicht problemadäquat. Die Zukunftsdaten sind mit Unsicherheit verbunden, da sie lediglich in Form eines Unschärfebereichs vorliegen. Will man dennoch auf die klassischen Programmierungstechniken zurückgreifen, erfordert dies eine Komplexitätsreduktion[1], die sich in einer Komprimierung aller unsicheren Informationen zu einem Repräsentanten ausdrückt. Diese Vorgehensweise birgt jedoch die Gefahr, daß der Entscheidungsträger mit der gefundenen Optimallösung nicht zufrieden ist, da sich das formale Modell wegen der Informationsverdichtung zu stark vom realen Problem entfernt hat.

Die zweite Voraussetzung wird notwendig, da die Optimierungsmodelle auf traditioneller Mathematik bzw. 2-wertiger Logik beruhen. Das heißt, sie unterscheiden scharf zwischen "zulässigen" und "unzulässigen" Lösungen, sowie zwischen "optimalen" und "nichtoptimalen" Entscheidungen.[2] Das impliziert jedoch, daß die zu formulierende Problemstellung eine "entweder-oder"-Struktur aufweist.[3] Diese Dichotomie wird dem Entscheidungsträger bei seiner Problemformulierung jedoch tatsächlich in den seltensten Fällen gerecht, da ihn eine scharfe Abgrenzung seiner Wertvorstellungen im mathematischen Sinne überfordert. Vielmehr liegt hier eine Unschärfe vor, die hinsichtlich der Präferenzvorstellungen einem "mehr-oder-weniger"-Typ entspricht.[4] Wird diese Art von Problemstellung dennoch in ein klassisches lineares Programmierungsmodell überführt, so besteht die Gefahr, daß die gefundene optimale Modellösung vom eigentlichen Problem abweicht und damit sehr unbefriedigend sein kann.[5]

---

[1] Das Problem der Komplexitätsreduktion wird bereits seit langem in der Literatur diskutiert. Vgl. dazu z. B. Teichmann (1972) und Zentes (1976).
[2] Vgl. Zimmermann (1984), S. 594.
[3] Vgl. Rödder/Zimmermann (1977), S. 1.
[4] Vgl. Zimmermann (1984), S. 594.
[5] ebenda.

Mit Hilfe der von ZADEH begründeten Fuzzy Set-Theorie[6] und Possibility-Theorie[7] bzw. Möglichkeitstheorie[8] versucht man die oben beschriebene Unschärfe innerhalb der linearen Programmierung zu berücksichtigen. In der Fuzzy Set Literatur wird leider nicht immer strikt zwischen Fuzzy Set-Theorie und Possibility-Theorie unterschieden, sondern beide Theorien unter dem Namen Fuzzy Set-Theorie subsumiert. Dies ist zwar möglich, da die Possibility-Theorie auf der Fuzzy Set-Theorie beruht; andererseits werden mit ihnen verschiedene Arten von Unschärfe behandelt. Deshalb sollte, bevor auf die Fuzzy-Optimierung näher eingegangen wird, eine klare Abgrenzung zwischen den verschiedenen Unschärfebegriffen vorgenommen werden. Man trennt grundsätzlich drei Arten von Unschärfe:[9]

1.   Informationale Unschärfe

2.   Intrinsische Unschärfe

3.   Unscharfe Relationen

ad 1.   Die informationale Unschärfe kann zum einen in der Aggregation komplexer Informationen zu einem Gesamturteil bestehen, wie z. B. "kreditwürdig" oder sie liegt in der Prognoseschwierigkeit bei Ergebnissen einer Handlung, die aufgrund zu kostspieliger Informationsbeschaffungen verschärft werden kann.

ad 2.   Die intrinsische Unschärfe umfaßt den Ausdruck menschlicher Empfindungen wie z. B. "angemessener Gewinn" oder "geringe Kosten".

ad 3.   Die relationale Unschärfe bezieht sich auf Größen ohne dichotomen Charakter wie z. B "nicht viel größer als" oder "ungefähr gleich".

Die Possibility-Theorie findet lediglich im Fall der informationalen Unschärfe im Sinne von Prognoseschwierigkeit Anwendung. Alle anderen Unschärfearten können mit Hilfe der Fuzzy Set-Theorie berücksichtigt werden, da sie ausschließlich die Bewertung von unscharfen Informationen vornimmt, wie es beispielsweise für die Präferenzvorstellungen notwendig wird. Diese scharfe Abgrenzung erscheint hier wichtig, da in der Literatur viel über Sinn und Unsinn der Fuzzy Set-Theorie geschrieben wird.[10] Diese Diskussion bezieht sich oft auf den Vergleich zwischen Fuzzy Set- und Probability-Theorie bzw. Wahrscheinlichkeitstheorie.[11] Die Autoren kommen in der Regel zu dem Ergebnis, daß sich die beiden Theorien nicht widersprechen, sondern komplementär zu betrachten sind. Dies ist auch nicht weiter verwun-

---

[6] Vgl. Zadeh (1965) und Bellman, Zadeh (1970).
[7] Vgl. Zadeh (1978).
[8] Vgl. Zimmermann (1987b), S. 49.
[9] Vgl. Zimmermann (1985a), S. 595; Rommelfanger (1994), S. 4.
[10]Vgl. z. B. Zeleny (1984).
[11]Vgl. Polzer (1980), S. 48 ff., Hannuscheck (1986a), Yazenin (1987), Wolf (1988a), S. 157 ff., Slowinski/Teghem (1988) und (1991), Roubens/Teghem (1991) sowie Tilli (1991), S. 131 ff.

derlich, wenn man sich vergegenwärtigt, daß beide Theorien unterschiedliche Unschärfen berücksichtigen. Richtigerweise müßte also ein Vergleich zwischen der Possibility-Theorie und der Wahrscheinlichkeitstheorie erfolgen.[12] Da es unterschiedliche Definitionen und Interpretationen von Wahrscheinlichkeiten gibt, ist zunächst zu klären, welcher Zweig aus der Wahrscheinlichkeitstheorie für den Vergleich herangezogen werden soll. Üblicherweise wird die "statistische" Interpretation von Wahrscheinlichkeit genommen, die auf KOLMOGOROV zurückzuführen ist.[13] Sie beruht auf dem Gesetz der großen Zahl und ist durch ein eindeutiges Axiomensystem gekennzeichnet. Vergleicht man die Strukturierungsanforderungen beider Theoriengebäude, so ist zu konstatieren, daß die Wahrscheinlichkeitstheorie die Komplementarität und Additivität von Wahrscheinlichkeiten voraussetzt.[14] Die Possibility-Theorie weist dagegen größere Freiheitsgrade auf. Rommelfanger bemerkt dazu:[15] "Vom üblichen Sprachgebrauch her ist die Möglichkeit eine schwächere Bewertung als die Wahrscheinlichkeit. Was wahrscheinlich ist, muß auch möglich sein. Die Umkehrung dieser Aussage ist nicht immer richtig."

Insgesamt kann festgehalten werden, daß sich die Possibility- und Probability-Theorie sehr ähneln und sogar ineinander überführt werden können.[16] Eine Entscheidung für oder gegen eine Theorie stellt sich somit nicht. Vielmehr sollte die Wahl einer Theorieanwendung von pragmatischen Gesichtspunkten ausgehen. Wenn wir bei dem zu behandelnden Problem alle Arten von Unsicherheiten berücksichtigen wollen, dann ist es wohl sinnvoll, auf die Fuzzy Set-Theorie incl. der Possibility-Theorie zurückzugreifen. Denn diese beiden Theorien bauen aufeinander auf und stellen damit geringere Anforderungen an den Entscheidungsträger, als wenn man die Fuzzy Set-Theorie mit der Wahrscheinlichkeitstheorie verbinden würde. Dies fördert die Handhabbarkeit, Transparenz, Verständlichkeit und damit die Akzeptanz der gefundenen Optimallösung. Sie wird zusätzlich durch die Flexibilität der Possibility-Theorie erhöht. Des weiteren ist der Aufwand, der mit der Wahl einer Theorie verbunden ist, nicht zu vernachlässigen.[17] Dieser kann bei der Possibility-Theorie als relativ gering eingeschätzt werden.[18] Daher werden hier ausschließlich Modelle vorgestellt, die auf der Fuzzy- und Possibility-Theorie basieren.[19]

---

[12] So Buckley (1990), Zimmermann (1991), S. 121 ff., Lai/Hwang (1992a), S. 270 ff., Bandemer/Gottwald (1993), S. 149 ff. und Brunner (1994), S. 51 ff.

[13] Zimmermann greift darüber hinaus auch die Interpretation von Koopmann auf, der die Wahrscheinlichkeit als Grad der Wahrheit von Aussagen der zweiwertigen Logik bezeichnet. Die Axiomatik beruht auf der Boolschen Algebra. Ein ausführlicher Vergleich findet sich bei Zimmermann (1991), S. 124 f.

[14] Vgl. Hanuscheck (1986a), S. 439 und Zimmermann (1991), S. 125.

[15] Rommelfanger (1994), S. 55.

[16] Vgl. dazu Buckley (1990), S. 176 und Gupta (1993).

[17] Vgl. Lai/Hwang (1992a), S. 270 ff. Dort wird ein "chance-constrained programming"-Modell, stellvertretend für ein Verfahren der Wahrscheinlichkeitstheorie, zu einem nichtlinearen Problem degeneriert, wohingegen mit Hilfe der Möglichkeitstheorie weiterhin ein lineares Problem zu lösen ist.

[18] ebenda, S. 274.

[19] Ansätze, die die Fuzzy Set- und Wahrscheinlichkeitstheorie mit einander verbinden, finden sich z. B. bei Hanuscheck/Goedecke (1987), Wolf (1988a), S. 160 ff. und Rommelfanger (1991).

Ausgehend von dem obigen Unschärfebegriff soll nun gezeigt werden, wie sich die Unschärfe in der linearen Programmierung (LP) berücksichtigen läßt. Das klassische LP-Problem kann wie folgt formuliert werden:

$$\max c^T x$$
$$Ax \leq b \qquad\qquad (3.1)$$
$$x \geq 0$$

  mit $c :=$ Zielfunktionskoeffizientenvektor

     $x :=$ Variablenvektor

     $A :=$ Restriktionskoeffizientenmatrix

     $b :=$ Begrenzungsvektor

Die Anwendungsmöglichkeit dieses Modells auf Realprobleme ist stark eingeschränkt, da es in vieler Hinsicht nicht auf die Bedürfnisse des Entscheidungsträgers eingehen kann. In der Regel wird der Entscheidungsträger aus verschiedenen Gründen lediglich dazu in der Lage sein, das zu optimierende Problem unscharf zu formulieren.

Zum einen können die in das Modell eingehenden Planungsparameter nicht exakt, sondern nur als Größenordnung aufgrund **informationaler Unschärfe** vorliegen, d. h., die Koeffizienten bzw. die Restriktionsgrenzen können nur in Form von Intervallen beschrieben werden. In diesem Zusammenhang ist es wichtig zu erwähnen, daß hier zwischen der Zufriedenheit und Möglichkeit einer unscharfen Größe unterschieden wird. LAI/HWANG bemerken dazu:[20]

"We distinguish fuzzy linear programming problems from possibilistic linear programming problems. Fuzzy linear programming problems will associate fuzzy input data which should be modelled by subjective preference-based membership functions. On the other hand, possibilistic linear programming problems will associate with imprecise data which should be modelled by possibility distributions."

Von einem Fuzzyproblem im engeren Sinne kann gesprochen werden, wenn die Unschärfe in Form einer Zugehörigkeitsfunktion bewertet wird. Der Zugehörigkeitsgrad drückt die Zufriedenheit des Entscheidungsträgers mit der unscharfen Größe aus. Das Problem wird mit Hilfe von Verfahren der linearen Fuzzy Programmierung gelöst.

Liegt das Problem jedoch eher bei der Prognose von Daten, dann wird eine unscharfe Größe über eine Möglichkeitsverteilung charakterisiert. Der Möglichkeitsgrad drückt die subjektive

---

[20] Lai/Hwang (1992a), S. 5.

Möglichkeit aus, mit der ein Ereignis vorkommen kann. Eine Lösung dieses Problems erfolgt über Verfahren der linearen possibilistischen Programmierung.

Ein lineares possiblistisches Problem sieht dann z. B. wie folgt aus:[21]

$$\max \tilde{c}^T x$$
$$\tilde{A} x \le \tilde{b} \qquad (3.2)$$
$$x \ge 0$$

Es ist nicht zwingend notwendig, daß alle Parameter c, A und b unscharf sind. Vielmehr sind Kombinationen aus scharfen und unscharfen Parametern denkbar. So lassen sich Verfahren unterscheiden, die nur unscharfe Zielkoeffizienten, Restriktionsgrenzen und unscharfe Restriktionen betrachten.

Zum anderen genügt dem Entscheidungsträger in einigen Situationen eine angemessene Extremierung seines Zielfunktionswertes. In diesem Fall handelt es sich um eine **intrinsische Unschärfe**, die mit einer Tilde über der Zielvorschrift zum Ausdruck gebracht wird. Das obige Problem sieht dann folgendermaßen aus:

$$\widetilde{\max} \, c^T x$$
$$A x \le b \qquad (3.3)$$
$$x \ge 0$$

Ebenso ist es denkbar, daß Restriktionen nicht unbedingt strikt eingehalten werden müssen, so wie es das klassische LP-Modell verlangt, sondern daß eine gewisse Überschreitung der Grenze toleriert wird. Diese **relationale Unschärfe** wird mit den Symbolen "$\tilde{\le}, \tilde{=}, \tilde{\ge}$" ausgedrückt.[22] Das obige Problem läßt sich dann wie folgt formulieren:

$$\max c^T x$$
$$A x \tilde{\le} b \qquad (3.4)$$
$$x \ge 0$$

Zu den unterschiedlichen Arten der Unschärfe innerhalb der linearen Programmierung gibt es nun verschiedene Verfahren, die in den folgenden Kapiteln diskutiert werden. Zur Vorbe-

---

[21] In der Literatur wird Unschärfe im Sinne der Fuzzy Programmierung wie (3.3) und (3.4) mit der gleichen Tilde versehen wie Unschärfe im Sinne der Possibilistischen Programmierung (3.2). Obwohl dies zu Mißverständnissen führen kann, soll diese Notation beibehalten werden. Wenn es uns notwendig erscheint, werden wir auf den Unterschied hinweisen.

[22] In der Fuzzy-Literatur wird die relationale Unschärfe auch mit Hilfe der Restriktionsgrenze in Form von $\tilde{b}$ beschrieben.

reitung dieser Diskussion wollen wir zuvor jedoch die wichtigsten Definitionen der Fuzzy Set-Theorie, mögliche Zugehörigkeitsfunktionen und Aggregationsoperatoren einführen.

3.1.2. Definitionen

Zum besseren Verständnis der nachfolgenden Ausführungen sollen die wesentlichen Konzepte der Fuzzy Sets in Form von Definitionen dargestellt werden:[23]

Unscharfe Mengen

Ist X eine Menge von Objekten (Elementen), so wird die unscharfe Menge $\tilde{A}$ auf X als eine Menge geordneter Zweitupel

$$\tilde{A} = \left\{ (x, f_{\tilde{A}}(x), x \in X \right\} \qquad \text{(Def. 1)}$$

definiert, wobei $f_{\tilde{A}}(x)$ die sogenannte Zugehörigkeitsfunktion darstellt.[24] Sie kann alle Werte nicht negativer reeller Zahlen annehmen. Die Funktionswerte dieser Funktion geben den Grad der Zugehörigkeit eines Elementes $x \in X$ zu der betrachteten unscharfen Menge $\tilde{A}$ an. Gewöhnlich liegen die Zugehörigkeitswerte in einem abgeschlossenem Intervall [0, 1], wobei 0 den niedrigsten und 1 den höchsten Grad der Zugehörigkeit darstellt.

Es ist zu beachten, daß die Zugehörigkeitswerte stets die subjektive Empfindung eines Individuums oder einer Gruppe widerspiegeln.[25]

Normalisierte unscharfe Menge

Eine unscharfe Menge $\tilde{A}$ wird als normalisiert bezeichnet, wenn

$$\text{Sup } f_{\tilde{A}}(x) = 1 \qquad \text{(Def. 2)}$$

gilt. Die Zugehörigkeitswerte liegen dann zwischen 0 und 1. Ist das nicht der Fall, dann kann eine unscharfe Menge immer dadurch normalisiert werden, indem man ihre Zugehörigkeits-

---

[23] Vgl. auch die Darstellungen bei Bellman/Zadeh (1970), S. B-143 ff., Zimmermann (1975), S. 786 ff., Zimmermann (1991) und Rommelfanger (1994).
[24] Eine unscharfe Menge wird in der Literatur häufig mit einer wellenförmigen Überschreibung "~" eines Großbuchstabens gekennzeichnet. Dies soll für diese Arbeit ebenso gelten.
[25] Vgl. Rommelfanger (1994), S. 8.

funktion durch das Sup $f_{\tilde{A}}(x)$ dividiert. Im folgenden wird immer von normalisierten unscharfen Mengen ausgegangen.

Stützende Menge

Die stützende Menge besteht aus Stützstellen, die das Unschärfeintervall hinreichend genau charakterisiert. Für die stützende Menge S(A) einer unscharfen Menge $\tilde{A}$ gilt:

$$S(\tilde{A}) = \left\{ x \in X \middle| f_{\tilde{A}}(x) > 0 \right\} \qquad \text{(Def. 3)}$$

α-Niveau-Menge

Die α-Niveau-Menge bezeichnet eine Teilmenge der unscharfen Menge $\tilde{A}$, deren Elemente dadurch charakterisiert sind, daß ihre Zugehörigkeitswerte nicht kleiner als ein vorgegebenes Niveau $\alpha \in [0, 1]$ sind. Formal gilt

$$A_{\alpha} = \left\{ x \in X \middle| f_{\tilde{A}}(x) \geq \alpha \right\}$$

$$\text{(Def. 4)}$$

bzw. $\qquad A_{\bar{\alpha}} = \left\{ x \in X \middle| f_{\tilde{A}}(x) > \alpha \right\}.$

Letztere Formulierung beschreibt eine strenge α-Niveau-Menge.

Konvexe Menge

Eine unscharfe Menge $\tilde{A}$ wird als konvex bezeichnet, wenn

$$f_{\tilde{A}}(\lambda x_1 + (1-\lambda)x_2) \geq \min(f_{\tilde{A}}(x_1), f_{\tilde{A}}(x_2)) \quad \forall x_1, x_2 \in X \; \forall \lambda \in [0,1] \qquad \text{(Def. 5)}$$

gilt.

Fuzzy Zahl

Eine konvexe, normalisierte, unscharfe Menge $\tilde{A}$ auf der Menge der reellen Zahlen R wird Fuzzy-Zahl genannt, wenn

i. genau eine reelle Zahl x_0 existiert mit $f_{\tilde{A}}(x_0) = 1$, $x_0 \in X$ und

(Def. 6)

ii. $f_{\tilde{A}}$ stückweise stetig ist .

Das Element x_0 wird als Gipfelpunkt von $\tilde{A}$ bezeichnet.

Fuzzy-Intervall

Eine konvexe, normalisierte, unscharfe Menge $\tilde{A}$ auf der Menge der reellen Zahlen R wird Fuzzy-Intervall genannt, wenn

i. mehr als eine reelle Zahl x_0 existiert mit $f_{\tilde{A}}(x_0) = 1$, $x_0 \in X$ und

(Def. 7)

ii. $f_{\tilde{A}}$ stückweise stetig ist .

Wegen der Konvexität gilt dann auch:

$$f_{\tilde{A}}(x) = 1 \quad \forall \; x \in [x_1, x_2]$$

Durchschnitt

Die Schnittmenge zweier unscharfer Mengen $\tilde{A}$ und $\tilde{B}$ wird als unscharfe Menge mit der Zugehörigkeitsfunktion

$$f_{\tilde{A} \cap \tilde{B}}(x) = \min\{f_{\tilde{A}}(x), f_{\tilde{B}}(x)\}, \quad x \in X \qquad \text{(Def. 8)}$$

bezeichnet.

Vereinigung

Die Vereinigung zweier unscharfer Mengen $\tilde{A}$ und $\tilde{B}$ wird als unscharfe Menge mit der Zugehörigkeitsfunktion

$$f_{\tilde{A} \cup \tilde{B}}(x) = \min\{f_{\tilde{A}}(x), f_{\tilde{B}}(x)\}, \quad x \in X \qquad \text{(Def. 9)}$$

bezeichnet.

Komplement

Die Zugehörigkeitsfunktion des Komplements einer unscharfen Menge $\tilde{A}$ wird durch

$$f_{C\tilde{A}}(x) = 1 - f_{\tilde{A}}(x), \quad x \in X \tag{Def. 10}$$

beschrieben.

Erweiterungsprinzip [26]

Seien $X_1,...,\ X_r$ und Y scharfe Mengen, dann kann aus r unscharfen Mengen $\tilde{A}_i \subseteq X_i$ durch die Abbildung $X_1 \times ... \times X_r$ auf Y mit $Y = g(X_1,...,X_r)$ eine neue unscharfe Menge $\tilde{B} \subseteq Y$ erzeugt werden. Die Zugehörigkeitsfunktion für $\tilde{B}$ ergibt sich zu

$$f_{\tilde{B}}(Y) = \begin{cases} \underset{Y=g(x_1,...,x_r)}{\text{Sup}} \quad \text{Min}\left(f_{\tilde{A}_1}(X_1),...,f_{\tilde{A}_r}(X_r)\right) & \text{falls } g^{-1}(Y) \neq \varnothing \\ \\ 0 & \text{sonst,} \end{cases} \tag{Def. 11}$$

wobei $g^{-1}(y)$ die Urbildmenge von Y symbolisiert.[27]

LR-Fuzzy-Zahl[28]

Eine unscharfe Zahl $\tilde{M}$ ist eine LR-Fuzzy-Zahl, wenn sich ihre Zugehörigkeitsfunktion mit geeigneten Referenzfunktionen L und R darstellen läßt als

$$f_{\tilde{M}}(x) = \begin{cases} L\left(\dfrac{m-x}{\lambda}\right) & \text{für } x \leq m,\ \lambda > 0 \\ \\ R\left(\dfrac{x-m}{\mu}\right) & \text{für } x > m,\ \mu > 0. \end{cases} \tag{Def. 12}$$

Der Wert m stellt den Gipfelpunkt der Fuzzy-Zahl dar und ist mit $f_{\tilde{M}}(x) = L(0) = 1$ eindeutig bestimmt. Die Größen λ und μ geben die linke und rechte Spreizung von $\tilde{M}$ an.[29] Die LR-Fuzzy-Zahl wird also durch $\tilde{M} = (m,\lambda,\mu)$ charakterisiert.

---

[26] Vgl. Zadeh (1965), S. 352 f. und Dubois/Prade (1980a), S. 36 f.
[27] Vgl. Rommelfanger (1994), S. 35, Spengler (1993), S. 17 und Lai/Hwang (1992a), S. 23.
[28] Vgl. Rommelfanger (1994), S. 40 und Zimmermann (1991), S. 63.
[29] Für $\lambda = \mu = 0$ ist $\tilde{M}$ eine scharfe Zahl.

Eine stetige LR-Fuzzy-Zahl wird erst mit Hilfe der Referenzfunktionen L(x) und R(x) vollständig beschrieben.[30] Sie ordnen den x-Werten in den Bereichen $m - \lambda < x < m$ bzw. $m < x < m + \mu$ einen bestimmten Zugehörigkeitswert zu. Als Beispiel soll Abbildung 3.1 dienen.

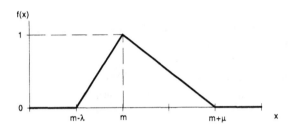

Abb. 3.1: LR-Fuzzy-Zahl

Referenzfunktionen

Referenzfunktionen müssen folgende Eigenschaften aufweisen:[31]

    1. $L(x) = L(-x),\ R(x) = R(-x)$

    2. $L(0) = 1,\quad R(0) = 1$

    3.   L ist nicht zunehmend in $[0; +\infty[$ (Def. 13)

    4.   R ist nicht abnehmend in $]-\infty; 0]$

Beispiele für Referenzfunktionen sind $L(x) = \max(0,\ 1 - |x|)$ oder $L(x) = \exp(-|x|)$.[32]

LR-Fuzzy-Intervall[33]

Ein Fuzzy-Intervall wird als LR-Fuzzy-Intervall bezeichnet, wenn für die Zugehörigkeitsfunktion

---

[30] Vgl. Buscher/Roland (1992), S. 65.
[31] Vgl. Wolf (1988b), S. 961.
[32] Weitere Beispiele für Referenzfunktionen finden sich bei Dubois/Prade (1978), S. 618.
[33] Vgl. Wolf (1988a), S. 93 und Rommelfanger (1994), S. 46.

$$f_{\tilde{M}}(x) = \begin{cases} L\left(\dfrac{m_1 - x}{\lambda}\right) & \text{für } x \leq m_1, \ \lambda > 0 \\ 1 & \text{für } m_1 < x \leq m_2 \\ R\left(\dfrac{x - m_2}{\mu}\right) & \text{für } x > m_2, \ \mu > 0 \end{cases} \qquad \text{(Def. 14)}$$

gilt.[34] Das LR-Fuzzy-Intervall für eine unscharfe Zahl $\tilde{M}$ läßt sich folglich durch $\tilde{M} = (m_1, m_2, \lambda, \mu)$ charakterisieren.

Wählt man beispielsweise für die Referenzfunktion L(x) bzw. R(x) = max(0,1-|x|), dann ergibt sich ein trapezförmiger Verlauf der Zugehörigkeitsfunktion der Form:[35]

$$f_{\tilde{M}}(x) = \begin{cases} \max\left\{0; 1 - \left|\left(\dfrac{m_1 - x}{\lambda}\right)\right|\right\} & \text{für } x \leq m_1, \ \lambda > 0 \\ 1 & \text{für } m_1 < x \leq m_2 \\ \max\left\{0; 1 - \left|\left(\dfrac{x - m_2}{\mu}\right)\right|\right\} & \text{für } x > m_2, \ \mu > 0 \end{cases}$$

Abbildung 3.2 veranschaulicht den grafischen Verlauf eines LR-Fuzzy-Intervalls.

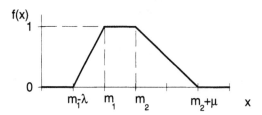

Abb. 3.2: LR-Fuzzy-Intervall

Für die unscharfen linearen Optimierungsverfahren sind Addition und Subtraktion unscharfer Zahlen von besonderer Bedeutung.

---

[34] Offensichtlich ist die LR-Fuzzy-Zahl ein Spezialfall des LR-Fuzzy-IntervallS. Wenn m_1 und m_2 in einem Punkt zusammenfallen, dann wird aus dem LR-Fuzzy-Intervall eine LR-Fuzzy-Zahl.
[35] Vgl. Buscher/Roland (1992), S. 66. Geht man von einer LR-Fuzzy-Zahl aus und unterstellt die gleiche Referenzfunktion, dann ergibt sich ein triangulärer Verlauf der Zugehörigkeitsfunktion.

Erweiterte Addition

Zwei Fuzzy-Intervalle $\tilde{M} = (m_1, m_2, \lambda, \mu)_{LR}$ und $\tilde{N} = (n_1, n_2, \tau, \nu)_{LR}$ des gleichen LR-Typs lassen sich zu $\tilde{O} = (m_1 + n_1, m_2 + n_2, \lambda + \tau, \mu + \nu)_{LR}$ addieren.[36] Man schreibt:

$$\tilde{M} \oplus \tilde{N} = (m_1 + n_1, m_2 + n_2, \lambda + \tau, \mu + \nu)_{LR} \qquad \text{(Def. 15)}$$

Erweiterte Subtraktion

Die Zugehörigkeitsfunktion eines negativen LR-Fuzzy-Intervalls $-\tilde{N}$ entspricht dem um die Ordinatenachse spiegelsymmetrischen Bild der Zugehörigkeitsfunktion von $\tilde{N}$. Es gilt:[37]

$$-\tilde{N} = -(n_1, n_2, \tau, \nu)_{RL} = (-n_2, -n_1, \nu, \tau)_{LR}$$

Für $\tilde{M} \ominus \tilde{N}$ kann dann geschrieben werden:[38]

$$\begin{aligned}\tilde{M} \ominus \tilde{N} &= (m_1, m_2, \lambda, \mu)_{LR} \ominus (n_1, n_2, \tau, \nu)_{LR} \\ &= (m_1, m_2, \lambda, \mu)_{LR} \oplus (-n_2, -n_1, \nu, \tau)_{LR} \\ &= (m_1 - n_2, m_2 - n_1, \lambda + \nu, \mu + \tau)_{LR} \qquad \text{(Def. 16)}\end{aligned}$$

Multiplikation mit einem Skalar

Die Multiplikation eines unscharfen LR-Fuzzy-Intervalls mit einem Skalar κ ergibt:[39]

$$\kappa(m_1, m_2, \lambda, \mu)_{LR} = (\kappa m_1, \kappa m_2, \kappa \lambda, \kappa \mu)_{LR} \qquad \text{für } \kappa > 0 \qquad \text{(Def. 17)}$$

---

[36] Beweis siehe Dubois/Prade (1978), S. 618 oder dieselben (1980a), S. 54.
[37] Für den Fall einer LR-Fuzzy-Zahl vgl. Dubois/Prade (1980a), S. 54 f.
[38] Vgl. Spengler (1993), S. 23. Zu beachten sei an dieser Stelle, daß $(\tilde{M} \oplus \tilde{N}) \ominus \tilde{N} \neq \tilde{M}$ gilt. Vgl. Rommelfanger (1994), S. 42.
[39] Vgl. Lai/Hwang (1992a), S. 69 und Rommelfanger (1994), S. 43, wobei dort der Spezialfall einer LR-Fuzzy-Zahl herangezogen wird.

3.1.3.   Typen von Zugehörigkeitsfunktionen

Zugehörigkeitsfunktionen dienen der Darstellung und gleichzeitigen Bewertung von Unschärfe. Jeder Größe aus dem Unschärfeintervall wird ein Zugehörigkeitswert aus der
unscharfen Menge zugeordnet. Diese Zuordnung soll die Zufriedenheit des Anwenders ausdrücken und erfolgt entweder indirekt über eine mathematische Funktion oder sie wird direkt
vom Entscheidungsträger vorgenommen. In der Literatur finden sich zahlreiche Typen von
Zugehörigkeitsfunktionen. Sie lassen sich in vier verschiedene Gruppen einteilen:

1. Lineare Zugehörigkeitsfunktion
2. Konkave Zugehörigkeitsfunktion
3. S-förmige Zugehörigkeitsfunktion
4. Stückweise lineare Zugehörigkeitsfunktion

Den ersten drei Zugehörigkeitsfunktionen ist gemeinsam, daß die Zuordnung über eine
Funktion erfolgt. Im ersten Fall ist sie linear, in den anderen beiden Fällen dagegen nicht-
linear. Die vierte Gruppe stellt einen Spezialfall dar. Hier gibt der Entscheidungsträger für
verschiedene Stützstellen direkt Zugehörigkeitswerte an. Im Anschluß daran wird zwischen
diesen Werten linearisiert, so daß diese Art von Zugehörigkeitsfunktion ebenfalls über lineare
Funktionsteile charakterisiert werden kann. Im folgenden sollen diese Gruppen beispielhaft
für die Restriktionsgrenzen erläutert werden. Für den linearen Fall soll darüber hinaus auch
die Zugehörigkeitsfunktion für die Zielfunktion aufgestellt werden.

ad 1.   <u>Die lineare Zugehörigkeitsfunktion:</u>

a)   Die Zugehörigkeitsfunktion für die Restriktionsgrenze

Dieser Typ zeichnet sich dadurch aus, daß die Zufriedenheit über dem Toleranzintervall [b_i,
b_i+p_i] monoton linear abnimmt. Es ergibt sich folgende Funktionsgleichung:[40]

$$f_i(a_i^T x) = \begin{cases} 1 & \text{für } a_i^T x \leq b_i \\ 1 - \dfrac{a_i^T x - b_i}{p_i} & \text{für } b_i < a_i^T x < b_i + p_i \quad \text{für } i = 1,..., m. \\ 0 & \text{für } a_i^T x \geq b_i + p_i \end{cases} \qquad (3.5)$$

Wie aus Abbildung 3.3 ersichtlich ist, erhalten alle Größen bis b_i einen Zugehörigkeitswert
von 1 und damit volle Zufriedenheit. Zwischen den Größen b_i und b_i+p_i nimmt die
Zufriedenheit linear ab, um dann ab b_i+p_i keine Zugehörigkeit mehr zu haben.

---

[40] Vgl. Zimmermann (1975), S. 791.

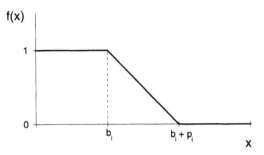

Abb. 3.3: Lineare Zugehörigkeitsfunktion einer unscharfen Restriktionsgrenze

b)   Die Zugehörigkeitsfunktion für die Zielfunktion

Die Zugehörigkeitsfunktion für die Zielfunktion steigt dagegen mit zunehmender Größe monoton an. Im Fall der Linearität weist die Funktion folgenden Verlauf auf:[41]

$$f_z(c^Tx) = \begin{cases} 1 & \text{für } c^Tx \geq Z_{max} \\ \dfrac{c^Tx - Z_{min}}{Z_{max} - Z_{min}} & \text{für } Z_{min} < c^Tx < Z_{max} \\ 0 & \text{für } c^Tx \leq Z_{min} \end{cases} \qquad (3.6a)$$

Die Abbildung 3.4 verdeutlicht den Sachverhalt. Zielfunktionswerte unterhalb von Z_{min} stellen den Anwender überhaupt nicht zufrieden. Zwischen Z_{min} und Z_{max} steigt die Zugehörigkeit linear an, um dann ab Z_{max} volle Zufriedenheit zu erzeugen.

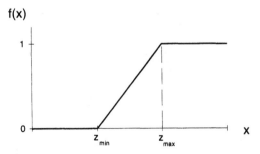

Abb. 3.4: Lineare Zugehörigkeitsfunktion einer unscharfen Zielfunktion

---

[41] Vgl. Buscher, Roland (1993), S. 314.

ad 2. Die konkave Zugehörigkeitsfunktion:

Diese Art von Zugehörigkeitsfunktion soll zum Ausdruck bringen, daß die Zufriedenheit des Entscheidungsträgers bezogen auf die Restriktionsgrenze um so stärker abnimmt, je weiter die gesteckte Grenze b_i überschritten wird. Dieser Verlauf kann mittels einer Exponentialfunktion dargestellt werden:[42]

$$f_i(a_i^T x) = \alpha \left[1 - e^{\frac{\beta(a_i^T x - b_i - p_i)}{p_i}} \right] \quad \text{für } b_i \leq a_i^T x \leq b_i + p_i, \text{ mit } \alpha > 1 \text{ und } \beta > 0. \quad (3.7)$$

Wie aus der Funktionsgleichung hervorgeht, muß der Anwender die beiden Parameter α und β a priori schätzen und gegebenenfalls ändern, wenn die Gestalt der Funktion nicht seinem tatsächlichen Empfinden entsprechen sollte. Dies erfordert einen erhöhten Aufwand bei der Aufstellung der Funktion. Darüber hinaus resultiert aus der nichtlinearen Funktion kein lineares Optimierungsmodell, was die Recheneffizienz weiter verringert. Der zuletzt genannte Kritikpunkt läßt sich jedoch abschwächen, da der Verlauf der konkaven Zugehörigkeitsfunktion durch stückweise lineare Funktionen approximiert werden kann.[43] Das hat den Vorteil, daß dann ein lineares Optimierungsmodell vorliegt.[44] Die Abbildung 3.5 soll den Funktionsverlauf noch einmal illustrieren.

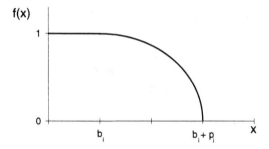

Abb. 3.5: Konkave Zugehörigkeitsfunktion

---

[42] Vgl. Sakawa (1984), S. 492.
[43] Vgl. Hannan (1981), S. 241, Rommelfanger (1983), S. 17 f. und Nakamura (1984), S. 214.
[44] Vgl. Wolf (1988a), S. 45.

ad 3.   Die s-förmige Zugehörigkeitsfunktion:

Empirische Untersuchungen über den Verlauf von Nutzenfunktionen[45], Arbeiten zur Anspruchsniveau-Theorie[46] und empirische Studien über Zugehörigkeitsfunktionen[47] legen es nahe, s-förmige Funktionen zu verwenden. Dabei verläuft der erste Teil der Funktion bis zu einem vorgegebenen Niveau zunächst konkav und ab diesem Punkt konvex. Diese s-förmigen Funktionen lassen sich mit verschiedenen Funktionsverläufen darstellen. Die gängigsten Zugehörigkeitsfunktionen sind die kubische Splines-Funktion[48], die hyperbolische Funktion[49] und die logistische Funktion[50]. Anhand der hyperbolischen Zugehörigkeitsfunktion soll der Verlauf der Funktion grafisch veranschaulicht sein (Abbildung 3.6).

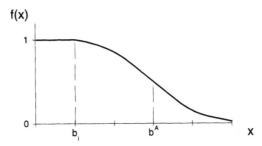

Abb. 3.6: Hyperbolische Zugehörigkeitsfunktion

Bei diesen Funktionstypen wird ebenfalls eine Parameterschätzung notwendig. Während bei der hyperbolischen und logistischen Funktion jeweils nur ein Parameter anzugeben ist, erfordert die Anwendung der kubischen Splines-Funktion in der Regel acht Parameterschätzungen. Als großer Nachteil erweist sich, daß bei der hyperbolischen bzw. logistischen Funktion den Rändern des Unschärfeintervalls nicht die Werte null und eins zugeordnet werden können, sondern daß diese notwendige Voraussetzung für eine Zugehörigkeitsfunktion nur asymptotisch erfüllt wird.[51] Diese Diskrepanz läßt sich zwar über einen geeigneten Parameterwert verringern, dies schränkt jedoch gleichzeitig den Variationsspielraum für den Verlauf der Funktion erheblich ein, da mit dem Parameter gleichzeitig die Krümmung der Funktion festgelegt wird. Im Extremfall spiegelt die Zugehörigkeitsfunktion dann nicht mehr das Empfin-

---

[45] Vgl. Friedmann/Savage (1948).
[46] Vgl. Simon (1955), S. 105 und Becker/Siegel (1958).
[47] Vgl. Hersh/Caramazza (1976) und Milling (1982).
[48] Vgl. Schwab (1983), S. 33 ff.
[49] Vgl. Leberling (1983), S. 408.
[50] Vgl. Zimmermann (1987a), S. 204.
[51] Vgl. Brunner (1994), S. 71.

den des Entscheidungsträgers wider, was gerade mit diesen Funktionsverläufen erreicht werden sollte.

Die Nichtlinearität dieser Funktionen läßt sich wiederum mit Hilfe einer stückweisen Linearisierung überwinden.[52]

ad 4. Die stückweise lineare Zugehörigkeitsfunktion

Um einen stückweisen linearen Funktionsverlauf zu erhalten, wird die Angabe sogenannter Stützstellen notwendig. Wenn der Anwender k Stützstellen angeben kann, dann setzt sich die Zugehörigkeitsfunktion aus k+1 linearen Gleichungen zusammen. Dabei ist die Approximation an den nichtlinearen Kurvenverlauf um so besser, je mehr Stützstellen es gibt. Für die weitere Darstellung bietet sich folgende vereinfachende Schreibweise an:

$$1. \qquad (b_i, 1) = \left[b_i^0, f_i\left(b_i^0\right) \right]$$

$$2. \qquad (b_i + p_i, 0) = \left[b_i^K, f_i\left(b_i^K\right) \right]$$

Es gilt weiterhin: $\quad b_i^{k-1} < b_i^k$ und $f_i\left(b_i^{k-1}\right) > f_i\left(b_i^k\right)$ für $k = 1,...,K$.

Angenommen es soll ein konkaver Kurvenverlauf approximiert werden, dann läßt sich die Zugehörigkeitsfunktion für die Restriktionsgrenzen allgemein für das Intervall $\left[b_i^0, b_i^K \right]$ darstellen als:[53]

$$f_i(a_i^T x) = \begin{cases} 1 & \text{für } a_i^T x \leq b_i^0 \\ f_i(b_i^{k-1}) + \dfrac{f_i(b_i^k) - f_i(b_i^{k-1})}{b_i^k - b_i^{k-1}}(a_i^T x - b_i^{k-1}) & \text{für } b_i^{k-1} < a_i^T x < b_i^k \\ 0 & \text{für } a_i^T x \geq b_i^K \end{cases} \qquad (3.8)$$

für $i = 1,..., m$ und mit $k = 1,..., K$.

Abbildung 3.7 spiegelt die Approximation an einen konkaven Verlauf mit Hilfe von zwei Stützstellen bildlich wider.

[52] Vgl. Hannan (1981) und Rommelfanger (1983).
[53] Vgl. Rommelfanger (1994), S. 195.

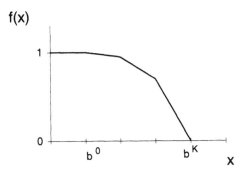

Abb. 3.7: Stückweise lineare Zugehörigkeitsfunktion

Der Vorteil von stückweisen linearen Zugehörigkeitsfunktionen liegt einerseits darin, daß Parameterschätzungen entfallen, andererseits trotzdem das Zufriedenheitsempfinden des Entscheidungsträgers je nach Informationslage optimal ausgedrückt werden kann. Darüber hinaus resultiert aus diesem Funktionstyp ein lineares Optimierungssystem. Damit sind sie den vorher vorgestellten nichtlinearen Funktionen in jedem Fall überlegen. Das Zufriedenheitsempfinden kommt gegenüber der linearen Zugehörigkeitsfunktion in der Regel über einen stückweisen linearen Verlauf besser zum Ausdruck.

Nachteilig an den stückweisen linearen Funktionen ist jedoch der zunehmende Rechenaufwand, der auf das komplexer werdende Ersatzmodell zurückzuführen ist. Weiterhin erhöht sich der Rechenaufwand wegen der notwendigen Konkavitätsüberprüfung der Funktion, da es sonst zu widersprüchlichen Ergebnissen kommen könnte. Andererseits ist fraglich, ob der Entscheidungsträger überhaupt in der Lage ist, genaue Angaben über sein Zufriedenheitsempfinden in Form von Stützstellen zu machen.

Als Fazit läßt sich auch hier wieder ziehen, daß sich der Entscheidungsträger zwischen größerer Realitätsnähe (stückweise lineare Zugehörigkeitsfunktion) und geringerem Rechenaufwand (lineare Zugehörigkeitsfunktion) entscheiden muß.

Abschließend sei an dieser Stelle die Zugehörigkeitsfunktion für eine scharfe Größe angesprochen. Wie man in Abbildung 3.8 sieht, kommt die zweiwertige Logik, entweder volle oder keine Zugehörigkeit, voll zum Ausdruck.

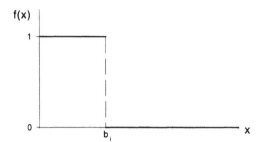

Abb. 3.8: Zugehörigkeitsfunktion einer scharfen Zahl

3.1.4.   Typen von Aggregationsoperatoren

Aggregationsoperatoren kommen dann zum Tragen, wenn mehrere Ziele simultan miteinander verknüpft werden sollen. Das ist bei einigen Verfahren der linearen Fuzzy-Optimierung vorgesehen. Dort wird die Zufriedenheit mit einem Fuzzy-Ziel über Zugehörigkeitsfunktionen zum Ausdruck gebracht, so daß die Zugehörigkeitsfunktionen miteinander verknüpft werden müssen. Die Verknüpfung ergibt dann eine neue Zugehörigkeitsfunktion, die die Gesamtzufriedenheit mit dem Fuzzy-Problem darstellt.

Der Aggregationsoperator sollte im Prinzip zwei Anforderungen genügen. Erstens sollte er das menschliche Aggregationsverhalten so gut wie möglich wiedergeben, und zweitens sollte er zu einem linearen Ersatzmodell führen, damit eine effiziente Berechnung der Lösung mit standardisierten Algorithmen, wie der Simplex-Methode, erfolgen kann. Unter diesen Gesichtspunkten sollen die gängigsten Operatoren diskutiert werden.[54]

In der Literatur werden eine Vielzahl von Operatoren diskutiert. Da sind zum einen die Operatoren der t-Norm (triangular norms)[55] und zum anderen die t-Conorm, die auch "s-norms"[56] genannt wird, zu erwähnen. Zu den Operatoren der t-Norm zählen alle Durchschnitts-

---

[54] Zimmermann und Schwab nennen darüber hinaus weitere Kriterien, die zumeist axiomatisch begründet sind. Vgl. Zimmermann (1987), S. 196 f. und Schwab (1983), S. 46 f. Eine ausführliche Diskussion über Axiomensysteme zur Bestimmung von Aggregationsoperatoren findet der interessierte Leser bei Bellmann/Giertz (1973), Hamacher (1978), Weber (1983) und Werners (1984).
[55] Vgl. Zimmermann (1991), S. 30.
[56] Vgl. die Begriffswahl bei Zimmermann (1991), S. 31.

verknüpfungen, wohingegen die Vereinigungsverknüpfungen unter die t-Conorm subsumiert werden.[57]

Zu den wichtigsten Verknüpfungsformen der **t-Norm** zählen der Minimum-Operator und das algebraische Produkt. Diese Operatoren geben an, inwiefern ein Element in Analogie zur klassischen Logik sowohl zur einen als auch zur anderen Menge gehört.[58] Deswegen bezeichnet man diese Operatoren als "logische und"-Operatoren.[59] Der Minimum-Operator ist wie folgt definiert:

Minimum-Operator

$$f(x) = \min\left\{f_{\tilde{A}}(x), f_{\tilde{B}}(x)\right\} \qquad (3.9)$$

Da es sich hier um ein lineares Problem handelt, ist das Kriterium der Recheneffizienz gewährleistet. Die folgende Abbildung 3.9 soll die Vorgehensweise des Minimum-Operators verdeutlichen.

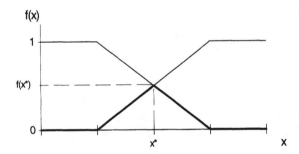

Abb. 3.9: Der Minimum-Operator

Das algebraische Produkt definiert sich als:

Algebraisches Produkt

$$f(x) = f_{\tilde{A}}(x) \cdot f_{\tilde{B}}(x) \qquad (3.10)$$

---

[57] Vgl. Rommelfanger (1994), S. 25 und Lehmann/Weber/Zimmermann (1992), S. 2.
[58] Vgl. Bellman/Zadeh (1970), S. B-145.
[59] Vgl. Zimmermann et al. (1993), S. 17.

Da das algebraische Produkt einerseits zu einem nicht linearen Problem führt und andererseits das menschliche Verhalten in unscharfen Entscheidungssituationen schlecht wiedergibt, scheidet dieser Operator für die weitere Betrachtung aus.[60]

Stellvertretend für die Operatoren der **t-Conorm** können der Maximum-Operator und die algebraische Summe angeführt werden.[61] Diese Vereinigungsoperatoren im Sinne des "inclusiven oder" geben an, bis zu welchem Grad die Elemente zu der einen *oder* anderen unscharfen Menge gehören.[62] Sie sind folgendermaßen definiert:

Maximum-Operator

$$f(x) = \max\{f_{\tilde{A}}(x), f_{\tilde{B}}(x)\} \qquad (3.11)$$

Algebraischer Summen-Operator

$$f(x) = f_{\tilde{A}}(x) + f_{\tilde{B}}(x) - f_{\tilde{A}}(x) \cdot f_{\tilde{B}}(x) \qquad (3.12)$$

Die Kritik am Minimum-Operator richtet sich gegen die pessimistische Haltung, da die optimale Lösung durch das "schwächste Glied der Kette" determiniert wird.[63] Dies entspricht aber nicht dem menschlichen Verhalten in solchen Situationen. Gegen den Max-Operator ist dagegen einzuwenden, daß er eine zu optimistische Haltung einnimmt. Zahlreiche empirische Studien lehnen daher diese Operatoren als geeignete Verknüpfungsform ab.[64] Das ist zum einen damit zu erklären, daß die t-Conorm-Operatoren die im Optimierungsmodell geforderte Schnittmengenbildung in Form des "logischen und" nicht repräsentieren. Erschwerend kommt hinzu, daß die logischen Operatoren keine Kompensation der verschiedenen Zugehörigkeitsgrade zulassen. Deshalb entwickelte man sogenannte kompensatorische Operatoren, die zu einer "kompensatorischen und"-Verküpfung[65] führen sollen und zwischen dem Min- und Max-Operator anzusiedeln sind. Stellvertretend dafür soll der arithmetische- und geometrische-Mittel-Operator[66], der Gamma-Operator[67], sowie zusammengefügte parametrische Operatoren, die aus zwei unterschiedlichen Operatoren mittels einer konvexen Linearkombination entstehen, vorgestellt werden.

---

[60] Vgl. die empirische Studie von Thole/ Zimmermann/Zysno (1979).
[61] Vgl. Rommelfanger (1994), S. 18 ff.
[62] Vgl. Lehmann/Weber/Zimmermann (1992), S. 2.
[63] Vgl. Rommelfanger (1994), S. 26.
[64] Vgl. Hersh/Caramazza (1976), Thole/Zimmermann/Zysno (1979) und Zimmermann/Zysno (1980). Zu einem anderen Ergebnis hinsichtlich des Minimum-Operators kommen Kovalerchuk/Taliansky (1992). Sie halten den Operator für geeignet, um das menschliche Aggregationsverhalten korrekt wiederzugeben.
[65] Vgl. Zimmermann (1981), S. 374.
[66] Vgl. Rommelfanger (1994), S. 28.
[67] Vgl. Zimmermann/Zysno (1980), S. 44 f.

Arithmetischer Mittel-Operator

$$f(x) = \frac{1}{n} \sum_{i=1}^{n} f_{\tilde{A}_i}(x) \qquad (3.13)$$

Geometrischer Mittel-Operator

$$f(x) = \prod_{i=1}^{n} f_{\tilde{A}_i}(x)^{\frac{1}{n}} \qquad (3.14)$$

Der geometrische Mittel-Operator führt im Vergleich zum arithmetischen stets zu geringeren Überschreitungen der Minimumwerte.[68] Ersterer besitzt jedoch den Nachteil, daß er nicht zu einem linearen Ersatzmodell führt. Wie empirische Tests zeigen, eignen sich diese Operatoren nur für spezielle Anwendungsgebiete.[69] Ein Grund dafür könnte darin gesehen werden, daß die Kompromißbereitschaft bei verschiedenen unscharfen Entscheidungen unterschiedlich ausfallen kann. Die obigen Operatoren lassen jedoch keine flexible Kompensation zwischen den Zugehörigkeitswerten zu. Deshalb sind weitere Operatoren entwickelt worden, die eine flexible Kompensation über einen Parameter erlauben. Dazu gehört auch der Gamma-Operator[70], der sich wie folgt definiert:

Gamma-Operator

$$f(x) = \left(\prod_{i=1}^{n} f_{\tilde{A}_i}(x) \right)^{1-\Gamma} \cdot \left(\sum_{i=1}^{n} f_{\tilde{A}_i}(x) - \prod_{i=1}^{n} f_{\tilde{A}_i}(x) \right)^{\Gamma} \qquad (3.15)$$

Dieser Operator stellt eine Kombination aus Produkt- und algebraischem Summen-Operator dar. Eine Gewichtung erfolgt über den Kompensationsparameter Γ. Wird $\Gamma = 0$ gesetzt, dann liegt eine ausschließliche "und"-Verknüpfung vor. Bei $\Gamma = 1$ hat man es dagegen mit einer "oder"-Verknüpfung zu tun. Mit dem Kompensationsparameter Γ läßt sich folglich die Kompromißbereitschaft steuern. Problematisch ist jedoch, daß der Gamma-Operator zum einen in Teilen gegen das geforderte Axiomensystem verstößt und zum anderen in Teilbereichen keinen kompensatorischen Effekt erzielt.[71] Als weiterer Nachteil kann angeführt werden, daß der Gamma-Operator zu einem nichtlinearen Ersatzmodell führt, was die Recheneffizienz beeinträchtigt. Dies gilt nicht für konvexe Linearkombinationen zwischen

---

[68] Vgl. Rommelfanger (1994), S. 28.
[69] Für den Fall der Kreditwürdigkeitsprüfung führt insbesondere der arithmetische Mittel-Operator zu guten Ergebnissen. Vgl. Rommelfanger/Unterharnscheidt (1987), S. 366. Bei einer Studie von Zimmermann/Zysno, "Ideale Kachel", ist dagegen der arithmetische Mittel-Operator zu verwerfen. Der geometrische Operator schneidet dagegen etwas besser ab.Vgl. Zimmermann/Zysno (1980), S. 43.
[70] Vgl. Zimmermann/Zysno (1980), S. 47.
[71] Vgl. den Beweis bei Werners (1984), S. 161 f.

zwei verschiedenen Operatoren. Da ist zum einen die Konvexkombination zwischen dem Min- und Max-Operator[72] zu nennen, die sich folgendermaßen definiert:

Konvexkombination zwischen Min- und Max-Operator[73]

$$f(x) = \Gamma \cdot \min_i \left\{ f_{\tilde{A}_i}(x) \right\} + (1 - \Gamma) \max_i \left\{ f_{\tilde{A}_i}(x) \right\} \qquad (3.16)$$

Auch dieser Operator kann einige geforderte Eigenschaften des Axiomsystems nicht erfüllen, so daß er in dieser Hinsicht dem Minimum-Operator unterlegen ist.[74] Darüber hinaus determinieren nur die extremen Zugehörigkeitswerte die Gesamtzugehörigkeitsfunktion. In einer empirischen Studie konnte dieser Operator nicht den geforderten Signifikanzkriterien genügen.[75] Daher entwickelt WERNERS einen "fuzzy und"- bzw. "fuzzy oder"-Operator[76], der diese Nachteile zum Teil entkräften kann.

"Fuzzy und"-Operator[77]

$$f(x) = \Gamma \cdot \min_i \left\{ f_{\tilde{A}_i}(x) \right\} + (1 - \Gamma) \frac{1}{n} \sum_{i=1}^{n} f_{\tilde{A}_i}(x) \qquad (3.17)$$

Wie man sieht, setzt sich dieser Operator aus dem Min- und dem arithmetischen Mittel-Operator zusammen. Wird $\Gamma = 0$ gesetzt, so findet keine Kompensationsmöglichkeit Berücksichtigung. Empirische Untersuchungen haben den beiden "Fuzzy"-Operatoren gute Eigenschaften bescheinigt.[78]

Grundsätzlich gilt jedoch für jeden vorgestellten kompensatorischen Operator, daß die Kompensation willkürlich erfolgt. Der Entscheidungsträger kann keinen direkten Einfluß darauf nehmen, welcher Zufriedenheitsgrad durch welchen anderen kompensiert werden soll. Denn die Höhe des Kompensationsgrads bestimmt lediglich, wie stark die vom Verfahren automatisiert durchgeführte Kompensation ausfallen soll.[79] Darüber hinaus kann bisher keinem der Operatoren eine generelle Einsetzbarkeit für universelle unscharfe Probleme

---

[72] Vgl. Zimmermann (1985b), S. 48.
[73] Dieser Operator wird auch als ε-Verknüpfung bezeichnet. Vgl. Rommelfanger (1994), S. 32. Oder/Rentz (1992), S. 116, führen einen sog. "Min-Bounded-Sum"-Operator an, der das beste Aggregationsverhalten für ihr behandeltes unscharfes Energie-Emissions-Modell aufweist. Leider vermißt man einen Hinweis auf die erfolgte empirische Studie.
[74] Eine Tabelle über die axiomatischen Eigenschaften verschiedener Operatoren findet sich bei Werners (1984), S. 169. Dort schneidet der Min- und Max-Operator am besten ab.
[75] Vgl. Rommelfanger/Unterharnscheidt (1987), S. 365 ff.
[76] Vgl. Werners (1984), S. 164.
[77] Beim "fuzzy-oder"-Operator wird der Min- durch den Max-Operator ersetzt.
[78] Vgl. Werners (1984), S. 184 ff.
[79] Vgl. Brunner (1994), S. 67 f.

attestiert werden.[80] Vielmehr richtet sich der Einsatz des geeignetsten Operators nach dem zu lösenden Fuzzy-Problem. Aus diesem Grund wird in der Literatur der Minimum-Operator als Präferenzfunktion trotz seiner Schwächen bevorzugt.[81]

Eine Modifikation des Minimum-Operators schlagen BRUNNER und WERNERS vor, die im folgenden hier kurz angesprochen werden sollen. Zunächst wenden wir uns dem "kompensatorischen Minimum-Operator" von BRUNNER zu: Der Entscheidungsträger legt dazu Anspruchsniveaus entsprechend seiner Präferenzen in Form von Mindestzugehörigkeitsgraden für die Fuzzy-Ziele fest und kann somit die Kompensation zwischen den Zufriedenheitsgraden direkt beeinflussen. Unter Beachtung der vorgegebenen Anspruchsniveaus wird dann über den klassischen Minimum-Operator der maximale Zufriedenheitsgrad gesucht. Damit wird der Nachteil des Minimum-Operators umgangen, und es kann eine insgesamt höhere Zufriedenheit mit der Kompromißlösung erzielt werden.[82]

Bei der Bestimmung der Anspruchsniveaus wird der Entscheidungsträger nicht genau abschätzen können, welche Konsequenzen dies auf die anderen Fuzzy-Ungleichungen hat. BRUNNER schlägt deshalb vor, dem Entscheidungsträger zur Unterstützung zusätzliche Informationen über den möglichen Bereich seiner subjektiven Kompromißlösung zu geben. Dazu sind die Berechnungen dreier globaler Referenzpunkte notwendig. Neben der klassischen Max-Min-Kompromißlösung, die ihm ein Gefühl für das Mindestgesamtniveau bei gleichgewichtiger Verfolgung des Ziels und der Nebenbedingungen vermitteln soll, wird ein Referenzpunkt der maximalen Zielwerte und ein Referenzpunkt der maximalen Erfüllung der Restriktionen generiert. Der erstgenannte Referenzpunkt drückt die maximale globale Kompensation des Ziels auf Kosten der Nebenbedingungen aus und der zweite den umgekehrten Fall. Da die Berechnung dieser Referenzpunkte einen weiteren Rechenaufwand bedeuten, der zusätzlich durch auftretende Schwierigkeiten bei der Berechnung des zweiten Punktes wegen Unlösbarkeit verstärkt werden kann[83], und diese Orientierungshilfen dem Entscheidungsträger nicht den dann folgenden Iterationsprozeß bei der Quantifizierung seiner Präferenzvorstellungen ersparen, kann man auf diesen Schritt auch ganz verzichten. Statt dessen sollte man bei praktischen Problemen dem "trial-and-error"-Prozeß bei der Suche nach geeigneten Anspruchsniveaus den Vorzug geben. Das bedeutet, daß der Entscheidungsträger sich mit einem festgelegten Anspruchsniveau die pareto-optimale Lösung anschaut und ex post seine Präferenzen überprüft. Ist er mit der gefundenen Lösung zufrieden, kann er abbrechen. Ist er nicht zufrieden, dann muß er für die verschiedenen Fuzzy-Ziele die Anspruchsniveaus ändern und die Lösungen mit seinen Präferenzvorstellungen vergleichen.

---

[80] Zur gleichen Auffassung kommt auch Brunner. Vgl. Brunner (1994), S. 65.
[81] Vgl. Hanuscheck (1986b), S. 89, Wolf (1988a), S. 34, Zimmermann (1991), S. 250 und Rommelfanger (1994), S. 188 und S. 206.
[82] Vgl. Brunner (1994), S. 118 ff.
[83] Vgl. Brunner (1994), S. 141.

Bei diesem Verfahren entwickelt man einerseits mit der Zeit ein Gefühl über den möglichen Lösungsraum, andererseits präzisiert man seine Präferenzvorstellungen.[84]

Eine weitere Möglichkeit mit dem Minimum-Operator als Verknüpfungsform zu arbeiten, schlägt WERNERS[85] vor. Dabei wird eine individuelle optimale Kompromißlösung ebenfalls über einen interaktiven Prozeß gesucht. Ist der Entscheidungsträger mit der vorgeschlagenen ersten Lösung nicht einverstanden, dann soll er die Zugehörigkeitsfunktionen modifizieren. Bei der Ziel-Zugehörigkeitsfunktion ist eine Änderung des Mindestziels nach oben vorzunehmen und bei einer Zugehörigkeitsfunktion einer "≤-Nebenbedingung" ist die maximale Ausdehnung nach unten zu korrigieren.[86] Mit den veränderten Zugehörigkeitsfunktionen ist eine weitere Rechnung mit dem Minimum-Operator vorzunehmen. Dem Entscheidungsträger wird nun eine andere Kompromißlösung vorgeschlagen, da die Veränderung der Zugehörigkeitsfunktionen implizit eine Veränderung der Gewichtung zwischen den Zugehörigkeitsfunktionen erzeugt hat. Diese Modifikationen haben also den gleichen Effekt wie das Setzen von Anspruchsniveaus.

Wenden wir den Minimum-Operator auf die Fuzzy-Optimierung an, so läßt sich eine Kompromißlösung finden, indem die Gesamtzufriedenheit mit allen Fuzzy-Zielen über die Zugehörigkeitsfunktionen $f_{\tilde{A}_i}(x)$ generiert wird. Der Entscheidungsträger wünscht seine Gesamtzufriedenheit γ zu maximieren, so daß sich folgendes nicht-lineare Optimierungsproblem

$$\gamma = \text{Max Min}\left\{f_{\tilde{A}_i}(x)\right\} \qquad (3.18)$$

ergibt, das nach NEGOITA/SULARIA folgendem linearen Optimierungssystem äquivalent ist:[87]

$$
\begin{aligned}
&\max \gamma \\
&\gamma \leq f_{\tilde{A}_i}(x) \\
&\gamma \leq 1 \\
&\gamma \geq 0 \\
&x \geq 0 \\
&x \in X
\end{aligned}
\qquad (3.19)
$$

---

[84] Brunner weist auf das Problem hin, welches der Entscheidungsträger bekommt, wenn er ein unbefriedigendes Ergebnis erhält aber nicht gewillt ist, ein Anspruchsniveau zu ändern. In solchen Fällen schlägt er eine automatische Lösungssuche vor. Diese hat aber den Nachteil eines zusätzlichen Rechenaufwands und ist für den Entscheidungsträger schwerer nachvollziehbar, so daß hier von einer weiteren Betrachtung Abstand genommen wird. Der interessierte Leser sei auf Brunner (1994), S. 155 ff. verwiesen.
[85] Vgl. Werners (1987a) und (1987b).
[86] Vgl. Werners (1987a), S. 347.
[87] Vgl. Negoita, Sularia (1976), S. 6.

Bei den nun folgenden Optimierungsverfahren werden wir immer wieder auf diesen Ansatz zurückkommen.

3.2. Lineare Fuzzy-Programmierungsverfahren

In diesem Kapitel werden ausschließlich Verfahren vorgestellt, die entweder unscharfe Zielvorstellungen des Entscheidungsträgers (intrinsische Unschärfe) und/oder unscharfe Restriktionsgrenzen (relationale Unschärfe) berücksichtigen. Das unscharf formulierte lineare Problem sieht dann folgendermaßen aus:

$$\text{m\~ax } c^T x$$
$$Ax \mathrel{\tilde{\leq}} b \qquad\qquad (3.20)$$
$$x \geq 0$$

Die unscharfe Zielvorstellung bedeutet, daß der Entscheidungsträger ein gewisses Niveau (vorgegeben oder interaktiv ermittelt) erreichen möchte, eine gewisse Abweichung nach unten jedoch toleriert. Die unscharfe Relation soll verdeutlichen, daß eine Verletzung der Restriktionsgrenze bis zu einem Toleranzwert akzeptiert wird. Je größer die Unterschreitung bzw. Überschreitung, desto unzufriedener wird der Entscheidungsträger sein. Diese Unzufriedenheit läßt sich mit Hilfe von Zugehörigkeitsfunktionen abbilden.

Liegen beide Unschärfearten gleichzeitig vor, handelt es sich um ein symmetrisches Entscheidungsmodell. Stellvertretend für diesen Ansatz werden wir die Verfahren von ZIMMERMANN, CHANAS und BRUNNER kennenlernen. Wird dagegen eine scharfe Zielfunktion mit unscharfen Grenzen betrachtet, so spricht man von asymmetrischen Modellen.[88] Als Beispiel dient das Verfahren von VERDEGAY. Im asymmetrischen Fall wird dem Entscheidungsträger entweder eine Fuzzy-Lösung[89] vorgeschlagen oder eine scharfe Entscheidung, indem die scharfe Zielfunktion fuzzifiziert wird. Eine Ausnahmestellung nimmt das Verfahren von WERNERS ein, das anfangs ein unsymmetrisches Modell darstellt, später aber über den Lösungsprozeß zu einem symmetrischen Modell konvertiert.

---

[88] Vgl. Zimmermann (1987a), S. 15 ff.
[89] Unter einer Fuzzy-Lösung versteht man die Ausprägung des Zielfunktionswertes in Abhängigkeit des Zugehörigkeitswertes.

3.2.1.   Das Verfahren von Zimmermann

Das erste Verfahren, das sowohl die *intrinsische* als auch die *relationale Unschärfe* innerhalb eines linearen Optimierungsproblems behandelt, stammt von ZIMMERMANN[90] aus dem Jahr 1975. Sein unscharf formuliertes lineares Problem besitzt das aus Gleichung (3.20) bereits bekannte Aussehen.

Es wird davon ausgegangen, daß der Problemsteller sowohl ein Zielniveau (z_0) als auch einen entsprechenden Toleranzwert (p_0), der möglichst nicht unterschritten werden soll, a priori angeben kann. Das Ziel entspricht dann einer unscharfen Menge im Sinne der Fuzzy-Logik mit dem Intervall $[z_0 - p_0, z_0]$.

Das gleiche gilt für das Restriktionssystem. Auch hier ist der Entscheidungsträger in der Lage, einen maximalen Überschreitungswert (p_i) für die Grenze jeder Restriktion i anzugeben. Mit anderen Worten läßt der Problemsteller eine maximale Grenzüberschreitung in Höhe von p_i zu, b_i soll jedoch möglichst nicht überschritten werden. Die Restriktionsgrenze stellt somit eine unscharfe Menge dar, die durch das Intervall $[b_i, b_i+p_i]$ charakterisiert wird. Das obige unscharfe Problem läßt sich dann folgendermaßen umformulieren:

$$
\begin{array}{ccc}
\text{Suche } x & & \text{Suche } x \\
c^T x \gtrsim z_o & \text{oder} & c^T x \geq \tilde{z}_o \\
Ax \lesssim b & & Ax \leq \tilde{b} \\
x \geq 0 & & x \geq 0
\end{array}
\tag{3.21}
$$

Nun wissen wir aus Definition 1 für unscharfe Mengen, daß jedem Element aus der unscharfen Menge ein Zugehörigkeitswert zugeordnet wird. Dieser Wert gibt das subjektive Zufriedenheitsempfinden mit der potentiellen Überschreitung bzw. Unterschreitung an. Betrachten wir zunächst die Zugehörigkeitsfunktion für die Restriktionsgrenze. Nehmen wir an, daß wir es mit einem rationalen Entscheidungsträger zu tun haben, dann sinkt die Zufriedenheit mit wachsender Überschreitung der Grenze. Die Zugehörigkeitsfunktion verläuft folglich monoton fallend. Da wir hier von normalisierten unscharfen Mengen ausgehen, können wir die Zugehörigkeitsfunktion[91] einer Restriktionsgrenze allgemein definieren als:

$$
f_i(a_i^T x) = \begin{cases}
1 & \text{für } a_i^T x \leq b_i \\
\xi & \text{für } b_i < a_i^T x < b_i + p_i \\
0 & \text{für } a_i^T x \geq b_i + p_i
\end{cases}
\tag{3.22}
$$

---

[90] Vgl. Zimmermann (1975).
[91] In der Literatur findet man auch den Begriff Nutzenfunktion. Vgl. Rommelfanger (1988), S. 369.

mit $\xi \in [0, 1]$, $a_i^T x \in [0, +\infty[$ und für $i = 1, ..., m$. Die Ausprägung von ξ ist vom Typ der zugrundeliegenden Zugehörigkeitsfunktion abhängig. ZIMMERMANN geht bei seinen Betrachtungen von linearen Zugehörigkeitsfunktionen aus, so daß sich die Zugehörigkeitsfunktion für die Restriktionsgrenze wie bereits weiter oben unter (3.5) beschreiben läßt:

$$f_i(a_i^T x) = \begin{cases} 1 & \text{für } a_i^T x \leq b_i \\ 1 - \dfrac{a_i^T x - b_i}{p_i} & \text{für } b_i < a_i^T x < b_i + p_i \\ 0 & \text{für } a_i^T x \geq b_i + p_i \end{cases} \qquad (3.5)$$

Das Ziel des Entscheidungsträgers wird es sein, seine Zufriedenheit bezüglich jeder Restriktion zu maximieren. Aus den ursprünglichen Restriktionen werden durch die Einführung von Zugehörigkeitsfunktionen sogenannte Fuzzy-Zielfunktionen.[92]

Wenden wir uns der unscharfen Zielfunktion zu. Die Ausgangszielfunktion wurde als Nebenbedingung formuliert und kann nun ebenfalls durch eine Fuzzy-Zielfunktion substituiert werden. Dazu ist die Aufstellung einer Zugehörigkeitsfunktion notwendig. Die maximale Zufriedenheit des Entscheidungsträgers stellt sich bei Realisation des Anspruchsniveaus z_0 ein und entspricht einem Zugehörigkeitswert von 1. Werte oberhalb dieses Niveaus erhalten ebenfalls volle Zufriedenheit. Die Untergrenze $(z_0 - p_0)$ repräsentiert die vollkommene Unzufriedenheit und erhält den Zugehörigkeitswert von 0. Wenn Linearität wie bei ZIMMERMANN unterstellt wird, dann muß die Zugehörigkeitsfunktion zwischen diesen Grenzwerten monoton ansteigen. Sie hat folgendes Aussehen:

$$f_z(c^T x) = \begin{cases} 1 & \text{für } c^T x \geq z_0 \\ \dfrac{c^T x - z_0 + p_0}{p_0} & \text{für } z_0 - p_0 < c^T x < z_0 \\ 0 & \text{für } c^T x \leq z_0 - p_0 \end{cases} \qquad (3.6b)$$

Nach dieser Substitution stehen das Ausgangsziel und die Fuzzy-Restriktionsziele gleichberechtigt nebeneinander, so daß ein Fuzzy-Vektoroptimierungssystem für den *symmetrischen Modellansatz* vorliegt. Offensichtlich stehen die Fuzzy-Ziele dabei konträr zueinander. Das Ziel des Entscheidungsträgers liegt folglich in der Maximierung der Gesamtzufriedenheit γ, was einer Kompromißlösung gleichkommt. Allgemein kann geschrieben werden:[93]

$$\gamma = \Phi\{f_z(c^T x), f_i(a_i^T x)\} \rightarrow \max! \qquad (3.23)$$

[92] Vgl. Rommelfanger (1988), S. 370.
[93] Vgl. Wolf (1988a), S. 32.

Das Symbol Φ steht für eine geeignete Präferenzfunktion, die die Transformation des Vektor-optimierungssystems zu einem linearen, monistischen Ersatzmodell[94] ermöglichen soll, das die Anwendung der effizienten Algorithmen der linearen Programmierung erlaubt. ZIMMERMANN schlägt den Minimum-Operator von BELLMANN/ZADEH vor. Das obige unscharfe Problem ist dann in Anlehnung an (3.19) nach NEGOITA/SULARIA[95] dem folgenden Optimierungssystem äquivalent:

$$
\begin{aligned}
&\max \gamma \\
&\gamma \le f_z(c^T x) \\
&\gamma \le f_i(a_i^T x) \\
&\gamma \le 1 \\
&\gamma \ge 0 \\
&x \ge 0
\end{aligned}
\tag{3.24a}
$$

bzw. bei Einsetzung der Zugehörigkeitsfunktionen (3.5) und (3.6b):

$$
\begin{aligned}
&\max \gamma \\
&p_0\gamma - c^T x \le -z_0 + p_0 \\
&p_i\gamma + a_i^T x \le b_i + p_i \\
&\gamma \le 1 \\
&\gamma \ge 0 \\
&x \ge 0 \\
&\text{für } i = 1,\dots, m .
\end{aligned}
\tag{3.24b}
$$

Anzumerken ist an dieser Stelle, daß sich scharfe Restriktionsgrenzen ohne weiteres im obigen Modell berücksichtigen lassen, da sie einen Spezialfall einer unscharfen Menge darstellen.

[94] Vgl. Hanuscheck (1986b), S. 81.
[95] Vgl. Negoita/Sularia (1976), S. 6.

3.2.2. Das Verfahren von Verdegay

VERDEGAY[96] entwickelte 1982 ein Verfahren, in welchem dem Entscheidungsträger für den Fall *unscharfer Relationen* eine Fuzzy-Lösung vorgeschlagen wird. Das heißt, das das Ergebnis in Abhängigkeit eines Überschreitungsgrades θ angegeben wird. Die Lösungen ergeben sich über einen Vergleich zwischen der benötigten $(a_i^T x)$ und maximal möglichen Kapazität $(b_i + \theta p_i)$ auf bestimmten α-Niveaus.[97] Eine volle Überschreitung der Grenze entspricht also einem Vergleich auf dem 0-Niveau, bzw. keine Überschreitung einem Vergleich auf dem 1-Niveau der Zugehörigkeitsfunktion. Es gilt also $\theta = 1 - \alpha$. Folglich kann das unscharfe lineare Problem

$$\max c^T x$$
$$Ax \tilde{\leq} b \qquad\qquad (3.4)$$
$$x \geq 0$$

in das scharfe Problem

$$\max c^T x$$
$$Ax \leq b + \theta p \qquad\qquad (3.25a)$$
$$x \geq 0$$

bzw.

$$\max c^T x$$
$$Ax \leq b + (1 - \alpha)p \qquad\qquad (3.25b)$$
$$x \geq 0$$

mit $\theta \in [0,1]$ bzw. $\alpha \in [0,1]$ überführt werden. Dieses Problem läßt sich mit Hilfe der *parametrischen Programmierung*[98] lösen. Da die Zielfunktion als scharf angenommen wird, entspricht das Modell einem *asymmetrischen Ansatz*.

---

[96] Vgl. Verdegay (1982).
[97] Diese Vorgehensweise wird im allgemeinen als das α-Niveau-Konzept bezeichnet und geht auf Tanaka et al. und Orlovsky zurück. Vgl. Tanaka/Okuda/Asai (1974) und Orlovsky (1977).
[98] Zur parametrischen Programmierung vgl. Dantzig (1966), S. 490 ff., Hillier/Liebermann (1988), S. 266.

3.2.3.   Das Verfahren von Chanas

CHANAS[99] greift im Jahr 1983 das gleiche Problem wie ZIMMERMANN auf, jedoch schlägt er dem Entscheidungsträger nicht eine Kompromißlösung vor, sondern informiert ihn über die Entscheidung in Abhängigkeit des Überschreitungsgrads θ. Dazu formuliert er das unscharfe Problem

$$\begin{aligned} \tilde{\max} \ c^T x \\ Ax \tilde{\leq} b \\ x \geq 0 \end{aligned} \qquad (3.20)$$

in ein lineares parametrisches Modell der Form

$$\begin{aligned} \max \ c^T x \\ Ax \leq b + \theta p \\ x \geq 0 \end{aligned} \qquad (3.25a)$$

um, wie wir es bereits bei VERDEGAY kennengelernt haben. Der Unterschied zu diesem Verfahren besteht in der Fuzzyfizierung der Zielfunktion, weswegen der Ansatz von CHANAS auch zu den *symmetrischen Modellen* gezählt wird.[100] Als Lösung erhält man eine Zielfunktion in Abhängigkeit von θ. Diese in die Zugehörigkeitsfunktion des Ziels eingesetzt, ergibt eine neue Zugehörigkeitsfunktion in Abhängigkeit von θ. Sie wird im folgenden mit $f_0(\theta)$ bezeichnet. Die Kenntnis über diese Zugehörigkeitsfunktion setzt voraus, daß der Entscheidungsträger sowohl ein Anspruchsniveau als auch einen Toleranzwert für die Zielfunktion angeben kann. Da die Fuzzy-Lösung weiterhin von den ursprünglichen Restriktionen beschränkt wird, ist eine Zugehörigkeitsfunktion für die Restriktionen ebenfalls in Abhängigkeit von θ aufzustellen. Da CHANAS den *Minimum-Operator* als Aggregationsvorschrift wählt, gilt $f_i(\theta) \geq 1 - \theta \ \forall i$, und es existiert mindestens ein i, für das $f_i(\theta) = 1 - \theta$ Gültigkeit besitzt. Folglich kann für die Zugehörigkeitsfunktion der Restriktionen $f_{\tilde{c}}(\theta) = 1 - \theta$ geschrieben werden. Die Zugehörigkeitsfunktion für die Fuzzy-Entscheidung ergibt sich aus $f_{\tilde{D}}(\theta) = \min\{f_{\tilde{c}}(\theta), f_0(\theta)\}$. Bildet man das Maximum dieser Zugehörigkeitsfunktion, so erhält man $f_M(\theta^*) = \max_\theta f_{\tilde{D}}(\theta)$, was dem maximalen Zufriedenheitsgrad γ von ZIMMERMANN entspricht[101]. In Abbildung 3.10 findet sich der beschriebene Sachverhalt grafisch aufbereitet.

---

[99] Vgl. Chanas (1983).
[100] Lai/Hwang sehen das anders und bezeichnen dieses Verfahren irrtümlicherweise im Gegensatz zu Zimmermann als ein asymmetrisches Modell. Vgl. Lai/Hwang (1992a), S. 104.
[101] Vgl. Zimmermann (1987a), S. 76.

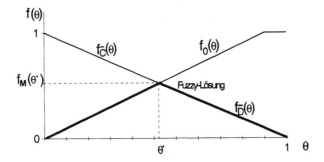

Abb. 3.10: Fuzzy-Lösung beim Verfahren von CHANAS[102]

3.2.4.   Das Verfahren von Werners

Das Verfahren von WERNERS[103] (1984) löst Probleme mit *unscharfer Relation* und kann
daher streng genommen den *asymmetrischen Modellen* zugeordnet werden. Das zu lösende
Problem lautet:

$$\max c^T x$$
$$Ax \tilde{\leq} b \qquad\qquad (3.4)$$
$$x \geq 0$$

Das weitere Vorgehen entspricht in etwa dem von ZIMMERMANN, mit dem Unterschied,
daß der Entscheidungsträger kein Anspruchsniveau incl. Toleranzwert angeben kann. Folglich
muß zunächst eine Zugehörigkeitsfunktion für die Zielsetzung generiert werden. Dabei wird
so vorgegangen, daß zwei Optimierungsrechnungen dem eigentlichen Problem vorgeschaltet
werden:

$$\max Z_{min} = c^T x$$
$$Ax \leq b \qquad\qquad (3.26a)$$
$$x \geq 0$$

und

$$\max Z_{max} = c^T x$$
$$Ax \le b + p$$
$$x \ge 0. \tag{3.26b}$$

Die Rechnung nach (3.26b) ergibt einen optimalen Zielwert bei voller Überschreitung und wird mit Z_{max} bezeichnet. Z_{max} erhält einen Zufriedenheitsgrad von eins. Dieses Vorgehen entspricht einer Optimierung nach dem Ansatz von VERDEGAY mit einem festen Überschreitungsgrad von $\theta = 1$. Die andere Optimierung nach (3.26a) erfolgt bei strikter Einhaltung der Restriktionsgrenze. Dieser Zielwert entspricht Z_{min} und erhält einen Zufriedenheitsgrad von null. Dieses Vorgehen ist mit einer Optimierung nach VERDEGAY mit fixem Wert $\theta = 0$ gleichzusetzen. Die Zugehörigkeitsfunktion bewegt sich zwischen diesen beiden Extremwerten. Ist der Entscheidungsträger nicht in der Lage, genaue Angaben über den Verlauf der Zugehörigkeitsfunktion zwischen diesen Werten anzugeben, so wird der Einfachheit halber ein linearer Verlauf angenommen. Die Zugehörigkeitsfunktion läßt sich dann, wie bereits bekannt, folgendermaßen beschreiben:

$$f_z(c^T x) = \begin{cases} 1 & \text{für } c^T x \ge Z_{max} \\ \dfrac{c^T x - Z_{min}}{Z_{max} - Z_{min}} & \text{für } Z_{min} < c^T x < Z_{max} \\ 0 & \text{für } c^T x \le Z_{min} \end{cases} \tag{3.6a}$$

Das weitere Procedere entspricht dem von ZIMMERMANN. Mit Hilfe des Minimum-Operators wird die Gesamtzufriedenheit γ maximiert. Das lineare Ersatzmodell lautet:

$$
\begin{aligned}
&\max \gamma \\
&(Z_{max} - Z_{min})\gamma - c^T x \le -Z_{min} \\
&p_i \gamma + a_i^T x \le b_i + p_i \\
&\gamma \le 1 \\
&\gamma \ge 0 \\
&x \ge 0
\end{aligned}
\tag{3.27}
$$

Es ist leicht einzusehen, daß WERNERS das anfängliche asymmetrische Modell in ein *symmetrisches* überführt und damit neben der *relationalen* auch indirekt die *intrinsische Unschärfe* berücksichtigt.

3.2.5. Das Verfahren von Brunner

Erwähnenswert ist, daß alle bisher vorgestellten Verfahren, die das eigentliche Ziel fuzzyfizieren, auf den Minimum-Operator als Aggregationsvorschrift für die Fuzzy-Ziele zurückgreifen. Damit wird implizit unterstellt, daß der Entscheidungsträger erstens die Restriktionen und das Ziel als gleichwertig ansieht und zweitens, daß das "schwächste Glied in der Kette" die optimale Kompromißlösung bestimmt. Nun ist es durchaus denkbar, daß der Entscheidungsträger bereit wäre, eine geringere Zufriedenheit mit einer Nebenbedingung in Kauf zu nehmen, wenn dafür die Zufriedenheit mit dem Zielwert steigen würde. Dieses Problem löst sich mit dem von BRUNNER[104] entwickelten "kompensatorischen Minimum-Operator", der weiter oben diskutiert wurde.

Die Erhöhung der Gesamtzufriedenheit kann auf zwei verschiedene Arten erzielt werden: zum einen durch die Verringerung der Zufriedenheitsgrade der bindenden Restriktionen, zum anderen durch die Erhöhung des Zufriedenheitsgrades des Ziels. Erstere Methode wird auch als direkte Kompensation, letztere als indirekte Kompensation bezeichnet.[105] Sie erfüllen den gleichen Zweck, da eine Erhöhung des Zielanspruchsniveaus eine indirekte Senkung der Zufriedenheitsgrade der bindenden Nebenbedingungen impliziert.[106] Da in beiden Fällen der Anwender ein Anspruchsniveau festlegen muß, bezeichnet man dieses Verfahren auch als Anspruchsniveauverfahren.

Widmen wir uns zunächst der Formulierung von **Mindestanspruchsniveaus für den Zielwert,** also der *indirekten Kompensation.* Ausgehend von der Zugehörigkeitsfunktion für den Vermögensendwert, läßt sich eine scharf formulierte Nebenbedingung ableiten, die die transformierte Fuzzy-Zielrestriktion ersetzt. Aus

$$f_z(c^Tx) = \begin{cases} 1 & \text{für } c^Tx \geq Z_{max} \\ \dfrac{c^Tx - Z_{min}}{Z_{max} - Z_{min}} & \text{für } Z_{min} < c^Tx < Z_{max} \\ 0 & \text{für } c^Tx \leq Z_{min} \end{cases} \qquad (3.6a)$$

ergibt sich die Mindestzufriedenheitsanforderung $f_z^\wedge \in [0,1]$

---

[104] Vgl. Brunner (1994), S. 118.
[105] Vgl. Brunner (1994), S. 152 ff.
[106] Man mache sich klar, daß bei einer Optimierung alle Anpruchsniveaus erfüllt sein müssen. Dies schränkt die Maximierungsmöglichkeit der geringsten Zufriedenheit ein. Die Gesamtzufriedenheit sinkt folglich und wird durch die bindenden Restriktionen determiniert, die einen geringeren Zufriedenheitsgrad aufweisen als vorher.

$$\frac{c^T x - Z_{min}}{Z_{max} - Z_{min}} \geq f_Z^\wedge$$

und damit nach einigen Umformungen[107]

$$c^T x \geq \left(Z_{max} - Z_{min}\right)f_Z^\wedge + Z_{min}. \tag{3.28}$$

Das lineare Ersatzmodell bei *indirekter Kompensation* besitzt dann folgendes Aussehen:

$$\max \gamma$$
$$-c^T x \leq -\left(Z_{max} - Z_{min}\right)f_Z^\wedge - Z_{min}$$
$$p_i \gamma + a_i^T x \leq b_i + p_i$$
$$\gamma \leq 1$$
$$\gamma \geq 0$$
$$x \geq 0$$

$$\text{für } i = 1,\ldots, m \tag{3.29}$$

Ebenso kann der Investor **Mindestanforderungen an die Nebenbedingungen** stellen. Dann handelt es sich um eine *direkte Kompensation*. Analog zum Zielanspruchsniveau wird die ursprüngliche transformierte Fuzzy-Restriktion durch eine scharfe Nebenbedingung ersetzt, die auf der Zugehörigkeitsfunktion für die entsprechende Restriktion basiert. Für diese gilt

$$f_i(a_i^T x) = \begin{cases} 1 & \text{für } a_i^T x \leq b_i \\ 1 - \dfrac{a_i^T x - b_i}{p_i} & \text{für } b_i < a_i^T x < b_i + p_i \\ 0 & \text{für } a_i^T x \geq b_i + p_i, \end{cases} \tag{3.5}$$

und daraus läßt sich die Mindestzufriedenheitsanforderung $f_i^\wedge \in [0,1]$ für eine Restriktion i

$$1 - \frac{a_i^T x - b_i}{p_i} \geq f_i^\wedge$$

formulieren. Nach einigen Umformungen erhält man:

$$a_i^T x \leq b_i + \left(1 - f_i^\wedge\right)p_i. \tag{3.30}$$

Das lineare Ersatzproblem im Fall der *direkten Kompensation* läßt sich nun wie folgt darstellen:

---

[107] Es läßt sich leicht zeigen, daß die Formulierung von Brunner (3.28) mit der Formulierung in (3.24b) von Zimmermann übereinstimmt, indem man $Z_{max} = Z_0$ und $Z_{min} = Z_0 - p_0$ setzt.

$$\max \gamma$$
$$(Z_{max} - Z_{min})\gamma - c^T x \le -Z_{min}$$
$$a_i^T x \le b_i + (1 - f_i^A)p_i \qquad \text{für mindestens ein } i$$
$$p_i \gamma + a_i^T x \le b_i + p_i \qquad \text{für } i = 1,...,m \qquad (3.31)$$
$$\gamma \le 1$$
$$\gamma \ge 0$$
$$x \ge 0$$

Es ist unbedingt darauf zu achten, daß nicht alle Restriktionen mit einem Anspruchsniveau versehen werden, da sonst kein Fuzzy-Problem, sondern ein klassisches lineares Optimierungsproblem vorliegt.

3.2.6. Zusammenfassung und kritische Würdigung

Vergleicht man die fünf vorgestellten Verfahren miteinander, dann stellt man zunächst große Ähnlichkeiten zwischen den Modellen von WERNERS und ZIMMERMANN fest. Der Unterschied zum Verfahren von ZIMMERMANN liegt in der Annahme, ob der Entscheidungsträger nun a priori ein Anspruchsniveau mit Toleranzwert angeben kann oder nicht. Diese Tatsache hat großen Einfluß auf die Gestalt der Zugehörigkeitsfunktion für das Ziel. Unabhängig davon führen beide Verfahren zu einer eindeutigen und damit scharfen Lösung.

Wie in Abbildung 3.11 zu erkennen ist, verläuft die Zugehörigkeitsfunktion von WERNERS flacher als die von ZIMMERMANN. Das liegt daran, daß zum einen der Mindestzielwert oberhalb von Z_{min}, zum anderen das Zielanspruchsniveau unterhalb von Z_{max} liegt. In diesem Fall wird der Entscheidungsträger sicherlich besser mit der Methode von ZIMMERMANN fahren, da es eher seine Präferenzen berücksichtigt. Problematisch wird es jedoch, wenn der Entscheidungsträger ein Anspruchsniveau oberhalb von Z_{max} wählt. Dann kann volle Zufriedenheit hinsichtlich der Zielsetzung von vornherein nicht erreicht werden. Gleiches gilt für die gesetzte Untergrenze des Zielniveaus. Liegt sie unterhalb von Z_{min}, so wird vollkommene Unzufriedenheit mit dem Zielwert ausgeschlossen.[108]

---

[108] Auf diese Problematik wird bereits bei Lai/Hwang hingewiesen. Vgl. Lai/Hwang (1992a), S. 129.

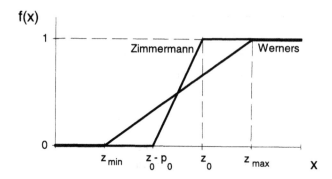

Abb. 3.11: Unterschied zwischen den Zugehörigkeitsfunktionen
von ZIMMERMANN und WERNERS[109]

Dieses Problem stellt sich bei dem Verfahren von CHANAS nicht, obwohl auch hier a priori vom Entscheidungsträger Angaben über Niveaus gefordert werden. Der mögliche Zielwertraum wird jedoch über die parametrische Programmierung berücksichtigt. Andererseits ist zu konstatieren, daß der Rechenaufwand beim Verfahren von CHANAS um ein vielfaches höher ist als der bei WERNERS oder ZIMMERMANN. Für kleine Probleme kann das vielleicht in Kauf genommen werden, für praktische, sehr große Probleme wiegt der erhöhte Aufwand jedoch schwer.[110]

Das Verfahren von VERDEGAY besitzt zwar den Vorteil, daß der Entscheidungsträger über das Spektrum der möglichen Lösungen in Abhängigkeit des Überschreitunggrads θ in Form einer Tabelle informiert wird, jedoch ist der Rechenaufwand als recht hoch einzuschätzen.

Angesichts dieses Sachverhalts ist es sicherlich sinnvoll, das Verfahren von WERNERS für neue Probleme ohne Vorstellung über den möglichen Zielwertraum vorzuziehen. Besitzt der Entscheidungsträger Vorstellungen über das Anspruchsniveau z_0, jedoch keine über die Abweichung nach unten, dann schlagen LAI/HWANG[111] eine interaktive Vorgehensweise vor.

---

[109] Vgl. die Abbildung 3.17 in Lai/Hwang (1992a), S. 129.
[110] Vgl. Lai/Hwang (1992a), S. 130 und Zimmermann (1987), S. 77.
[111] Dieses Verfahren bezeichnen Lai/Hwang mit Interactive Fuzzy Linear Programming-I, kurz **IFLP-I**. Vgl. Lai/Hwang (1992a), S. 130 ff. und dieselben (1992b), S. 174 ff. Sind die Koeffizienten ebenfalls unscharf im Sinne einer Präferenzbewertung, dann erfolgt eine Ergänzung des Iterationsprozesses mit Hilfe eines Verfahrens von Carlsson/Korhonen. Dieses Iterationsverfahren läuft unter dem Namen **IFLP-II**. Da wir bei unserem Fuzzy-Problem jedoch nur für die Koeffizienten Unschärfe im Sinne der Possibility-Theorie vorliegen

Zunächst erfolgt eine Berechnung der Zielwertuntergrenze und -obergrenze nach WERNERS. Für den Toleranzwert p_0 gilt dann $p_0 \in [0, z_0 - Z_{min}]$. Anschließend gibt der Entscheidungsträger einen Satz an Toleranzwerten an, für die dann nach ZIMMERMANN die optimalen Kompromißlösungen gesucht werden. Der Entscheidungsträger wird dann in Form einer Tabelle über die gefundenen Lösungen informiert.

Problematisch erweist sich bei allen bisher angesprochenen Verfahren die Verwendung des umstrittenen Minimum-Operators.[112] Einen Ausweg bietet das Anspruchsniveauverfahren von BRUNNER, der mit Hilfe des "kompensatorischen Minimum-Operators" dem Entscheidungsträger sowohl a priori als auch ex post größere Einflußmöglichkeiten auf die Gesamtzufriedenheit mit der gefundenen Lösung ermöglicht. Der Anwender hat dabei die Wahl über die Steuerung des Zielwertes (indirekte Kompensation) oder über die Nebenbedingungen (direkte Kompensation). In Tabelle 3.1 sind die wichtigsten Ergebnisse überblicksweise zusammengefaßt.

Verfahren	Anspruchsniveau (a priori)	Ansatz	Lösungsergebnis	Rechenaufwand
Zimmermann	ja	symmetrisch	scharf	gering
Verdegay	nein	asymmetrisch	unscharf	hoch
Chanas	ja	symmetrisch	unscharf	hoch
Werners	nein	asymmetrisch/ symmetrisch	scharf	gering
Brunner	ja	symmetrisch	scharf	mittel

Tabelle 3.1: Vergleich der linearen Fuzzy-Programmierungsverfahren

Insgesamt läßt sich hier feststellen, daß das Verfahren von WERNERS die geringsten Anforderungen an den Anwender stellt, da von ihm nicht a priori die Angabe von Zielanspruchsniveaus gefordert wird. Des weiteren spricht für dieses Verfahren der geringe Rechenaufwand und das scharfe Lösungsergebnis. Stellt sich ex post eine Unzufriedenheit mit der gefundenen Lösung ein, dann ist der Entscheidungsträger mit dem Verfahren von BRUNNER gut bedient, was sich problemlos an das Verfahren von WERNERS anschließen läßt.

---

haben, soll uns dieser Ansatz hier nicht weiter beschäftigen. Der interessierte Leser sei an Lai/Hwang (1993), S. 50ff i.V.m. Carlsson/Korhonen (1986) verwiesen.
[112] Vgl. dazu auch die ausführliche Diskussion über Aggregationsoperatoren im Kapitel 3.1.4.

3.3.   Lineare possibilistische Programmierungsverfahren

Bisher haben wir verschiedene Verfahren kennengelernt, die die intrinsische und relationale Unschärfe bei der Lösungsfindung berücksichtigen. In diesem Kapitel wollen wir uns nun der *informationalen Unschärfe* zuwenden. Die Behandlung dieser Unschärfeart hängt davon ab, welche Koeffizienten mit informationaler Unschärfe behaftet sind. Sind ausschließlich die Restriktionskoeffizienten betroffen, so können die Verfahren von DUBOIS/PRADE, DUBOIS, RAMIK/RIMANEK, WOLF, TANAKA/ASAI, TANAKA/ICHIHASHI/ASAI und SLOWINSKI eingesetzt werden. Sind dagegen lediglich die Zielfunktionskoeffizienten unscharf, dann können die Verfahren von ROMMELFANGER, ROMMELFANGER/ HANUSCHECK/WOLF, LAI/HWANG, TANAKA/ICHIHASHI/ASAI sowie von DELGADO/VERDEGAY/VILA zum Einsatz kommen. Alle diese Verfahren werden nun im einzelnen vorgestellt und einer kritischen Würdigung unterzogen.

3.3.1.   Unscharfe Restriktionen

Im Fall unscharfer Restriktionen haben wir es mit dem Fall zu tun, daß sowohl die Parameter auf der linken als auch auf der rechten Seite der Nebenbedingung unscharf sind. Dabei wird ausschließlich die informationale Unschärfe im Sinne der Prognoseschwierigkeit von Zukunftsdaten betrachtet. Die Koeffizienten der Zielfunktion sollen dagegen als scharf angenommen werden. Folgendes lineares possibilistisches Problem gilt es dann zu lösen:

$$\max c^T x$$
$$\tilde{A}x \le \tilde{b} \qquad\qquad (3.32)$$
$$x \ge 0$$

Aus der Struktur des Problems ergibt sich die Notwendigkeit, unscharfe Zahlen miteinander verknüpfen und vergleichen zu müssen.

Das Problem der *Verknüpfung* hat ZADEH[113] mit Hilfe des Erweiterungsprinzips gelöst. Die Anwendung dieses Prinzips auf die unscharfe lineare Programmierung erzeugt jedoch ein weiteres Problem hinsichtlich des Rechenaufwands, da stetige unscharfe Mengen zu

---

[113] Vgl. Zadeh (1965), S. 344 ff.

verbinden sind. Mit der Einführung von speziellen Zugehörigkeitsfunktionen, die sogenannten LR-Fuzzy Sets, haben DUBOIS/PRADE[114] dieses Problem gelöst.

Das Problem des *Vergleichs* zwischen unscharfen Zahlen wird dagegen auf unterschiedliche Weise behandelt. Dazu werden nun im folgenden einige Vorschläge besprochen.

3.3.1.1. Die Verfahren von Dubois/Prade und Dubois

In der Arbeit von DUBOIS/PRADE[115] wird zum ersten Mal das ZAHDEsche Erweiterungsprinzip auf die unscharfe lineare Programmierung übertragen.[116] Dabei unterscheiden sie zwei Arten von unscharfen Restriktionen: die "Abweichungen zulassenden Restriktionen" (tolerance constraints) und die "näherungweisen Gleich-Restriktionen" (approximate equality constraints).[117] Im folgenden soll lediglich die erste Art von Restriktion beschrieben werden, da bei der zweiten ein nichtlineares Optimierungssystem zu lösen wäre.[118]

Geht man vom linearen Gleichungssystems des Typs $a^T x = b$ aus, dann läßt sich für unscharfe Koeffizienten und für den Fall abweichender Restriktionsgrenzen (tolerance constraints) schreiben:

$$\tilde{a}_i^T x \subseteq \tilde{b}_i \quad \forall i \tag{3.33}$$

Bei den unscharfen Größen $\tilde{a}$ und $\tilde{b}$ handelt es sich um LR-Fuzzy-Zahlen des gleichen Typs. Sie lassen sich bekanntlich durch $\tilde{a} = (a, \lambda, \mu)_{LR}$ und $\tilde{b} = (b, \tau, \nu)_{LR}$ beschreiben. Wegen Definition 17 gilt $\tilde{a}x = (ax, \lambda x, \mu x)_{LR}$. Das unscharfe Restriktionensystem kann gelöst werden, indem aus jeder Restriktion drei scharfe Restriktionen konstruiert werden:

$$\begin{aligned} a_i^T x &= b_i \\ \lambda_i^T x &\le \tau_i \quad \forall i \\ \mu_i^T x &\le \nu_i \end{aligned} \tag{3.34}$$

---

[114] Vgl. Dubois/Prade (1978), S. 617 ff.
[115] Vgl. Dubois/Prade (1980b).
[116] Vgl. Wolf (1988a), S. 98.
[117] Die deutsche Notation stammt von Wolf (1988a), S. 99. Ansonsten vgl. Dubois/Prade (1980b), S. 40 f.
[118] Vgl. Wolf (1988a), S. 103.

Ein *weiterer Vergleich* zweier Fuzzy Zahlen baut auf der Possibility-Theorie von ZADEH auf. DUBOIS unterscheidet vier Kriterien, die als Index einen Vergleich ermöglichen. Die zwei wichtigsten Kriterien lauten:[119]

1. Möglichkeit der Dominanz (possibility of dominance):

$$\text{Poss}(\tilde{A} \le \tilde{B}) = \sup_{\substack{x_i, x_j \\ x_j \le x_i}} \min\left[f_{\tilde{A}}(x_j), f_{\tilde{B}}(x_i)\right] \tag{3.35a}$$

2. Notwendigkeit der Dominanz (necessity of dominance):

$$\text{Nec}(\tilde{A} \le \tilde{B}) = \inf_{\substack{x_i, x_j \\ x_j \le x_i}} \sup \max\left[f_{\tilde{A}}(x_j), 1 - f_{\tilde{B}}(x_i)\right] \tag{3.35b}$$

Für das *erste Kriterium* ergibt sich der Möglichkeitsgrad über den Schnittpunkt des linken Astes der Zugehörigkeitsfunktion von $\tilde{A}$ mit dem rechten Ast der Zugehörigkeitsfunktion von $\tilde{B}$. Werden LR-Fuzzy Zahlen unterstellt, dann gilt:[120]

$$L\left(\frac{a - x}{\lambda}\right) = R\left(\frac{x - b}{\nu}\right) = \text{Poss}(\tilde{A} \le \tilde{B}) \tag{3.36}$$

Gibt der Entscheidungsträger darüber hinaus einen Mindestgrad $k \in [0,1]$ für die Möglichkeit der Dominanz an, so ist

$$\text{Poss}(\tilde{A} \le \tilde{B}) \ge k \tag{3.37}$$

einzuhalten. Löst man (3.36) getrennt voneinander nach x auf und setzt die beiden Gleichungen gleich, so erhält man unter Beachtung der Kleiner-Gleich-Beziehung $\tilde{A} \le \tilde{B}$ für den Mindestgrad k folgende scharfe Nebenbedingung:[121]

$$a - (1 - k)\lambda \le b + (1 - k)\nu \tag{3.38}$$

---

[119] Vgl. Dubois/Prade (1983), S. 192. Bei den beiden anderen Kriterien handelt es sich um die gleichen Indizes, mit dem Unterschied, daß strenge Dominanz herrscht.
[120] ebenda, S. 222.
[121] Eine in Art und Weise ähnliche Herleitung findet sich etwas ausführlicher im Kapitel 3.3.1.2. Zu dem gleichen Ergebnis kommt man auch, wenn man zunächst eine gemeinsame Möglichkeitsfunktion für Poss($\tilde{A} \le \tilde{B}$) aufstellt. Vgl. Buckley (1988), S. 137 und Campos/Verdegay (1989), S. 5. Den gleichen Ansatz wählt auch Negi, der einen Vergleich für intervallmäßige Möglichkeitsfunktionen vornimmt. Vgl. Lai/Hwang (1992a), S. 232 f.

Das *zweite Kriterium* drückt den Grad der Notwendigkeit aus, daß $\tilde{A}$ $\tilde{B}$ dominiert. Der Index ergibt sich, indem der Schnittpunkt zwischen dem linken Ast der Zugehörigkeitsfunktion von $\tilde{A}$ mit dem linken Ast der reziproken Zugehörigkeitsfunktion von $\tilde{B}$ ermittelt wird. Im Fall von LR-Fuzzy Zahlen kann dann geschrieben werden:[122]

$$L\left(\frac{a-x}{\lambda}\right) = 1 - L\left(\frac{b-x}{\tau}\right) = \text{Nec}(\tilde{A} \leq \tilde{B}) \tag{3.39}$$

Auch hier kann der Entscheidungsträger einen Mindestwert k für den Notwendigkeitsgrad angeben:

$$\text{Nec}(\tilde{A} \leq \tilde{B}) \geq k \tag{3.40}$$

Analog zum ersten Kriterium läßt sich für k die folgende Beziehung aufstellen:

$$a - (1-k)\lambda \leq b - k\tau \tag{3.41}$$

Wendet man die beiden entwickelten Ungleichungssysteme auf die unscharfe lineare Programmierung an, so erhält man für das Ursprungsproblem

$$\begin{aligned} &\max \ c^T x \\ &\tilde{a}_i^{\ T} x \leq \tilde{b}_i \\ &x \geq 0 \end{aligned} \tag{3.32}$$

das scharfe lineare Ersatzproblem nach der *Möglichkeit der Dominanz*:

$$\boxed{\begin{aligned} &\max \ c^T x \\ &\left[a_i - (1-k)\lambda_i\right]^T x \leq b_i + (1-k)v_i \\ &x \geq 0 \end{aligned}} \tag{3.42a}$$

bzw. nach der *Notwendigkeit der Dominanz*:

$$\boxed{\begin{aligned} &\max \ c^T x \\ &\left[a_i - (1-k)\lambda_i\right]^T x \leq b_i - k\tau_i \\ &x \geq 0 \ . \end{aligned}} \tag{3.42b}$$

---

[122] Vgl. Dubois/Prade (1983), S. 222.

3.3.1.2.   Das Verfahren von Ramik/Rimanek

RAMIK/RIMANEK[123] definieren zunächst die Ungleichheitsrelation zwischen zwei konvexen Fuzzy-Zahlen des LR-Typs mit gleichen Referenzfunktionen, um anschließend für den allgemeinen Fall eines LR-Fuzzy-Intervalls die unscharfe Restriktion in vier scharfe Restriktionen zu überführen.

$\tilde{A}$ und $\tilde{B}$ seien zwei LR-Fuzzy-Intervalle. Dann gilt $\tilde{A} \lesssim \tilde{B}$, wenn:[124]

1. $\tilde{A} \lesssim_L \tilde{B}$,   mit inf $\tilde{A}_\alpha \leq$ inf $\tilde{B}_\alpha$ $\forall \alpha$, $\alpha \in [0,1]$ und

2. $\tilde{A} \lesssim_R \tilde{B}$,   mit sup $\tilde{A}_\alpha \leq$ sup $\tilde{B}_\alpha$ $\forall \alpha$, $\alpha \in [0,1]$.

Die unscharfen Mengen $\tilde{A}$ und $\tilde{B}$ werden miteinander verglichen, indem für jedes α-Niveau die jeweils linken bzw. rechten Äste der Zugehörigkeitsfunktionen zueinander in Beziehung gesetzt werden.[125] Sind die zur unscharfen Menge $\tilde{A}$ zugehörigen x-Werte sowohl auf dem linken (L) als auch auf dem rechten Ast (R) des Intervalls für jedes α-Niveau kleiner als die der unscharfen Menge $\tilde{B}$, dann gilt $\tilde{A} \lesssim \tilde{B}$.[126]

Will man die Ungleichung $\tilde{A} \lesssim \tilde{B}$ auf die unscharfe lineare Programmierung anwenden, so muß ein handhabbares Ungleichungssystem erzeugt werden. Deshalb erfolgt jetzt unter Beachtung der obigen Definitionen eine Transformation der ursprünglichen unscharfen Ungleichung in ein System mit vier scharfen Ungleichungen.

Gegeben seien zwei LR-Fuzzy-Intervalle $\tilde{A} = (a_1, a_2, \lambda, \mu)$ und $\tilde{B} = (b_1, b_2, \tau, \nu)$. Dann entspricht der Zugehörigkeitswert α für die linken Äste der Intervalle wegen Definition 14:

$$L\left(\frac{a_1 - x_A}{\lambda}\right) = \alpha \qquad (3.43)$$

$$L\left(\frac{b_1 - x_B}{\tau}\right) = \alpha \qquad (3.44)$$

Löst man (3.43) und (3.44) nach x_A und x_B auf und berücksichtigt die Ungleichung $x_a \leq x_b$, dann ergibt sich:[127]

[123] Vgl. Ramik/Rimanek (1985), S. 124.
[124] ebenda, S. 125.
[125] Vgl. Buscher/Roland (1993), S. 316.
[126] Vgl. Ramik/Rimanek (1985), S. 126.
[127] Vgl. Rommelfanger (1994), S. 76 f.

$$a_1 - \lambda L^{-1}(\alpha) \leq b_1 - \tau L^{-1}(\alpha) \qquad (3.45)$$

Das gleiche kann auch für die rechten Seiten der Intervalle durchgeführt werden. Man erhält:

$$a_2 + \mu R^{-1}(\alpha) \leq b_2 + \nu R^{-1}(\alpha) \qquad (3.46)$$

RAMIK/RIMANEK beschränken sich bei dem Vergleich auf die extremen Niveaus 0 und 1, so daß sich pro Nebenbedingung vier Ungleichungen ergeben. Da $R^{-1}(\alpha) = L^{-1}(\alpha) = 1 - \alpha$ gilt, erhält man für $R^{-1}(0) = L^{-1}(0) = 1$ und $R^{-1}(1) = L^{-1}(1) = 0$. In die Gleichungen (3.45) und (3.46) eingesetzt, ergibt:

$$\begin{array}{lll}
a_1 - \lambda \leq b_1 - \tau & \text{(0-Niveau)} & \\
a_2 + \mu \leq b_2 + \nu & \text{(0-Niveau)} & \\
a_1 \leq b_1 & \text{(1-Niveau)} & (3.47) \\
a_2 \leq b_2 & \text{(1-Niveau)} &
\end{array}$$

Überträgt man das gefundene Resultat auf die unscharfe lineare Programmierung, bei der in der Regel mehr als zwei unscharfe Mengen miteinander verglichen werden, so erhält man für das Ursprungsproblem

$$\begin{array}{l}
\max c^T x \\
\tilde{a}_i^T x \leq \tilde{b}_i \qquad (3.32) \\
x \geq 0
\end{array}$$

das scharfe lineare Ersatzproblem:[128]

$$\begin{array}{l}
\max c^T x \\
a_{1,i}^T x \leq b_{1,i} \\
(a_{1,i} - \lambda_i)^T x \leq b_1 - \tau_i \\
a_{2,i}^T x \leq b_{2,i} \qquad (3.48)\\
(a_{2,i} + \mu_i)^T x \leq b_{2,i} + \nu_i \\
x \geq 0
\end{array}$$

Verwendet man statt der Intervalle LR-Fuzzy-Zahlen, so fällt die erste bzw. dritte Restriktion heraus.

ROMMELFANGER und WOLF sind der Meinung, daß die Zugehörigkeitsfunktion für die Restriktionsgrenze als LR-Fuzzy-Intervall nicht sachadäquat dargestellt wird.[129] Die Autoren

---

[128] Vgl. Lai/Hwang (1992a), S. 191.

sprechen sich vielmehr für eine halbtrianguläre Zugehörigkeitsfunktion aus, die sich durch eine spezielle LR-Fuzzy-Zahl der Form $\tilde{B} = (b, 0, \beta)_{RR}$ darstellen läßt. Die Spannweite links vom Gipfelpunkt b ist Null.

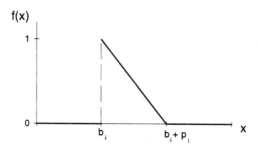

Abb. 3.12: Lineare Zugehörigkeitsfunktion für eine unscharfe Restriktionsgrenze nach ROMMELFANGER und WOLF

Die Größe b stellt die größte Quantität dar, die mit Sicherheit zur Verfügung steht und daher einen Zugehörigkeitswert von eins erhält. Für den Fall daß b überschritten wird (y>b), sinkt der Zugehörigkeitswert $f_{\tilde{B}}(y)$. Mit Hilfe einer monoton fallenden Referenzfunktion läßt sich dieser Sachverhalt wiedergeben. Das hat zur Konsequenz, daß sich das scharfe lineare Ersatzproblem von RAMIK/RIMANEK zu

$$
\begin{aligned}
&\max \ c^T x \\
&a_{2,i}{}^T x \leq b_i \\
&(a_{2,i} + \mu_i)^T x \leq b_i + \beta_i \\
&x \geq 0
\end{aligned}
\tag{3.49}
$$

verkürzt, weil die Restriktionen 1 und 2 dann redundant sind.

---

[129] Vgl. Rommelfanger (1994), S. 219, insbesondere Fn 1 und Wolf (1988a), S. 111.

3.3.1.3. Das Verfahren von Wolf

Der Ansatz von WOLF basiert auf dem Verfahren von RAMIK/RIMANEK. Seine Modifikation liegt in der Einführung eines δ-Niveaus, das den Bereich mit niedrigen Zugehörigkeitswerten aus der Optimierungsrechnung ausschließen soll, damit die Menge der zulässigen
Lösungen nicht zu stark eingeschränkt wird.[130] Das δ-Niveau spiegelt damit die Risiko-
bereitschaft des Entscheidungsträgers wider, auf einen bestimmten aber für wenig realistisch
gehaltenen Bereich der Koeffizienten- und Restriktionsgrenzenausprägungen zu verzichten,[131]
weshalb δ auch als Toleranzwert[132] bezeichnet wird. Diese Ausgrenzung ermöglicht eine
weniger strenge "Kleiner-Gleich-Beziehung" als die von RAMIK/RIMANEK. Es gilt nun

$$\tilde{A} \precsim_{\delta} \tilde{B}, \text{ wenn}$$

1. $\tilde{A} \precsim_{L\delta} \tilde{B},$ mit $\inf \tilde{A}_{\alpha} \leq \inf \tilde{B}_{\alpha}$ $\forall \alpha, \ \alpha \in [\delta, 1]$ und für $\delta \in [0,1]$ und

2. $\tilde{A} \precsim_{R\delta} \tilde{B},$ mit $\sup \tilde{A}_{\alpha} \leq \sup \tilde{B}_{\alpha}$ $\forall \alpha, \ \alpha \in [\delta, 1]$ und für $\delta \in [0,1]$ gilt.

Darauf aufbauend läßt sich nun wiederum die ursprüngliche unscharfe Relation zwischen
zwei LR-Fuzzy-Zahlen mit gleicher Referenzfunktion in ein scharfes Ungleichungssystem
überführen. Da WOLF von einer halbtriangulären Zugehörigkeitsfunktion für die Restriktionsgrenze ausgeht, können aus Gleichung (3.46) für die Extremwerte δ und 1 die beiden
folgenden scharfen Ungleichungen konstruiert werden:

$$a_2 \leq b \qquad \qquad \text{(1-Niveau)} \qquad \qquad (3.50)$$

$$a_2 + \mu R^{-1}(\delta) \leq b + \beta R^{-1}(\delta) \qquad \text{(δ-Niveau)} \qquad (3.51)$$

Wendet man diese Beziehung wieder auf das unscharfe lineare Programmierungsproblem
(3.32) an, dann ergibt sich das Surrogatmodell

$$
\begin{array}{l}
\max \ c^{T}x \\
a_{2,i}^{T} x \leq b_i \\
\left[a_{2,i} + \mu_i R^{-1}(\delta)\right]^{T} x \leq b_i + \beta_i R^{-1}(\delta) \\
x \geq 0
\end{array}
\qquad (3.52)
$$

---

[130] Vgl. Wolf (1988b), S. 956.
[131] ebenda, S. 957.
[132] Vgl. Rommelfanger (1994), S. 226.

bei Vorliegen gleicher rechter Referenzfunktionen.[133]

Sind die Referenzfunktionen nicht einheitlich, dann sind für $\tilde{A}$ und $\tilde{B}$ stetige, stückweise lineare Zugehörigkeitsfunktionen einzuführen.[134] Dazu fügt der Entscheidungsträger so viele weitere Stützstellen (α-Niveaus) ein, wie er es für nötig hält. Das Restriktionensystem ist dann um entsprechend viele Restriktionen der Art

$$\left[a_{2,i} + \mu_i R^{-1}(\alpha_s)\right]^T x \le b_i + \beta_i R^{-1}(\alpha_s) \tag{3.53}$$

für s = 1,..., S zu ergänzen.

3.3.1.4. Das Verfahren von Tanaka/Asai und Tanaka/Ichihashi/Asai

Die beiden Verfahren von Tanaka et al.[135] basieren auf dem gleichen Konzept. Der Entscheidungsträger gibt a priori ein Sicherheitsniveau h (degree of optimism) vor, das den Mindestgrad für die ungefähre Einhaltung der Kleiner-Gleich-Restriktion angeben soll.[136] Dazu wird die Differenz zwischen der Restriktionsgrenze und der Kapazitätsauslastung, im weiteren mit y bezeichnet, bestimmt. Es gilt dann die Einhaltung der folgenden neuen unscharfen Restriktion $\tilde{y} \gtrsim 0$. Mit anderen Worten, y soll fast positiv sein. Der Grad, mit dem "fast positiv" gemessen wird, ergibt sich aus:[137]

$$S = \int_0^{\infty} f_{\tilde{y}}(y)dy / \int_{-\infty}^{\infty} f_{\tilde{y}}(y)dy \tag{3.54}$$

Tanaka/Ichihashi/Asai gehen von einer symmetrischen triangulären Zugehörigkeitsfunktion für die Restriktionskoeffizienten und -grenzen aus. Die Möglichkeitsfunktionen für die unscharfen Koeffizienten $\tilde{a} = (a, \lambda, \mu)$ bzw. für die Grenze $\tilde{b} = (b, \tau, v)$ haben dann folgendes Aussehen:

$$\pi_{\tilde{a}} = \begin{cases} 1 - \dfrac{a-x}{\lambda} & \text{für } x < a \\ 1 - \dfrac{x-a}{\mu} & \text{für } x \ge a \end{cases} \tag{3.55}$$

[133] Vgl. Rommelfanger (1994), S. 227.
[134] ebenda, S. 227.
[135] Vgl. Tanaka/Asai (1984a) und (1984b) sowie Tanaka/Ichihashi/Asai (1984).
[136] Vgl. Tanaka/Ichihashi/Asai (1985), S. 150.
[137] Vgl. Tanaka/Asai (1984a), S. 5.

bzw.

$$\pi_{\tilde{b}} = \begin{cases} 1 - \dfrac{b - x}{\tau} & \text{für } x < b \\ 1 - \dfrac{x - b}{\nu} & \text{für } x \geq b \end{cases} \qquad (3.56)$$

Nimmt man einen Vergleich der beiden unscharfen Größen nach Tanaka/Ichihashi/Asai[138] vor, dann gilt

$$\tilde{A} \lesssim_k \tilde{B}, \text{ wenn}^{139}$$

1. $\tilde{A} \lesssim_{Lk} \tilde{B}$, mit $\inf \tilde{A}_h \leq \inf \tilde{B}_h \quad \forall h, h \in [k,1]$ und für $k \in [0,1]$ und

2. $\tilde{A} \lesssim_{Rk} \tilde{B}$, mit $\sup \tilde{A}_h \leq \sup \tilde{B}_h \quad \forall h, h \in [k,1]$ und für $k \in [0,1]$ gilt.

Für die *erste Bedingung* gilt $1 - \dfrac{a - x_A}{\lambda} = k$ bzw. $1 - \dfrac{b - x_B}{\tau} = k$. Löst man nach x_A bzw. x_B auf und setzt die Gleichungen in die Ungleichung $x_A \leq x_B$ ein, erhält man die Beziehung

$$a - (1 - k)\lambda \leq b - (1 - k)\tau. \qquad (3.57)$$

Für die *zweite Bedingung* erhält man bei entsprechendem Vorgehen die Ungleichung

$$a + (1 - k)\mu \leq b + (1 - k)\nu. \qquad (3.58)$$

Einen restriktiveren Vergleich unscharfer Größen schlagen **Tanaka/Asai**[140] vor. $\tilde{A} \lesssim_k \tilde{B}$ ist erfüllt, wenn[141] $\tilde{A} \lesssim_k \tilde{B}$ mit $\sup \tilde{A}_h \leq \inf \tilde{B}_h$ für $h \in [k,1]$ und $k \in [0,1]$ gilt. Bei gleicher Vorgehensweise wie oben beschrieben erhält man dann als scharfe Nebenbedingung[142]

$$a + (1 - k)\mu \leq b - (1 - k)\tau. \qquad (3.59)$$

Je größer k gewählt wird, desto restriktiver die Wirkung der Nebenbedingungen, was dem wachsenden Bedürfnis des Entscheidungsträgers nach größerer Sicherheit gleichkommt.

---

138 Vgl. Tanaka/Ichihashi/Asai (1984), S. 188.
139 Vgl. Delgado/Verdegay/Vila (1989), S. 24.
140 Vgl. Tanaka/Asai (1984a) und (1984b).
141 Vgl. Delgado/Verdegay/Vila (1989), S. 24.
142 Vgl. Lai/Hwang (1994), S. 273. Bei dieser Art von Vergleich wird auch von der ρ-Präferenz gesprochen. Vgl. dazu Rommelfanger (1994), S. 74 ff.

Die Ersatzprobleme für das unscharfe Problem lauten dann nach TANAKA/ICHIHASHI/ ASAI:

$$\max c^T x$$
$$[a_i - (1-k)\lambda_i]^T x \le b_i - (1-k)\tau_i$$
$$[a_i + (1-k)\mu_i]^T x \le b_i + (1-k)v_i \qquad (3.60)$$
$$x \ge 0$$

bzw. nach TANAKA/ASAI:

$$\max c^T x$$
$$[a_i + (1-k)\mu_i]^T x \le b_i - (1-k)\tau_i \qquad (3.61)$$
$$x \ge 0 \ .$$

3.3.1.5. Das Verfahren von Slowinski

SLOWINSKI definiert die Kleiner-Gleich-Beziehung zwischen zwei unscharfen Mengen mit Hilfe von zwei Indizes, dem optimistischen Index σ und dem pessimistischen Index π.[143]

Der *optimistische Index* erlaubt eine Überschreitung der Restriktionsgrenze b auf dem 1-Niveau, wenn dadurch der Zielwert entsprechend erhöht wird.[144] Diese Überschreitung ist jedoch nur zulässig, solange der linke Ast der Zugehörigkeitsfunktion für die Koeffizienten kleiner oder gleich dem rechten Ast der Zugehörigkeitsfunktion für die Restriktionsgrenze ist. Die Obergrenze der Überschreitung bildet folglich den Schnittpunkt zwischen den beiden Ästen. Geht man wieder von den zwei LR-Fuzzy-Intervallen $\tilde{A} = (a_1, a_2, \lambda, \mu)_{LR}$ und $\tilde{B} = (b_1, b_2, \tau, v)_{LR}$ aus, die durch unterschiedliche Referenzfunktionen charakterisiert werden, dann läßt sich der optimistische Index $\sigma(\tilde{A} \lesssim \tilde{B})$ über den Schnittpunkt d wie folgt berechnen:[145]

$$\sigma(\tilde{A} \lesssim \tilde{B}) = L\left(\frac{a_1 - d}{\lambda}\right) = R'\left(\frac{d - b_2}{v}\right) = \omega \qquad (3.62)$$

[143] Vgl. Slowinski (1986), S. 228.
[144] Vgl. Rommelfanger (1988), S. 372.
[145] Vgl Slowinski (1991), S. 251.

Wenn $L = R'$ ist, dann gilt:[146]

$$\omega = L\left(\frac{a_1 - b_2}{\lambda + \nu}\right) \tag{3.63}$$

Gibt der Entscheidungsträger einen "Sicherheitsparameter"[147] $\rho \in [0,1]$ an, für den

$$\sigma\left(\tilde{A} \stackrel{\leq}{\sim} \tilde{B}\right) = L\left(\frac{a_1 - b_2}{\lambda + \nu}\right) \geq \rho \tag{3.64}$$

gilt[148], dann läßt sich die unscharfe Relation $\sigma\left(\tilde{A} \stackrel{\leq}{\sim} \tilde{B}\right)$ in eine scharfe Ungleichung der Form

$$a_1 - \lambda L^{-1}(\rho) \leq b_2 + \nu L^{-1}(\rho) \tag{3.65}$$

überführen.[149]

Beim *pessimistischen Index* $\pi\left(\dot{A} \stackrel{\leq}{\sim}_\delta \dot{B}\right)$ wird ein Vergleich zwischen den unscharfen Mengen vorgenommen, indem auf einem bestimmten, vorgegebenen δ-Niveau, $\delta \in [0,1]$, die rechten Äste der Zugehörigkeitsfunktionen zueinander in Beziehung gesetzt werden. Dieser Vergleich ist identisch mit dem δ-Niveau-Ansatz von WOLF, der zu Recht in diesem Zusammenhang von einer unglücklichen Bezeichnung spricht, da dem Entscheidungsträger über die Wahl des δ-Niveaus ein größerer potentieller Lösungsraum eingeräumt wird.[150] Wie schon beim optimistischen Index wird auch hier die Angabe eines Sicherheitsparameters $\phi \in [-\infty, \infty]$ vom Entscheidungsträger verlangt. Es gilt:[151]

$$\pi\left(\tilde{A} \stackrel{\leq}{\sim}_\delta \tilde{B}\right) = b_2 + \nu R^{-1}(\delta) - a_2 - \mu R^{-1}(\delta) \geq \phi \tag{3.66}$$

Für den Fall, daß $\phi = 0$[152] ist, kann die unscharfe Relation $\pi\left(\dot{A} \stackrel{\leq}{\sim}_\delta \dot{B}\right)$ in die scharfe Ungleichung

$$a_2 + \mu R^{-1}(\delta) \leq b_2 + \nu R^{-1}(\delta) \tag{3.67}$$

---

[146]Diese Beziehung läßt sich einfach nachvollziehen, wenn die Gleichung der Referenzfunktion nach d umgeformt und anschließend in eine der beiden Referenzfunktionen, hier ist es die L-Funktion, eingesetzt wird. Vgl. den Beweis bei Rommelfanger (1994), S. 75.

[147] Die angloamerikanische Literatur spricht sowohl von "credibility level" als auch von "safety parameter". Vgl. Slowinski (1986), S. 228, derselbe (1991), S. 254 und Lai/Hwang (1994), S. 327.

[148] Vgl. Slowinski (1991), S. 254.

[149] Vgl. Slowinski (1986), S. 230.

[150] Vgl Wolf (1988a), S. 114.

[151] Vgl. Slowinski (1991), S. 254.

[152] Vgl. Slowinski (1986), S. 228 und Lai/Hwang (1994), S. 327.

transformiert werden. Diese Definition der unscharfen Relation läßt sich nun wiederum auf die unscharfe Programmierung übertragen. Das ursprüngliche unscharfe Optimierungsproblem ist nach SLOWINSKI mit dem scharfen Problem

$$
\begin{aligned}
\max \; &c^T x \\
\left[a_{1,i} - \lambda_i L^{-1}(\rho_i) \right]^T x &\leq b_{2,i} + v_i L^{-1}(\rho_i) \\
\left[a_{2,i} + \mu_i R^{-1}(\delta_i) \right]^T x &\leq b_{2,i} + v_i R^{-1}(\delta_i) \\
x &\geq 0
\end{aligned}
\tag{3.68}
$$

äquivalent.[153]

3.3.1.6. Zusammenfassung und kritische Würdigung

Die hier vorgestellten Verfahren stellen lediglich eine Auswahl aus der Vielzahl von Möglichkeiten dar[154], wie ein Vergleich von Fuzzy-Zahlen vorgenommen werden kann. Ihnen ist gemeinsam, daß der Vergleich auf dem α-Niveau-Schnitt-Konzept basiert. Die ursprünglich unscharfe Restriktion wird in mindestens eine scharfe Nebenbedingung überführt. Die Art der Transformation differiert dabei. Weiterhin beruhen sie auf dem Erweiterungsprinzip von ZADEH.[155]

Es sind Unterschiede festzustellen hinsichtlich der Wahl einer Referenzfunktion für die Möglichkeits- bzw. Zugehörigkeitsfunktion, der Anzahl der Vergleichsniveaus sowie in der Einstellung des Entscheidungsträgers hinsichtlich der Berücksichtigung der Größen innerhalb des Unschärfeintervalls, die unterschiedliche Realisierungschancen aufweisen.

---

[153] Vgl. Slowinski (1991), S. 255 f.

[154] Darüber hinaus finden sich in der Literatur zahlreiche andere Vorschläge. So z. B. bei Adamo (1980), Yager (1981) und Ramik/Rommelfanger (1993). Neuerdings wird auch der Versuch unternommen, eine Rangordnung zwischen Fuzzy Größen über künstliche neuronale Netze zu automatisieren. Vgl. dazu Requena/ Delgado/Verdegay (1994). Einen umfassenden Überblick über weitere Verfahren erhält man u. a. bei Chen/Hwang (1992), S. 101-288 und einen aktuellen bei Chang/Lee (1994). Bei Bortolan/Degani (1985) und Rommelfanger (1986) finden sich außerdem empirische Studien zu einigen ausgewählten Verfahren.

[155] Ein Ansatz ohne Erweiterungsprinzip schlagen Negoita/Minoiu/Stan vor. Sie nehmen einen Vergleich auf verschiedenen α-Niveaus vor, indem jeder einzelne Restriktionskoeffizient als Intervall im Ersatzmodell berücksichtigt wird. Das hat den Nachteil, daß mit jedem α-Niveau die Anzahl der Restriktionen um das doppelte ansteigt und damit das Ersatzproblem um ein vielfaches aufgebläht bzw. der Rechenaufwand entsprechend erhöht wird. Vgl. Negoita/Minoiu/Stan (1976), S. 85 ff. Der interessierte Leser sei ebenfalls an Kickert (1978), S. 37-44 und Wolf (1988a), S. 49-62 und S. 138-141 verwiesen.

Bei der **Referenzfunktion** wird bei DUBOIS, TANAKA/ASAI und TANAKA/ICHIHASHI/ ASAI stillschweigend von linearen Funktionen des LR-Typs ausgegangen. TANAKA/ASAI fordern darüber hinaus sogar die Symmetrieeigenschaft der Funktion. Jedoch stellt sie keine notwendige Voraussetzung für die Aufstellung des Ersatzproblems dar. Die Verfahren von RAMIK/RIMANEK, WOLF und SLOWINSKI sind weniger restriktiv. Sie erlauben auch die Wahl nichtlinearer Funktionen. Jedoch setzen RAMIK/RIMANEK die Verwendung gleicher linker und rechter Funktionsteile für $\bar{a}$ und $\bar{b}$ voraus. Bei WOLF wird dagegen nur die Gleichheit der Funktionen für die jeweiligen rechten Seiten gefordert.[156]Bei SLOWINSKI muß die Referenzfunktion für die linke Seite von $\bar{a}$ mit der für die rechte Seite von $\bar{b}$ identisch sein.[157]

Ein Unterschied besteht auch in der **Anzahl der Niveauvergleiche**. Ein Vergleich auf einem einzigen Niveau nehmen DUBOIS, TANAKA/ASAI und TANAKA/ICHIHASHI/ASAI vor. Das hat den Vorteil, daß der Umfang des Ersatzmodells im Vergleich zum ursprünglichen Problem im wesentlichen nicht steigt. Nachteilig kann sich jedoch der Verzicht auf zusätzliche Informationen auswirken.[158] Man denke nur an die Größen mit dem höchsten Möglichkeitswert. Zwei Niveaus werden dagegen bei DUBOIS/PRADE, RAMIK/RIMANEK, WOLF und SLOWINSKI herangezogen. Die beiden erstgenannten berücksichtigen die gesamte Breite des Unschärfeintervalls, indem sie einen Vergleich auf den beiden Extrempunkten vornehmen, wohingegen die beiden letztgenannten dem Entscheidungsträger in der Wahl der Niveaus gewisse Freiräume lassen. Bei WOLF findet der Vergleich auf dem 1-Niveau und auf einem vom Entscheidungsträger zu wählenden niedrigeren Niveau statt. SLOWINSKIs Verfahren läßt dem Anwender sogar im oberen Bereich freie Wahl und stellt somit das flexibelste Modell dar.

Eng verbunden mit der Niveauwahl ist die Handhabung der absoluten und relativen **Einstellung des Entscheidungsträgers** zur Eintrittsmöglichkeit einer Fuzzy-Zahl. Die absolute Einstellung zur Eintrittsmöglichkeit einer Fuzzy-Zahl wird über den normalisierten Möglichkeitsgrad ausgedrückt, den die Optimierungsrechnung maximal berücksichtigen soll. Folglich kann er auch als vertikaler Pessimismusgrad betitelt werden. Die relative Einstellung zur Eintrittsmöglichkeit einer Fuzzy-Zahl betrifft den direkten Vergleich zweier Fuzzy-Zahlen und kann daher mit horizontalem Pessimismusgrad gekennzeichnet werden.

Wenden wir uns zunächst dem *vertikalen bzw. absoluten Pessimismusgrad* zu. Als ein sehr pessimistischer Ansatz in dieser Hinsicht kann der von RAMIK/RIMANEK bezeichnet werden, da α-Niveaus mit einem geringeren Möglichkeitswert (0-Niveau) die Optimallösung

---

[156] Vgl. Rommelfanger (1994), S. 226.
[157] ebenda, S. 229.
[158] Vgl. Wolf (1988a), S. 108.

mit dem gleichen Gewicht beeinflussen wie die mit einem hohen Möglichkeitswert (1-Niveau).[159] Entsprechendes gilt für das Verfahren von DUBOIS/PRADE. Geeigneter erscheint vielmehr eine flexiblere Handhabung des subjektiven Pessimismusgrades, unter dem dann die Optimierung durchgeführt werden kann. Diesen Freiheitsgrad bieten die anderen Verfahren. Hier sind die Ansätze von DUBOIS, WOLF, TANAKA/ASAI, TANAKA/ICHIHASHI/ASAI und insbesondere von SLOWINSKI zu nennen. Der zuletzt genannte Ansatz erlaubt sogar als einziges Verfahren eine Überschreitung der Restriktionsgrenze oberhalb des Optimismus-Index σ, also im Bereich sehr hoher Realisierungschancen.[160] Da jedoch die Überschreitung der Grenzen keine weiteren Konsequenzen nach sich zog, wurde dieser Ansatz zu einem interaktiven Verfahren weiterentwickelt, bei dem der Entscheidungsträger über das Ausmaß der Überschreitung graphisch informiert wird und entsprechende Handlungsmöglichkeiten bei Nichtakzeptanz vornehmen kann.[161] Dieser interaktive Mensch-Maschine-Prozeß erfordert eine ausgereifte Software und erhöht den Rechenaufwand um ein Vielfaches.

Der *horizontale bzw. relative Pessimismusgrad* gibt an, auf welchen Punkten des α-Niveaus der Vergleich vorgenommen werden soll. Ein sehr optimistischer Vergleich findet bei DUBOIS (1. Dominanzkriterium) und SLOWINSKI (Optimismus-Index) statt. Beide vergleichen auf einem bestimmten α-Niveau das Infimum vom aggregierten Parameter $\tilde{a}$ mit dem Supremum von $\tilde{b}$.[162] DUBOIS/PRADE, RAMIK/RIMANEK, WOLF und TANAKA/ICHIHASHI/ASAI nehmen zwei Vergleiche auf einem α-Niveau vor, indem sie die jeweiligen Infima und Suprema getrennt voneinander gegenüberstellen. Diese Art von Vergleich setzt voraus, daß eine Abweichung vom möglichsten Wert bei beiden Parametern in die gleiche Richtung erfolgt. Mit anderen Worten wird implizit vollkommene positive Korrelation zwischen den Parametern $\tilde{a}$ und $\tilde{b}$ vorausgesetzt. Dies ist unter ökonomischen Aspekten jedoch nicht haltbar. Bezogen auf das hier zu untersuchende Problem würde dies nämlich bedeuten, daß die Unschärfe von $\tilde{a}$, verursacht in erster Linie durch Prognose-schwierigkeiten des zukünftigen Zinssatzes und der zukünftigen Kosten der Immobilie, in direkter Abhängigkeit zur Unschärfe von $\tilde{b}$ steht, die wiederum auf ungewisse Konsum-präferenzen und Einkommensentwicklungen, bedingt durch ungewisse Karriere- und Familienplanung, zurückzuführen sind. Pessimistischer aber dafür realistischer erscheint dagegen der Vergleich von TANAKA/ASAI oder DUBOIS (2. Dominanzkriterium), die sich auf die schlechtesten Fälle für $\tilde{a}$ und $\tilde{b}$ konzentrieren. So ist zumindest sichergestellt, daß der

---

[159] Vgl. Wolf (1988a), S. 113, Rommelfanger (1988), S. 372 und Buscher/Roland (1992), S. 70.

[160] Da dieser Ansatz im Gegensatz zu den anderen vorgestellten Verfahren bereits eine Überschreitung der Restriktionsgrenze erlaubt, ist er nicht mehr ohne weiteres der Familie der reinen Linearen Possibilistischen Programmierungsverfahren zuzuordnen, sondern könnte auch unter den hybriden Verfahren aufgeführt werden. Hier kann es aber in erster Linie auf die Art der Vergleichsmöglichkeit an, so daß dieses Verfahren an dieser Stelle besprochen wurde.

[161] Vgl. Slowinski (1991) und Czyzak/Slowinski (1991).

[162] Nicht ohne Grund spricht man beim Dominanzkriterium von Dubois von einer weichen Restriktion. Vgl. Dubois (1987), S. 250.

Investor keinen finanziellen Ruin erleidet. Andererseits besteht natürlich eher die Möglichkeit, daß wegen der erhöhten Restriktivität kein optimales Programm gefunden werden kann. Diese Vorgehensweise erinnert an das worst-case-Szenario. In Tabelle 3.2 sind die wichtigsten Ergebnisse noch einmal zusammengefaßt.

Verfahren	Referenz-funktion	Vergleichs-niveau	Unschärfeeinstellung		Rechen-aufwand
			absolut	relativ	
Dubois/Prade	linear	2	pessimistisch	optimistisch	gering
Dubois					
1. Dominanz	linear	1	flexibel	optimistisch	gering
2. Dominanz	linear	1	flexibel	pessimistisch	gering
Ramik/ Rimanek	linear/ nichtlinear	2	pessimistisch	optimistisch	mittel
Wolf	linear/ nichtlinear	2	flexibel	optimistisch	gering
Tanaka/Asai	linear	1	flexibel	pessimistisch	gering
Tanaka/ Ichihashi/ Asai	linear	1	flexibel	optimistisch	gering
Slowinski	linear/ nichtlinear	2	flexibel	optimistisch	hoch

Tabelle 3.2: Vergleich der linearen possibilistischen Programmierungsverfahren bei unscharfen Restriktionen

Für welches Verfahren man sich nun entscheiden sollte, ist zum einen von dem zu betrachtenden Problem, zum anderen von dem Pessimismusglauben des Entscheidungsträgers abhängig. Aufgrund des gestellten Problems sollte aus Gründen der Vorsicht der relative Pessimismusgrad hoch und der absolute Grad flexibel gewählt werden. Darüber hinaus kann es ratsam sein, einen Vergleich auf zwei Niveaus durchzuführen, um nicht auf vorhandene Informationen zu verzichten. Als geeignet scheint der Vergleich auf dem 1-Niveau und auf einem niedrigeren Niveau, welches der Entscheidungsträger gerade noch für möglich hält und bei der Optimierungsrechnung berücksichtigt haben möchte. Als weiteres Auswahlkriterium spielt die Rechenintensität der Verfahren eine wichtige Rolle. Aus diesen Gründen sollen die Verfahren von WOLF und TANAKA/ASAI für das zu behandelnde Problem bevorzugt werden.

3.3.2.   Unscharfe Zielfunktionskoeffizienten

Bei den oben beschriebenen Verfahren wurde bisher immer von scharfen Zielfunktionskoeffizienten ausgegangen. Diese Annahme wollen wir jetzt aufheben. Wir betrachten jetzt
die unscharfe Größe $\tilde{c}$, die sich über eine trianguläre $\tilde{c} = (c, \chi, \varphi)_{LR}$ oder intervallmäßige
Möglichkeitsfunktion $\tilde{c} = (c_1, c_2, \chi, \varphi)_{LR}$ hinreichend genau beschreiben läßt. Das unscharfe
Problem kann dann wie folgt formuliert werden:

$$\max \tilde{c}^T x$$
$$Ax \leq b \qquad\qquad (3.69)$$
$$x \geq 0$$

In den nun folgenden Kapiteln lernen wir eine Auswahl von Verfahren kennen, die das oben
beschriebene Problem zu lösen versuchen.

3.3.2.1.   Das Verfahren von Rommelfanger

Rommelfanger behandelt unscharfe Parameter in Zielfunktion und Restriktion synchron. Das
Problem lautet daher:

$$\tilde{m}ax \tilde{c}^T x$$
$$\tilde{A}x \leq \tilde{b} \qquad\qquad (3.70)$$
$$x \geq 0$$

Können die unscharfen Zielkoeffizienten $\tilde{c}_j$ als Fuzzy-Intervalle des gleichen LR-Typs dargestellt werden, wobei j mit $j = 1,..., J$ die Anzahl der Variablen ist, dann läßt sich $\tilde{c}_j$ mit Hilfe
von $\tilde{c} = (c_1, c_2, \chi, \varphi)_{LR}$ eindeutig beschreiben. Sind die Koeffizienten nicht alle vom gleichen
LR-Typ oder sogar die Referenzfunktionen zum Teil unbekannt, dann bietet sich die Model-
lierung einer stetigen, stückweise linearen Zugehörigkeitsfunktion an, so wie wir es bereits bei
den unscharfen Restriktionen kennengelernt haben. Dazu muß der Entscheidungsträger Stützstellen angeben, für die er auf bestimmten Niveaus, z. B. das δ- und das γ_A-Niveau, Ziel-
koeffizienten zuordnet. Das Intervall wird dann durch $\tilde{c} = \left(c_1, c_2, \chi^{\gamma_A}, \chi^{\delta}, \varphi^{\gamma_A}, \varphi^{\delta} \right)_{LR}^{\gamma_A, \delta}$

charakterisiert.[163] Nach dem ZADEHschen Erweiterungsprinzip ist $\tilde{c}^T x = \left(c_1^T x, c_2^T x, \chi^T x, \varphi^T x\right)_{LR}$, was die simultane Optimierung der vier Ziele

$$
\begin{array}{ll}
1.\ c_1^T x \to \text{Max} & 2.\ c_2^T x \to \text{Max} \\
3.\ (c_1 - \chi)^T x \to \text{Max} & 4.\ (c_2 + \varphi)^T x \to \text{Max}
\end{array}
\tag{3.71}
$$

impliziert.[164,165] Es liegt hier also ein Mehrzielproblem vor, für das es keine "ideale Lösung" gibt.[166] Deshalb schlägt ROMMELFANGER vor, eine Satisfizierungslösung mit Hilfe eines unscharfen Zielanspruchniveaus $\tilde{N}$ anzustreben.[167] Dabei kann $\tilde{N}$ durch eine halbtrianguläre Zugehörigkeitsfunktion $\tilde{N} = (n, \varepsilon, 0)_L$ beschrieben werden.[168] Möglich ist hier auch die einschränkende Betrachtung auf dem δ-1-Niveauintervall. Zugehörigkeitswerte unterhalb des δ-Niveaus bleiben dann unberücksichtigt, so daß $\tilde{N} = (n, \varepsilon^\delta, 0)_L^\delta$ gilt. Das eigentliche Optimierungsproblem wird nun um eine weitere unscharfe Relation erweitert, die

$$
\tilde{N} \lesssim \tilde{c}^T x
\tag{3.72}
$$

lautet. Die Frage ist, welche der unterschiedlichen Definitionen von unscharfen Kleiner-Gleich-Beziehungen, die wir bereits aus dem vorherigen Kapitel kennen, hier anzuwenden sind. ROMMELFANGER benutzt eine eigene Definition des Vergleichs, welche auf einer tolerierten Überschreitung der Grenze beruht. Die unscharfe Nebenbedingung wird in eine scharfe Restriktion und in ein scharfes Ziel transformiert.[169] $\tilde{N} \lesssim \tilde{c}^T x$ ist dann äquivalent mit

$$
\begin{aligned}
&f_{\hat{z}}\left(c_1^T x\right) \to \text{Max} \\
&n - \varepsilon^\delta \le \left(c_1 - \chi^\delta\right)^T x
\end{aligned}
\tag{3.73}
$$

$$
\text{mit} \quad f_{\hat{z}}\left(c_1^T x\right) =
\begin{cases}
0 & \text{für} \quad c_1^T x < n - \varepsilon^\delta \\
f_N\left(c_1^T x\right) & \text{für} \quad n - \varepsilon^\delta \le c_1^T x \le n \\
1 & \text{für} \quad c_1^T x > n\,.
\end{cases}
\tag{3.74}
$$

[163] Vgl. Rommelfanger (1991a), S. 285.

[164] Vgl. derselbe (1994), S. 238.

[165] Für den Fall, daß das Intervall durch eine stückweise lineare Funktion approximiert wird, kommen für jede Stützstelle zwei weitere Ziele hinzu. Vgl. Rommelfanger (1989), S. 535.

[166] Vgl. Rommelfanger (1991a), S. 285.

[167] Vgl. ebenda, S. 285 f.

[168] Vgl. Lai/Hwang (1994), S. 350.

[169] Diese Vorgehensweise ist identisch mit der für unscharfe Restriktionen. Da hier eine Überschreitung erlaubt ist, kann nicht von einem reinen possibilistischen Ansatz gesprochen werden. Es handelt sich hier vielmehr um einen hybriden Ansatz. Aus didaktischen Gründen soll dieses Verfahren an dieser Stelle trotzdem behandelt werden. Eine ausführliche Beschreibung des hybriden Ansatzes findet sich im nachfolgenden Kapitel.

Nun drängt sich die berechtigte Frage auf, wie die Zugehörigkeitsfunktion $f_N(c_1{}^T x)$ vom Entscheidungsträger beschrieben werden kann. Über zwei separate vorgeschaltete Optimierungsrechnungen sind zunächst die Zielwertuntergrenze $(n - \varepsilon^\delta)$ und die Zielwertobergrenze (n) zu berechnen. Geht man von einer intervallmäßigen Zugehörigkeitsfunktion für $\tilde{a} = \left(a_1, a_2, \lambda^\delta, \mu^\delta\right)^\delta_{LR}$ und von einer halbtriangulären Funktion für $\tilde{b} = \left(b, 0, \beta^\delta\right)^\delta_{R'R'}$ aus, dann lassen sich die Ober- und Untergrenzen folgendermaßen ermitteln:

Zur Berechnung der **Obergrenze** muß im *ersten Schritt* das System

$$c_1{}^T x \rightarrow Max$$
$$\left[a_{2,i} + \mu_i^\delta\right]^T x \leq b_i + \beta_i^\delta \qquad (3.75)$$
$$x \geq 0$$

optimiert werden, um anschließend im *zweiten Schritt* mit der erhaltenen Optimallösung x^{**} die obere Schranke

$$Z_{max} = n = c_1{}^T x^{**} \qquad (3.76)$$

zu berechnen.[170]

Die **untere Schranke** dagegen errechnet sich im Fall einer Zielfunktion aus der Optimierung von

$$(c_1 - \chi)^T x \rightarrow Max$$
$$a_{2,i}{}^T x \leq b_i$$
$$\left[a_{2,i} + \mu_i^\delta\right]^T x \leq b_i + \beta_i^\delta \qquad (3.77)$$
$$x \geq 0$$

und dem anschließenden Einsetzen der Optimallösung x^* in die Zielfunktion

$$Z_{min} = n - \varepsilon^\delta = (c_1 - \chi)^T x^*.[171] \qquad (3.78)$$

Gibt der Entscheidungsträger einen Mindestwert Z_A mit den Koordinaten $(n - \varepsilon^{\gamma_A}, \gamma_A)$ an, dann wird die Zugehörigkeitsfunktion $f_N(c_1{}^T x)$ determiniert durch[172]

---

[170] Vgl. Rommelfanger (1991a), S. 290.
[171] Vgl. ebenda.
[172] Vgl. ebenda, S. 288.

$$f_N\left(c_1{}^T x\right) = \begin{cases} 0 & \text{für} \quad c_1{}^T x < n - \varepsilon^\delta \\[2mm] \delta + \dfrac{\gamma_A - \delta}{\varepsilon^\delta - \varepsilon^{\gamma_A}} \cdot \left(c_1{}^T x - n + \varepsilon^\delta\right) & \text{für} \quad n - \varepsilon^\delta \le c_1{}^T x < n - \varepsilon^{\gamma_A} \\[2mm] \gamma_A + \dfrac{1 - \gamma_A}{\varepsilon^{\gamma_A}} \cdot \left(c_1{}^T x - n + \varepsilon^{\gamma_A}\right) & \text{für} \quad n - \varepsilon^{\gamma_A} \le c_1{}^T x \le n \\[2mm] 1 & \text{für} \quad c_1{}^T x > n \, . \end{cases} \tag{3.79}$$

Es ist hier darauf zu achten, daß die Konkavität der Funktion eingehalten wird.

Aus dem Ursprungsproblem läßt sich unter Berücksichtigung der bisherigen Ausführungen ein Mehrzieloptimierungssystem

$$\gamma = \Phi\left\{ f_{\hat{Z}}\left(c^T x\right), f_{\hat{D}_i}\left(a_{2,i}{}^T x\right) \right\} \to \max! \tag{3.80}$$

aufstellen, das bei Anwendung des ZADEHschen Minimum-Operators dem konventionellen LP- Modell

$$
\begin{array}{c}
\max \gamma \\[1mm]
\gamma \le f_{\hat{Z}}(c^T x) \\[1mm]
\gamma \le f_{\hat{D}_i}\left(a_{2,i}{}^T x\right) \\[1mm]
(c_1 - \chi)^T x \ge n - \varepsilon^\delta \\[1mm]
\left[a_{2,i} + \mu_i^\delta\right]^T x \le b_i + \beta_i^\delta \\[1mm]
\gamma \le 1 \\[1mm]
\gamma \ge 0 \\[1mm]
x \ge 0
\end{array}
\tag{3.81}
$$

äquivalent ist.[173] Die angestrebte Satisfizierungslösung ergibt sich über einen iterativen Mensch-Maschine-Prozeß, bei dem der Entscheidungsträger nach jedem Durchlauf einer Iteration ein Zwischenergebnis erhält und bewertet. Dabei hat er die Möglichkeit, über das Mindestniveau γ_A die Optimallösung zu steuern. Dieser anspruchsniveau-gesteuerte interaktive Prozeß wird in der Literatur mit FULPAL (Fuzzy Linear Programming based on Aspiration Level)[174] bezeichnet.

---

[173] Vgl. derselbe (1994), S. 242.
[174] Vgl. ebenda, S. 245.

3.3.2.2.   Das Verfahren von Rommelfanger/Hanuscheck/Wolf

Das nun vorzustellende Verfahren ist von ROMMELFANGER, HANUSCHECK und WOLF
entwickelt worden und stellt eine Lösungsmöglichkeit des Problems

$$\max \tilde{c}^T x$$
$$Ax \leq b \qquad\qquad (3.69)$$
$$x \geq 0$$

dar.[175] Der unscharfe Zielfunktionskoeffizient $\tilde{c}_j$ für jede Variable $j = 1,...,$ J kann vom
Entscheidungsträger lediglich größenordnungsmäßig in Form eines Intervalls $\tilde{c}_j = (c_{1,j}, c_{2,j})$
angegeben werden.[176] Da jeder Intervallkoeffizient einer Zielfunktion entspricht, liegt hier ein
Mehrziel-Optimierungssystem mit unendlich vielen Zielen vor. Die Frage ist, wie sich diese
unendliche Anzahl von Zielfunktionen in eine endliche Anzahl reduzieren läßt, damit das
Problem lösbar wird.[177,178]

Das Verfahren der α-niveau-bezogenen Paarbildung wendet die Fuzzy Set-Theorie an und
fordert den Entscheidungsträger zunächst auf, für jedes α-Niveau $\alpha \in [0,1]$ ein Intervall
$\tilde{c}_j^\alpha = (c_{1,j}^\alpha, c_{2,j}^\alpha)$ anzugeben. Die Anzahl der α-Niveaus richtet sich dabei nach seinem Informationsstand. Die Reduzierung der unendlich vielen Zielfunktionen geschieht nun mittels
einer Extrempositionierung, so daß das Vektoroptimierungssystem

$$\begin{pmatrix} Z_{min}^\alpha \\ Z_{max}^\alpha \end{pmatrix} = \begin{pmatrix} c_1^{\alpha T} x \\ c_2^{\alpha T} x \end{pmatrix} \to \text{Max} \qquad\qquad (3.82)$$

entsteht.[179] Die jeweiligen Intervallgrenzen stellen die einelementigen Zielfunktionskoeffizienten der beiden scharfen Zielfunktionen dar.

---

[175] Vgl. Rommelfanger/Hanuscheck/Wolf (1986), S. 31-48, i.V.m. Rommelfanger (1994), S. 249 und
Lai/Hwang (1994), S. 213.
[176] Vgl. Hanuscheck/Rommelfanger (1986), S. 589.
[177] Vgl. Wolf (1988a), S. 64.
[178] Orientiert man sich an der klassischen Vorgehensweise, dann wählt man aus jedem Intervall einen Repräsentanten z. B. mit Hilfe der Maximin-, Maximax-Regel, des arithmetischen Mittelwertes oder des Hurwicz-
Prinzips aus. Vgl. Singer (1971), S. 94-99 und S. 124-128. Diese Verfahren sind jedoch in der Regel abzulehnen, da sie entweder eine zu pessimistische oder zu optimistische Einstellung des Entscheidungträgers unterstellen, zumindest aber einen sehr großen Informationsverlust tolerieren, da nicht die gesamte Schwankungsbreite des Intervalls bei der Optimierung berücksichtigt wird. Die Unschärfe der Zielfunktionskoeffizienten
wird so nicht angemessen abgebildet. Vgl. Wolf (1988a), S. 66, Hanuscheck (1986b), S. 125, Buscher/Roland
(1992), S. 73 und Rommelfanger (1994), S. 251.
[179] Vgl. Rommelfanger et al. (1989), S. 36.

Eine Kompromißlösung für dieses Mehrzielproblem erhält man wieder durch eine Überführung jedes einzelnen scharfen Ziels in Fuzzy-Zielfunktionen, deren Gesamtnutzen dann über ein geeignetes Präferenzfunktional maximiert wird. Da eine Fuzzy-Zielfunktion über ihre Zugehörigkeitsfunktion determiniert wird, muß als nächstes diese konstruiert werden. Dazu bedient man sich wieder der Berechnung einer unteren und oberen Schranke.

Die *obere Schranke* erhält man, indem für jedes α-Niveau die Optimallösungen für Z^α_{min} und Z^α_{max} unter dem gegebenen Restriktionensystem isoliert berechnet werden. Die berechneten Optimalwerte x^*_{min} und x^*_{max} sind dann in die entsprechenden Zielfunktionen einzusetzen, so daß sich der maximale Wert je Zielfunktion k = min, max aus

$$Z^{\alpha^*}_k = c^{\alpha T}_k x^*_k = \text{Max } c^{\alpha T}_k x \qquad (3.83)$$

ergibt.[180] Den Zielfunktionswerten $Z^{\alpha^*}_k$ wird folglich ein Zugehörigkeitswert von eins zugeordnet.

Setzt man die optimalen Lösungen x^*_{min} und x^*_{max} in die jeweils andere Zielfunktion ein, dann kennt man die *untere Schranke* $\hat{Z}^\alpha_{min}$ und $\hat{Z}^\alpha_{max}$:

$$\hat{Z}^\alpha_{min} = c^{\alpha\ T}_{min} x^*_{max} \qquad \text{bzw.} \qquad \hat{Z}^\alpha_{max} = c^{\alpha\ T}_{max} x^*_{min} \qquad (3.84)$$

Diese Mindestzielwerte können in jedem Fall erreicht werden, wenn die jeweils andere Zielfunktion maximiert wird. Einen geringeren Wert wird der Entscheidungsträger nicht akzeptieren, so daß er diesen Zielwerten einen Zugehörigkeitswert von null zuordnen wird.

Gibt der Entscheidungsträger die unscharfen Zielfunktionskoeffizienten als Intervall der Form $\tilde{c}^\alpha_j = \left[c_{1,j} - \chi^\alpha_j, c_{2,j} + \varphi^\alpha_j \right]$ für $\alpha \in [0,1]$ an, dann lassen sich die Zielfunktionswerte wie folgt berechnen:

$$
\begin{aligned}
Z^{\alpha^*}_{min} &= (c_1 - \chi^\alpha)^T x^*_{min} \\
Z^{\alpha^*}_{max} &= (c_2 + \varphi^\alpha)^T x^*_{max}
\end{aligned}
\qquad \text{bzw.} \qquad
\begin{aligned}
\hat{Z}^{\alpha^*}_{min} &= (c_1 - \chi^\alpha)^T x^*_{max} \\
\hat{Z}^{\alpha^*}_{max} &= (c_2 + \varphi^\alpha)^T x^*_{min} \ .
\end{aligned}
\qquad (3.85)
$$

Wenn das Zufriedenheitsempfinden des Entscheidungsträgers proportional zum Zielwert steigt, dann kann mit Hilfe dieser beiden Grenzwerte ohne weiteres für jedes α-Niveau die Zugehörigkeitsfunktion für die beiden Fuzzy-Ziele aufgestellt werden:[181]

---

[180] Vgl. ebenda.
[181] Es lassen sich hier durchaus auch andere Zugehörigkeitsfunktionen verwenden, wie z. B. die stückweise lineare, konkave Zugehörigkeitsfunktion. Dann könnte man über einen interaktiven Mensch-Maschine-Prozeß

$$f_{Z_k}^\alpha (c_l^T x) = \begin{cases} 1 & \text{für } c_l^T x > Z_k^{\alpha^*} \\ \dfrac{c_l^T x - \hat{Z}_k^\alpha}{Z_k^{\alpha^*} - \hat{Z}_k^\alpha} & \text{für } \hat{Z}_k^\alpha \le c_l^T x \le Z_k^{\alpha^*} \quad \text{mit } l = 1,2 \text{ und } k = \min, \max \\ 0 & \text{für } c_l^T x < \hat{Z}_k^\alpha \end{cases} \qquad (3.86)$$

Da der Entscheidungsträger die Gesamtzufriedenheit mit allen Fuzzy-Zielen zu maximieren wünscht, ist das Vektoroptimierungssystem $\gamma = \Phi\big(f_{Z_k}^\alpha (c_l^T x)\big)$ zu lösen. Wählt man als Aggregationsvorschrift wieder den ZAHDEHschen Minimum-Operator, dann ergibt sich das Ersatzmodell:[182]

$\max \gamma$		$\max \gamma$
$\gamma \le f_{Z_k}^\alpha (c_l^T x)$		$(Z_k^{\alpha^*} - \hat{Z}_k^\alpha)\gamma - c_l^T x \le -\hat{Z}_k^\alpha$
$Ax \le b$	bzw.	$Ax \le b$
$\gamma \ge 0$		$\gamma \ge 0$
$x \ge 0$		$x \ge 0$

$$(3.87)$$

Das Verfahren der α-niveau-bezogenen Paarbildung läßt sich selbstverständlich auch auf ein Problem mit einem unscharfen Restriktionensystem übertragen.

3.3.2.3. Das Verfahren von Lai/Hwang

Ausgehend von einer triangulären Möglichkeitsfunktion, die die Zustimmung zum Eintreten eines Ereignisses ausdrücken soll, sind die drei Extremwerte der unscharfen Größe $\tilde{c} = \big(c^m, c^p, c^o\big)$ zu maximieren. c^m stellt den möglichsten Wert, im Fall der Normalisierung beträgt er eins, c^p den pessimistischsten bzw. schlechtesten und c^o den optimistischsten bzw. besten Wert dar. Folglich gilt:[183]

$$\max_{x \in X} \big((c^m)^T x, (c^p)^T x, (c^o)^T x\big) \qquad (3.88)$$

---

die Optimallösung steuern. Vgl. Hanuscheck/Rommelfanger (1986), S. 592 und die Ausführungen in Kapitel 3.1.3.
[182] Vgl. Rommelfanger et al. (1989), S. 42.
[183] Vgl. Lai/Hwang (1992b), S. 123.

In Anlehnung an die Überlegungen aus der Portfolio-Theorie, wo auf Grundlage einer Wahrscheinlichkeitsfunktion der Erwartungswert und die Rechtsschiefe der Funktion maximiert bzw. die Varianz minimiert werden soll, lautet das lineare Mehrzielproblem:[184]

$$\text{min } z_1 = \left(c^m - c^p\right)^T x$$
$$\text{max } z_2 = \left(c^m\right)^T x$$
$$\text{max } z_3 = \left(c^o - c^m\right)^T x \qquad (3.89)$$
$$Ax \leq b$$
$$x \geq 0$$

Dieses Problem läßt sich mit verschiedenen MOLP-Techniken[185] lösen. LAI/HWANG entscheiden sich für die Methode, die ZIMMERMANN im Fall der unscharfen Relation verwendet hat.[186] Dabei wird die Bestimmung der Extremzielfunktionswerte notwendig, um die entsprechenden Möglichkeitsfunktionen für die drei Ziele aufstellen zu können. Die entsprechenden Zielfunktionswerte erhält man, indem für jede Zielfunktion die jeweilige positive und negative Ideallösung (PIL bzw. NIL) berechnet wird:[187]

$$z_1^{PIL} = \min_{x \in X}\left(c^m - c^p\right)^T x, \qquad z_1^{NIL} = \max_{x \in X}\left(c^m - c^p\right)^T x,$$
$$z_2^{PIL} = \max_{x \in X}\left(c^m\right)^T x, \qquad z_2^{NIL} = \min_{x \in X}\left(c^m\right)^T x, \qquad (3.90)$$
$$z_3^{PIL} = \max_{x \in X}\left(c^o - c^m\right)^T x, \qquad z_3^{NIL} = \min_{x \in X}\left(c^o - c^m\right)^T x .$$

Die Möglichkeitsfunktionen für die drei Ziele lassen sich dann leicht aufstellen. Da sich die Funktionen für das zweite und dritte Ziel entsprechen, begnügen wir uns hier mit der Aufstellung der Funktion für das erste und zweite Ziel:

$$\pi_{z_1} = \begin{cases} 1 & \text{für } z_1 \leq z_1^{PIL} \\ \dfrac{z_1^{NIL} - z_1}{z_1^{NIL} - z_1^{PIL}} & \text{für } z_1^{PIL} < z_1 < z_1^{NIL} \\ 0 & \text{für } z_1 \geq z_1^{NIL} \end{cases} \qquad (3.91)$$

---

[184] ebenda.
[185] MOLP steht für Multiple Objective Linear Programming.
[186] Siehe im einzelnen Kapitel 3.2.1. i.V. mit 3.2.4.
[187] Vgl. Hwang/Yoon (1981), S. 131 f.

$$
\pi_{z_2} = \begin{cases}
1 & \text{für } z_2 \geq z_2^{PIL} \\
\dfrac{z_2 - z_2^{NIL}}{z_2^{PIL} - z_2^{NIL}} & \text{für } z_2^{PIL} < z_2 < z_2^{NIL} \\
0 & \text{für } z_2 \leq z_2^{NIL}
\end{cases}
\tag{3.92}
$$

Das obige MOLP-Problem läßt sich dann wie folgt lösen:

$$
\begin{aligned}
\max\ & \gamma \\
& \gamma \leq \pi_{z_i} \\
& Ax \leq b \\
& \gamma \leq 1 \\
& x, \gamma \geq 0
\end{aligned}
\tag{3.93a}
$$

bzw. bei Einsetzung der Zugehörigkeitsfunktionen:

$$
\begin{aligned}
\max\ & \gamma \\
& \left(z_1^{NIL} - z_1^{PIL}\right)\gamma + \left(c^m - c^p\right)^T x \leq z_1^{NIL} \\
& \left(z_2^{PIL} - z_2^{NIL}\right)\gamma - \left(c^m\right)^T x \leq -z_2^{NIL} \\
& \left(z_3^{PIL} - z_3^{NIL}\right)\gamma - \left(c^o - c^m\right)^T x \leq -z_3^{NIL} \\
& Ax \leq b \\
& \gamma \leq 1 \\
& x, \gamma \geq 0 \ .
\end{aligned}
\tag{3.93b}
$$

3.3.2.4. Das Verfahren von Tanaka/Ichihashi/Asai

TANAKA/ICHIHASHI/ASAI lösen das Unschärfeproblem, indem die unteren und oberen Grenzwerte für die Koeffizienten mit einem vom Entscheidungsträger vorzugebenden Parameter w bzw. 1-w gewichtet werden. Diesen Gewichtungsansatz kennt man bereits aus der Entscheidungstheorie. Er wird als Hurwicz-Prinzip bezeichnet.[188] Ausgehend von einer triangulären Möglichkeitsfunktion für $\tilde{c} = (c, \chi, \varphi)$ ergibt sich folgendes lineares Ersatzproblem:[189]

---

[188] Vgl. Bamberg/Coenenberg (1992), S. 108. Eine erste Anwendung dieses Prinzips für Intervallkoeffizienten findet sich bereits bei Singer (1971). Vgl. Rommelfanger (1994), S. 251.
[189] Vgl. Tanaka/Ichihashi/Asai (1984), S. 189.

$$\max \sum_j \left[w_1 (c_j - \chi_j) + w_2 (c_j + \varphi_j) \right] x_j$$

$$Ax \le b \qquad\qquad (3.94)$$

$$x \ge 0$$

$$\text{mit } w_1 + w_2 = 1, \quad w_1, w_2 \in [0,1] \qquad\qquad (3.95)$$

Dieses Verfahren ist im Zusammenhang mit den weiter oben von denselben Autoren beschriebenen Verfahren für unscharfe Restriktionen entwickelt worden.

3.3.2.5. Das Verfahren von Delgado/Verdegay/Vila

Ausgehend von der Definition eines Fuzzy-Ziels nach VERDEGAY[190], die eine unscharfe Ordnung in der Form

$$\pi(c) = \operatorname*{Inf}_j \pi_j(c_j) \quad \forall c \in R^n, \ c = (c_1, \ldots, c_n) \quad j \in N$$

herbeiführt, wird für jeden Koeffizienten der Zielfunktion ein $(1-\alpha)$-Schnitt vorgenommen. Es gilt:[191]

$$\pi(c) \ge 1 - \alpha \Leftrightarrow \operatorname*{Inf}_j \pi_j(c_j) \ge 1 - \alpha \Leftrightarrow \pi_j(c_j) \ge 1 - \alpha \quad j \in N, \ \alpha \in [0,1]$$

Geht man von einer intervallmäßigen Möglichkeitsfunktion für die Zielkoeffizienten aus, dann läßt sich die unscharfe Größe $\tilde{c} = (c_1, c_2, \chi, \varphi)$ wie folgt beschreiben:[192]

$$\pi_j(c_j) = \begin{cases} h_j(c_j) & \text{für } c_1 - \chi \le c_j < c_1 \\ 1 & \text{für } c_1 \le c_j < c_2 \\ g_j(c_j) & \text{für } c_2 \le c_j < c_2 + \varphi \\ 0 & \text{sonst} \end{cases} \qquad (3.96)$$

Aus $\pi_j(c_j) \ge 1 - \alpha$ folgt $h_j^{-1}(1-\alpha) \le c_j \le g_j^{-1}(1-\alpha)$.[193] Bezeichnet man dieses Intervall mit $c \in E(1-\alpha)$, so lautet das scharfe Ersatzproblem:

---

[190] Vgl. Verdegay (1984).
[191] Vgl. Delgado/Verdegay/Vila (1987), S. 115.
[192] ebenda, S. 114. Selbstverständlich kann auch eine trianguläre Funktion gewählt werden. Vgl. dazu Fedrizzi/Kacprzyk/Verdegay (1991), S. 22 und Delgado/Verdegay/Vila (1994), S. 117.
[193] ebenda, S. 115.

$$\max c^T x$$
$$Ax \le b$$
$$x \ge 0 \qquad \alpha \in [0,1] \tag{3.97}$$
$$c \in E(1-\alpha)$$

$$\text{mit } E(1-\alpha) = \left\{ c_j \middle| c_j = \left(h_j^{-1}(1-\alpha) \text{ oder } g_j^{-1}(1-\alpha) \right), \forall j \right\} \tag{3.98}$$

Das ursprüngliche unscharf formulierte Problem wird damit zu einem parametrischen Mehr-zielprogramm. Die ursprüngliche monistische Zielfunktion hat sich dupliziert. Ist man nicht an einer Fuzzy-Lösung interessiert, dann muß der Entscheidungsträger α fixieren, so daß ein konventionelles lineares Mehrzielproblem vorliegt, das beispielsweise mit dem Gewichtungs-konzept von TANAKA/ICHIHASHI/ASAI oder mit dem Konzept der α-niveau-bezogenen Paarbildung von ROMMELFANGER/HANUSCHECK/WOLF gelöst werden kann.[194]

3.3.2.6.   Zusammenfassung und kritische Würdigung

Die fünf vorgestellten Verfahren bilden wiederum nur eine Auswahl der möglichen Verfahren. Es finden sich weitere Ansätze in der Literatur.[195] Gemeinsam ist allen Verfahren, daß sie sich in der Regel mit den verschiedenen Ansätzen für unscharfe Restriktionen kombinieren lassen. Eine Unterscheidung der Verfahren läßt sich anhand von vier Kriterien vornehmen: Zielsetzung, Unschärfetransformation, Lösungsergebnis und Rechenaufwand.

Das erste Kriterium betrifft die **Zielsetzung** bzw. Anzahl der zu berücksichtigenden Ziele. ROMMELFANGERs Anspruchsniveauverfahren ist der einzige Ansatz, der mehrere Ziele gleichzeitig beachten kann. Die anderen Verfahren setzen ein Monoziel voraus. Da wir in der simultanen Investitions- und Finanzierungsprogrammplanung lediglich das Ziel der Vermögensmaximierung betrachten, spielt dieser Unterschied hier keine allzu große Rolle.

---

[194] Vgl. Delgado/Verdegay/Vila (1990), S. 37 ff. und Lai/Hwang (1992), S. 219 ff.

[195] Vgl. z. B. Luhandjula (1986). Dort wird ein α-Niveau-Konzept benutzt. Es wird ein semi-infinites lineares Problem aufgestellt und dies mit Hilfe eines Schnittebenenverfahrens gelöst. Ein Verfahren für unscharfe Koeffi-zienten in der Zielfunktion und im Restriktionensystem findet sich bei Buckley. Dort wird ebenfalls auf der Grundlage eines α-Niveau-Schnitts und dem possibilistischen Ansatz von Dubois ein Ersatzmodell aufgestellt, welches eine Kompromißlösung erzeugt. Vgl. Buckley (1988) und (1989), S. 332 sowie Lai/Hwang (1992a), S. 227 ff. Ein weiterer, interaktiver Ansatz findet sich bei Sakawa/Yano (1990), die ebenfalls das α-Niveau-Konzept verwenden. Der interessierte Leser sei in diesem Zusammenhang an Lai/Hwang (1994), S. 316-324 verwiesen.

Ein anderes Unterscheidungsmerkmal ist die **Unschärfetransformation**, also die Art und Weise, wie die Unschärfe der Koeffizienten in ein Ersatzmodell transformiert wird. Im allgemeinen differenziert man zwischen symmetrischen und asymmetrischen Ansätzen.[196] Zu den erstgenannten zählen diejenigen Verfahren, die alle Zugehörigkeitsfunktionen, also die für das Ziel und die Nebenbedingungen, gleichzeitig optimieren. Das sind folglich die Ansätze von ROMMELFANGER, ROMMELFANGER/HANUSCHECK/WOLF und LAI/HWANG. Bei dem Verfahren von TANAKA/ICHIHASHI/ASAI wird aus dem unscharfen Ziel über die Gewichtung der Extremwerte des Unschärfeintervalls eine scharfe Zielfunktion konstruiert. Bei DELGADO/VERDEGAY/VILA wird die Unschärfe in zwei scharfe Funktionen transformiert, die es dann zu maximieren gilt. Folglich können diese Ansätze als asymmetrisch bezeichnet werden.

Eine dritte Unterscheidung läßt sich, wie auch schon bei den Verfahren für unscharfe Restriktionsgrenzen, nach dem **Lösungsergebnis** vornehmen. Eine Fuzzy-Lösung erhält man bei dem parametrischen Ansatz von DELGADO/VERDEGAY/VILA. Die anderen Verfahren warten dagegen mit einer scharfen Lösung auf.

Als letztes und wichtiges Kriterium ist der **Rechenaufwand** zu nennen. Hier gibt es deutliche Differenzen. Als am wenigsten aufwendig kann ohne Frage der Ansatz von TANAKA/ ICHIHASHI/ASAI bezeichnet werden. Jedoch wird bei dieser Vorgehensweise die Fuzzy Set-Theorie geradezu ad absurdum geführt, da die Unschärfe gerade nicht über einen Repräsentanten, sondern wegen der Gefahr des Informationsverlustes über die gesamte Breite des Intervalls berücksichtigt werden soll.[197] Einen erhöhten Rechenaufwand verlangen die Verfahren von LAI/HWANG und ROMMELFANGER/HANUSCHECK/WOLF. Ersteres erfordert sechs Optimierungen, bevor mit der eigentlichen Rechnung begonnen werden kann. Zusätzlich sind drei Zugehörigkeitsfunktionen aufzustellen, die auf den zuvor vorgenommenen Optimierungsrechnungen basieren. Bei dem Verfahren von ROMMELFANGER/ HANUSCHECK/WOLF sind die vorgeschalteten Rechnungen und damit die zu beachtenden Zugehörigkeitsfunktionen abhängig von der Anzahl der ausgewählten α-Niveaus. Je größer diese wird, um so umfangreicher die Berechnungen. Das Verfahren von ROMMELFANGER erhöht den Rechenaufwand um ein Vielfaches durch die Gestalt der Zugehörigkeitsfunktion. Das Problem kann zwar als realistischer bezeichnet werden, jedoch wird diese Realitätsnähe mit einem ineffizienten Mehraufwand erkauft. Allein die Berücksichtigung der Konkavitätsbedingung für die Zugehörigkeitsfunktion und die damit in der Regel einhergehenden Korrekturmaßnahmen bedeuten erheblichen zusätzlichen Aufwand und machen den Umgang mit dem Lösungsalgorithmus nicht gerade transparenter und anwenderfreundlicher für den Entscheidungsträger. Eine Anwendung dieses Verfahrens erfordert schon eine

---

[196] Vgl. Brunner (1994), S. 85.
[197] Zu der gleichen Auffassung kommt auch Brunner (1994), S. 86.

ausgereifte Software, mit der sich auch große Probleme behandeln lassen.[198]Abgesehen von der Rechenintensität überfordert den Anwender die a priori Angabe eines Mindestanspruchsniveaus. Als Gegenargument wird der interaktive Mensch-Maschine-Prozeß angeführt, der dieses Problem als weniger relevant erscheinen läßt. Der damit verbundene zusätzliche Rechenaufwand wird in diesem Zusammenhang jedoch verschwiegen.[199] Das Verfahren von DELGADO/VERDEGAY/VILA ist dagegen wegen der Parametrisierung rechenintensiv. Tabelle 3.3 faßt die wichtigsten Ergebnisse noch einmal zusammen.

Verfahren	Zielsetzung	Ansatz	Lösungsergebnis	Rechenaufwand
Rommelfanger	multi	symmetrisch	scharf	sehr hoch
Rommelfanger/ Hanuscheck/ Wolf	mono	symmetrisch	scharf	hoch - sehr hoch
Lai/Hwang	mono	symmetrisch	scharf	hoch
Tanaka/ Ichihashi/ Asai	mono	asymmetrisch	scharf	sehr gering
Delgado/ Verdegay/ Vila	mono	asymmetrisch	unscharf	hoch

Tabelle 3.3: Vergleich der linearen possibilistischen Programmierungsverfahren bei unscharfen Zielfunktionskoeffizienten

Insgesamt läßt sich konstatieren, daß ein geeignetes Verfahren zum einen die Unschärfe in angemessener Weise berücksichtigen soll, jedoch der Rechenaufwand dabei nicht vernachlässigt werden darf. Aus diesem Grund erscheinen die Ansätze von LAI/HWANG und ROMMELFANGER/HANUSCHECK/WOLF generell vorteilhafter gegenüber den anderen Verfahren.

Bedenkt man jedoch, daß bei dem konkret vorliegenden simultanen Investitions- und Finanzierungsproblem die Zielfunktion der Liquidationsrestriktion am Planungshorizont entspricht und damit auch die unscharfen Koeffizienten identisch sind, liegt im Fall eines unscharfen Parameters in der Zielfunktion gleichzeitig ein, wenn auch nur zum Teil, unscharfes Restriktionssystem vor. Die Folge ist, daß die Unschärfe in der Zielfunktion nicht

---

[198] Rommelfanger hat ein Programm namens FULPAL 2.0 entwickelt und es anhand eines kleinen Problems demonstriert. Ob damit jedoch auch praktische Probleme mit entsprechender Größenordnung gerechnet werden können, bleibt ungewiß. Vgl. Rommelfanger (1994), S. 267 ff.
[199] Vgl. Wolf (1988a), S. 146.

isoliert, sondern simultan mit der Unschärfe der Restriktionen behandelt und gelöst werden muß. In diesem Fall liegt die einfachste Lösung in der Optimierung der Zielfunktion auf einem der Unschärfe gerecht werdenden Niveau, das der Investor bestimmt. Würde man beispielsweise die unscharfe Restriktion mit Hilfe des Verfahrens von TANAKA/ASAI behandeln, dann entspräche das dem k-Niveau.

Wendet man dagegen das Verfahren von WOLF an, dann liegt implizit ein lineares Mehrzielproblem vor, da aus der unscharfen Liquiditätsnebenbedingung zwei scharfe Restriktionen folgen. Das resultierende Mehrzielproblem läßt sich mit den bekannten Methoden aus der MOLP-Theorie lösen. Eine simple Lösung des Problems besteht in der Maximierung der Zielfunktion auf dem 1-Niveau, dem möglichsten Niveau, bei Einhaltung der Nebenbedingungen auf dem 1- und k-Niveau. Die Restriktion auf dem k-Niveau gibt dann gleichzeitig Auskunft über den Schwankungsbereich des Zielwertes.[200]

3.4. Lineare hybride Programmierungsverfahren

Die bisher vorgestellten Verfahren behandeln entweder die unscharfe Relation zwischen deterministischen Größen oder die Relation bzw. Extremierung unscharfer Größen. Ersteres Problem löst sich mit Hilfe der Fuzzy-Theorie, letzteres mit Hilfe der Possibility-Theorie. Gerade bei praktischen Entscheidungsproblemen ist es jedoch denkbar, daß beide Unschärfearten gleichzeitig zu beachten sind. Daher gilt es Verfahren zu entwickeln, die beide Unschärfen simultan berücksichtigen können. Diese Verfahren werden im folgenden als hybride Verfahren bezeichnet. Das lineare unscharfe Problem lautet:

$$\max c^T x$$
$$\tilde{A}x \lesssim \tilde{b} \qquad (3.99)$$
$$x \geq 0$$

Im weiteren werden wir als Vertreter des hybriden Ansatzes das parametrische Verfahren von DELGADO/VERDEGAY/VILA und das Verfahren von ROMMELFANGER kennenlernen, das eine scharfe Lösung generiert.

---

[200] Vgl. Roland/Buscher (1992), S. 92 f. i.V.m. S. 99.

3.4.1. Das Verfahren von Delgado/Verdegay/Vila

Das hybride Verfahren dieser Autoren greift auf den Ansatz von VERDEGAY zurück und stellt damit ein *parametrisches Programmierungsverfahren* dar. Es wird eine maximale Überschreitung in Höhe von p toleriert, die jedoch nicht voll ausgenutzt werden sollte, da die Zufriedenheit in Form des Zugehörigkeitswertes mit zunehmender Verletzung der Restriktionsgrenze abnimmt. In bezug auf den Vergleich zwischen den unscharfen Restriktionskoeffizienten und -grenzen legen sich die Autoren nicht auf ein spezielles Verfahren fest. Stattdessen führen sie das Symbol ($\leq$) ein, das synonym für alle Vergleichsmöglichkeiten stehen soll. Allgemein kann geschrieben werden:[201]

$$\max c^T x$$
$$\tilde{A}x(\leq)\tilde{b}+(1-\alpha)p \quad \alpha \in [0,1] \qquad (3.100)$$
$$x \geq 0$$

Wird darüber hinaus der Toleranzwert p ebenfalls unscharf formuliert, so ergibt sich eine kleine Modifikation des obigen Problems:[202]

$$\max c^T x$$
$$\tilde{A}x(\leq)\tilde{b}+(1-\alpha)\tilde{p} \quad \alpha \in [0,1] \qquad (3.101)$$
$$x \geq 0$$

Das scharf formulierte Ersatzproblem und damit die gefundene Fuzzy-Lösung des parametrischen Optimierungsproblems ist nun direkt abhängig von dem gewählten Vergleichsverfahren.[203] Nimmt man beispielsweise einen Vergleich unscharfer Größen nach Tanaka/Ichihashi/Asai vor, dann lautet das entsprechende Ersatzproblem bei Annahme triangulärer Möglichkeitsfunktionen für $\tilde{a} = (a,\lambda,\mu)$, $\tilde{b} = (b,\tau,\nu)$ und $\tilde{p} = (p,\psi,\eta)$:

$$\max c^T x$$
$$\left(a_i^{\,m} - h\lambda_i\right)^T x \leq b_i^{\,m} - h\tau_i + \left[p_i - (1-h)\psi_i\right](1-\alpha)$$
$$\left(a_i^{\,m} + h\mu_i\right)^T x \leq b_i^{\,m} + h\nu_i + \left[p_i + (1-h)\eta_i\right](1-\alpha) \qquad (3.102)$$
$$x \geq 0$$

$$\text{mit} \quad h \in (k,1), \ k \in (0,1) \text{ und } \alpha \in (0,1)$$

---

[201] Vgl. Delgado/Verdegay/Vila (1989), S. 27 und dieselben (1994), S. 120.

[202] Vgl. Campos (1989), S. 277 und Campos/Verdegay (1989), S. 2.

[203] In Campos (1989) und Campos/Verdegay (1989) werden für verschiedene Vergleichsverfahren (zwei Indexfunktionen von Yager sowie die α-Schnitteben-Niveau-Ansätze von Adamo, Dubois/Prade, Ramik/Rimanek und Tanaka/Ichihashi/Asai) die entsprechenden scharfen Ersatzprobleme aufgestellt und anhand von Zahlenbeispielen die unterschiedlichen Fuzzy Lösungen miteinander verglichen.

3.4.2. Das Verfahren von Rommelfanger

ROMMELFANGER überführt eine Fuzzy-Restriktion in eine scharfe Ungleichung und in eine Fuzzy-Zielfunktion. Die klassische Ungleichung entspricht der pessimistischen Relation von SLOWINSKI bzw. dem δ-Niveau-Ansatz von WOLF. Die Fuzzy-Zielfunktion bewertet dagegen die Überschreitung der Restriktionsgrenze auf dem α-Niveau = 1 durch die Zugehörigkeitsfunktion $f_{\tilde{D}}(a_2{}^T x)$.[204] Diese Zugehörigkeitsfunktion soll das subjektive Zufriedenheitsempfinden des Entscheidungsträgers widerspiegeln, ob die benötigte Quantität $a_2{}^T x$ zu der zur Verfügung stehenden Quantität b gehört.[205] Je weiter die ursprüngliche Grenze b überschritten wird, desto unzufriedener wird der Entscheidungsträger und desto kleiner ist der Zugehörigkeitswert. Diesen Zusammenhang kennen wir bereits von ZIMMERMANN bei der Optimierung mit ausschließlich unscharfen Restriktionsgrenzen. Gehen wir von einem LR-Fuzzy-Intervall $\tilde{a} = (a_1, a_2, \lambda, \mu)_{LR}$ und einer Fuzzy-Zahl $\tilde{b} = (b, 0, \beta)_{R'R'}$ aus, dann lautet die Zugehörigkeitsfunktion für $\tilde{D}_i$:[206]

$$f_{\tilde{D}_i}(a_{2,i}{}^T x) = \begin{cases} 1 & \text{für } a_{2,i}{}^T x \le b_i \\ f_{\tilde{B}}(a_{2,i}{}^T x) = R'\left(\dfrac{a_{2,i}{}^T x - b_i}{\beta_i}\right) & \text{für } a_{2,i}{}^T x > b_i \end{cases} \qquad (3.103)$$

für $\forall i$, wenn mit i die Anzahl der Restriktionen bezeichnet wird. Das Ziel des Entscheidungsträgers besteht in der Maximierung des Zugehörigkeitswertes $f_{\tilde{D}}(a_2{}^T x)$ unter Beachtung der pessimistischen Restriktion.[207] Folglich kann die unscharfe Relation $\tilde{A} \lesssim \tilde{B}$ in

$$f_{\tilde{D}_i}(a_{2,i}{}^T x) \to \max$$
$$\left[a_{2,i} + \mu_i R^{-1}(\delta)\right]^T x \le b_i + \beta_i R^{-1}(\delta) \qquad (3.104)$$

überführt werden.[208] Da neben der Fuzzy-Zielfunktion das eigentliche Ziel weiterhin berücksichtigt werden muß, erhält man das schon bereits bekannte Fuzzy-Vektoroptimierungssystem der Form

$$\gamma = \Phi\left\{f_Z(c^T x), f_{\tilde{D}_i}(a_{2,i}{}^T x)\right\} \to \max!, \qquad (3.105)$$

---

[204] Vgl. Rommelfanger (1994), S. 230.

[205] ebenda, S. 230 und derselbe (1989), S. 534.

[206] Rommelfanger (1994), S. 230.

[207] Das Maximum wird für $a_{2,i}{}^T x \le b$ mit $f_{\tilde{D}_i}(a_{2,i}{}^T x) = 1$ erreicht. Vgl. Rommelfanger (1994), S. 230.

[208] Vgl. Rommelfanger (1991a), S. 285.

bei dem die Gesamtzufriedenheit γ unter Beachtung der Restriktionen maximiert werden soll.[209] Als geeignete Präferenzfunktion schlägt ROMMELFANGER den Minimum-Operator vor, so daß sich das folgende Kompromißmodell aufstellen läßt:

$$\max \gamma$$
$$\gamma \le f_z(c^T x)$$
$$\gamma \le f_{\hat{D}_i}(a_{2,i}{}^T x)$$
$$\left[a_{2,i} + \mu_i R^{-1}(\delta)\right]^T x \le b_i + \beta_i R^{-1}(\delta) \qquad (3.106)$$
$$\gamma \le 1$$
$$\gamma \ge 0$$
$$x \ge 0$$

$$\text{für } i = 1, \ldots, m$$

Um dieses Modell lösen zu können, benötigt man einige Informationen über die Gestalt der Zugehörigkeitsfunktion $f_z(c^T x)$. ROMMELFANGER empfiehlt die Verwendung einer stetigen, *stückweise linearen Zugehörigkeitsfunktion*, die konkav ist und einen monoton steigenden Verlauf nimmt. Bei der Modellierung dieser Zugehörigkeitsfunktion verwendet ROMMELFANGER drei Stützstellen. Erstens einen minimalen Zielwert, der sich bei der Optimierung nach dem δ-Niveau-Ansatz von WOLF ergibt und deshalb im folgenden mit $Z_{min}(\delta)$ bezeichnet wird:

$$\max Z_{min}(\delta) = c^T x$$
$$a_{2,i}{}^T x \le b_i$$
$$\left[a_{2,i} + \mu_i R^{-1}(\delta)\right]^T x \le b_i + \beta_i R^{-1}(\delta) \qquad (3.107)$$
$$x \ge 0$$

Die zweite Stützstelle determiniert sich über einen maximalen Zielwert Z_{max}. Dieser berechnet sich, indem eine Optimierung ausschließlich unter der δ-Niveau-Restriktion erfolgt:

$$\max Z_{min}(\delta) = c^T x$$
$$\left[a_{2,i} + \mu_i R^{-1}(\delta)\right]^T x \le b_i + \beta_i R^{-1}(\delta) \qquad (3.108)$$
$$x \ge 0$$

Drittens ein Anspruchsniveau $Z_A \in]Z_{min}, Z_{max}[$, dem der Entscheidungsträger einen Orientierungswert $\gamma_A \in]\delta, 1]$ zuordnet. Verbindet man diese drei Punkte (Z_{min}, δ), (Z_A, γ_A) und

---

[209] Vgl. dazu Kapitel 3.2.1.

$(Z_{max}, 1)$, dann erhält man einen Polygonenzug, der die Zugehörigkeitsfunktion näherungs-weise widerspiegelt.[210] Formal kann sie durch

$$f_Z(c^T x) = \begin{cases} 0 & \text{für} \quad c^T x < Z_{min}(\delta) \\ \delta + \dfrac{\gamma_A - \delta}{Z_A - Z_{min}(\delta)} \cdot \left(c^T x - Z_{min}(\delta)\right) & \text{für} \quad Z_{min}(\delta) \leq c^T x < Z_A \\ \gamma_A + \dfrac{1 - \gamma_A}{Z_{max} - Z_A} \cdot \left(c^T x - Z_A\right) & \text{für} \quad Z_A \leq c^T x < Z_{max} \\ 1 & \text{für} \quad c^T x \geq Z_{max} \end{cases} \qquad (3.109)$$

beschrieben werden.[211] Setzt man nun die *stückweise lineare Zugehörigkeitsfunktionen* $f_Z(c^T x)$ und die *lineare Zugehörigkeitsfunktionen* $f_{\tilde{D}_i}(a_{2,i}^T x)$ in das Kompromißmodell ein, dann ergibt sich für den Fall der Optimierung einer scharfen Zielfunktion unter einem System unscharfer Restriktionen, deren Koeffizienten und Grenzen einem einheitlichen LR-Typ mit gleichen Referenzfunktionen L(u) = R(u) = Max(0, 1-u) angehören, das folgende LP-Modell:

$$\max \gamma$$

$$\frac{Z_A - Z_{min}(\delta)}{\gamma_A - \delta} \gamma - c^T x \leq -Z_{min}(\delta) + \delta \frac{Z_A - Z_{min}(\delta)}{\gamma_A - \delta}$$

$$\frac{Z_{max} - Z_A}{1 - \gamma_A} \gamma - c^T x \leq -Z_A + \gamma_A \frac{Z_{max} - Z_A}{1 - \gamma_A}$$

$$\beta_i^\delta \gamma + a_{2,i}^T x \leq b_i + \beta_i^\delta \qquad (3.110)$$

$$\left[a_{2,i} + \mu_i^\delta\right]^T x \leq b_i + \beta_i^\delta$$

$$\gamma \leq 1$$

$$\gamma \geq 0$$

$$x \geq 0$$

$$\text{für } i = 1, \ldots, m$$

Nun steht der Ermittlung der Kompromißlösung nichts mehr im Wege. Nach der Rechnung wird der optimale γ-Wert mit dem Anspruchsniveau verglichen. Ist $\gamma_{opt} \geq \gamma_A$, dann genügt die gefundene Optimallösung für x den Ansprüchen des Entscheidungsträgers. Ist γ_{opt} erheblich größer als γ_A, dann kann es sich lohnen, das Anspruchsniveau auf etwa den optimalen Zielwert $Z_{opt}(x_{opt})$ der Ursprungszielsetzung zu erhöhen und mit diesem neuen Niveau eine weitere Berechnung durchzuführen, damit man einen höheren Zielwert

---

[210] Vgl. Rommelfanger (1994), S. 235.
[211] Vgl. Rommelfanger (1991a), S. 288.

erreicht.[212] Dabei ist zu beachten, daß die Zugehörigkeitsfunktion $f_Z(c^T x)$ und damit auch die entsprechende Restriktion zu modifizieren ist. Ist $\gamma_{opt} \leq \gamma_A$, dann ist das Anspruchsniveau entsprechend nach unten zu korrigieren und die betroffene Restriktion zu ändern.

Die auf diese Art gefundene Optimallösung ensteht folglich aus einem interaktiven Lösungsprozeß, wobei der Entscheidungsträger nach Bekanntgabe von Zwischenergebnissen den Prozeß steuert. In diesem Zusammenhang wird deshalb auch von einem interaktiven Mensch-Maschine-Verfahren[213] gesprochen.

Natürlich ist außerdem eine *detailliertere Beschreibung der Ziel-Zugehörigkeitsfunktion* $f_Z(c^T x)$ je nach Informationsstand des Entscheidungsträgers denkbar. Dazu muß der Entscheidungsträger weitere Stützstellen angeben. Da ROMMELFANGER von einem Entscheidungsträger ausgeht, der konkave Zugehörigkeitsfunktionen präferiert, ist auf jeden Fall darauf zu achten, daß der Polygonenzug über $[Z_{min}(\delta), Z_{max}]$, der sich bei Verbindung aller Stützstellen ergibt, einen konkaven Verlauf nimmt. Deshalb muß vor jeder Wahl des Anspruchsniveaus Z_A^r, d. h. für jede Iteration r = 0,..., R, die Konkavität der Zugehörigkeitsfunktion mit Hilfe folgender Beziehung überprüft werden:[214]

$$\gamma_A Z_{max} + (1 - \gamma_A) Z_{min}(\delta) \geq Z_A^r \qquad (3.111)$$

Trifft diese Beziehung nicht zu, dann ist die Zugehörigkeitsfunktion nicht-konkav. Das Intervall $[Z_{min}(\delta), Z_{max}]$ ist dann in der Weise zu verkleinern, daß $Z_{min}(\delta)$ durch

$$Z_{min}^* = \frac{Z_A^r - \gamma_A Z_{max}}{(1 - \gamma_A)} \qquad (3.112)$$

zu ersetzen ist. Die Zugehörigkeitsfunktion $f_Z(c^T x)$ ist dann abzuändern in:[215]

$$f_Z(c^T x) = \begin{cases} \gamma_A + \dfrac{1 - \gamma_A}{Z_{max} - Z_A^r} \cdot (c^T x - Z_A^r) & \text{für} \qquad Z_{min}^* \leq c^T x \leq Z_{max} \\ 0 & \text{sonst} \end{cases} \qquad (3.113)$$

Die beiden ersten Nebenbedingungen des LP-Modells werden dann durch

$$\frac{Z_{max} - Z_A^r}{1 - \gamma_A} \gamma - c^T x \leq -Z_A^r + \gamma_A \frac{Z_{max} - Z_A^r}{1 - \gamma_A} \qquad (3.114)$$

---

[212] Vgl. Rommelfanger (1994), S. 237.
[213] Vgl. ebenda, S. 207.
[214] Vgl. ebenda, S. 208, i.V.m. S. 197.
[215] Vgl. ebenda, S. 237.

ersetzt.

Bisher sind wir stillschweigend davon ausgegangen, daß das subjektive Zufriedenheits-empfinden des Entscheidungsträgers am besten durch einen *linearen Verlauf* der Zugehörigkeitsfunktion $f_{\tilde{D}}(a_2^T x)$ wiedergegeben wird. Es ist aber durchaus denkbar, daß einige Entscheidungsträger andere Verläufe präferieren. Unterstellt man z. B. eine konkave Zugehörigkeitsfunktion, die durch eine *stetige, stückweise lineare Funktion* approximiert wird, dann muß der Entscheidungsträger mindestens drei Punkte $(b_i, 1)$, $(b_i + \beta_i^{\gamma_A}, \gamma_A)$, $(b_i + \beta_i^\delta, \delta)$ angeben, die dann $f_{\tilde{D}}(a_2^T x)$ determinieren. Es gilt:[216]

$$f_{\tilde{D}}(a_{2,i}^T x) = \begin{cases} 1 & \text{für} \quad a_{2,i}^T x < b_i \\ 1 - \dfrac{1-\gamma_A}{\beta_i^{\gamma_A}} \cdot \left(a_{2,i}^T x - b_i\right) & \text{für} \quad b_i \leq a_{2,i}^T x < b_i + \beta_i^{\gamma_A} \\ \gamma_A - \dfrac{\gamma_A - \delta}{\beta_i^\delta - \beta_i^{\gamma_A}} \cdot \left(a_{2,i}^T x - b_i - \beta_i^{\gamma_A}\right) & \text{für} \quad b_i + \beta_i^{\gamma_A} \leq a_{2,i}^T x < b_i + \beta_i^\delta \\ 0 & \text{für} \quad b_i + \beta_i^\delta \leq a_{2,i}^T x \end{cases} \quad (3.115)$$

Auch hier ist die Konkavität der Zugehörigkeitsfunktion über $\left[b_i, b + \beta_i^\delta\right[$ einzuhalten. Wenn

$$\gamma_A b_i + (1 - \gamma_A)(b_i + \beta_i^\delta) > b_i + \beta_i^{\gamma_A} \quad (3.116)$$

gilt[217], dann ist die Funktion nicht-konkav, und sie muß geändert werden. Die Vorgehens-weise ist ähnlich wie bei der Zielfunktion. Zunächst sollte überprüft werden, ob die Funktion auf $\left[b_i, b_i + \beta_i^{\gamma_A}\right[$ konkav ist. Ist das nicht der Fall, dann sollte der Entscheidungsträger seine Punktepaare so abändern, daß Konkavität auf diesem Intervall gewährleistet wird. Ist jedoch lediglich das Intervall $\left[b_i, b_i + \beta_i^\delta\right[$ nicht-konkav, dann ist dieses Intervall von $b_i + \beta_i^\delta$ auf $b_i + \beta_i^{\delta'}$ zu verkleinern. Diese Verkleinerung des Überschreitungsintervalls beeinflußt die gesuchte Kompromißlösung in keiner Weise, da der Entscheidungsträger lediglich Optimal-lösungen akzeptiert, die der Bedingung $\gamma_{opt} \geq \gamma_A$ genügen.[218] Es gilt folgende Formel:[219]

---

[216] Vgl. Rommelfanger (1991a), S. 288.
[217] Vgl. derselbe (1994), S. 208.
[218] Vgl. ebenda, S. 197.
[219] Wenn der Entscheidungsträger in der Lage ist, weitere Stützstellen vor $b_i + \beta_i^{\gamma_A}$ anzugeben, dann lautet

die Formel $\beta_i^{\delta'} = \dfrac{\beta_i^{\gamma_A} - \gamma_A \beta_i^\alpha}{1 - \gamma_A}$, unter der Bedingung, daß $b_i < b_i + \beta_i^\alpha < b_i + \beta_i^{\gamma_A}$ und $b_i + \beta_i^\alpha$ die letzte

Stützstelle vor $b_i + \beta_i^{\gamma_A}$ ist.

$$\beta_i^{\delta'} = \frac{\beta_i^{\gamma_A}}{1-\gamma_A} \tag{3.117}$$

Die neue Zugehörigkeitsfunktion lautet dann:

$$f_{\hat{D}_i}(a_{2,i}{}^T x) = \begin{cases} 1 & \text{für } a_{2,i}{}^T x < b_i \\ 1 - \dfrac{1-\gamma_A}{\beta_i^{\gamma_A}}\left(a_{2,i}{}^T x - b_i\right) & \text{für } b_i \le a_{2,i}{}^T x \le b_i + \beta_i^{\delta'} \\ 0 & \text{für } b_i + \beta_i^{\delta'} < a_{2,i}{}^T x \end{cases} \tag{3.118}$$

Wählt der Entscheidungsträger also eine stetige, *stückweise lineare Zugehörigkeitsfunktion* sowohl für $f_Z(c^T x)$ als auch für $f_{\hat{D}_i}(a_{2,i}{}^T x)$, dann ist die Restriktion $\beta_i^\delta \gamma + a_{2,i}{}^T x \le b_i + \beta_i^\delta$ aus dem LP-Modell im Fall der Konkavität gegen zwei neue Nebenbedingungen auszutauschen, so daß dann das Modell

$$\max \gamma$$

$$\frac{Z_A - Z_{min}(\delta)}{\gamma_A - \delta}\gamma - c^T x \le -Z_{min}(\delta) + \delta\frac{Z_A - Z_{min}(\delta)}{\gamma_A - \delta}$$

$$\frac{Z_{max} - Z_A}{1-\gamma_A}\gamma - c^T x \le -Z_A + \gamma_A\frac{Z_{max} - Z_A}{1-\gamma_A}$$

$$\frac{\beta_i^{\gamma_A}}{1-\gamma_A}\gamma + a_{2,i}{}^T x \le b_i + \frac{\beta_i^{\gamma_A}}{1-\gamma_A}$$

$$\frac{\beta_i^\delta - \beta_i^{\gamma_A}}{\gamma_A - \delta}\gamma \le \frac{\beta_i^\delta - \beta_i^{\gamma_A}}{\gamma_A - \delta}\gamma_A + b_i + \beta_i^{\gamma_A} \tag{3.119}$$

$$\left[a_{2,i} + \mu_i^\delta\right]^T x \le b_i + \beta_i^\delta$$

$$\gamma \le 1$$

$$\gamma \ge 0$$

$$x \ge 0$$

zu optimieren ist. Im Fall der Nicht-Konkavität wird aus obigem LP-Modell die vierte Restriktion gestrichen.

3.4.3.   Ein neues lineares hybrides Verfahren für unscharfe Probleme der simultanen Investitions- und Finanzierungsprogrammplanung

Bevor wir ein spezielles Verfahren für unscharfe Probleme der simultanen Investitions- und Finanzierungsprogrammplanung entwickeln, wollen wir zuvor die zwei vorgestellten Verfahren miteinander vergleichen. Sie unterscheiden sich in mehrfacher Hinsicht. Als Unterscheidungskriterien lassen sich nennen: die Zugehörigkeits- bzw. Möglichkeitsfunktionen, die Behandlung des Vergleichs unscharfer Größen, das Lösungsergebnis sowie der Rechenaufwand.

Wenden wir uns nun dem ersten Kriterium, also den unterschiedlichen **Zugehörigkeits- bzw. Möglichkeitsfunktionen,** zu. DELGADO/VERDEGAY/VILA unterstellen für alle unscharfen Parameter trianguläre Funktionen, wohingegen ROMMELFANGER bei der Restriktionsgrenze von einer halbtriangulären Funktion ausgeht. Damit unterstellt er implizit, daß die Werte für die Grenze in einem vorher festgelegten Bereich alle mit derselben Möglichkeit ausgestattet sind. Realistischer wäre jedoch die Annahme, von pessimistischen, optimistischen und möglichsten Werten mit Abstufungen auszugehen. Dies hätte zur Konsequenz, daß die Zugehörigkeitsfunktion für die Grenze zumindest stückweise linear und konkav verliefe. Wie gezeigt bedeutet die Berücksichtigung dieses Umstandes, daß die Berechnungen aufwendiger und komplizierter werden. Man denke dabei an die Einhaltung der notwendigen Bedingung der Konkavität der Funktion, die über zusätzliche Rechnungen geprüft und evtl. abgeändert werden muß. Die realistischere Betrachtungsweise wird also über einen vermehrten Rechenaufwand erkauft. Liegt für praktische und große Probleme keine entsprechende Software vor, nimmt zum einen die Handhabbarkeit, zum anderen die Nachvollziehbarkeit deutlich ab.

Ein weiterer Unterschied der beiden Verfahren kann in der **Behandlung des Vergleichs unscharfer Größen** gesehen werden. ROMMELFANGERs Vergleich basiert auf dem von WOLF konzipierten Verfahren. Der Vergleich erfolgt auf dem δ-Niveau. Dieses Verfahren ist jedoch aus den uns bereits bekannten Gründen nicht unbedenklich. Will man ein Programm für ein unscharfes Investitions- und Finanzierungsproblem simultan ermitteln, so ist in jedem Fall zu jeder Zeit Illiquidität zu vermeiden. Dies kann jedoch bei Anwendung des δ-Niveau-Verfahrens nicht mit Bestimmtheit gewährleistet werden. DELGADO/VERDEGAY/VILA dagegen legen sich nicht von vornherein auf ein bestimmtes Verfahren fest, sondern überlassen dem Anwender die Wahl. Damit besitzt dieses Verfahren einen höheren Freiheitsgrad.

Ein dritter und wichtiger Unterschied besteht im **Lösungsergebnis** des unscharfen Problems. DELGADO/VERDEGAY/VILA schlagen dem Entscheidungsträger eine Fuzzy-Lösung vor. Der Vorteil dieses Verfahrens liegt natürlich darin, daß der Anwender einen Überblick über mögliche Lösungen erhält und damit die Tragweite des unscharf formulierten Problems sichtbar wird. Nachteilig wirkt sich dagegen der erhöhte Rechenaufwand aus, der mit einer parametrischen Programmierung einhergeht. ROMMELFANGER gibt dem Entscheidungsträger eine scharfe Lösung an. Das Entscheidungsproblem wird ihm damit abgenommen. Er wird jedoch nicht über die weiteren Lösungen informiert.

Das letzte Kriterium betrifft den **Rechenaufwand**. Wie eben schon erwähnt, ist dieser beim Verfahren von DELGADO/VERDEGAY/VILA sehr hoch einzuschätzen. Bei dem Verfahren von ROMMELFANGER verhält es sich ebenso, da eine sehr große Realitätsnähe angestrebt wird.

Will man ein großes unscharfes Investitions- und Finanzierungsproblem simultan behandeln, so ist zum einen eine einfache und leicht nachvollziehbare Lösungsstruktur wünschenswert, die einen geringen Rechenaufwand erfordert und mit Standardsoftware gelöst werden kann. Zum anderen muß der Lösungsansatz die ökonomischen Sachverhalte berücksichtigen können. Darüber hinaus soll dem Entscheidungsträger eine scharfe Lösung präsentiert werden, wobei nicht auf gewisse Information über den möglichen Lösungsraum gänzlich verzichtet werden muß. Keines der vorgestellten linearen hybriden Verfahren enthält alle diese Kriterien. Deshalb soll nun im folgenden ein eigenes Verfahren für das zu lösende Problem vorgestellt werden.

Das Verfahren geht von folgenden Annahmen aus:

1. Der Entscheidungsträger ist in der Lage, für die unscharfen Parameter $(\tilde{c}, \tilde{a}, \tilde{b})$ lineare, symmetrisch trianguläre Möglichkeitsfunktionen aufzustellen. Sie entsprechen der subjektiven Empfindung des Anwenders oder stützen sich auf Expertenwissen.

2. Der Entscheidungsträger toleriert eine gewisse Überschreitung der Restriktionsgrenzen. Der maximale Überschreitungsparameter $\bar{p}$ ist unscharf und kann von ihm näherungsweise angegeben werden.

3. Der Entscheidungsträger kann a priori kein Anspruchsniveau für das Ziel der Vermögensendwertmaximierung angeben. Es soll lediglich nicht negativ sein.

4. Der Entscheidungsträger will in jeder Periode liquide sein. Die Möglichkeit pessimistischer Entwicklungen ist auf einem von ihm angegebenen Niveau zu berücksichtigen.

5. Der Entscheidungsträger ist entweder an der Präsentation einer scharfen Lösung oder am gesamten Lösungsraum (Fuzzy-Lösung) interessiert.

Betrachten wir zunächst **die informationale Unschärfe bei den Restriktionskoeffizienten**, dann ist unabhängig vom Lösungsergebnis der Vergleich zwischen den unscharfen Größen $\tilde{a}_i$ und $\tilde{b}$ nach TANAKA/ASAI durchzuführen, da nur über diesen Ansatz eine gleichzeitige ungünstige Entwicklung von $\tilde{a}$ und $\tilde{b}$, z. B. Zins- und Einkommensentwicklung, berücksichtigt werden kann. Der Anwender erhält so die Chance, über seinen individuellen Pessimismusgrad k die Möglichkeit der Negativentwicklung vorher auf ein festzulegendes Niveau zu beschränken. Gehen wir von linearen, symmetrisch triangulären Möglichkeitsfunktionen für die unscharfen Koeffizienten $\tilde{a} = (a, \lambda, \mu)$ und $\tilde{b} = (b, \tau, \nu)$ aus, dann läßt sich die uns bereits bekannte Beziehung

$$\left[a + (1 - k)\mu \right]^T x \leq b - (1 - k)\tau \tag{3.59}$$

aufstellen.[220]

Wenden wir uns nun der **informationalen Unschärfe bei den Zielfunktionskoeffizienten** zu. Da die Zielfunktion der Liquiditätsrestriktion im letzten Planungszeitpunkt mit der vom Entscheidungsträger gewünschten Unschärfeberücksichtigung unter Beachtung des Vorzeichenwechsels entspricht, benötigt man für das hier betrachtete Problem kein spezielles Verfahren. Auch hier legt er das zu beachtende Niveau über seinen Pessimismusgrad k fest. Für den unscharfen Parameter $\tilde{c} = (c, \chi, \varphi)$ kann wieder eine lineare, symmetrisch trianguläre Möglichkeitsfunktion aufgestellt werden, so daß

$$\left[c - (1 - k)\chi \right]^T x \tag{3.120}$$

gilt.[221]

Bisher haben wir uns ausschließlich auf die informationale Unschärfe konzentriert. Betrachten wir nun zusätzlich die **relationale Unschärfe**. Der Anwender toleriert eine Überschreitung der Restriktionsgrenze $\tilde{b}$ maximal in Höhe von $\tilde{p}$. Da der Entscheidungsträger die Höhe der Überschreitung von der Höhe seiner finanziellen Ressourcen $\tilde{b}$ abhängig machen wird, muß der maximale Überschreitungsparameter $\tilde{p}$ ebenfalls unscharf gewählt werden. Folglich soll

---

[220] Vgl. Kapitel 3.3.1.4.
[221] Für $\tilde{c}$ gilt die Bedingung $\tilde{c} = -\tilde{a} = -a - (1 - k)\mu$. Wegen der Symmetrieeigenschaften der Möglichkeitsfunktion und da $-a = -(A-E) = E-A = c$ entspricht, gilt $\tilde{c} = c - (1 - k)\chi$. A steht für Auszahlungen und E für Einzahlungen.

der unscharfe Parameter $\tilde{p} = (p, \psi, \eta)$ im Sinne der *informationalen Unschärfe* als eine relative Größe verstanden werden und damit proportional mit der Liquiditätseinlage wachsen bzw. schrumpfen. Da wir hier von linearen Möglichkeitsfunktionen ausgehen, läßt sich dieser Sachverhalt analog zu $\tilde{b}$ über den Pessimismusgrad k ausdrücken, so daß

$$p - (1-k)\psi \qquad\qquad (3.121)$$

gilt.

Kommen wir auf die *relationale Unschärfe* zurück. Hier ist eine Fallunterscheidung vorzunehmen: Strebt der Anwender eine scharfe Lösung an, dann ist der Ansatz von WERNERS vorzuziehen; möchte der Anwender jedoch über die gesamte Lösungsmenge (Fuzzy-Lösung) informiert werden, dann ist der Ansatz von VERDEGAY zu wählen. In beiden Fällen muß der Entscheidungsträger a priori kein Anspruchsniveau für den Zielwert formulieren.

Betrachten wir zunächst den Fall, daß der Entscheidungsträger eine **Fuzzy-Lösung** anstrebt. In diesem Fall wird die Überschreitung der Restriktionsgrenze über den Überschreitungsgrad $\theta \in [0,1]$ flexibel gesteuert. In Anlehnung an VERDEGAY[222] ergibt sich für das unscharf formulierte Problem

$$\begin{aligned} &\max \tilde{c}^T x \\ &\tilde{A}x \tilde{\leq} \tilde{b} \qquad\qquad (3.122) \\ &x \geq 0 \end{aligned}$$

ein scharfes Ersatzproblem:

$$\begin{aligned} \max \ Z = &\left[c - (1-k)\chi\right]^T x \\ \left[a_i + (1-k_i)\mu_i\right]^T \leq &\ b_i - (1-k_i)\tau_i + \left[p_i - (1-k_i)\psi_i\right]\theta \qquad (3.123) \\ &x \geq 0 \\[4pt] &\text{mit } \theta = 1 - \alpha, \ \alpha \in [0,1] \end{aligned}$$

Mit Hilfe der *parametrischen Programmierung* läßt sich eine Lösungsmenge in Abhängigkeit von θ darstellen.

---

[222] Vgl. Kapitel 3.2.2.

Ist der Entscheidungsträger jedoch an einem **scharfen Lösungsergebnis** interessiert, dann suchen wir eine Kompromißlösung nach dem Verfahren von WERNERS.[223] Dazu gehen wir wieder in drei Schritten vor.

Im *ersten Schritt* berechnen wir die Optimallösung für den Fall, daß keine Überschreitung der Restriktionsgrenze toleriert wird ($\theta = 0$). Der erhaltene Zielwert entspricht dem minimalsten Zielwert und wird mit Z_{min} bezeichnet. Folglich gilt es das System (3.124) zu optimieren:

$$\max Z_{min} = \left[c - (1-k)\chi\right]^T x$$
$$\left[a_i + (1-k_i)\mu_i\right]^T x \leq b_i - (1-k_i)\tau_i \qquad (3.124)$$
$$x \geq 0$$

Im *zweiten Schritt* extremieren wir die Zielfunktion bei voller Überschreitung der Restriktionsgrenze ($\theta = 1$). Wir erhalten den maximalsten Zielfunktionswert Z_{max}:

$$\max Z_{max} = \left[c - (1-k)\chi\right]^T x$$
$$\left[a_i + (1-k_i)\mu_i\right]^T x \leq b_i - (1-k_i)\tau_i + p_i - (1-k_i)\psi_i \qquad (3.125)$$
$$x \geq 0$$

Im *dritten und letzten Schritt* gilt es nun eine Kompromißlösung zu finden. Dazu wird mit Hilfe der beiden zuvor ermittelten Zielwerte eine lineare Zugehörigkeitsfunktion erstellt, die Auskunft über die Zufriedenheit mit den Zielfunktionswerten geben soll. In Anlehnung an (3.6a) definieren wir:

$$f_z\left(\left[c - (1-k)\chi\right]^T x\right) = \begin{cases} 1 & \text{für } \left[c - (1-k)\chi\right]^T x \geq Z_{max} \\[2mm] \dfrac{\left[c - (1-k)\chi\right]^T x - Z_{min}}{Z_{max} - Z_{min}} & \text{für } Z_{min} < \left[c - (1-k)\chi\right]^T x < Z_{max} \\[2mm] 0 & \text{für } \left[c - (1-k)\chi\right]^T x \leq Z_{min} \end{cases} \qquad (3.126)$$

Die Zielgröße Z_{max} ($\theta = 1$) erhält den Zufriedenheitswert 1, die Zielgröße Z_{min} ($\theta = 0$) dagegen den Wert 0. Zwischen diesen Werten wird linearisiert. Bei der Linearisierung ist darauf zu achten, daß die Funktion zwischen Z_{min} und Z_{max} monoton ansteigend verläuft. Wie leicht zu erkennen ist, läßt sich für jeden Pessimismusgrad k eine neue Zugehörigkeitsfunktion für die Zielwerte aufstellen.

---

[223] Vgl. Kapitel 3.2.4.

Vergegenwärtigen wir uns, daß die Zugehörigkeitsfunktion für die Überschreitung der Restriktionsgrenze gegenläufig verläuft, volle Zufriedenheit ($f_i(a_i^T x) = 1$) bei keiner Überschreitung ($\theta = 0$) und keinerlei Zufriedenheit ($f_i(a_i^T x) = 0$) bei voller Überschreitung der Restriktionsgrenze ($\theta = 1$), dann haben wir es hier mit konkurrierenden Zielsetzungen zu tun. Die Zugehörigkeitsfunktion für die Restriktionsgrenze läßt sich in Anlehnung an (3.5) wie folgt formulieren:

$$f_i([a_i + (1-k_i)\mu_i]^T x) = \begin{cases} 1 & \text{für } \tilde{a}_i^T x \leq \tilde{b}_i \\ 1 - \dfrac{[a_i + (1-k_i)\mu_i]^T x - b_i - (1-k_i)\tau_i}{p_i - (1-k_i)\psi_i} & \text{für } \tilde{b}_i < \tilde{a}_i^T x < \tilde{b}_i + \tilde{p}_i \\ 0 & \text{für } \tilde{a}_i^T x \geq \tilde{b}_i + \tilde{p}_i \end{cases} \quad (3.127)$$

Auch hier ergibt sich für jeden Pessimismusgrad k_i eine neue Zugehörigkeitsfunktion für die Restriktionsgrenze.

Eine Kompromißlösung erzielt der Entscheidungsträger, indem die Gesamtzufriedenheit γ mit Hilfe des Minimum-Operators maximiert wird. In Anlehnung an NEGOITA/SULARIA erhalten wir für die Kompromißlösung:[224]

$$\max \gamma$$
$$\gamma \leq f_z([c - (1-k)\chi]^T x$$
$$\gamma \leq f_i([a_i + (1-k_i)\mu_i]^T x)$$
$$\gamma \leq 1$$
$$\gamma \geq 0$$
$$x \geq 0$$
$$(3.128a)$$

Die erste Restriktion ergibt sich aus der Forderung, daß der Zugehörigkeitswert für die Zielfunktion mindestens so groß wie die Gesamtzufriedenheit γ ist. Unter Zuhilfenahme der Zugehörigkeitsfunktionen (3.126) und (3.127) läßt sich dann auch in Anlehnung an WERNERS schreiben:[225]

$$\max \gamma$$
$$(Z_{max} - Z_{min})\gamma - [c - (1-k)\chi]^T x \leq -Z_{min}$$
$$(p_i - (1-k_i)\psi_i)\gamma + [a_i + (1-k_i)\mu_i]^T x \leq b_i - (1-k_i)\tau_i + p_i - (1-k_i)\psi_i$$
$$\gamma \leq 1$$
$$x, \gamma \geq 0$$
$$(3.128b)$$

---

[224] Vgl. Kapitel 3.2.1. Formel (3.24a).
[225] Vgl. Kapitel 3.2.4. Formel (3.27).

Da der Vergleich unscharfer Mengen lediglich auf einem Niveau erfolgt, ist die Durchführung mehrerer Rechnungen für verschiedene k_i's empfehlenswert. Zumindest sollte eine Berechnung für die Extremwerte $k_i = 0$ und $k_i = 1$ vorgenommen werden, um den schlechtesten und den möglichsten Fall in Augenschein zu nehmen. Reichen dem Entscheidungsträger diese Informationen nicht aus, so würde eine parametrische Optimierung nach (3.123) erforderlich werden.

Falls der Entscheidungsträger mit der gefundenen Lösung unzufrieden sein sollte, läßt sich im Anschluß an (3.128b) das Anspruchsniveauverfahren von BRUNNER problemlos anwenden. Hier wird dem Anwender über das Setzen von Anspruchsniveaus ermöglicht, sein subjektives Zufriedenheitsempfinden besser zum Ausdruck zu bringen, indem er entweder eine indirekte oder eine direkte Kompensation zwischen den Fuzzy-Zielen vornimmt.[226]

---

[226] Vgl. dazu Kapitel 3.2.5.

4.   Das Finanzierungsmodell

Im vorherigen Kapitel haben wir unterschiedliche lineare Optimierungsverfahren kennen-gelernt, die die verschiedenen Arten von Unschärfe einzeln oder simultan berücksichtigen. In diesem Kapitel wollen wir uns dem Aufbau des Finanzierungsmodells widmen. Zunächst werden die möglichen Finanzierungsinstrumente systematisch anhand der Finanzierungs-phasen vorgestellt. Nach einer Abgrenzung der im Modell betrachteten Finanzierungs-instrumente erfolgt der Prämissenkatalog, der die Grundlage für die Entwicklung der allgemeinen Grundstruktur des Modells aus einem vollständigen Finanzplan darstellt. Im dritten und vierten Teil dieses Kapitels wird dann detailliert auf die Entwicklung des Finanzierungsmodells in Gestalt von Zielfunktion und Restriktionensystem inklusive Para-meterbestimmung der Variablen im einzelnen eingegangen. Bei der Modellbildung steht die Variabilität der Finanzierungsinstrumente im Vordergrund, damit ein Höchstmaß an Flexibilität und daraus resultierend eine optimale Lösung erreicht wird. Einziger Fixpunkt stellt der Erwerbszeitpunkt der Immobilie dar. Die Modellierung ist aufgrund stetigen Wandels insbesondere innerhalb der Gesetzgebung stark zeitabhängig. Deshalb soll an dieser Stelle explizit darauf hingewiesen werden, daß das Modell dem Stand von 1995 entspricht. Eine formale Zusammenfassung des Modells bildet den Abschluß dieses Kapitels.

4.1.   Die Finanzierungsinstrumente des Modells

4.1.1.   Systematisierung

Bevor in diesem Kapitel detailliert auf das Finanzierungsmodell eingegangen wird, sollten die verschiedenen möglichen Finanzierungsinstrumente systematisch vorgestellt werden. Dazu bietet sich eine Reihe von Systematisierungskriterien an: eine Einteilung nach der Kapital-herkunft in Außen- und Innenfinanzierung, nach der Rechtsstellung des Kapitalgebers in Eigen- und Fremdfinanzierung sowie nach der Dauer der Kapitalbereitstellung in kurz-, mittel- und langfristige Finanzierung. Für die optimale Planung der Wohnungsbau-finanzierung bietet sich eine weitere und geeignetere Systematisierung der Instrumente an: die Unterteilung nach der *Finanzierungsphase*. Die Immobilienfinanzierung besteht aus der Ansparphase, die mit dem Kauf bzw. Bau der Immobilie in die Darlehensphase übergeht.

In der *Ansparphase* legt der Investor den Grundstock der Eigenkapitalfinanzierung. Er kann zwischen der Geldanlage am Kapitalmarkt und dem Abschluß eines Bausparvertrages wählen.[1] Letzteres Finanzierungsinstrument besteht aus einem kombinierten Spar- und Darlehensvertrag , weswegen es auch über die Ansparphase hinaus Wirkung zeigt.

Mit dem Erwerb der Immobilie beginnt die *Darlehensphase*, in der der Investor dann auf Fremdfinanzierungsinstrumente wie das Darlehen von Banken, Sparkassen und Bausparkassen, das Versicherungsdarlehen, die staatlichen Förderprogramme und gegebenenfalls auf das Familien- und/oder das Arbeitgeberdarlehen zurückgreifen kann. Letzteres Finanzierungsinstrument soll jedoch nicht weiter verfolgt werden, da es ein konkurrenzlos günstiges Darlehen wegen der sehr geringen Zinsforderungen darstellt und die anderen Instrumente damit dominiert.

Die Einlage[2] bzw. die Kapitaldienstfähigkeit[3], die als Residualgröße aus der Differenz zwischen Nettoeinkommen und Konsumausgaben resultiert und das Sparpotential des Investors darstellt, nimmt eine Sonderstellung ein. Sie steht während des gesamten Finanzierungsprozesses im Normalfall zur Verfügung. In der Ansparphase dient die Einlage der Eigenkapitalbildung und in der Darlehensphase transformiert sie das Fremdkapital in Eigenkapital. Im folgenden werden die Finanzierungsinstrumente anhand der Finanzierungsphasen näher erläutert.[4]

4.1.2.   Die Ansparphase

4.1.2.1.   Die Geldanlage am Kapitalmarkt

Innerhalb der Ansparphase verfügt der Investor über ein gewisses Sparpotential, das bis zum Erwerbszeitpunkt z verzinslich angelegt sein will. Es besteht aus dem Anfangsvermögen und dem Ansparvermögen. Unter Anfangsvermögen wird das gegenwärtige Geld- und Sachvermögen subsumiert. Wichtige Sachwerte sind bereits vorhandener Grund und Boden oder Immobilien, die zum gegebenen Zeitpunkt entweder genutzt oder verflüssigt werden können.

---

[1] Darüber hinaus bietet sich auch der vorzeitige Abschluß einer Kapitallebensversicherung an. Da der angesparte Teil der Kapitallebensversicherung jedoch zum Finanzierungstermin nicht zur Verfügung steht, sondern durch "teures" Fremdkapital substituiert werden muß, ensteht eine höhere Zinsbelastung. Weiterhin wird die Rendite der Lebensversicherung in der Regel niedriger als der Zinssatz für das Darlehen sein. Vgl. dazu auch o. V. (1995a), S. 34 ff. Nur für einige wenige Spitzenverdiener ist es denkbar, daß sich diese Ansparvariante aus steuerlichen Gründen vielleicht lohnt. Diese Fälle wollen wir im weiteren jedoch von der Betrachtung ausschließen.

[2] Vgl. Karg/Lehmann (1983), S. 93, Karg (1987), S. 259, Lang (1992), S. 13 und Bertele (1993), S. 22.

[3] Vgl. Karg (1980), S. 94.

[4] Eine Unterteilung der Instrumente nach der Kapitalherkunft erfolgt bei Karg/Lehmann (1983), Karg (1987), Lang (1992) und Bertele (1993). Die Einlagen und das Anfangsvermögen werden dann der Innenfinanzierung, die staatlichen Förderprogramme, der Bausparvertrag sowie sämtliche Darlehensformen der Außenfinanzierung zugeordnet.

Das künftige Ansparvermögen kann sich in der Ansparphase aus Wertpapieren (Aktien und festverzinsliche Anleihen), Festgeld, Sparbüchern, Bargeld und/oder einem möglichen Bausparguthaben zusammensetzen. Gespeist wird dieses Vermögen über die Einlagen.

Aus dem vielfältigen Angebot an Anlagemöglichkeiten am Kapitalmarkt eignen sich nicht alle Geldanlagen gleichermaßen für die Finanzierung von Wohneigentum. Deshalb soll jetzt eine geeignete Auswahl anhand verschiedener Kriterien vorgenommen werden.

Die Anlagemöglichkeiten unterscheiden sich zum Teil sehr stark hinsichtlich der Laufzeit- und Risikostruktur. Da sich die gesamte Baufinanzierung um den Erwerbszeitpunkt dreht, steht die Laufzeit einer Geldanlage im Mittelpunkt des Interesses des Immobilienkäufers. Er wird ihr höchste Priorität einräumen. Daneben wird der spätere Immobilieninhaber ein sehr großes Interesse an einem hohen Liquiditätsgrad der Geldanlage haben, da über den genauen Bedarfstermin immer eine gewisse Unsicherheit herrschen wird. Daher bleiben Sparbriefe, Festzins- oder Prämiensparbücher sowie Finanzierungsschätze unberücksichtigt. Darüber hinaus wünscht der Investor sicherlich Planungssicherheit über den im Erwerbszeitpunkt zur Verfügung stehenden Geldbetrag, so daß eher von einem risikoaversen Investor ausgegangen werden kann. Die Anlage in Aktien oder in aktien- bzw. rentennahe Investmentfonds sowie der Kauf von börsennotierten Anleihen bzw. Obligationen fallen wegen des Kursrisikos daher ebenfalls raus. Der Mindestanlagebetrag als ein weiteres Entscheidungskriterium sollte ziemlich gering ausfallen, damit auch kleine Geldbeträge angelegt werden können. Eine Stückelung von 100 DM wäre dabei akzeptabel. Somit scheiden auch Termineinlagen oder Anteile an geldmarktnahen Fonds aus. Das Sparbuch als klassische Anlageform einer Privatperson steht wegen der mageren Renditeaussichten nicht zur Disposition. Bleibt als mögliche Geldanlage der Bundesschatzbrief. Ihn gibt es in zwei Varianten:[5]

Typ A zeichnet sich dadurch aus, daß die jährlichen Zinsen sofort ausgeschüttet werden und die Laufzeit sechs Jahre beträgt, wobei der Gläubiger den Brief nach einer einjährigen Sperrfrist jederzeit veräußern kann. Erwerb und Rückzahlung erfolgen immer zum Nennwert. Die Stückelung fällt mit 100 DM oder einem Vielfachen davon gering aus.

Typ B läuft ein Jahr länger, besitzt eine geringere Mindestabnahmemenge von 50 DM, und die aufgelaufenen Zinsen werden nicht jährlich, sondern bei Rückgabe des Papiers verzinst ausgezahlt. Die Rückgabe ist nach Einhaltung der Sperrfrist ebenfalls jederzeit möglich.

Eine frühzeitige Rückgabe der Briefe ist in beiden Fällen bis zu 10.000 DM pro Person und Monat möglich. Die Zinszahlungen folgen bei beiden Varianten einer vorher festgelegten, ansteigenden Zinstreppe. Hervorzuheben ist außerdem die Tatsache, daß bei Bundesschatz-

---

[5] Einzelheiten zum Bundesschatzbrief finden sich bei Knoche (1992), S. 19 f.

briefen keine Depotgebühren anfallen, sofern der Investor ein Konto bei der Bundesschulden-
verwaltung führt.

Der Hauptunterschied zwischen den beiden Varianten liegt in der Verzinsungsmethode. Bei
Typ A erfolgt eine einfache Verzinsung und bei Typ B eine Zinseszinsrechnung. Die zweite
Variante unterliegt keinem Zinsänderungsrisiko. Dagegen kann sich die Zinsauszahlung in ei-
nem einzigen Zeitpunkt aus steuerlichen Gründen negativ auswirken, wenn man über den
Sparerfreibetrag von 6.100 DM bei Ledigen oder 12.200 DM bei zusammenveranlagten Ehe-
partnern kommt und die Zinsabschlagsteuer greift. Das ist beim Typ B eher möglich, da ein
Kapitalertragsteuerabzug erst bei Endfälligkeit oder vorzeitiger Rückgabe auf alle bis dahin
angefallenen Zinsen erfolgt[6].

4.1.2.2. Der Bausparvertrag

Der Bausparer erwirbt einen künftigen Rechtsanspruch auf ein unkündbares, nachrangig
sicherzustellendes, zinsgünstiges und zinsgarantiertes Darlehen[7] für wohnungswirtschaftliche
Zwecke, wenn er zuvor regelmäßige Sparleistungen[8] erbringt. Der Darlehensphase ist somit
zwingend die Ansparphase vorgeschaltet, und das hat auch seinen berechtigten Grund. Die
jetzigen Darlehensempfänger werden zum großen Teil von den jetzigen Sparern finanziert.
Dieses Kollektivsystem ist das wesentliche Merkmal des Bauspargeschäfts und erklärt die Un-
abhängigkeit vom Kapitalmarkt.[9] Die garantiert niedrigen Darlehenszinsen werden über die
niedrige Verzinsung der Spareinlagen ermöglicht. Die Zinsspanne zwischen den Soll- und Habenzinsen liegt in der Regel bei 2%. Darlehensnehmer kann jeder Bausparer werden, der von
der Bausparkasse eine Zuteilung erhält. Der Zeitpunkt der Zuteilung ist in erster Linie von
drei Mindestkriterien abhängig:[10]

1.   Die Mindestsparzeit
2.   Das Mindestspargguthaben
3.   Die Mindestbewertungszahl

---

[6] Vgl. Harenberg/Irmer (1993), S. 177.
[7] Vgl. Laux (1992), S. 19.
[8] Sonderzahlungen sind darüber hinaus jederzeit möglich. Vgl. Schulze (1992), S. 490 f.
[9] Das institutionalisierte Bausparkassensystem existiert in Deutschland bereits seit 1885, als Pastor Friedrich von
Bodelschwingh in Bielefeld die "Bausparkasse für Jedermann" gründete. Zur geschichtlichen Entwicklung der
Bausparkassen im einzelnen vgl. Kleiner (1995), Sp. 244 ff. und Wielens (1995), Sp. 240 sowie die dort aufgeführten Literaturstellen.
[10] ebenda, S. 56.

ad 1. Die *Mindestsparzeit* liegt je nach Bauspartarif und Bausparkasse zwischen 18 und 60 Monaten, wobei 18 Monate die Regel sind. Sie dient der Aufrechterhaltung des Bausparprinzips.

ad 2. Das *Mindestsparguthaben* beträgt in der Regel 40% oder 50% der Bausparsumme. Es soll die Refinanzierung sichern.

ad 3. Die *Mindestbewertungszahl* stellt den Maßstab zur Bewertung der Sparleistung dar, die vom Bausparer erreicht werden muß. Die Bewertungszahl wird zu bestimmten Stichtagen, meist halb- oder vierteljährlich, auf der Grundlage eines Zeit-mal-Geld-Systems berechnet.[11] Je nach Gewichtung des Zeit- und Geldfaktors bieten sich verschiedene Formeln[12] an.

Darüber hinaus spielen Angebot und Nachfrage nach Geld innerhalb des Kollektivs zu den jeweiligen Bewertungsstichtagen bei der *Zuteilung des Bausparvertrages* eine wichtige Rolle. Das Angebot entspricht der Zuteilungsmasse, die sich aus den Sparzahlungen, den gutgeschriebenen Zinsen, den Wohnungsbauprämien und den Tilgungszahlungen aus bereits bestehenden Darlehensverhältnissen zusammensetzt.[13] Die Nachfrage setzt sich aus den potentiellen Darlehensnehmern zusammen, die die drei Mindestauflagen erfüllen. Da es dabei zu Nachfrageüberhängen kommen kann, erfolgt die Zuteilung nach der Höhe der zum Stichtag erreichten Bewertungszahl. Dazu wird eine sogenannte Zielbewertungszahl berechnet, die eine Untergrenze für die zuteilungsreifen Verträge darstellt, da sie der Zuteilungsmasse entspricht. Alle, deren Bewertungszahl größer als die Zielbewertungszahl ist, bekommen einen Zuteilungstermin innerhalb dieser Zuteilungsperiode zugewiesen. Da es mehrere Zuteilungstermine innerhalb einer Zuteilungsperiode gibt, werden zunächst diejenigen mit der höchsten Bewertungszahl bedacht. Das hat zur Folge, daß die Wartezeit[14] deutlich über der Ansparzeit liegen kann und der tatsächliche Zuteilungszeitpunkt für den einzelnen unkalkulierbar wird.[15] Aufgrund exzessiver Verlängerungen der Zuteilungszeiten Anfang der 80er Jahre, sah sich der Gesetzgeber am 1.1.1991 zu einer Novellierung des Bausparkassengesetzes gezwungen, indem er eine konstante Zuteilungspolitik von den Bausparkassen forderte.[16] Die Verstetigung der Wartezeit soll über einen "Fond zur bauspartechnischen Absicherung"

---

[11] ebenda, S. 59.
[12] Man untescheidet zwischen der Habensaldensummen-, Zuwachs- und Zinsmethode, sowie der Mischformel.
[13] Vgl. Laux (1992), S. 56.
[14] Die Wartezeit wird in der gängigen Literatur als die Zeitspanne zwischen Vertragsabschluß und Zuteilung definiert. Vgl. Schulze (1992), S. 500, Laux (1992), S. 72 und Schiebel (1993), S. 373.
[15] Dieses Wartezeitproblem ist seit den 30er Jahren bekannt und vielseitig diskutiert worden. Vgl. Jockel (1936), Krahn (1954), Gramer (1983), Bock (1984) und Lehmann (1994).
[16] Vgl. Gesetz über Bausparkassen in der Fassung der Bekanntmachung vom 15.02.1991 (BGBl. I, S. 454) und die Verordnung zum Schutz der Gläubiger von Bausparkassen vom 19.12.1990 (BGBl. I, S. 2947) sowie die Anmerkungen bei Lehmann/Schäfer/Cirpka (1992), S. 218 f.

erfolgen.[17] In Zeiten eines Angebotsüberhanges werden dann Reserven gebildet, die in "schlechten" Zeiten wiederum aufgelöst werden. Mit Hilfe dieses Fonds und einem speziellen Wertpapierfonds sollen die Bausparkassen in die Lage versetzt werden, eine sogenannte "Just in time Garantie" auf feste Zuteilungstermine zu versprechen.[18]

Bei einigen wenigen Bausparkassen muß der Bausparer einen Antrag auf Zuteilung stellen, damit er bei der Darlehensvergabe berücksichtigt wird.[19] Beim automatischen Zuteilungsverfahren ist dieses Procedere nicht notwendig.

Erfolgt die Zuteilung, so wird entweder ein Darlehen in Höhe der Differenz zwischen Bausparsumme und Sparguthaben, das sogenannte Nettodarlehen[20], oder ein fester Darlehensanspruch, in der Regel 50% der Bausparsumme, gewährt. Dieses Darlehen erhöht sich um eine fällige Abschlußgebühr in Höhe von 2-3% des anfänglichen Bauspardarlehens.[21] Dem Bausparer steht neben dem Nettodarlehen sein Bausparguthaben zur Verfügung, so daß er eine Auszahlung in Höhe der Bausparsumme erhält.

Hinsichtlich der Tarifwahl lassen sich die Bausparverträge in fünf Grundtypen klassifizieren:[22]

1.   Standardtarif

2.   Niedrigzinstarif

3.   Disagiomodelle

4.   Langzeit- und Schnelltarif

5.   Optionstarif

ad 1. Der *Standardtarif* war bis 1972 der einzig angebotene Tarif[23] und wird deshalb auch gerne als klassischer Tarif bezeichnet. Man erhält 3% Guthabenzinsen und zahlt 5% Darlehenszinsen.

ad 2. Der *Niedrigzinstarif* etablierte sich bis 1977 als eine Alternative zum Standardtarif und verspricht 2,5% Habenzinsen bei 4,5% Sollzinsen.[24]

---

[17] Vgl. dazu die modelltheoretischen Analysen von Lehmann (1992) und Wielens (1993).
[18] So die Deutsche Bank Bauspar AG. Vgl. Wielens (1993), S. 471 und derselbe (1994), S. 419 f.
[19] Vgl. Laux (1992), S. 56.
[20] ebenda, S. 83.
[21] ebenda.
[22] ebenda, S. 28 ff.
[23] Vgl. Schulze (1985), S. 4.
[24] Vgl. Laux (1992), S. 28. Zur Zeit findet auch eine Diskussion über eine Null-Zins-Variante statt, um der Zinsabschlagsteuer zu entgehen. Vgl. Wielens (1994a), S. 280ff und derselbe (1994b), S. 421.

ad 3. Bei den *Disagiomodellen* kann der Nominalzinssatz über die Höhe des Damnums gesteuert werden. Auch hier gilt wie bei den Hypotheken: je höher das Disagio, desto
niedriger der Zins.

ad 4. Der *Langzeittarif* ist für Bausparer gedacht, die noch kein konkretes Ziel verfolgen.
Diese Variante wartet mit einem überdurchschnittlichen Habenzins auf und verlangt ein
Mindestsparguthaben von 50% der Bausparsumme.[25] Der Schnelltarif ist dagegen für
Bausparer, die bereits konkrete Absichten verfolgen und eine schnelle Zuteilung
wünschen. Die Regelspar- und Annuitätenbeiträge fallen bei dieser Variante erheblich
höher aus als bei den anderen Tarifen.

ad 5. Schließlich erlauben *Optionstarife* eine erhöhte Variabilitität hinsichtlich der Zinshöhe
und der Länge der Laufzeit. Bei der Zinsoption kann der Bausparer zwischen einer
Niedrigzins- und einer Hochzinsvariante wählen, bei der Laufzeitoption zwischen einem
Kurz, Mittel- oder Langläufer.[26]

Während der Ansparphase werden Mindest- bzw. Regelsparbeträge fällig, die in den
Allgemeinen Bedingungen für Bausparverträge festgeschrieben sind. Die Höhe der monat-
lichen Regelsparbeträge richtet sich nach der Bausparsumme und schwankt zwischen 3 und 10
Promille.[27] Umgerechnet auf das Jahr ergeben sich jährliche Mindestbeträge von 3,6 bis 12 %.
Gängige Regelsparbeträge liegen bei 4,8 %. Das trifft in der Mehrzahl für die Standard- und
Niedrigzinsvarianten zu. Ein etwas geringerer Satz mit 4,2 % findet man dagegen bei der
Langzeit- oder auch Hochzinsvariante, wohingegen beim Schnelltarif der erhöhte Satz von
7,2 % üblich ist.[28]

Die Rückzahlung des Darlehens erfolgt über eine *Prozentannuität*, deren Höhe bei den
privaten Bausparkassen in der Regel von der erreichten Bewertungszahl abhängt. Der
anfängliche Tilgungssatz ist dann mit der erreichten Bewertungszahl gekoppelt. Je kürzer die
Ansparzeit, desto höher der Tilgungssatz und damit um so kürzer die Darlehensphase. Die
Annuität beträgt je nach Tarif zwischen 4,8% und 14,4% p.a. der Bausparsumme.[29] Bei den
öffentlich-rechtlichen Bausparkassen ist der Annuitätenprozentsatz dagegen fest vorgegeben
und bewegt sich je nach Tarif zwischen 6% und 9,6% p.a.[30] Sondertilgungen sind jederzeit

---

[25] Lediglich die Bausparkasse Gdf Wüstenrot bietet diesen Tarif zur Zeit an. Vgl. die Tabelle 2 bei Laux (1992),
S. 26.
[26] Vgl. Laux (1987), S. 27 f. und derselbe (1992), S. 32 f.
[27] Vgl. Laux (1992), S. 35.
[28] Vgl. dazu die Tabellen 2 und 3 bei Laux (1992), S. 25 f. und S. 28 f.
[29] ebenda, S. 86 i.V. m. S. 25 f.
[30] ebenda, S. 28 f.

und in unbegrenzter Höhe möglich. Sie reduzieren die Restschuld und verkürzen somit entweder die darauffolgenden Tilgungsraten oder die Restlaufzeit.[31]

Eine dingliche *Absicherung des Bauspardarlehens* erfolgt über eine nachrangige Eintragung einer Grundschuld oder Hypothek in das Grundbuch. Darüber hinaus ist der Abschluß einer Risikolebensversicherung (RLV) für fast alle privaten und ebenso für drei öffentlich-rechtliche Bausparkassen obligatorisch.[32] Als ökonomisch angemessene Absicherung bietet sich hier eine Restschuldversicherung an, deren Versicherungssumme mit der Restschuld proportional abnimmt.

4.1.3. Die Darlehensphase

4.1.3.1. Das Hypothekendarlehen

Beim Hypothekendarlehen handelt es sich um ein klassisches Annuitätendarlehen. Die regelmäßig zu zahlenden, über die gesamte Laufzeit konstanten Beträge setzen sich aus Zins- und Tilgungszahlungen zusammen. Der Tilgungsanteil der Annuität nimmt dabei mit wachsender Laufzeit kontinuierlich zu und die Zinszahlungen vice versa ab. Deshalb werden diese Darlehen auch als Tilgungsdarlehen bezeichnet. Da sie generell durch eine Grundschuld oder durch die Eintragung einer erststelligen Hypothek ins Grundbuch abgesichert werden, nennt man sie Hypothekendarlehen oder kurz Hypotheken.

Es gibt zahlreiche Variationsmöglichkeiten: der Kreditnehmer kann hinsichtlich der Verzinsungsart zwischen Festzins- und Variabler-Hypothek wählen. Beim Festzinsdarlehen liegt der Zinssatz während der gesamten Laufzeit des Kredites fest, beim Variablenzinsdarlehen variiert selbiger und wird in bestimmten Zeitabständen je nach Kapitalmarktlage nach unten oder oben korrigiert. Von Hypothekendarlehen mit variablem Zinssatz wird aus pragmatischen Gründen im folgenden Abstand genommen. Weitere Gestaltungsmöglichkeiten bestehen bei der Festlegung der Zinsbindungsdauer (5, 10, 15 Jahre), bei dem Auszahlungskurs (90 %-100 %), beim Anfangstilgungssatz (1 %-2,5 %), bei der Zins- und Tilgungsverrechnung (monatlich, viertel-, halb- oder jährlich), bei der Zins- und Tilgungszahlungsweise (vor- oder nachschüssig) bzw. bei der Vereinbarung von Sondertilgungen.

---

[31] Vgl. Schulze (1992), S. 507.
[32] Vgl. Laux (1992), S. 98 und Schiebel (1993), S. 423.

4.1.3.2. Das Versicherungsdarlehen

Das Versicherungsdarlehen stellt die Finanzierungsmöglichkeit über eine Kapitallebensversicherung dar. Es handelt sich dabei um eine gemischte Lebensversicherung[33], die sich aus einer Todes- und Erlebensfallversicherung zusammensetzt. Sowohl im Todes- als auch im Erlebensfall wird mindestens die vereinbarte Versicherungssumme plus einer evtl. fälligen Überschußbeteiligung ausgezahlt. Während der Versicherungsdauer kann der Versicherungsnehmer einen Kredit über die Kapitallebensversicherung aufnehmen, der ebenfalls in der Regel über eine erstrangige Eintragung einer Hypothek im Grundbuch abgesichert wird. Er wird deshalb auch häufig als Versicherungshypothek bezeichnet. Da während der gesamten Kreditlaufzeit keine Tilgung erfolgt, sondern erst am Ende der Laufzeit mit der Ablaufleistung der ursprüngliche Kreditbetrag in einer Summe mehr oder weniger vollständig getilgt wird[34], spricht man auch von einem endfälligen Kredit, tilgungsfreien Kredit oder Festdarlehen.

Neben den Darlehenszinsen fallen die *Versicherungsprämien* an, die während der gesamten Versicherungsdauer zu zahlen sind. Sie schmälern jedoch nicht den Kreditbetrag während der Darlehensphase, sondern dienen sowohl dem notwendigen Ansparprozeß, als auch der Risiko- und Verwaltungskostenabdeckung. Da der Sparanteil sich lediglich zu dem gesetzlich vorgeschriebenen Rechnungszinssatz von 3,5% verzinst, die tatsächliche Verzinsung auf dem freien Kapitalmarkt jedoch wesentlich höher ausfallen dürfte, ist mit einem Zinsüberschuß zu rechnen. Darüber hinaus fallen wegen der extrem vorsichtigen Kalkulation der Risikobeiträge, die von der Versicherungsdauer, dem Geschlecht des Versicherungsnehmers und der Sterbefallentwicklung der (nationalen) Bevölkerung abhängig sind, und eventueller Kosteneinsparungen bei der Verwaltung weitere Überschüsse an. Die Summe dieser Überschüsse ist in irgendeiner Form an die Versicherungsnehmer auszuschütten. Grundsätzlich lassen sich drei Arten der *Überschußverwendung* unterscheiden: die Verrechnung mit den Prämien bzw. die Barauszahlung, die verzinsliche Ansammlung bzw. das Bonussystem, das einer Erhöhung der Versicherungssumme gleichkommt und die Laufzeitverkürzung.[35]

Des weiteren sorgt die Tarifwahl bei der Todesfallabsicherung für weitere Variationsmöglichkeiten der Kapitallebensversicherung. Zweckmäßigerweise sollte die Ablaufleistung der Kapitallebensversicherung dem zu tilgenden Kredit entsprechen. Es gibt zwei Möglichkeiten, dies zu erreichen. Beide Möglichkeiten sind von der Überschußverwendungsart abhängig.

---

[33] Vgl. Hagelschuer (1987), S. 38.
[34] Die Ablaufleistung der Versicherung setzt sich aus der vertraglich vereinbarten Versicherungssumme und einer Überschußleistung zusammen. Ob der ursprüngliche Kreditbetrag vollständig über die Auszahlung der Lebensversicherung getilgt werden kann, hängt zum einen von der Überschußverwendungsart und zum anderen von der Höhe der Überschußanteile ab.
[35] Vgl. Hagelschuer (1987), S. 191 ff.

Wenn die Überschußanteile die vertraglich vereinbarte Versicherungssumme mit der Zeit er-höhen (*Bonussystem*), dann ist die Versicherungssumme niedriger als der Darlehensbetrag abzuschließen. Im Erlebensfall deckt dann die Ablaufleistung, die der Versicherungssumme plus dem geplanten Überschußanteil entspricht, die Hypothek. Im Todesfall herrscht jedoch während der gesamten Versicherungsdauer eine permanente Unterversicherung, weswegen der Versicherungsnehmer eine Risikozusatzversicherung mit fallender Versicherungssumme, eine sogenannte Restschuldversicherung[36], abschließen sollte.[37] Problematisch bleibt der Unsicherheitsfaktor hinsichtlich der tatsächlichen Überschußentwicklung, so daß eine 100 %-ige Abdeckung des Kredites nie gewährleistet ist.

Wenn die Überschußanteile jedoch nicht die vereinbarte Versicherungssumme erhöhen, son-dern kontinuierlich bar ausgezahlt werden oder den Versicherungsbeitrag verringern, dann sollte die Versicherungssumme dem Darlehensbetrag entsprechen. Sowohl die Erlebens- als auch die Todesfallsumme deckt den Kredit jederzeit in voller Höhe. Dafür herrscht dann im Fall der *Überschußverrechnung mit den Prämien* Unsicherheit über die Höhe der Versiche-rungsbeiträge und im Fall der *Verkürzung der Versicherungsdauer* Unsicherheit hinsichtlich der Laufzeit der Versicherung. Die Unsicherheit über die Überschußentwicklung wird mit der Wahl der Überschußverwendung also nicht aufgehoben, sondern lediglich auf eine andere Größe transformiert, wie man der Tabelle 4.1 überblicksweise entnehmen kann. Innerhalb des Modells soll lediglich die Prämienverrechnung als geeignete Überschußverwendungsart betrachtet werden.

Ansonsten besitzt das Festdarlehen bis auf die Tilgungsmodalitäten die gleichen Variations-möglichkeiten wie das Hypothekendarlehen. Anzumerken ist die *steuerliche Wirkung* einer Versicherungshypothek. Beträgt die Laufzeit der Kapitallebensversicherung mindestens 12 Jahre, so ist die Ablaufleistung einkommensteuerneutral. Darüber hinaus besteht für einen bestimmten und eher kleinen Personenkreis die Möglichkeit der Absetzung der Kapital-lebensversicherungs-Prämien als Vorsorgeaufwendungen über die Sonderausgaben.

Unsicherheitsfaktor Überschußverwendungsart	Tilgung	Liquidität	Laufzeit
Bonussystem	**unsicher**	sicher	sicher
Prämienverrechnung	sicher	**unsicher**	sicher
Versicherungsdauerverkürzung	sicher	sicher	**unsicher**

Tabelle 4.1:   Unsicherheitsmatrix für die Überschußverwendungsarten bei einer
Lebensversicherung

---

[36] Vgl. Hagelschuer (1987), S. 54.
[37] Dazu rät beispielsweise FINANZtest. Vgl. o.V. (1995c), S. 28.

4.1.3.3.   Staatliche Förderprogramme

Die staatliche Förderung ist sehr zeitgebunden, da sie fortwährenden Änderungen unterworfen ist. Deshalb soll hier explizit erwähnt werden, daß sich die folgenden Ausführungen auf den Stand von 1995 beziehen. Der Staat bietet eine Vielzahl von direkten Subventionen und Zuschüssen für den Erwerb selbstgenutzten Wohneigentums an. Allerdings sind diese an objekt- oder personenbezogene Kriterien geknüpft, so daß nur ein bestimmter Personenkreis in den Genuß der staatlichen Unterstützung kommt. Neben der Förderung sozial Schwächerer über den sozialen Wohnungsbau gibt es zahlreiche, länderspezifische, *personenbezogene Förderprogramme* für z. B. junge Ehepaare, ältere Menschen, kinderreiche Familien und Förderungen des Bundes für z. B. ausländische Arbeitnehmer, Bundesbedienstete und Räumungsbetroffene. *Projektbezogene Förderprogramme* des Landes betreffen beispielsweise Modernisierungen, Instandsetzungen und Energieeinsparungen.[38] Neben den personen- bzw. objektbezogenen Tatbeständen greifen in der Regel noch die Einkommensverhältnisse der Begünstigten, so daß dieser Personenkreis weiter eingeschränkt wird. Im folgenden soll von einer Berücksichtigung dieses Förderungsweges bei der Ermittlung des optimalen Baufinanzierungsprogramms abgesehen werden, da er lediglich einen kleinen Personenkreis betrifft. Sollte man jedoch Anspruchsberechtigter sein, dann substituiert die staatliche Subvention in Form von zinsgünstigen Darlehen teurere Finanzierungsprojekte.[39]

Darüber hinaus gibt es die finanzierungsspezifische Förderung wie die Wohnungsbauprämie beim Bausparen oder der erhöhte Sonderausgabenabzug für Vorsorgeaufwendungen, wozu das Bausparen und die gemischte Lebensversicherung zählen. Beim Bausparen besitzt man also die Wahlmöglichkeit zwischen der Wohnungsbauprämie und einem Sonderausgaben-abzug nach § 10 EStG. Die *Wohnungsbauprämie* ist in ihrer Höhe begrenzt und an bestimmte Bedingungen geknüpft. Die restriktivste stellt die Einkommensgrenze dar. Das zu ver-steuernde Einkommen darf derzeit im Jahr nicht mehr als 27.000 DM bei Alleinstehenden und 54.000 DM bei zusammenveranlagten Ehepartnern betragen.[40] Diese Grenzen sind recht klein und schließen die Mehrzahl der Bausparer aus dem Begünstigtenkreis aus. Deswegen bleiben im folgenden Wohnungsbauprämien unberücksichtigt.

Der wahlweise mögliche *Sonderausgabenabzug* von Vorsorgeaufwendungen schmälert die Steuerschuld, ist jedoch ebenfalls nur für bestimmte Einkommensbereiche steuerwirksam. Für rentenversicherungspflichtige Arbeitnehmer darf zur Zeit das Bruttojahreseinkommen bei Ledigen 32.522 DM und bei zusammenveranlagten Eheleuten 64.100 DM nicht über-

---

[38] Der interessierte Leser sei an dieser Stelle an die Auflistung der Förderprogramme vom Bund und den Bundesländern bei Schiebel (1993), S. 455 ff. verwiesen.

[39] Gleiches gilt übrigens auch für zinsgünstige Arbeitgeber- oder Verwandtendarlehen.

[40] Das dazu kompatible Brutto-Jahreseinkommen fällt je nach Kinderzahl und Berufsgruppe unterschiedlich hoch auS. Ein rentenversicherungspflichtiges verheiratetes Arbeitnehmerehepaar mit zwei Kindern darf maximal ca. 71.000 DM im Jahr verdienen. Eine Liste mit den Verdienstgrenzen findet sich bei Schiebel (1993), S. 309 f.

schreiten,[41] ansonsten verpufft steuerlich gesehen eine Privatvorsorge in Form eines Bauspar-vertrages oder einer Lebensversicherung. Das liegt einerseits an der Kappung der Sonderaus-gabenhöchstbeträge, die sich aus dem Vorwegabzug, dem Grundhöchstbetrag sowie dem hälftigen Höchstbetrag zusammensetzt, andererseits an der Verrechnung selbiger mit der Vorsorgepauschale. Verdient ein rentenversicherungspflichtiger Arbeitnehmer mehr als über die oben aufgeführten Grenzen hinaus, dann wird der Spielraum für die Privatvorsorge durch die hohen Sozialversicherungsbeträge für Renten-, Arbeitslosen- und Krankenversicherung aufgezehrt. Bei nicht rentenversicherungspflichtigen Arbeitnehmern wie z. B. Beamten gibt es dagegen auch jenseits dieser Einkommensgrenzen eine Möglichkeit der Steuerersparnis durch Privatvorsorgeaufwendungen.[42] Diese Berufsgruppe wird für die weiteren Betrachtungen aus-geschlossen. Vielmehr konzentrieren wir uns auf die rentenversicherungspflichtigen Arbeiter und Angestellten, da sie die Mehrzahl der Bevölkerung darstellen.

Der Vollständigkeit halber soll hier die *Arbeitnehmersparzulage* als weitere staatliche Sub-vention genannt werden. Sie dient im Sinne des Vermögensbildungsgesetzes der Unter-stützung der privaten Vermögensbildung von Personen, deren Einkommen die bei der Wohnungsbauprämie genannten Grenzen nicht überschreitet.[43] Wegen dieser restriktiven Bedingungen soll sie, wie schon die Wohnungsbauprämie, nicht weiter verfolgt werden.

Eine weniger restriktive staatliche Unterstützung stellt die sogenannte *Grundförderung* für selbstgenutztes Wohneigentum im Sinne des § 10 e EStG dar. Hier können die Immobiliener-werber über die erhöhten Sonderausgaben wegen Abschreibungen auf die Anschaffungs- und Herstellungskosten der Wohnung zzgl. der Hälfte der Anschaffungskosten für den dazuge-hörigen Grund und Boden ihre Steuerschuld während des achtjährigen Begünstigungs-zeitraumes schmälern und damit effektiv Steuern sparen. In den ersten vier Jahren darf die jährliche Abschreibung 6 % und in den darauffolgenden vier Jahren 5 % nicht überschreiten. Eine nicht ausgenutzte Abschreibung kann während des gesamten Begünstigungszeitraumes nachgeholt werden. Aber auch hier ist der Sonderausgabenbetrag in seiner Höhe beschränkt. Seit dem 1.1.1994 beträgt die maximale Abschreibungsbemessungsgrundlage für Neubauten 300.000 DM und für Altbauten 150.000 DM. Darüber hinaus kann auch die Grundförderung nur von Personen in Anspruch genommen werden, deren Gesamteinkünfte[44] zur Zeit nicht 120.000 DM bzw. 240.000 DM bei zusammenveranlagten Ehegatten übersteigen.[45]

---

[41] Vgl. Laux (1993), S. 11 und 13. Hier findet sich auch eine ausführliche Analyse über die Steuerwirksamkeit von Privatvorsorgeaufwendungen.
[42] ebenda, S. 23 und 26 ff.
[43] Vgl. Laux (1992), S. 131.
[44] Der Begriff der Gesamteinkünfte ist weder mit dem Begriff (Brutto)Einkommen noch mit dem des zu versteu-ernden Einkommen gleichzusetzen. Vielmehr versteht man darunter die Summe der positiven und ggf. negativen Einkünfte, vermindert um einige Abzugsbeträge, bei denen es sich nicht um Sonderausgaben oder Kinderfrei-beträge handeln darf. Vgl. Jaser/Wacker (1993), S. 62 und im einzelnen § 2 AbS. 3 EStG i. V. mit § 34 c AbS. 2 und 3 EStG.
[45] Vgl. § 10 e AbS. 5a EStG.

Der Gesetzgeber sieht des weiteren *erhöhte Abschreibungen* vor, wenn es sich bei der Wohnung um ein Baudenkmal, um ein Gebäude in Sanierungsgebieten und städtebaulichen Entwicklungsbereichen[46] oder um ein Gebäude in den neuen Bundesländern einschließlich Westberlin[47] handelt. Davon soll im folgenden jedoch Abstand genommen werden.

Weiterhin können *Aufwendungen*, die *vor der erstmaligen Nutzung* der Wohnung entstehen, wie Sonderausgaben abgezogen werden.[48] Darunter fallen Reparaturkosten[49], Finanzierungskosten wie das Damnum, Schuldzinsen[50] und andere Geldbeschaffungskosten[51].

Eine weitere staatliche Förderung erhalten Immobilienerwerber mit Kindern, die während des Begünstigungszeitraumes von acht Jahren dauerhaft zum Haushalt des Steuerpflichtigen gehören.[52] Für jedes Kind verringert sich derzeit die Einkommensteuerschuld um 1.000 DM[53], weswegen dieser Betrag auch als *Baukindergeld* bezeichnet wird. Ein Rück- und Vortrag der Steuerermäßigung ist über einen Zeitraum von 12 Jahren möglich, sofern das Baukindergeld wegen einer zu niedrigen Einkommensteuer nicht voll zum Tragen kommt.[54] Die Inanspruchnahme dieser Förderung ist mit der Grundförderung nach § 10 e EStG gekoppelt[55] und steht somit nur Personen zu, deren Einkommen die oben genannten Grenzen nicht überschreitet. Das Baukindergeld erhält man auf Antrag.

---

[46] Vgl. § 10 f i.V. mit § 7 h und § 7 i EStG.
[47] Vgl. § 7 FörderG.
[48] Vgl. § 10 e AbS. 6 EStG.
[49] Bei den Reparaturkosten darf es sich nicht um anschaffungsnahe Aufwendungen handeln, da sie sonst den Anschaffungskosten zuzurechnen sind und damit ein Vorkostenabzug zu unterlassen ist. Vgl. Stephan (1993), S. 215.
[50] Lediglich Schuldzinsen vor erstmaliger Nutzung der eigenen Wohnung, wie z. B. Bauzeitzinsen, sind hier gemeint. Vgl. Stephan (1993), S. 224.
[51] Zu den Geldbeschaffungskosten zählen Vermittlungs- und Bearbeitungsgebühren für die Finanzierung, Bereitstellungszinsen, Grundbuchkosten sowie Notariats- und Schätzgebühren. Vgl. Stephan (1993), S. 225.
[52] Vgl. § 34 f EStG. Die Interpretation des rechtlichen Begriffs "Kind" und "Haushaltszugehörigkeit des Kindes" findet sich bei Stephan (1993), S. 302 ff.
[53] Vgl. § 52 AbS. 24 EStG.
[54] Vgl. § 34 f AbS. 3 Satz 3 f EStG i. V. mit Stephan (1993), S. 306 f.
[55] Vgl. § 34 f AbS. 3 Satz 1 EStG.

4.1.4.   Zusammenfassung

Fassen wir die bisherigen Ausführungen über die Finanzierungsinstrumente zusammen, so erhalten wir überblicksweise die Tabelle 4.2.

Finanzierungsinstrumente	im Modell	
	berücksichtigt	unberücksichtigt
1. Geldanlage am Kapitalmarkt	- Bundesschatzbrief des Typs A	- sonstige Wertpapieranlagen
2. Bausparveträge	- Tarifvarianten: • Standardtarif • Niedrigzinstarif • Hochzinstarif • Schnelltarif • Disagiomodelle - Sonderzahlungen - Flexible Spar- und Tilgungs- beträge	- Tarifvariante: • Optionsvariante
3. Hypothekendarlehen	- Festzinsdarlehen - 5, 10 und 15 jährige Zins- bindungsdauern - Disagiovarianten - 1 und 2 %ige Anfangs- tilgungssätze - Sondertilgungen nach Ablauf der Zinsbindungsfristen	- Variables Zinsdarlehen - Cap-Darlehen
4. Versicherungsdarlehen	- Überschußverwendungsart: • Prämienverrechnung	- Überschußverwendungsart: • Bonussystem • Versicherungsdauerver- kürzung
5. Staatliche Förderprogramme	- Grundförderung nach § 10 e EStG - Baukindergeld - Aufwendungen vor Nutzung der Wohnung	- länderspezifische, personen- und projektbezogene För- derprogramme - Wohnungsbauprämie bzw. Arbeitnehmersparzulage - Sonderausgabenabzug

Tabelle 4.2: Abgrenzung der im Modell berücksichtigten Finanzierungsinstrumentenvarianten

4.2.   Allgemeiner Aufbau des Finanzierungsmodells

4.2.1.   Die Modellannahmen

Bei der Konstruktion des Grundmodells sind einige Prämissen zu beachten, die sich auf die Person und das Objekt des Immobilienerwerbers beziehen. Hierbei soll zwischen grundlegenden und speziellen Annahmen unterschieden werden. Erstere gelten generell für alle Modelle der simultanen Investitions- und Finanzplanung, letztere beziehen sich auf das konkrete Problem.[56]

A. Grundlegende Prämissen:

1. Der Immobilienerwerber verfolgt das Ziel der Endwertmaximierung. Später wird diese Zielsetzung aufgeweicht, indem der Investor lediglich nach einem angemessenen Endvermögen strebt (intrinsische Unschärfe).

2. Der Immobilienerwerber wünscht, in jedem Zeitpunkt seines Planungszeitraumes liquide zu bleiben. Das bedeutet, daß die Auszahlungen niemals größer als die Einzahlungen sein dürfen. Später wird diese Nebenbedingung aufgeweicht, indem der Flexibilitätsspielraum der Einlage als Teil der Einzahlungen genutzt wird (relationale Unschärfe).

3. Die Investitions- und Finanzierungsprojekte sind vollkommen unabhängig und beliebig teilbar. Sie können einmal oder ein Vielfaches davon in das optimale Programm aufgenommen werden.

4. Die Zahlungsreihen der Projekte sind im Zeitpunkt $t = 0$ bekannt und sicher. Später wird der Prognoseschwierigkeit bei Parametern Rechnung getragen, indem Möglichkeitsfunktionen eingeführt werden (informationale Unschärfe).

B. Spezielle Prämissen:

1. Der Immobilienerwerber besitzt im Planungszeitpunkt $t = 0$ ungefähre Vorstellungen über Größe, Ausstattung und Standort (Region) der Immobilie.

2. Der Immobilienerwerber kennt im Planungszeitpunkt $t = 0$ den Erwerbszeitpunkt der Immobilie.

---

[56] Die allgemeinen, grundlegenden Prämissen findet man z.B. bei Kruschwitz (1995b), S. 184 ff.

3. Der Planungszeitraum des Immobilienerwerbers erstreckt sich über 35 Jahre. Die Finanzierung des Wohneigentums ist spätestens bis zu diesem Zeitpunkt abgeschlossen.

4. Das Gebäude bzw. die Wohnung steht in den alten Bundesländern, und es handelt sich nicht um ein Baudenkmal oder ein Gebäude im Sanierungsgebiet oder städtebaulichen Entwicklungsland.

5. Der Immobilienerwerber ist ein rentenversicherungspflichtiger Arbeitnehmer.

6. Das Jahreseinkommen des Immobilienerwerbers liegt in den Jahren vor und acht Jahre nach Erwerb der Immobilie zwischen 32.522 DM und 120.000 DM bzw. 65.100 und 240.000 DM bei zusammenveranlagten Ehepartnern.

7. Der Immobilienerwerber besitzt im Planungszeitpunkt kein bzw. nur ein geringes Anfangsvermögen.

8. Der Immobilienerwerber hat vor dem Planungszeitpunkt $t = 0$ kein Bauspar- oder Lebensversicherungsvertrag abgeschlossen.

9. Der Immobilienerwerber beachtet zunächst explizit keine Art von Ungewißheit. Später wird von einem pessimistischen und sicherheitsbedürftigen Menschen ausgegangen.

10. Im Planungszeitpunkt wird von der Steuergesetzgebung des Jahres 1995 ausgegangen.

11. Der Immobilienerwerber hat die Grundförderung nach 10 e EStG bisher noch nicht in Anspruch genommen.

12. Die steuerlichen Auswirkungen eines Arbeitszimmers bleiben unberücksichtigt.

4.2.2.   Die Grundstruktur des Modells

Für den Immobilienkauf läßt sich der optimale Investitions- und Finanzierungsprogrammplan mit Hilfe der Linearen Programmierung simultan ermitteln. Dazu ist es notwendig, eine lineare Zielfunktion und lineare Nebenbedingungen zu formulieren. Im Fall des Vermögensstrebens besteht die Zielfunktion aus der Liquiditätsrestriktion für den Planungshorizont, der im weiteren mit dem Index T gekennzeichet wird. Das Endvermögen V_T ergibt sich aus der Differenz zwischen sämtlichen Einzahlungen und Auszahlungen in diesem Zeitpunkt.

Die Nebenbedingungen gliedern sich in Liquiditäts-, Beleihungs- und Projektrestriktionen. Die *Liquiditätsrestriktionen* sollen dafür sorgen, daß in jedem Zeitpunkt die Summe der Auszahlungen durch die Summe der Einzahlungen mindestens gedeckt ist. Methodisch bietet sich der Einsatz vollständiger Finanzpläne[57] an, um alle relevanten Zahlungsgrößen zu erfassen. Dort werden die Zahlungsreihen der Investitions- und Finanzierungsprojekte abgetragen.

Die *Investitionsprojekte*, hier das Bausparen und die Geldanlage am Kapitalmarkt, beginnen mit Auszahlungen und münden in einer Einzahlung im Erwerbszeitpunkt z. Sie beschränken sich grundsätzlich auf die Ansparphase. Eine Ausnahme bilden die einjährigen Investitionsgelegenheiten, die als sogenannte Ergänzungsmaßnahmen die möglichen Finanzmittelüberschüsse von einem Zeitpunkt in den nächsten transformieren sollen. Das im Zeitpunkt t angelegte Kapital gelangt neben dem vereinbarten Zinssatz h ein Jahr später zur Auszahlung.

Die *Finanzierungsprojekte*, hier das Bauspar-, das Lebensversicherungs- und das Hypothekendarlehen, beginnen mit einer Einzahlung im Erwerbszeitpunkt z und haben danach innerhalb der Darlehensphase nur noch Auszahlungen zur Folge. Als weiteres Finanzierungsprojekt können die Steuerersparnisse gezählt werden, obwohl diese lediglich durch Einzahlungen gekennzeichnet sind. Ein eventuelles Finanzmitteldefizit in der Anspar- oder auch Darlehensphase kann über einjährige Ergänzungsfinanzierungen überbrückt werden. Das im Zeitpunkt t aufgenommene Kapital ist dann neben dem vereinbarten Sollzinssatz s ein Jahr später zurückzuzahlen. Die Ergänzungsfinanzierungen spiegeln also ein negatives Nettogeld im entsprechenden Zeitpunkt wider und lassen sich mit einem Kontokorrentkredit vergleichen. Das Kreditvolumen muß folglich in seiner Höhe beschränkt werden. Das gilt für die Ergänzungsinvestitionen jedoch nicht.[58]

Neben den Investitions- und Finanzierungsprojekten spielen die Einlagen als weitere Finanzierungsquelle eine wichtige Rolle bei der Baufinanzierung. Sie stellen den jährlichen Teil des

---

[57] Vgl. Kruschwitz (1995b), S. 186.
[58] Will man in jedem Fall zu einer wenn auch unrealistischen Lösung des Baufinanzierungsproblems kommen, müssen auch die Ergänzungsfinanzierungen unbeschränkt bleiben. Sie dienen dann der Aufspürung von sehr kritischen Finanzierungsengpässen.

Einkommens des Investors dar, den er bereit ist, für den im Zeitpunkt z gewünschten Immobilienkauf zur Verfügung zu stellen. In der Ansparphase übernehmen sie die Funktion des Sparpotentials und in der Darlehensphase die des Belastungspotentials. Im Fall des Vermögensstrebens handelt es sich bei den Einlagen um eine Konstante, die bei der Aufstellung des Modells als Restriktionsgrenze innerhalb der Liquiditätsnebenbedingungen fungiert. Ein eventuell vorhandenes Anfangsvermögen V_0 erhöht diese Grenze im Zeitpunkt 0.

Die Summe der zur Auszahlung kommenden Investitions- und Finanzierungsprojekte nebst Einlagen müssen im Erwerbszeitpunkt z die Anschaffungsausgaben für die Immobilie (IK) decken.

Einen Überblick über die formale Struktur des vollständigen Finanzplans bei simultaner Investitions- und Finanzierungsprogrammplanung für die Baufinanzierung gibt Tabelle 4.3.

Um ein optimales Investitions- und Finanzierungsprogramm aus den verschiedenen Instrumenten ermitteln zu können, ist es notwendig, die Zahlungsgrößen je Projekt in die Zahlungen pro Projekteinheit und den Projektumfang zu unterteilen. Der Projektumfang stellt dabei die Variable dar, und die Zahlungen je Projekteinheit den dazugehörigen Koeffizienten, der im Fall der vollkommenen Sicherheit als konstant vorausgesetzt werden kann.[59] Dieser Koeffizient soll hier einmal mit K bezeichnet werden. Er bezieht sich auf 1 DM Projekteinheit. Darüber hinaus sind die Zahlungen je Projekt auf ein Jahr normiert. Das erleichtert die Formulierung und die Übersicht des Modells. Unterjährliche Zahlungen bzw. unterjährliche Zins- und Tilgungsverrechnungen lassen sich mit Hilfe der Finanzmathematik in jährliche Zahlungen transformieren.

Zum besseren Verständnis der folgenden Formalstruktur des vollständigen Finanzplans führen wir nun Variablen und Konstanten ein. Die Variablen sind mit einem X gekennzeichnet. Da für die einzelnen Projekte mehrere Varianten denkbar sind, werden diese über den Index k innerhalb des vollständigen Finanzplans berücksichtigt. Eine Spezifikation der Varianten erfolgt auf den folgenden Seiten. Gleiches gilt auch für die Koeffizienten K. Wir definieren:

XB_{kt}	Bausparbetrag des Typs k im Zeitpunkt t
XBD_k	Bauspardarlehen des Typs k
XBS_k	Bausparsumme des Typs k
XEF_t	Ergänzungsfinanzierung im Zeitpunkt t
XEI_t	Egänzungsinvestition im Zeitpunkt t
XGA_t	Geldanlagebetrag im Zeitpunkt t

---

[59] Eine Ausnahme bilden die Steuerersparnisse, die nicht über einen Koeffizienten, sondern voll in das Modell eingehen.

XH_k	Hypothekendarlehen des Typs k
XL_k	Lebensversicherungsdarlehen des Typs k
XSE_t	Einkommensteuerersparnis im Zeitpunkt t

E_t	Einlagen im Zeitpunkt t
V_t	Vermögen im Zeitpunkt t
h_t	Habenzinssatz der Ergänzungsinvestition im Zeitpunkt t
s_t	Sollzinssatz der Ergänzungsfinanzierung im Zeitpunkt t

Weitere Variablen und Konstanten werden später an entsprechender Stelle definiert.

t	0	1	...	z	z+1	...	T
Investitionsprojekte:							
• Bausparen	$-\sum_k K_{k0}\cdot XB_{k0}$	$-\sum_k K_{k1}\cdot XB_{k1}$	...	$+\sum_k XBS_k$	-	...	-
• Geldanlage	$-XGA_0$	$-XGA_1$	...	$+\sum_t XGA_t$	-	...	-
• Egänzungs-	$-XEI_0$	$+(1+h_0)XEI_0$	...	-	-	..	-
investitionen	-	$-XEI_1$	...	-	-	....	-
	-	-	...	$+(1+h_{z-1})XEI_{z-1}$	-	..	-
	-	-	...	$-XEI_z$	$+(1+h_z)XEI_z$	...	-
	-	-	...	-	$-XEI_{z+1}$	...	-
	-	-	...	-	-	...	$+(1+h_{T-1})XEI_{T-1}$
Immobilienkauf:				-IK			
Finanzierungsproj.:							
• Bauspardarlehen	-	-	...	-	$-\sum_k K_{k,z+1}\cdot XBD_k$	...	$-\sum_k K_{kT}\cdot XBD_k$
• LV-Darlehen	-	-	...	$+\sum_k XL_k$	$-\sum_k K_{k,z+1}\cdot XL_{k,z+1}$	...	$-\sum_k K_{kT}\cdot XL_{kT}$
• Hypotheken-	-	-	...	$+\sum_k XH_k$	$-\sum_k K_{k,z+1}\cdot XH_{k,z+1}$	...	$-\sum_k K_{kT}\cdot XH_{kT}$
darlehen							
• Steuerersparnis	-	-	...	-	$+XSE_{z+1}$	...	-
• Ergänzungs-	$+XEF_0$	$-(1+s_0)XEF_0$	...	-	-	...	-
finanzierungen	-	$+XEF_1$	...	-	-	...	-
	-	-	...	$-(1+s_{z-1})XEF_{z-1}$	-	...	-
	-	-	...	$+XEF_z$	$-(1+s_z)XEF_z$	...	-
	-	-	...	-	$+XEF_{z+1}$	...	-
	-	-	...	-	-	...	$-(1+s_{T-1})XEF_{T-1}$
Einlagen	E_0	E_1	...	E_z	E_{z+1}	...	E_T
Vermögen	V_0						V_T

Tabelle 4.3: Formalstruktur eines vollständigen Finanzplans bei simultaner Investitions- und Finanzplanung

Neben den Liquiditätsrestriktionen sind *Projektbedingungen* einzuhalten. Darunter sind finanzspezifische Bedingungen, wie z. B. Mindesttilgungen und Mindestsparbeträge oder auch Formulierungen in Gestalt von Gleichungen zu verstehen, die eine Linearisierung einer nichtlinearen Nebenbedingung erlauben und die Größe einer Variable in einem Zeitpunkt bestimmen. Dies trifft für die Einkommensteuerersparnis zu, wie wir im folgenden noch sehen werden.

Die dritte Gruppe der Restriktionen bilden die *Beleihungsgrenzen* der Finanzierungsprojekte, die nicht nur einzeln restriktiv wirksam werden, sondern auch projektübergreifend im Verbund zu erfassen sind.

4.3. Die Zielfunktion

Wie aus Tabelle 4.3 zuerkennen ist, ergibt sich das Endvermögen aus dem Überschuß aller Zahlungsgrößen der Investitions- und Finanzierungsprojekte und den Einlagen im Planungshorizont T. Da auch in diesem Zeitpunkt die Liquidität einzuhalten ist, läßt sich die Zielfunktion aus der Liquiditätsrestriktion im Planungshorizont T ableiten. Die Entwicklung der Liquiditätsrestriktionen erscheint an dieser Stelle jedoch nicht sinnvoll, weswegen hier die Gestalt der Zielfunktion als solches nicht detailliert erläutert werden soll.[60]

Der Zielfunktionswert setzt sich aus den Zahlungen für die verschiedenen Hypothekendarlehen (eckige Klammer), den Zahlungen für die Lebensversicherungsdarlehen (zweiter Summand), den Zahlungen der Ergänzungsmaßnahmen (XEI und XEF) und den Einlagen (E) zusammen. Folglich gilt:

$$Z = -\left[\sum_{k=35}^{36} a_{Hk} XH_k + \sum_{k=39}^{40} a_{Hk} XH_k + \sum_{k=41}^{42} a_{Hk} XH_k + XHST_T \right] - \sum_{k=13}^{21} \left[\left(BP_k - \ddot{U}B_{kT} \right) + i_{Lkp} \right] \cdot XL_k$$

$$+ \left(1 + h_{E,T-1} \right) XEI_{T-1} - \left(1 + s_{E,T-1} \right) XEF_{T-1} + E_T \Rightarrow Max! \tag{4.1}$$

Der sich ergebende Zielwert versteht sich hier inklusive der Einlage am Ende des Planungshorizonts. Üblicherweise wird jedoch ein Zielwert ohne Einlage berechnet. Dies soll im folgenden ebenso gelten.

---

[60] Der Leser sei in diesem Zusammenhang an Kapitel 4.4.2.1. verwiesen.

4.4.   Das Restriktionensystem

4.4.1.   Finanztitelspezifische Restriktionen

4.4.1.1.   Der Bausparvertrag

Bevor auf die einzelnen Restriktionen näher eingegangen wird, ist eine Auswahl zwischen den zahlreichen Variationsmöglichkeiten vorzunehmen. Neben dem Standardtarif soll ein Niedrigzins-, ein Hochzins- und ein Schnelltarif Berücksichtigung finden. Der Langzeittarif kann hier vernachlässigt werden, da davon auszugehen ist, daß der Investor bereits bei Abschluß des Vertrages über konkrete Vorstellungen verfügt. Die Beachtung einer Null-Zinsvariante ist ebenso empfehlenswert wie die Disagiovariante für den Standard-, Niedrigzins- und Hochzinstarif. Der Schnelltarif ist in der Regel immer mit einem Disagio verbunden[61], so daß nur diese Variante weiter verfolgt wird. Insgesamt werden also neun Varianten betrachtet, die sich hinsichtlich der Zinssätze, des Disagios, des Mindestsparguthabenprozentsatzes (MSGP), des Regelsparprozentsatzes (RSP) und der zu leistenden Prozentannuität (a) hinreichend charakterisieren lassen. Eine Übersicht über die relevanten Varianten des Bausparens findet sich in Tabelle 4.4. Die Variable Bausparsumme (XBS) erhält zur Unterscheidung der einzelnen Varianten einen Index k (k = 1,..., 9).

Variante k	Tarifname	Haben-/Sollzins	Disagio	$MSGP_k$	RSP_k	$a_{BS,k}$	Variable (XBS_k)
1	Standard	3%/4%	5%	40%	4,8%	7,2%	XBS_1
2	Niedrigzins	2,5%/3,5%	5%	40%	4,8%	7,2%	XBS_2
3	Nullzins	0%/1%	5%	40%	4,8%	7,2%	XBS_3
4	Hochzins	4%/5%	5%	50%	4,2%	7,2%	XBS_4
5	Standard	3%/5%	0%	40%	4,8%	7,2%	XBS_5
6	Nullzins	0%/2%	0%	40%	4,8%	7,2%	XBS_6
7	Niedrigzins	2,5%/4,5%	0%	40%	4,8%	7,2%	XBS_7
8	Hochzins	4%/6%	0%	50%	4,2%	7,2%	XBS_8
9	Schnelltarif	2%/4%	0%	50%	7,2%	9,6%	XBS_9

Tabelle 4.4: Berücksichtigte Varianten des Bausparens

Die Annuität wird in der Regel in bezug auf die Bausparsumme (a_{BS}) angegeben. Zum Teil ist es jedoch hilfreich, die Annuität in bezug auf die Darlehenssumme (a_{DS}) zu kennen. Ausgehend von der Gleichheitsbeziehung

---

[61] Vgl. Laux (1992), S. 25 ff.

$$a_{BS} \cdot XBS = a_{DS} \cdot XBD \qquad (4.2)$$

mit   XBD = Darlehenssumme

XBS = Bausparsumme

und unter Beachtung des formalen Zusammenhangs zwischen der Darlehens- und Bauspar-summe

$$XBD = (1 - MSGP)(1 + DG)XBS \qquad (4.3)$$

mit   MSGP = Mindestsparguthabenprozentsatz

DG   = Darlehensgebühr

läßt sich leicht eine Umrechnung der Prozentannuitätensätze der Form

$$a_{DS} = \frac{a_{BS}}{(1 - MSGP)(1 + DG)} \qquad (4.2)*$$

erzielen.

Beim Bausparvertrag ist zwischen Zahlungs- und Zuteilungsbedingungen zu unterscheiden. Zunächst betrachten wir die Zuteilungsbedingungen. Im Zuteilungszeitpunkt müssen insbesondere die drei Mindestkriterien erfüllt sein: die Mindestsparzeit, die Mindestbewertungszahl und das Mindestsparguthaben.

Die **Mindestsparzeit** liegt in der Regel bei 18 Monaten. Da die Inanspruchnahme eines Bauspardarlehens innerhalb so kurzer Zeit nicht ohne eine Zwischen- bzw. Vorfinanzierung möglich ist, diese aber aus dem zu formulierenden Finanzierungsmodell ausgeschlossen wird, kann diese Bedingung als rudimentär bezeichnet werden. Darüber hinaus ist seit Anfang der 90er Jahre eine direkte Beachtung der Mindestsparzeit überflüssig, da sie bereits über die Mindestbewertungszahl hinreichend berücksichtigt wird.

Die Einhaltung der **Mindestbewertungszahl** spielt die tragende Rolle im Restriktionensystem. Bevor wir jedoch die Nebenbedingung für die Einhaltung der Mindestbewertungszahl entwickeln, widmen wir uns zunächst den unterschiedlichen Berechnungsmethoden für Bewertungszahlen. Man unterscheidet im allgemeinen vier verschiedene Methoden:[62] die Salden-, die Zuwachs-, die Zinsenmethode und die Mischformel. Obwohl innerhalb unseres Modells ausschließlich die Saldenmethode zur Anwendung kommt, sollen die anderen Methoden mehr oder weniger kurz angesprochen werden. Für die Mischformel wird dann als

---

[62] Vgl. im einzelnen Laux (1992), S. 61.

Alternativvorschlag zur Saldenmethode ebenfalls die Mindestbewertungsrestriktion aufge-stellt.

Die *Saldenmethode* ermittelt die Bewertungszahl (BWZ) aus dem Quotienten Summe der Sparguthaben (BSG) zu den einzelnen Bewertungsstichtagen (τ) zur Bausparsumme (XBS), multipliziert mit einem sogenannten Bewertungsfaktor (BWZF). Formal ergibt sich:

$$BWZ_t = \frac{BWZF}{XBS} \cdot \sum_{\tau=1}^{t} BSG_\tau \qquad (4.4)$$

Bei der *Zuwachsmethode* erhöht sich die zum Vortermin ermittelte Bewertungszahl (BWZ_{t-1}) um den Quotienten Bausparguthaben zum aktuellen Bewertungsstichtag (BSG_t) zu einem Tausendstel der Bausparsumme. Es gilt:

$$BWZ_t = \frac{1000}{XBS} \cdot BSG_t + BWZ_{t-1} \qquad (4.5)$$

Es kann gezeigt werden, daß die Salden- und die Zuwachsmethode sich lediglich hinsichtlich des Faktors unterscheiden.[63] Da die Saldenmethode die allgemeinere Formel darstellt, soll sie hier weiter verfolgt werden.

Damit es nun zur Zuteilung des Darlehens kommen kann, ist es notwendig, daß die Bewer-tungszahl im Zuteilungszeitpunkt (z) mindestens so groß wie die Mindestbewertungszahl (MBWZ) ist. Es gilt also folgende Restriktion:

$$BWZ_z = \frac{BWZF}{XBS} \cdot \sum_{\tau=1}^{z} BSG_\tau \geq MBWZ \qquad (4.6)$$

Da sowohl die Bausparsumme als auch die Einzahlungen und damit die Sparguthaben zu den einzelnen Stichtagen im Modell variabel gehalten werden, muß die Formel modifiziert werden. Dazu ist ein kleiner Exkurs über die Zahlungsstruktur eines Bausparvertrages während der Ansparphase notwendig.

Aus methodischen Gründen splitten wir einen Bausparvertrag in "kleine" Bausparverträge mit Einmal-Einzahlungen, im weiteren als Modul bezeichnet, auf. Dabei beträgt der Wert eines Moduls, der dem Koeffizienten des "kleinen" Bausparvertrages entspricht, im Zuteilungszeit-punkt genau eins. Die Menge oder Anzahl eines "kleinen" Vertrages wird über eine Variable gesteuert. Geht man davon aus, daß eine Einzahlung jeweils am Jahresanfang erfolgt, dann gibt es z+1 Variablen. Das Sparguthaben eines Bausparvertrages im Zuteilungszeitpunkt setzt

---

[63] Siehe den Beweis im Anhang 1.

sich aus der Summe der Bausparmodule zusammen. Die nächste Frage ist, wieviel man in t = 0, in t = 1, in t = 2,..., t = z-1 und t = z einzahlen muß, damit das Sparguthaben eines Moduls im Zuteilungszeitpunkt 1 beträgt. Da die "kleinen" Bausparverträge eine Zahlungsstruktur wie Zerobonds aufweisen, entsprechen die gesuchten Koeffizienten den Abzinsungsfaktoren im jeweiligen Einzahlungszeitpunkt. Die Zahlungsstruktur für die Variablen der einzelnen Bausparmodule (XB_t) läßt sich aus der Tabelle 4.5 ablesen.

Variable \ t	0	1	2	...	z-1	z
XB_0	$\dfrac{1}{(1+h_B)^z}$	0	0	...	0	1
XB_1	0	$\dfrac{1}{(1+h_B)^{z-1}}$	0	...	0	1
XB_2	0	0	$\dfrac{1}{(1+h_B)^{z-2}}$	...	0	1
.	.	.	.	.	.	.
XB_{z-1}	0	0	0	...	$\dfrac{1}{1+h_B}$	1
XB_z	0	0	0	...	0	1

Tabelle 4.5: Zahlungsstruktur für die einzelnen Bausparmodule

Kommen wir auf die Saldenmethode zurück, dann läßt sich die Ungleichung (4.6) in die Ungleichung (4.7) überführen:

$$\sum_{\tau=1}^{z} BSG_{k\tau} - \frac{MBWZ}{BWZF} \cdot XBS_k \geq 0 \qquad \forall k\,;\, k = 1,...,9 \qquad (4.7)$$

Die Berechnung des Bausparguthabens (BSG_τ) richtet sich nach der Anzahl und der Lage der Stichtage je Jahr. Die Anzahl der Bewertungsstichtage im Jahr beträgt in der Regel entweder zwei oder vier[64], weswegen man in diesem Zusammenhang auch von einer Quartals- und Halbjahrsbewertung spricht. Bei der halbjährigen Bewertung sind die Stichtage Ende März/September oder Juni/Dezember. In den überwiegenden Fällen wird der Termin März/September von den Kassen bevorzugt[65]. Deshalb soll bei den weiteren Ausführungen lediglich nur dieser Halbjahrestermin Beachtung finden. Die *Mindestbewertungszahl-*

---

[64] Das trifft für 31 von 34 Bausparkassen zu. Vgl. die Tabelle 7 bei Laux (1992), S. 69.
[65] ebenda.

restriktion bei Anwendung der Saldenmethode (Halbjahresbewertung) läßt sich dann wie folgt
formulieren:[66]

$$\sum_{t=0}^{z-1}\sum_{\tau=t}^{z-1}\frac{2}{(1+h_{Bk})^{z-\tau}}XB_{kt} - \frac{MBWZ}{BWZF}\cdot XBS_k \geq 0 \qquad \forall k \, ; \, k = 1,...,9 \qquad (4.8)$$

Findet dagegen eine Bewertung der Sparleistung am Ende eines Quartals statt, dann sieht die
Mindestbewertungszahlrestriktion bei Anwendung der Saldenmethode (Quartalsbewertung)
wie folgt aus:[67]

$$\sum_{t=0}^{z-1}\sum_{\tau=t}^{z-1}\frac{4}{(1+h_{Bk})^{z-\tau}}XB_{kt} - \frac{1}{(1+h_{Bk})^{z}}XB_{k0} + \sum_{t=0}^{z}XB_{kt} - \frac{MBWZ}{BWZF}\cdot XBS_k \geq 0 \qquad (4.9)$$

Wie bereits weiter oben erwähnt, existieren neben der Salden- und Zuwachsmethode noch die
Zinsenmethode und die Mischformel, die auch als modifizierte Zinsmethode bezeichnet
wird.[68]

Bei der *Zinsenmethode* errechnet sich die Bewertungszahl aus dem Quotienten aller bis zum
aktuellen Stichtag verdienten Guthabenzinsen und der Bausparsumme, multipliziert mit einem
Zinsfaktor. Da diese Methode ein Minderheitendasein gegenüber den anderen Methoden führt,
wird hier auf eine nähere Untersuchung und weitere Berücksichtigung verzichtet.

Im Gegensatz dazu verhält es sich mit der *Mischformel*, die von 15 Bausparkassen, darunter
alle 13 öffentlich-rechtlichen, als die geeignete Methode präferiert wird. Hier berechnet sich
die Bewertungszahl über die Bildung eines Quotienten, dessen Zähler sich aus dem aktuellen
Sparguthaben und der mit einem Zinsfaktor (ZF) gewichteten Zinssumme zusammensetzt,
und dessen Nenner bei den Landesbausparkassen dem Regelsparbeitrag (RSB) und bei den
Privaten der Bausparsumme entspricht. Es gilt folgende Formel:

$$BWZ_t = \frac{BSG_t + ZF\sum_{\tau=1}^{t}Z_\tau}{RSB} \qquad (4.10)$$

Berücksichtigt man, daß sich der Regelsparbetrag aus dem Produkt von Regelsparprozentsatz
p.a. (RSP) und Bausparsumme ergibt, dann kann wiederum für die Einhaltung der Mindestbewertungszahl im Zuteilungszeitpunkt folgende Restriktion formuliert werden:

---

[66] Die Herleitungen zu den Restriktionen 4.8 und 4.9 finden sich im Anhang 2.
[67] Bei den später folgenden Beispielsrechnungen wird aus Vereinfachungsgründen von einem einheitlichen
Faktor für alle Bausparvarianten ausgegangen. Wählt man den Debeka-Bausparvertrag stellvertretend für die
anderen, dann ergibt sich ein Faktor von 2,4.
[68] Vgl. Schulze (1992), S. 475 f. und Laux (1992), S. 62.

$$BSG_z + ZF\sum_{\tau=1}^{z} Z_\tau - MBWZ \cdot RSP \cdot XBS \geq 0 \qquad (4.11)$$

Innerhalb dieser Restriktion sind drei Größen variabel: die Bausparsumme und damit auch das Bausparguthaben im Zuteilungszeitpunkt sowie die Summe der aufgelaufenen Zinsen. Nimmt man auch hier eine Fallunterscheidung hinsichtlich der Bewertungsstichtage vor, so ergibt sich dann für die *Mindestbewertungszahlrestriktion bei Anwendung der Mischformel (Halbjahresbewertung)* für jede Variante k:[69]

$$\sum_{t=0}^{z} XB_{kt} + ZF\sum_{t=0}^{z-1}\sum_{\tau=t}^{z-1} \frac{1}{(1+h_{Bk})^{z-\tau}} h_{Bk} \cdot XB_{kt} - MBWZ \cdot RSP_k \cdot XBS_k \geq 0 \qquad (4.12)$$

Bei *Anwendung der Mischformel* und *Quartalsbewertung* gilt folgende *Mindestbewertungszahlrestriktion* für jede Variante k:

$$\sum_{t=0}^{z} XB_{kt} + \frac{5}{2}ZF\sum_{t=0}^{z-1}\sum_{\tau=t}^{z-1} \frac{1}{(1+h_{Bk})^{z-\tau}} h_{Bk} \cdot XB_{kt} - MBWZ \cdot RSP_k \cdot XBS_k \geq 0 \qquad (4.13)$$

Innerhalb des Modells soll die Saldenmethode bei Halbjahresbewertung für alle Varianten zur Anwendung kommen.

Eine dritte Mindestbedingung für die Zuteilung eines Bauspardarlehens ist das **Mindestsparguthaben**. Es muß im Zuteilungszeitpunkt gewährleistet sein, daß die Summe der Bausparmodule größer oder zumindest gleich dem Mindestsparguthaben (MSG) ist. Aus ökonomischen Gründen wäre ein Sparguthaben im Zuteilungszeitpunkt in Höhe des Mindestsparguthabens optimal, da dann zum einen die Darlehenshöhe zum günstigen Zinssatz am größten wäre und zum anderen die Opportunitätskosten zum Habenzins auf dem Kapitalmarkt am geringsten wären. Folglich sollte eine strenge *Mindestbausparguthabenrestriktion* der Form

$$\sum_{t=0}^{z} XB_{kt} - MSGP_k \cdot XBS_k = 0 \qquad (4.14)$$

gelten. Das Mindestbausparguthaben errechnet sich dabei aus dem Produkt Mindestsparguthabenprozentsatz (MSGP) und Bausparsumme.

Neben den Zuteilungsbedingungen müssen vier Zahlungsbedingungen berücksichtigt werden: die Regelsparbedingung innerhalb der Ansparphase, die Mindestannuitätenbedingung inner-

---

[69] Die Herleitung findet sich im Anhang 2.

halb der Darlehensphase, die Ermittlung der Darlehenshöhe im Zuteilungszeitpunkt sowie die vollständige Tilgung des Darlehens am Ende der Darlehensphase.

Während der gesamten Ansparphase ist die Einhaltung des Regelsparbetrages notwendig. Da die jährlichen Einzahlungen auf das Bausparkonto über die Bausparmodule gesteuert werden, ist für jeden Zeitpunkt t = 0,..., z und für jede Variante k = 1,..., 9 die *Regelsparbedingung*

$$\frac{1}{(1+h_{Bk})^{z-t}} XB_{kt} - RSP_k \cdot XBS_k \geq 0 \qquad \text{für } t = 0,...,z \text{ und } k = 1,...,9 \qquad (4.15)$$

einzuhalten.

Die zweite Zahlungsbedingung betrifft die *Darlehensauszahlung* im gewünschten Erwerbszeitpunkt. Bisher liegt eine gewaltige Zeitspanne zwischen Zuteilungszeitpunkt und Auszahlungszeitpunkt des Darlehens. Mit dem gesetzlichen Auftrag, die Wartezeit zu verstetigen und im Idealfall auf den Zuteilungszeitpunkt zu verkürzen, wird heute bereits eine sogenannte just-in-time-Garantie von einer Bausparkasse angeboten, die es dem Bausparer ermöglicht, ohne Aufnahme eines teuren Zwischenkredites innerhalb der Zuteilungsperiode über seinen Darlehensanspruch zu verfügen.[70] Da dieser Tarif eine erhöhte Bausparqualität darstellt, ist damit zu rechnen, daß dieser Tarif in der nahen Zukunft bei den anderen Kassen ebenfalls angeboten und sich etablieren wird. Daher wird hier bereits davon ausgegangen, daß Zuteilungs- und Auszahlungszeitpunkt zusammenfallen. Die Darlehenshöhe (XBD) entspricht der Residualgröße aus Bausparsumme und Sparguthaben im Auszahlungszeitpunkt, was genau dem Mindestsparguthaben entspricht, plus der Darlehensgebühr (DG), die wie ein Agio dem Darlehen aufgeschlagen wird. Dafür sorgt die uns bereits bekannte Definitionsgleichung (4.3). Bringt man alle Variablen auf die linke Seite, so ergibt sich die *Bauspardarlehensbedingung*:

$$(1 - MSGP_k)(1 + DG)XBS_k - XBD_k = 0 \qquad \text{für } t = z \text{ und } k = 1,...,9 \qquad (4.3)$$

In der Darlehensphase muß der Bausparer eine regelmäßige und konstante Zahlung leisten. Diese Art Tilgung nennt man Prozentannuität. Der Annuitätenprozentsatz, der in der Regel als monatlicher Promillesatz auf die Bausparsumme angegeben wird[71], und der Darlehenszinssatz sind dem Bausparer bekannt. Der anfängliche Tilgungsprozentsatz ergibt sich als Residualgröße. Da während der Darlehensphase jederzeit Sondertilgungen erlaubt sind, kann der vertraglich vereinbarte Annuitätenprozentsatz als *Mindestannuitäten*betrag bezeichnet werden.

---

[70] So die Deutsche Bank Bauspar AG. Vgl. Wielens (1994a).
[71] Der Annuitätenprozentsatz wird in der Bausparliteratur als Tilgungsbeitrag bezeichnet. Man unterscheidet zwischen dem Brutto- und Nettotilgungsbetrag, wobei mit der Bruttotilgung die Annuität und mit der Nettotilgung die Tilgung im eigentlichen Sinne gemeint ist. Vgl. Laux (1992), S. 86 ff.

Die tatsächlichen Annuitätenzahlungen für die vertraglich vereinbarten Zins- und Tilgungszahlungen können dann wegen der Sondertilgungen während der Darlehensphase auch schon
einmal niedriger als die Mindestannuität oder sogar zwischenzeitlich ganz ausfallen. Andererseits kann sich die vorgesehene Tilgungszeit verkürzen, wenn neben den Sonderzahlungen
weiterhin die vertraglichen Mindestannuitäten gezahlt werden. Folglich muß für die
Mindestannuitätenrestriktion gelten, daß die Summe der tatsächlichen Annuitätenzahlungen
(XBA) bis zum Zeitpunkt t mindestens so groß ist wie die jährlichen, vertraglich vereinbarten
Mindestannuitäten. Letztere ergeben sich aus der mit dem Annuitätenprozentsatz gewichteten
Bausparsumme (XBS). Die jährliche Prozentannuität (a_{BS}) entspricht dem zwölffachen der
monatlichen Prozentannuität, da der Bausparer monatliche Leistungen erbringen muß. Die
Mindestannuitätenbedingung innerhalb der Darlehensphase lautet daher für jede Variante k:

$$\sum_{\tau=z+1}^{t} XBA_{k\tau} - (t-z)a_{BS,k} \cdot XBS_k \geq 0 \qquad \text{für } t = z+1,\ldots,z+T_{Bk} \text{ und } \forall k \qquad (4.16)$$

Hinter der Annuitätenzahlung versteckt sich der geleistete Tilgungsbetrag (XBT) und die
Zinszahlung (XBZ) je Zeitpunkt, die ebenfalls variabel sind, da die Höhe vom Darlehensbetrag abhängt. Die Definitionsgleichung für die *Bausparannuitäten* innerhalb der Darlehensphase läßt sich dann wie folgt formulieren:

$$XBA_{kt} - XBT_{kt} - XBZ_{kt} = 0 \qquad \text{für } t = z+1,\ldots,z+T_{Bk} \text{ und } \forall k \qquad (4.17)$$

Der *Tilgungsbetrag* setzt sich aus den vertraglich vereinbarten Tilgungsbeträgen und den
Sondertilgungen zusammen. Die vertraglich vereinbarten Tilgungsbeträge werden zusammen
mit den Zinsbeträgen monatlich gezahlt. Die Verrechnung der Zinsbeträge kann sowohl
monatlich (30-Tage-Methode) als auch vierteljährlich (Quartalsmodell) erfolgen.[72] Bei der
Quartalsmethode werden die monatlichen Tilgungsbeträge, die am Monatsende fällig werden,
erst bei Beginn des folgenden Kalendervierteljahres dem Bausparkonto gutgeschrieben, bei
der 30-Tage Methode dagegen sofort. Neuerdings bieten die Bausparkassen auch eine
taggenaue Verzinsung an. Das hat für die Quartalsmethode zur Folge, daß der Nominalzinssatz einen 0,25%-igen Zinszuschlag[73] erhält. Deswegen wird sich bei den Bausparkassen
die 30-Tage-Methode mehr und mehr durchsetzen.[74] Im weiteren wird nur diese Zinsverrech-
nungsmethode verfolgt. Die *Bauspartilgungsbeträge* innerhalb der Darlehensphase lassen sich
dann aus der Gleichung

---

[72] Vgl. Laux (1992), S. 87 ff.
[73] ebenda, S. 88.
[74] ebenda.

$$XBT_{kt} - \frac{p'_{Bk}}{i'_{Bk}}\left(q'_{Bk}{}^{(t-z)m} - q'_{Bk}{}^{(t-z-1)m}\right)XBD_k - XBST_{kt} = 0$$

$$\text{für } k = 1,...,9 \text{ und für } t = z+1,...,z+T_{Bk} \qquad (4.18)$$

berechnen.[75] XBST steht dabei für die Sondertilgungen.[76]

Für die Berechnung der Zinsen ist es sinnvoll, den Annuitätensatz bezogen auf die Darlehenssumme (a_{DS}) anzuwenden, da die Zinsen in Abhängigkeit der Darlehenshöhe stehen. Eine Umrechnung des Prozentsatzes kann mit Hilfe der Formel (4.2)* erfolgen. Der jährliche *Bausparzinsbetrag* (XBZ) innerhalb der Darlehensphase ergibt sich aus der Differenz zwischen Annuität und Tilgungszahlung, so daß formal geschrieben werden kann:

$$XBZ_{kt} - \left[a_{DS,k} - \frac{p'_{Bk}}{i'_{Bk}}\left(q'_{Bk}{}^{(t-z)m} - q'_{Bk}{}^{(t-z-1)m}\right)\right]XBD_k + i_{Bk}\sum_{\tau=2}^{t}XBST_{k,\tau-1} = 0$$

$$\forall k \qquad k = 1,...,9 \text{ und für } t = z+1,...,z+T_{Bk} \qquad (4.19)$$

In der vierten und letzten Zahlungsbedingung muß die *vollständige Tilgung des Darlehens* gewährleistet werden. Die Summe der geleisteten Tilgungsbeträge (XBT) muß dem um die Abschlußgebühr erhöhten Darlehen (XBD) entsprechen. Es gilt:

$$\sum_{t=z+1}^{z+T_B}XBT_{kt} - XBD_k = 0 \qquad \forall k \qquad k = 1,...,9 \qquad (4.20)$$

Das Symbol T_B steht für die theoretisch längstmögliche Tilgungszeit eines Bauspardarlehens des Typs k. Diese ergibt sich, indem während der gesamten Darlehensphase lediglich der Mindesttilgungsbetrag gezahlt wird. Sie läßt sich aus dem monatlichen Darlehenszinsatz (i'), dem monatlichen anfänglichen Tilgungsprozentsatz (p') und der Anzahl der Zins- und Tilgungsperioden (m) wie folgt berechnen:[77]

$$T_{Bk} = \frac{\ln(i'_{Bk} + p'_{Bk}) - \ln(p'_{Bk})}{\ln q'_{Bk}} \cdot \frac{1}{m} \qquad (4.21)$$

---

[75] Zur Herleitung der Tilgungs- und Zinsbetragsformel siehe Anhang 3.
[76] Die anderen Symbole finden sich im SymbolverzeichniS.
[77] In Anlehnung an Kruschwitz (1995a), S. 164.

4.4.1.2. Das Hypothekendarlehen

Beim Hypothekendarlehen mit Festzinssatz sind zwei Zahlungsbedingungen aufzustellen. Da dieses Darlehen zahlreiche Variationsmöglichkeiten bietet, ist es sinnvoll, den Hypothekenanteil an der Wohnungsbaufinanzierung in seine Variationsbestandteile aufzusplitten. Dabei spielen drei Variationsmöglichkeiten eine wichtige Rolle: die Zinsbindungdauer, das Disagio und der Anfangstilgungssatz. Beim ersten Kriterium unterscheidet man Kredite mit 5-, 10- und 15-jähriger Zinsbindungsdauer. Ein Disagio kann zwischen 0 % und 10 % liegen und der Anfangstilgungssatz beträgt 1 % bis 2 %. Innerhalb dieser Bandbreiten können zahlreiche Variationen vorgenommen werden. Wir wollen uns jedoch auf die gängigsten Varianten beschränken, nämlich auf 5 % und 10 % beim Disagio und 1 % und 2 % beim Anfangstilgungssatz. Im Zuteilungszeitpunkt z gibt es somit 18 Variationsmöglichkeiten, wie man der Tabelle 4.6 entnehmen kann.

Varianten	Zinsbindung	Disagio	Anfangstilgungssatz	Variable (XH_k)
1	5 Jahre	0 %	1 %	XH_1
2	5 Jahre	0 %	2 %	XH_2
3	5 Jahre	5 %	1 %	XH_3
4	5 Jahre	5 %	2 %	XH_4
5	5 Jahre	10 %	1 %	XH_5
6	5 Jahre	10 %	2 %	XH_6
7	10 Jahre	0 %	1 %	XH_7
8	10 Jahre	0 %	2 %	XH_8
9	10 Jahre	5 %	1 %	XH_9
10	10 Jahre	5 %	2 %	XH_{10}
11	10 Jahre	10 %	1 %	XH_{11}
12	10 Jahre	10 %	2 %	XH_{12}
13	15 Jahre	0 %	1 %	XH_{13}
14	15 Jahre	0 %	2 %	XH_{14}
15	15 Jahre	5 %	1 %	XH_{15}
16	15 Jahre	5 %	2 %	XH_{16}
17	15 Jahre	10 %	1 %	XH_{17}
18	15 Jahre	10 %	2 %	XH_{18}

Tabelle 4.6: Im Modell berücksichtigte Handlungsalternativen von Hypothekendarlehen im Zuteilungszeitpunkt z

Hypotheken mit gleicher Zinsbindungsdauer sollen unabhängig von der Disagiovariante die gleiche Effektivverzinsung aufweisen. Die gesuchte Nominalverzinsung kann über eine Barwertformel für Prozentannuitäten berechnet werden. Ausgehend von Formel[78] (4.22),

$$C_0(1-d) = (i'+p') \cdot \frac{\left(1+i'_{eff}\right)^{int(n)} - 1}{\left(1+i'_{eff}\right)^{int(n)} \cdot i'_{eff}} + AZ \frac{1}{\left(1+i'_{eff}\right)^{int(n)+1}} \qquad (4.22)$$

wo C_0 für den Kreditbetrag, d für die Disagiohöhe, AZ für die Abschlußzahlung, n für die in Monaten gemessene Laufzeit des Kredits[79], i' für den Nominalzins-, i'_{eff} für den effektiven Zins- und p' für den anfänglichen Tilgungsprozentsatz steht, läßt sich die Nominalverzinsung im Disagiofall (i_D') bestimmen. Dazu ist Gleichung (4.22) nach i' bzw. i_D' umzuformen. Setzen wir C_0 auf 100 Prozent und berücksichtigen die Abhängigkeit der Abschlußzahlung AZ vom jeweiligen Zinssatz, dann läßt sich die monatliche Verzinsung im Disagiofall mit Hilfe eines Iterationsverfahres berechnen. Es gilt:[80]

$$i_D' = \left((1-d) - AZ \frac{1}{\left(1+i'_{eff}\right)^{int(n)+1}} \right) \cdot \frac{\left(1+i'_{eff}\right)^{int(n)} \cdot i'_{eff}}{\left(1+i'_{eff}\right)^{int(n)} - 1} - p' \qquad (4.23)$$

$$\text{mit} \qquad AZ = \left[q'^{int(n)} - \left(i_D' + p'\right) \frac{q'^{int(n)} - 1}{i_D'} \right] q' \qquad (4.24)$$

Die Effektivverzinsung i'_{eff} entspricht dabei der Nominalverzinsung im Nichtdisagiofall i', wie sich leicht zeigen läßt. Die Umrechnung des nominellen Zinssatzes i in den effektiven Jahreszinssatz erfogt nach (4.25)

$$i'_{eff} = \sqrt[n]{1+i_{eff}} - 1, \qquad (4.25)$$

und die Umrechnung der effektiven in die relative Verzinsung erfolgt nach (4.26):[81]

$$i_{eff} = \left(1+\frac{i}{m}\right)^m - 1 \qquad (4.26)$$

Setzt man Gleichung (4.26) in (4.25) ein, so ergibt sich:

---

[78] In Anlehnung an. Kobelt/Schulte (1995), S. 229.
[79] Die Laufzeit n kann mit Hilfe der Formel 4.29 berechnet werden, wobei dann noch eine Umrechnung in Monaten erfolgen muß.
[80] Vgl. Kobelt/Schulte (1995), S. 228.
[81] Vgl. Kruschwitz (1995a), S. 33.

$$i'_{eff} = \sqrt[m]{\left(1 + \left(1 + \frac{i}{m}\right)^m - 1\right)} - 1 = i' \qquad (4.25)^*$$

Sowohl die gesamte Hypothek (XHY) als auch ihre Variationsanteile (XH_k) stellen in dem Modell Variablen dar. Im Zuteilungszeitpunkt z gilt dann für den *Gesamthypothekenanteil*:

$$\sum_{k=1}^{18} XH_k - XHY = 0 \qquad (4.27)$$

Des weiteren sind **Prolongationsbedingungen** zu beachten. Nach Ablauf der Zinsbindungs-dauer kann ein neuer Kredit über die noch vorhandene Restschuld zu den dann aktuellen Konditionen mit entsprechendem Variationswunsch abgeschlossen werden. Der Kreditnehmer kann eine andere Zinsbindungsdauer und auch einen neuen Anfangstilgungssatz verein-baren.[82] Der neue Anfangstilgungssatz soll weiterhin entweder 1 oder 2 % bezogen auf die Ursprungsschuld betragen. Das bedeutet jedoch wegen der fortgeschrittenen Tilgung im Prolongationszeitpunkt, daß dieser Satz bezogen auf die Restschuld tatsächlich oberhalb von 1 bzw. 2 % liegt. Der Prolongationstilgungssatz läßt sich folgendermaßen berechnen:

Für den tariflichen Tilgungsbetrag XHT'_{kt} gilt:[83]

$$XHT'_{kt} = \frac{p_{Hk}'}{i_{Hkp}'} \left(q_{Hkp}'^{t \cdot m} - q_{Hkp}'^{(t-1)m} \right) \cdot XH_k \qquad (4.28)$$

Umgeformt nach p' ergibt sich :

$$p_{Hk}' = \frac{XHT'_{kt} \cdot i_{Hkp}'}{\left(q_{Hkp}'^{t \cdot m} - q_{Hkp}'^{(t-1)m} \right) XH_k} \qquad (4.28)^*$$

Für die Prolongationszeitpunkte ρ sind zwei Veränderungen hinsichtlich der Ursprungsschuld und der Zeitpunkte vorzunehmen. Zum ersten entspricht die Ursprungsschuld des Prolonga-tionskredites der Restschuld des Vorgängerkredites am Ende der Laufzeit $XHRS_{kT}$, wenn von den geleisteten Sondertilgungen einmal abgesehen wird.[84] Zum zweiten beginnt für die Ablösehypothek eine neue Zeitpunktrechnung. Der sechste Zeitpunkt des Altkredits entspricht dem ersten Zeitpunkt des Nachfolgekredits. Somit kann (4.28)* umgeschrieben werden in den jährlichen Anfangstilgungsprozentsatz des Prolongationskredites:

$$p_{Hk} = p_{Hk}' \cdot m = \frac{XHT'_{kt} \cdot i'_{Hkp} \cdot m}{\left(q_{Hkp}'^{m} - 1 \right) \cdot XHRS_{kT}} \qquad (4.28)^{**}$$

---

[82] Vgl. o.V. (1994b), S. 34 ff.
[83] In Anlehnung an Formel (A.19) im Anhang 3.
[84] Zum Berechnungsmodus der Restschuld einer Hypothek siehe Formel (4.31) und Anhang 4.

Es muß gewährleistet sein, daß bei Anwendung dieses neuen Tilgungssatzes die Tilgungsdauer (T_{Hk}) mindestens so groß wie die entsprechende Zinsbindungsdauer (ZB) ist, damit
während der gesamten Zinsbindungsfrist Zinszahlungen an den Darlehensgeber geleistet
werden können und damit die Grundlage für einen zustandekommenden Darlehensvertrag
überhaupt geschaffen ist. Folglich ist für jeden Prolongationskredit eine Obergrenze für den
Anfangstilgungssatz zu berechnen. In Anlehnung an Gleichung (4.21)

$$T_{Hk} = \frac{\ln\left(i'_{Hkp} + p'_{Hk}\right) - \ln\left(p'_{Hk}\right)}{\ln q'_{Hkp}} \cdot \frac{1}{m} \qquad (4.29)$$

und unter Berücksichtigung, daß $T_{Hk} \geq ZB_k$ ist, ergibt sich für den jährlichen maximalen
Prozentsatz ($p_{k,max}$) nach Substitution von T_{Hk} durch ZB_k und einigen Umformungen:

$$p_{k,max} = i_{Hkp} \frac{1}{q'^{ZB_k \cdot m}_{Hkp} - 1} \qquad (4.29)^*$$

Im ersten Prolongationszeitpunkt t = z+5 laufen die sechs Kredite mit fünfjähriger Zinsbindung aus. Disagiovarianten sind aus steuerlichen Gründen nicht weiterzuverfolgen. Sechs
neue Kreditkonditionen sind dann denkbar, so daß weiterhin 18 verschiedene Kredite möglich
sind. Beschränkt man die Gesamtlaufzeit des Hypothekendarlehens auf 30 Jahre, dann gibt es
insgesamt fünf Prolongationszeitpunkte und 24 Prolongationskredite. Eine Übersicht über die
verschiedenen Prolongationskredite gibt Tabelle 4.7.

Varianten	Zinsbindung	Anfangstilgungssatz[85]	Abschlußzeitpunkt	Variable (XH_k)
19	5 Jahre	1 %	z+5	XH_{19}
20	5 Jahre	2 %	z+5	XH_{20}
21	10 Jahre	1 %	z+5	XH_{21}
22	10 Jahre	2 %	z+5	XH_{22}
23	15 Jahre	1 %	z+5	XH_{23}
24	15 Jahre	2 %	z+5	XH_{24}
25	5 Jahre	1 %	z+10	XH_{25}
26	5 Jahre	2 %	z+10	XH_{26}
27	10 Jahre	1 %	z+10	XH_{27}
28	10 Jahre	2 %	z+10	XH_{28}
29	15 Jahre	1 %	z+10	XH_{29}
30	15 Jahre	2 %	z+10	XH_{30}
31	5 Jahre	1 %	z+15	XH_{31}
32	5 Jahre	2 %	z+15	XH_{32}
33	10 Jahre	1 %	z+15	XH_{33}
34	10 Jahre	2 %	z+15	XH_{34}
35	15 Jahre	1 %	z+15	XH_{35}
36	15 Jahre	2 %	z+15	XH_{36}
37	5 Jahre	1 %	z+20	XH_{37}
38	5 Jahre	2 %	z+20	XH_{38}
39	10 Jahre	1 %	z+20	XH_{39}
40	10 Jahre	2 %	z+20	XH_{40}
41	5 Jahre	1 %	z+25	XH_{41}
42	5 Jahre	2 %	z+25	XH_{42}

Tabelle 4.7: Im Modell berücksichtigte Handlungsalternativen von Hypothekendarlehen während der Prolongationszeitpunkte

Da während der Festzinszeit grundsätzlich keine Sondertilgungen[86] möglich sind, sondern erst mit Ablauf dieser Zeit, ist die Restschuld (XHRS) um eventuelle Sondertilgungen (XHST) zu kürzen. In den Prolongationszeitpunkten t = z+5, z+10, z+15, z+20, z+25 gelten die folgenden *Prolongationsbedingungen*:

[85] Der angegebene Anfangstilgungssatz bezieht sich auf die Ursprungsschuld im Zeitpunkt z.
[86] Bei etwas Verhandlungsgeschick bei der Vertragsgestaltung können auch Sondertilgungen vereinbart werden. Etwa ein Drittel der von der Stiftung Warentest befragten Kreditinstitute sind dazu bereit. Vgl. o.V. (1994d), S. 16.

$$\sum_{k=19}^{24} XH_k - \sum_{k=1}^{6} XHRS_{kt} + XHST_t = 0 \qquad\qquad t = z+5$$

$$\sum_{k=25}^{30} XH_k - \sum_{k=7}^{12} XHRS_{kt} - \sum_{k=19}^{20} XHRS_{kt} + XHST_t = 0 \qquad\qquad t = z+10$$

$$\sum_{k=31}^{36} XH_k - \sum_{k=13}^{18} XHRS_{kt} - \sum_{k=21}^{22} XHRS_{kt} - \sum_{k=25}^{26} XHRS_{kt} + XHST_t = 0 \qquad t = z+15$$

$$\sum_{k=37}^{40} XH_k - \sum_{k=23}^{24} XHRS_{kt} - \sum_{k=27}^{28} XHRS_{kt} - \sum_{k=31}^{32} XHRS_{kt} + XHST_t = 0 \qquad t = z+20$$

$$\sum_{k=41}^{42} XH_k - \sum_{k=29}^{30} XHRS_{kt} - \sum_{k=33}^{34} XHRS_{kt} - \sum_{k=37}^{38} XHRS_{kt} + XHST_t = 0 \qquad t = z+25$$

(4.30)

Die Restschuld ist wiederum abhängig von dem Tilgungsprozentsatz, dem Darlehenszinssatz, der Zins- und Tilgungsverrechnung und der Höhe des Anfangsdarlehens. Folglich handelt es sich bei der Restschuld um eine Variable. Sie läßt sich in Abhängigkeit von der ursprünglichen Kreditsumme (XH_k) und den eben genannten Parametern darstellen.

Geht man von einer unterjährlichen Zins- und Tilgungsverrechnung aus, beispielsweise von monatlicher oder quartalsmäßiger Verrechnung, dann ist nicht der Nominalzinssatz und der jährliche Tilgungsprozentsatz heranzuziehen, sondern der relative oder konforme Prozentsatz. Unter dem relativen Prozentsatz wird der Satz pro Tilgungsperiode und unter dem konformen Satz der jährliche Effektivprozentsatz verstanden. Verwenden wir den relativen Tilgungsprozentsatz (p') und den relativen Darlehenszinssatz (i'), dann läßt sich die Restschuld auch wie folgt beschreiben:[87]

$$XHRS_{kt} - \left[1 - \frac{p'_{Hk}}{i'_{Hkp}}\left(q'^{(t-z)m}_{Hkp} - 1\right)\right] XH_k = 0 \qquad (4.31)$$

$$\text{mit} \qquad i'_{Hkp} = \frac{i_{Hkp}}{m} \qquad\qquad (4.32)$$

$$p'_{Hk} = \frac{p_{Hk}}{m} \qquad\qquad (4.33)$$

---

[87] Siehe die Herleitung der Formel im Anhang 4.

Der Zinssatz differiert dabei je nach Disagiovariante und Zinsperiode. Eine Unterscheidung hinsichtlich der Zinsperiode p ergibt 15 verschiedene Zinssätze, die in Tabelle 4.8 abgebildet sind. Dazu kommen noch sechs Zinssätze wegen der Disagiovarianten, die sich über den Index k berücksichtigen lassen.

Index (p)	Periode	Zinssatz (i_{Hkp})
1	1-5	i_{Hk1}
2	6-10	i_{Hk2}
3	11-15	i_{Hk3}
4	16-20	i_{Hk4}
5	21-25	i_{Hk5}
6	26-30	i_{Hk6}
7	1-10	i_{Hk7}
8	11-20	i_{Hk8}
9	21-30	i_{Hk9}
10	1-15	i_{Hk10}
11	16-30	i_{Hk11}
12	6-15	i_{Hk12}
13	6-20	i_{Hk13}
14	11-25	i_{Hk14}
15	16-25	i_{Hk15}

Tabelle 4.8: Zinssätze der Hypothekendarlehen

4.4.1.3. Die Steuerersparnis

Das Volumen der Einkommensteuerersparnis hängt im wesentlichen von drei Faktoren ab: vom zu versteuernden Einkommen, von der Höhe des Abschreibungsbetrages und vom Steuertarif. Das zu versteuernde Einkommen stellt die Bemessungsgrundlage für die Einkommensteuer dar und berechnet sich aus der Differenz zwischen Bruttoeinkommen und Werbungskosten sowie Sonderausgaben. Falls keine erhöhten Werbungskosten bzw. Sonderausgaben geltend gemacht werden können, werden die jeweiligen Pauschalen in Rechnung gestellt.[88] Die auf das zu versteuernde Einkommen entfallende Steuerschuld richtet sich nach

---

[88] Die Pauschale für die Werbungskosten liegt für das Jahr 1995 bei 2.000 DM pro Person und die Vorsorgepauschale für Verheiratete beträgt 7.830 DM.

dem gültigen Steuertarif.[89] Für Ledige gilt die Grundtabelle und für Verheiratete, die zusammen zur Einkommensteuer veranlagt werden, die sogenannte Splittingtabelle. Für beide Steuertarife gilt die gleiche Grundstruktur zur Berechnung der Steuerschuld (S). Zunächst ist das zu versteuernde Einkommen (ZVE) auf den nächsten durch 54 ohne Rest teilbaren Betrag (ZVE') abzurunden. Dabei ist zu berücksichtigen, ob nach der Grundtabelle oder der Splittingtabelle veranlagt wird. Es gilt:[90]

$$\text{ZVE'} = \text{int}\left[\frac{\text{ZVE}}{\text{V} \cdot 54}\right] \quad \text{mit } V = \begin{cases} 1 & \text{für Grundtabelle} \\ 2 & \text{für Splittingtabelle} \end{cases} \tag{4.34}$$

Auf diesen Betrag (ZVE') sind dann folgende Funktionen anzuwenden:[91]

$$S(\text{ZVE'}) = \begin{cases} 0 & \text{für} & 0 \leq \text{ZVE'} \leq 5617 \\ 0,19 \cdot \text{ZVE'} - 1067 & \text{für} & 5617 \leq \text{ZVE'} \leq 8153 \\ (151,94y + 1900)y + 472 & \text{für} & 8154 \leq \text{ZVE'} \leq 120041 \\ 0,53 \cdot \text{ZVE'} - 22842 & \text{für} & 120042 \leq \text{ZVE'} \leq \infty \end{cases} \tag{4.35}$$

$$\text{mit} \quad y = \frac{\text{ZVE'} - 8100}{10000} \tag{4.36}$$

Wie man den Funktionen entnehmen kann, teilt sich der Tarif in vier Zonen auf. Die erste Zone ist die Nullzone, in der bis zum Grundfreibetrag keine Steuern zu zahlen sind. Die zweite und vierte Zone sind insoweit ähnlich, als es sich bei beiden um Proportionalzonen handelt. Im unteren Bereich steigt die Steuerschuld mit jeder hinzuverdienten D-Mark um konstante 19%. Im oberen Bereich liegt der Grenzsteuersatz dagegen bei 53%. Problematisch ist die dritte Zone, die sogenannte Progressionszone. Hier steigt die Grenzsteuerbelastung linear von 19% auf 53% an. Für kleine Veränderungen des zu versteuernden Einkommens (54 bzw. 108 DM) läßt sich die jeweilige Steuerersparnis über den Grenzsteuersatz berechnen. Steigt der Abzugsbetrag jedoch auf ein Vielfaches dessen, dann führt die Anwendung eines Grenzsteuersatzes zu verfälschten Steuerersparnissen. Bei der steuerlichen Grundförderung nach §10 e Abs. 1 EStG liegen die Abzugsbeträge (ABZ) im fünfstelligen Bereich, so daß die Verwendung eines einzigen Grenzsteuersatzes entfällt. Vielmehr muß hier mit mehreren Grenzsteuersätzen, nämlich mit ABZ/54 bzw. ABZ/108 gerechnet werden. Folglich wächst die Anzahl der Grenzsteuersätze mit der Höhe der Abzugsbeträge ziemlich stark an. Bei einem fünfstelligen Betrag müßte man schon mit ca. 185 verschiedenen Grenzsteuersätzen rechnen, um die genaue Steuerersparnis zu ermitteln. Deshalb greift man bei der Steuer-

---

[89] Hier und im weiteren wird der Steuertarif von 1995 zugrunde gelegt.
[90] Vgl. Lang (1992), S. 42.
[91] Vgl. § 32 a AbS. 1 EStG von 1990.

planung üblicherweise auf sogenannte Differenzsteuersätze (DSS) zurück, die durchschnitt-
liche Grenzsteuersätze für ein bestimmtes Einkommensintervall darstellen.[92] Sie berechnen
sich aus der Differenz zwischen Steuerbetrag vor Abzugsbetrag S(ZVEV') und Steuerbetrag
nach Abzugsbetrag S(ZVEN') ins Verhältnis gesetzt zur Einkommensdifferenz:[93]

$$DSS = \frac{S(ZVEV') - S(ZVEN')}{ZVEV' - ZVEN'} \qquad (4.37)$$

An dieser Stelle könnte der berechtigte Einwand erfolgen, daß der hier ermittelte Differenzsteuersatz für einen solch großen Einkommensbereich zu ungenau ist. Dies läßt sich beheben,
indem mehrere Differenzsteuersätze für kleinere Einkommensintervalle berechnet werden. Je
kleiner das Intervall gewählt wird, desto genauer wird die Steuerplanung.[94] Der Modellbauer
steht vor einem Konflikt, da er sich zwischen einer erträglichen Anzahl Differenzsteuersätze
und einer hinreichend genauen Steuerplanung entscheiden muß. Die Entscheidung sollte von
der Höhe des maximal möglichen Abzugsbetrages abhängig gemacht werden. Dazu ist es
notwendig, sich mit den gesetzlichen Absetzungsmöglichkeiten auseinanderzusetzen.
Absetzungsfähig sind nach §10 e EStG zum einen die Abschreibungsbeträge und zum anderen
die Aufwendungen, die vor der erstmaligen Nutzung der selbstgenutzten Immobilie anfallen.
Zu letzteren zählen Geldbeschaffungskosten wie z. B. Gebühren und Bereitstellungszinsen für
Darlehen und Notariatskosten sowie die geleisteten Disagios für Kredite. Darüber hinaus sieht
der Gesetzgeber eine Abschreibung in Höhe von 6% je Jahr für die ersten vier Jahre und
weitere 5% für die darauffolgenden vier Jahre vor. Bemessungsgrundlage stellen die Herstellungskosten der Wohnung sowie die Hälfte der Anschaffungskosten für den dazugehörenden
Grund und Boden dar.[95] Die angegebenen Prozentzahlen geben lediglich den Rahmen für die
möglichen Abschreibungsbeträge je Jahr an, da sie Obergrenzen darstellen. Das bedeutet, daß
der Käufer einer selbstgenutzten Wohnung gewissen Spielraum bei seiner Abschreibungspolitik besitzt. Nicht ausgenutzte Abschreibungsbeträge können in den darauffolgenden
Abschreibungsjahren nachgeholt werden. Rechnet der Investor beispielsweise mit einer
deutlichen Steigerung seines zukünftigen Einkommens, so kann es ratsam sein, die Abschreibungsbeträge nach hinten zu verlegen. Andererseits dient eine frühzeitige Steuerersparnis, die
aus den Abschreibungsbeträgen resultiert, der Liquiditätsentlastung und damit einer Zinsent-
lastung während der Darlehensphase.[96] Die für den Investor optimale Abschreibungspolitik ist

---

[92] Über die Anwendungsmöglichkeiten des Differenz- und Grenzsteuersatzes bei der Steuerplanung siehe Schult
(1979) und Siegel (1980).
[93] Vgl. Roglin (1986), S. 168.
[94] Eine approximative Linearisierung des progressiven Steuertarifs findet bei dem sogenannten Steuerbarwert-
minimierungsproblem Anwendung. Vgl. Müller-Kröncke (1974), Haegert (1978) und Heinhold (1982). Die
Methodik der Linearisierung von nichtlinearen (Un)gleichungen wird jedoch schon von Charnes/Lemke (1954),
Dantzig/Johnson/White (1958/59), Miller (1963) und Hadley (1964) beschrieben. Zitiert nach Roglin (1986), S.
160.
[95] Vgl. §10e AbS. 1 EStG von 1990.
[96] Das Problem der simultanen Berücksichtigung des Progressions- und Zeitaspektes bei der Steuerplanung ist
von Marettek (1970) und Heigl (1970) aufgegriffen worden. Vgl. Roglin (1986), S. 152.

folglich nicht exogen vor der Finanzentscheidung, sondern wegen der Wechselbeziehung zu den anderen Finanzierungsinstrumenten endogen zu treffen.[97] Formal folgt daraus die *Abschreibungsbedingung* (4.38), die die Beziehung zwischen den tatsächlichen Abschreibungsbeträgen je Jahr (XAFA) und dem maximal möglichen Abschreibungsbetrag (ABZ_{max}) beschreibt:

$$\sum_{\tau=z+1}^{t} XAFA_\tau \le \sum_{\tau=z+1}^{t} ABZ_{max,\tau} \qquad \text{für } t = z+1,..., z+8 \qquad (4.38)$$

Die Höhe der Abschreibungsbeträge je Jahr hängt jedoch nicht allein von der gewählten Abschreibungspolitik ab, sondern auch von der Bemessungsgrundlage (BG), die nach oben beschränkt ist. Handelt es sich bei der gekauften Wohnung um eine gebrauchte Immobilie, dürfen maximal 150.000 DM abgeschrieben werden. Handelt es sich dagegen um einen Neubau, so können insgesamt 330.000 DM abgeschrieben werden.[98] Daraus folgt:

$$ABZ_{max,t} = ABP_t \cdot BG_{max} \qquad (4.39)$$

$$\text{mit} \quad BG_{max} \le 330000 \text{ bei Neubauten}$$
$$BG_{max} \le 150000 \text{ bei Altbauten}$$

Das Symbol ABP steht für den jeweiligen maximalen Abschreibungsprozentsatz je Jahr.

Wartet der Investor mit der Abschreibung bis zum 8. Jahr, dann wäre eine maximale Abschreibung von 66.000 DM beim Altbau und eine von 145.200 DM beim Neubau möglich (44% der Bemessungsobergrenze). Angesichts dieser hohen Beträge ist eine angemessene Intervallbreite auszuwählen. Dabei ist darauf zu achten, daß das Intervall ein Vielfaches von 54 DM bzw. 108 DM beträgt. Geht man beispielsweise von einer konstanten Intervallbreite von 5.400 DM beim Altbau und von 10.800 DM beim Neubau aus, dann ist im 8. Abschreibungsjahr mit 13 bzw. 14 verschiedenen Differenzsteuersätzen zu rechnen. Die Tabelle 4.9 gibt Auskunft über die jeweilige Anzahl an Differenzsteuersätzen je Abschreibungsjahr.

---

[97] Die Integration der optimalen Steuerpolitik in ein simultanes Investitions- und Finanzierungs- bzw. Produktionsprogramm findet sich z.B. bei Jääskeläinen (1966), Haberstock (1971), Haegert (1971) und Rosenberg (1975).
[98] Vgl. o.V. (1993), S. 53.

Jahr	Altbau		Neubau	
	max. kum. Afa-Betrag	Anzahl Intervalle	max. kum. Afa-Betrag	Anzahl Intervalle
1	9000	2	19800	2
2	18000	4	39600	4
3	27000	6	59400	6
4	36000	7	79200	8
5	43500	9	95700	9
6	51000	10	112200	11
7	58500	11	128700	12
8	66000	13	145200	14

Tabelle 4.9:   Anzahl Differenzsteuersätze je Abschreibungsjahr in Abhängigkeit der Bausubstanz.

Die Differenzsteuersätze je Intervall ι lassen sich dann in Anlehnung an Gleichung (4.37) in Abhängigkeit vom zu versteuernden Einkommen (ZVE') im Zeitpunkt t und der Intervallbreite (IB) wie folgt berechnen:

$$DSS_{\iota t} = \frac{S(ZVE_t' - (\iota - 1)IB) - S(ZVE_t' - \iota \cdot IB)}{IB} \qquad (4.40)$$

Aufgrund der Progression ist der Differenzsteuersatz für das erste Einkommensintervall am größten. Mit jedem weiteren Intervall sinkt er. Somit wird gewährleistet, daß derjenige Teil eines Abschreibungsbetrages, der über das Intervall hinausgeht, eine geringere Steuerersparnis erzielt. Eine Steuerung der tatsächlich in Anspruch genommenen Abzugsbeträge kann über die Einführung einer Intervallvariable (XIV) erfolgen, die Werte zwischen null und eins annehmen kann.[99] Der tatsächliche Abschreibungsbetrag je Jahr ermittelt sich dann aus der Summe der mit den jeweiligen Differenzsteuersätzen gewichteten Einkommensintervalle, sofern die Intervallvariable nicht den Wert null annimmt. Berücksichtigt man darüber hinaus noch die Abzugsmöglichkeit der beanspruchten Disagios (d) je Darlehen - Bauspardarlehen (XBD), Hypothekendarlehen (XH) sowie Lebensversicherungsdarlehen (XL)- und Variante k, dann gilt für die *Berechnung des tatsächlichen Abschreibungsbetrages* (XAFA) je Jahr folgendes:

---

[99] Vgl. Bertele (1993), S. 49.

$$\sum_{\iota=1}^{I} IB \cdot XIV_{\iota t} - XAFA_t - \sum_k d_k \cdot XBD_k - \sum_k d_k \cdot XH_{kz} - \sum_k d_k \cdot XL_k = 0 \qquad \text{für } t = z+1$$

$$\sum_{\iota=1}^{I} IB \cdot XIV_{\iota t} - XAFA_t = 0 \qquad\qquad \text{für } t = z+2,..., z+8 \qquad (4.41)$$

Die Intervallvariable (XIV) liegt im Bereich:

$$0 \le XIV_{\iota t} \le 1 \qquad \text{für } \iota = 1,...,I \text{ und für } t = z+1,..., z+8 \qquad (4.42)$$

Die eigentliche *Berechnung der Steuerersparnis* (XSE) ergibt sich aus folgender Restriktion:

$$\sum_{\iota=1}^{I} DSS_{\iota t} \cdot IB \cdot XIV_{\iota t} - XSE_t = 0 \qquad \text{für } t = z+1,..., z+8 \qquad (4.43)$$

Eine weitere und letzte Restriktion dient der Einhaltung der maximal individuellen Abschreibungsbeträge je Jahr bzw. der Vermeidung von Steuerersparnisverpuffungen. Wie bereits oben bei den vier Einkommensteuerfunktionen (4.35) zu sehen war, zahlt man bis zu einem zu versteuernden Einkommen von 5.669 DM bzw. 11.338 DM keine Steuern.[100] Dieser Grundfreibetrag sollte daher aus ökonomischen Gründen nicht unterschritten werden. Weiterhin schmälert jedes Kind durch das sogenannte Baukindergeld von derzeit 1.000 DM die Steuerschuld.[101] Das entspricht einem über den Grundfreibetrag hinausgehenden zu versteuernden Einkommen von 5.185 DM je Kind.[102] Deswegen sollte das zu versteuernde Einkommen nach Abzug mindestens so groß ausfallen, daß es noch in den zu versteuernden Bereich, also in die untere Proportionalzone des Einkommensteuertarifs fällt. Zur *Vermeidung von Steuerersparnisverpuffungen* ist also folgende Restriktion einzuhalten:[103]

$$XAFA_t + \sum_k d_k \cdot XBD_k + \sum_k d_k \cdot XH_{kz} + \sum_k d_k \cdot XL_k \le ZVEV_t - 5185KI_t - 5669V \qquad \text{für } t = z+1$$

$$XAFA_t \le ZVEV_t - 5185KI_t - 5669V \qquad \text{für } t = z+2,..., z+8 \qquad (4.44)$$

---

[100] Die hier genannten Steuerfreibeträge sind größer als die in Gleichung (4.35) genannten und entsprechen den offiziellen Tabellen des Einkommensteuerrechts von 1990. Der Unterschied ist darauf zurückzuführen, daß eine Einkommensteuerschuld erst ab 10 DM entsteht.

[101] Mit derzeit ist der Stand von 1995 gemeint.

[102] Das dem Baukindergeld entsprechende zu versteuernde Einkommen sinkt mit jedem weiteren Kind. Das zweite Kind schlägt lediglich mit einem Einkommen von 4.860 DM und das dritte Kind mit einem Einkommen von 4.536 DM zu Buche. Mit einem Betrag von 5.185 DM je Kind liegt man auf jeden Fall in der unteren Proportionalzone des EinkommensteuertarifS.

[103] Der gleiche Effekt könnte auch über die Einführung von Differenzsteuersätzen im Wert von Null für den nicht zu versteuernden Einkommensbereich erzielt werden.

Sie ist in erster Linie für Geringverdiener relevant und soll im Modell keine weitere Beachtung finden.

4.4.1.4. Die Ergänzungsmaßnahmen

Wie bereits erwähnt, dienen die Ergänzungsmaßnahmen zum einen der Transformation eines Finanzmitteldefizits oder -überschusses im Zeitpunkt t auf den folgenden Zeitpunkt t+1, zum anderen dem garantierten Auffinden einer Lösung des Finanzierungsproblems, da mit Hilfe der unbeschränkten Ergänzungsfinanzierungen eventuelle Illiquilitäten zumindest theoretisch überbrückt werden können. Ihr Umfang spiegelt damit das Ausmaß des Liquiditätsrisikos wieder.[104] Die Ergänzungsfinanzierungen sind dann in jedem Fall nach einer Optimierungs-rechnung auf ihre Realitätsnähe hin zu überprüfen.

Ist man dagegen nur an realistischen Lösungen interessiert, dann sind die Ergänzungs-finanzierungen im vornherein der Höhe nach zu beschränken. Als Obergrenze für die Ergänzungsfinanzierung (EF_{max}) bietet sich der Dispositionskredit eines Girokontos an. Bezeichnen wir die jährlichen Ergänzungsfinanzierungen mit XEF_t, dann gilt für die *Ergänzungsfinanzierungsbegrenzung*:

$$XEF_t \leq EF_{max} \qquad (4.45)$$

Eine angespannte Liquiditätslage läßt sich nun an der vollständigen Ausschöpfung des Kredit-spielraums erkennen. Wir wollen im weiteren diese Restriktion explizit im Modell berück-sichtigen.

---

[104] Vgl. Bertele (1993), S. 82.

4.4.2.   Finanztitelunspezifische Restriktionen

4.4.2.1.   Die Liquiditätsrestriktionen

4.4.2.1.1.   Das Versicherungsdarlehen

Bei dem Finanzierungsinstrument Lebensversicherung hängt die Liquiditätsbelastung zum einen von der Höhe der Prämie und zum anderen von der Überschußverwendungsart ab. Die Prämie richtet sich sowohl nach der individuellen Risikostruktur des Versicherungsnehmers als auch nach der Kostenstruktur des Versicherungsinstituts. Zu den Risikofaktoren zählen das Alter und das Geschlecht des Versicherten sowie die Versicherungsdauer. Die Abschluß-kosten und die laufenden Verwaltungskosten stellen die Kostenfaktoren dar. Darüber hinaus können evtl. anfallende Überschüsse die Prämienzahlungen verringern. Wegen dieser Viel-schichtigkeit der Prämienhöhe soll hier auf die Kalkulation der Prämie näher eingegangen werden.

Bei einer gemischten Lebensversicherung setzt sich die Tarifprämie aus drei Bestandteilen zu-sammen: der Sparprämie, der Risikoprämie und den Kostenanteilen.[105] Sie kann sich aus gesundheitlichen Gründen um einen Risikozuschlag erhöhen, wovon im weiteren jedoch abgesehen wird. Die Tarifprämie stellt damit gleichzeitig die Bruttoprämie dar. Die Kalku-lation erfolgt nach dem sog. Äquivalenzprinzip[106], das von der Gleichheit des erwarteten Barwerts der Versicherungsleistung mit dem erwarteten Barwert der Leistung des Versiche-rungsnehmers ausgeht. Mit anderen Worten müssen die erwarteten, diskontierten Beitragszah-lungen des Versicherten[107] der erwarteten, diskontierten Versicherungssumme entsprechen. Dabei bleiben die mit der Versicherung anfallenden Kosten zunächst unberücksichtigt, wes-wegen man den dann erhaltenen Betrag auch als Nettoprämie bezeichnet. Da die gemischte Lebensversicherung sowohl eine Leistung im Todes- als auch im Erlebensfall ermöglicht, läßt sich die Nettoprämie in eine Risiko- und Sparprämie aufteilen.

Betrachtet man zunächst den Erlebensfall, dann wird die Versicherungssumme am Ende der Versicherungsdauer ausgezahlt. Da eine Auszahlung lediglich an die bis dahin Überlebenden erfolgt, muß die Versicherungsumme (VS) mit der altersbedingten Überlebenswahrscheinlich-keit[108] (Ω_{x,T_L}) gewichtet und um die Versicherungsdauer (T_L) mit Hilfe eines sogenannten Rechnungszinsfußes (i_R) diskontiert werden. Das Symbol x steht dabei für das Alter des Investors bei Vertragsunterzeichnung. Für die Nettoprämie im Erlebensfall bzw. die *Spar-prämie* (SP) ergibt sich dann:

---

[105] Vgl. Greb/Lührs/Strobel (1992), S. 407.
[106] Vgl. Hagelschuer (1987), S. 116, Isenbart/Münzner (1987), S. 26 und Reichel (1987), S. 31.
[107] Mit Versicherten wird hier und im folgenden gleichzeitig der Versicherungsnehmer unterstellt.
[108] Die altersbedingte Überlebenswahrscheinlichkeit ergibt sich aus dem Quotienten aus Anzahl der Lebenden im Alter x+T_V während des Auszahlungszeitpunktes zur Anzahl der Lebenden im Alter x während des Abschluß-zeitpunkteS. Vgl. Isenbart/Münzner (1987), S. 22.

$$SP = \Omega_{x,T_L} \cdot (1 + i_R)^{-T_L} \cdot VS \tag{4.46}$$

Eine Auszahlung im Todesfall dagegen kann in den Zeitpunkten z+1 bis z+T_L-1 erfolgen, so daß sich die *Risikoprämie* (RP) aus der Summe der mit der jeweiligen altersbedingten Sterbewahrscheilichkeit[109] ($\Pi_{x,v}$) gewichteten, diskontierten Versicherungssumme berechnet:

$$RP = \sum_{v=1}^{T_L} \Pi_{x,v} \cdot (1 + i_R)^{-v} \cdot VS \tag{4.47}$$

Normiert man die Versicherungssumme auf 1 DM, dann gilt für den Barwert der *Nettoprämie* (NP) wegen Gleichung (4.46) und (4.47):

$$NP = \sum_{v=1}^{T_L} \Pi_{x,v} \cdot (1 + i_R)^{-v} + \Omega_{x,T_L} \cdot (1 + i_R)^{-T_L} \tag{4.48}$$

Die altersabhängigen Überlebens- und Sterbewahrscheinlichkeiten werden aus der Allgemeinen Sterbetafel für Deutschland gewonnen, die nach gewissen Zeitabständen der tatsächlichen Sterbeentwicklung der Gesellschaft angepaßt werden. Ausgehend von 100.000 Nulljährigen wird nach jedem Jahr die Anzahl der Überlebenden und Toten festgehalten, aus denen sich dann die gewünschten Wahrscheinlichkeiten berechnen lassen. In der Lebensversicherungsmathematik wird nicht mit den genannten Wahrscheinlichkeiten gerechnet, sondern mit sogenannten Kommutationswerten, die aus der Sterbetafel berechnet werden und eine einfache formale Darstellung erlauben.[110] Die Technik der Kommutationszahlen stammt bereits aus dem 18. Jahrhundert, ist außer in der Versicherungmathematik wenig geläufig und im Computerzeitalter überholt.[111] Deswegen wird hier die wahrscheinlichkeitstheoretische Betrachtungsweise beibehalten.[112]

Gewöhnlich wird der Versicherungsbetrag nicht in Form einer Einmalprämie (NP) im Abschlußzeitpunkt entrichtet, sondern in vorschüssigen Raten. Denkbar wären jährliche, halbjährliche, vierteljährliche und monatliche Raten. Da bis auf die jährliche Zahlungsweise ein Ratenzuschlag in Höhe von 2 % bis 6 % gezahlt werden muß, wird im weiteren die vor-

---

109 Die altersbedingte Stebewahrscheinlichkeit ergibt sich aus dem Quotienten aus Anzahl Toten im Alter x, x+1, ..., x+T_V-1, also vom Abschlußzeitpunkt bis zum Auszahlungszeitpunkt, zur Anzahl Lebenden im Alter x während des AbschlußzeitpunkteS. Ebenda.

110 Vgl. Isenbart/Münzner (1987), S. 25 f.

111 Vgl. Gerber (1986), S. 114.

112 Eine Herleitung der folgenden wahrscheinlichkeitstheoretischen Formeln aus den Formeln mit Kommutationswerten findet sich im Anhang 5.

schüssige, jährliche Rate verfolgt. Gewichtet man den Barwert der Nettoprämie mit einem erwarteten Annuitätenfaktor[113], dann ergibt sich die vorschüssige, *jährliche Nettorate* (NP_j):

$$NP_j = NP \cdot E\left[ANNF_x^{T_L}\right] \qquad (4.49)$$

$$\text{mit} \quad E\left[ANNF_x^{T_L}\right] = \frac{1}{E\left[RBFV_x^{T_L}\right]} \qquad (4.50)$$

$$E\left[RBFV_x^{T_L}\right] = \sum_{v=1}^{T_L} \Omega_{x,v} \cdot q^{(v-1)} \qquad (4.51)$$

Die Nettoprämie muß nun noch um die Kostenanteile der Versicherung erhöht werden, damit man die Bruttoprämie erhält, die der Versicherte zu zahlen hat. Bei der Kalkulation unterscheidet man zwischen drei Kostenarten: den Abschlußkosten, den Inkassokosten und den laufenden Verwaltungskosten.[114]

Zu den *Abschlußkosten* zählen sämtliche Kosten für den Außendienst, die im Abschlußzeitpunkt entstehen.[115] Sie werden im allgemeinen innerhalb der Versicherungswirtschaft als *alpha*-Kosten bezeichnet und mit einem Abschlußkostensatz in Promille der Versicherungssumme der Nettoprämie einmalig zugeschlagen. Unter den *Inkassokosten* subsumieren sich alle Aufwendungen, die mit dem Einziehen der Beiträge verbunden sind. Sie laufen auch unter dem Namen *beta*-Kosten, weil sie die Nettoprämie um den sogenannten *beta*-Kostenzuschlag erhöhen. Bemessungsgrundlage ist dabei die Bruttoprämie. Die sonstigen, laufenden und als konstant kalkulierten *Verwaltungskosten* werden über einen sogenannten *gamma*-Zuschlag berücksichtigt, der sich auf die Versicherungssumme bezieht.

Der Barwert der *Bruttoprämie* setzt sich folglich aus

$$BP = NP + alpha + gamma \cdot E\left[RBFV_x^{T_L}\right] \qquad (4.52)$$

zusammen.[116] Für den Fall der vorschüssigen, jährlichen Bruttoprämie fallen zusätzlich die *beta*-Kosten an. Die Annuität berechnet sich aus

$$BP_j = \frac{NP + alpha + beta \cdot BP_j \cdot E\left[RBFV_x^{T_L}\right] + gamma \cdot E\left[RBFV_x^{T_L}\right]}{E\left[RBFV_x^{T_L}\right]} \qquad (4.53)$$

---

[113] Die Herleitung des erwarteten Rentenbarwertfaktors, was dem Kehrwert des erwarteten Annuitätenfaktors entspricht, findet sich im Anhang 5.
[114] Vgl. Isenbart/Münzner (1987), S. 23 f.
[115] Darunter fallen z.B Provisionen, Werbung sowie die Kosten der ärztlichen Untersuchung und der Ausstellung der Policen. Vgl. Isenbart/Münzner (1987), S. 23 f.
[116] Vgl. Hagelschuer (1987), S. 155.

Formt man Gleichung (4.53) nach BP$_j$ um, dann ergibt sich die *jährliche Bruttoprämie*

$$BP_j = \frac{NP_j + alpha \cdot E\left[ANNF_x^{T_L}\right] + gamma}{1 - beta} \qquad (4.53^*)$$

bezogen auf 1 DM Versicherungssumme.[117]

Neben der Prämie spielt, wie bereits erwähnt, die Überschußverteilung eine wichtige Rolle bei der Liquiditätsbelastung. Grundsätzlich unterscheidet man zwischen jährlichen Überschußanteilen und Schlußüberschußanteilen.[118]

Bei den **jährlichen Überschußanteilen** kommt das natürliche Verteilungsverfahren zum Zuge, das die Überschußanteile im wesentlichen nach Art und Umfang der Überschußentstehung verteilt.[119] Zu den drei Faktoren der Überschußentstehung gehören das tatsächliche Sterblichkeitsergebnis, das in der Regel niedriger ausfällt als die prognostizierte Sterblichkeit, das Verwaltungskostenergebnis, das in etwa den kalkulierten Kosten entspricht sowie das Zinsergebnis, das deutlich über dem Ergebnis auf Basis des Rechnungszinsfußes[120] liegt. Da die Versicherungen überwiegend von einem konstanten Verlauf des tatsächlichen Sterblichkeits-und Kostenergebnisses während der Vertragslaufzeit ausgehen, wird dieser Anteil über einen konstanten Promillesatz (GÜP) der Versicherungssumme über die gesamte Versicherungsdauer (T$_L$) abgegolten. Das ist der sogenannte Grundüberschußanteil. Der *Grundüberschuß* im Zeitpunkt t $\left(GÜ_t\right)$ berechnet sich aus:

$$GÜ_t = GÜP \cdot VS \qquad \text{mit } t = z,..., z+T_L-1 \qquad (4.54)$$

Die Überschußbeteiligung beginnt sofort, also mit der Zahlung der ersten Prämie im Zeitpunkt z.

Den anderen und bedeutend wichtigeren Anteil bildet jedoch der *Zinsüberschuß*. Dieser wird über einen Prozentsatz des Deckungskapitals berücksichtigt und steigt proportional zum Deckungskapital an.

Unter dem Deckungskapital versteht man den rechnungsmäßigen Saldo zu einem bestimmten Zeitpunkt τ ($\tau = 1,...,T_L$), der sich aus der Differenz zwischen den erwarteten zukünftigen Beiträgen und den erwarteten zukünftigen Versicherungsleistungen, gemessen in Barwerten,

---

[117] ebenda.
[118] ebenda, S. 188.
[119] ebenda, S. 189.
[120] Die Obergrenze des Rechnungszinsfußes beträgt seit 1987 3,5 %. Vgl. Hagelschuer (1987), S. 33 i.V. mit S. 119.

ergibt.[121] Bei dieser prospektiven Berechnungsmethode stellt sich ein negativer Betrag ein, da die zu erwartenden Auszahlungen rechnungsmäßig höher sind als die zu erwartenden Prämienzahlungen. Aus diesem Grund nennt man das Deckungskapital auch Deckungsrückstellung oder Prämienreserve.[122] Das Deckungskapital läßt sich auch über eine retrospektive Methode berechnen, indem man die Differenz zwischen den Barwerten der zurückliegenden, rechnungsmäßigen Prämienzahlungen und den vergangenen, rechnungsmäßigen Todesfallzahlungen bildet. Der erhaltene positive Saldo entspricht absolut gesehen dem negativen Saldo bei der prospektiven Methode.[123] Diese positive Differenz wächst im Zeitablauf der Versicherung progressiv an und ist am Ende der Versicherungsdauer mit der Versicherungssumme identisch. Das Deckungskapital stellt somit das rechnungsmäßige Sparguthaben einer Versicherung dar und ist deswegen für die Ermittlung des Zinsüberschusses prädestiniert.

Die Berechnung des Deckungskapitals erfolgt in zwei Schritten. Zunächst bleiben die Kosten unberücksichtigt. Den dann erhaltenen Betrag bezeichnet man mit *Nettodeckungskapital* (NDK_τ). Nach der prospektiven Methode ergibt sich:[124]

$$NDK_\tau = \sum_{v=1}^{T_L-\tau} \Pi_{x+\tau,v} \cdot q^{-v} + \Omega_{x+\tau,T_L} \cdot q^{-(T_L-\tau)} - NP_j \cdot E\left[RBFV_{x+\tau}^{T_L-\tau}\right] \qquad (4.55)$$

Die Berücksichtigung von Kosten verringert das Nettodeckungskapital. Dabei sind lediglich die Abschlußkosten relevant, da diese sofort bei Vertragsabschluß fällig werden und von der Versicherung vorfinanziert werden. Der Versicherungsnehmer beginnt mit einem negativen Sparguthaben und tilgt diese Schuld nach und nach mit seinen Beitragszahlungen bis zum Ende der Vertragslaufzeit. Diese Verrechnungsmethode der Abschlußkosten nennt man Zillmerung.[125] Das Deckungskapital in einem bestimmten Zeitpunkt fällt somit um die bis dahin noch nicht getilgten rechnungsmäßigen Abschlußkosten geringer aus als das Nettodeckungskapital, weswegen man auch vom gezillmerten Deckungskapital spricht.[126] Die Differenz nimmt im Zeitablauf ab und ist im Auszahlungszeitpunkt beim Erlebensfall gleich null. Das *Deckungkapital* im Zeitpunkt τ beträgt folglich:

$$DK_\tau = NDK_\tau - alpha \cdot E\left[ANNF_x^{T_L}\right] \cdot E\left[RBFV_{x+\tau}^{x+T_L}\right] \qquad (4.56)$$

---

[121] Vgl. Kürble (1991), S. 65.

[122] Vgl. Isenbart/Münzner (1987), S. 56.

[123] ebenda.

[124] Siehe zur Herleitung der Formel aus den Kommutationszahlen Anhang 5.

[125] Der Begriff Zillmerung geht auf den Mathematiker August Zillmer (1831-1893) zurück und hat in der zweiten Hälfte des 19. Jahrhunderts zu einer heftigen, kontroversen Diskussion geführt. Vgl. Greb/Lührs/Strobel (1992), S. 410 und Hagelschuer (1987), S. 172 f.

[126] ebenda.

Der *Zinsüberschuß* im Zeitpunkt t (ZÜ$_t$) berechnet sich dann aus

$$ZÜ_t = ZÜP_t \cdot DK_{t-1} \qquad \text{mit t = z+1,..., z+T}_L, \qquad (4.57)$$

wobei man, wie schon beim Grundüberschußanteil, von einer sofortigen Überschußbeteiligung ausgeht, die nachschüssig valutiert wird. Dies ist möglich, weil die Versicherung
bereits ein bis zwei Jahre vor der Überschußrealisation den fällig werdenden Überschuß-
anteilssatz festlegt.[127] Dieses Verfahren nennt man auch Vorausdeklaration.[128]

Der **Schlußüberschußanteil** wird bei Ablauf des Vertrages fällig. Die Höhe dieses Anteils
richtet sich gewöhnlich nach der Höhe der Versicherungssumme und nach der Versicherungsdauer. Je Versicherungsjahr wird in der Regel der gleiche Promillesatz
(Schlußüberschußanteilssatz) der Versicherungssumme gewährt, der mit der jährlich stattfin-
denden Deklaration festgelegt wird, also erst im Jahr des Vertragsablaufs.[129] Bezeichnet man
den Schlußüberschußpromillesatz mit SÜP, dann gilt für die Berechnung des *Schlußüber-
schußanteils* (SÜ) im Zeitpunkt des Vertragsauslaufs (z+T$_L$):

$$SÜ_{z+T_L} = T_L \cdot SÜP \cdot VS \qquad (4.58)$$

Zusammenfassend setzt sich der *Überschußanteil* je Zeitpunkt t wie folgt zusammen:

$$ÜP_t = \begin{cases} GÜ_t & \text{für t } = z \\ GÜ_t + ZÜ_t & \text{für t } = z+1,...,z+T_L-1 \\ ZÜ_t + SÜ_t & \text{für t } = z+T_L \end{cases} \qquad (4.59)$$

Wie schon weiter oben erwähnt, spielt die **Überschußverwendungsart** eine weitere wichtige
Rolle bei der Quantifizierung der Liquiditätsbelastung durch die Lebensversicherung als
Kreditinstrument.[130] Je nach Verwendungsart ist entweder die Tilgungszahlung, die Vertrags-
laufzeit oder die jährliche Prämienzahlung wegen der Überschußentwicklung unsicher.[131]
Beim Bonussystem bzw. bei der verzinslichen Ansammlung potenziert sich die jährliche
Unsicherheit über die Überschußanteile auf die Tilgungszahlung am Ende der Versicherungs-
laufzeit. Das kann nicht im Sinne des Kreditnehmers liegen, so daß diese Variante nicht
weiter verfolgt wird. Bleiben noch die Verkürzung der Versicherungslaufzeit und die
Verringerung der jährlichen Prämienzahlungen. Bei der letztgenannten Methode wird die
Liquiditätsbelastung während der gesamten Versicherungsdauer gesenkt. Fraglich ist nur in

[127] Vgl. Hagelschuer (1987), S. 182 i.V. mit S. 190 f.
[128] ebenda.
[129] Vgl. Hagelschuer (1987), S. 195.
[130] Vgl. dazu auch die Ausführungen in Kapitel 4.1.3.2.
[131] Siehe dazu auch Tabelle 4.1.

welcher Höhe. Dies kommt dem Investor bei einer angespannten Liquiditätslage in der Darlehensphase sicherlich entgegen. Bei Verringerung der Versicherungsdauer handelt es sich wohl um die rentabelste Möglichkeit von allen, da der Schuldner am schnellsten schuldenfrei ist. Aus modelltechnischen Gründen wird diese Variante indirekt berücksichtigt, indem der Versicherer eine Auswahl zwischen Verträgen mit unterschiedlichen Laufzeiten, aber mit grundsätzlicher Verrechnung der Überschüsse hat. Dabei sind aus steuerlichen Gründen lediglich Verträge mit einer Laufzeit ab 12 Jahren denkbar. Da die Vertragsdauer auch mehr als 30 Jahre betragen kann und damit eine große Zahl an Variationsmöglickeiten besteht, sollte man sich auf einige repräsentative Vertragslaufzeiten konzentrieren, beispielsweise auf einen kurzfristigen (15 Jahre), mittelfristigen (20 Jahre) und langfristigen (30 Jahre) Vertrag. Darüber hinaus sind, wie schon bei dem Hypothekendarlehen, verschiedene Disagiovarianten sowie Zinsbindungsdauervarianten zu beachten.

Varianten	Zinsbindung	Vertragslaufzeit	Disagio	Variable (XL_k)
1	3 x 5 Jahre	15	0 %	XL_1
2	3 x 5 Jahre	15	5 %	XL_2
3	3 x 5 Jahre	15	10 %	XL_3
4	1 x 15 Jahre	15	0 %	XL_4
5	1 x 15 Jahre	15	5 %	XL_5
6	1 x 15 Jahre	15	10 %	XL_6
7	4 x 5 Jahre	20	0 %	XL_7
8	4 x 5 Jahre	20	5 %	XL_8
9	4 x 5 Jahre	20	10 %	XL_9
10	2 x 10 Jahre	20	0 %	XL_{10}
11	2 x 10 Jahre	20	5 %	XL_{11}
12	2 x 10 Jahre	20	10 %	XL_{12}
13	6 x 5 Jahre	30	0 %	XL_{13}
14	6 x 5 Jahre	30	5 %	XL_{14}
15	6 x 5 Jahre	30	10 %	XL_{15}
16	3 x 10 Jahre	30	0 %	XL_{16}
17	3 x 10 Jahre	30	5 %	XL_{17}
18	3 x 10 Jahre	30	10 %	XL_{18}
19	2 x 15 Jahre	30	0 %	XL_{19}
20	2 x 15 Jahre	30	5 %	XL_{20}
21	2 x 15 Jahre	30	10 %	XL_{21}

Tabelle 4.10: Im Modell berücksichtigte Handlungsalternativen von Lebensversicherungsdarlehen

Aus der Vielzahl der Kombinationsmöglichkeiten, allein 27 ohne Berücksichtigung einer zeit-lichen Reihenfolge der Zinsbindungsdauer, gehen 21 Varianten in die Modellrechnung ein, wenn ein Wechsel der Zinsbindungsfristen innerhalb einer Vertragslaufzeit untersagt bleibt.

Bei einer Vertragslaufzeit von 15 Jahren wird die Möglichkeit einer dreimaligen Zins-bindungsdauer von jeweils fünf Jahren und eine Zinsbindung von 15 Jahren berücksichtigt. Die Möglichkeit eines Wechsels von einer 10-jährigen auf eine 5-jährige Zinsbindung und umgekehrt wird vernachlässigt. Selbiges gilt ebenso für die Kombination 15-jährige und 5-jährige Bindung bei einer Vertragslaufzeit von 20 Jahren. Hier wird eine viermalige 5-Jahresfrist sowie eine zweimalige 10-Jahresfrist betrachtet. Im Fall der 30-jährigen Vertrags-dauer gibt es die Möglichkeit einer sechsmaligen 5 Jahresfrist, einer dreimaligen 10 Jahresfrist und einer zweimaligen 15 Jahresfrist. Kombiniert man diese sieben Möglichkeiten mit den drei Disagiovarianten, dann erhält man insgesamt 21 Varianten. Die entsprechende Variable wird mit XL_k bezeichnet und gibt das Volumen der jeweiligen LV-Darlehensvariante an. Einen Überblick gibt Tabelle 4.10.

Daneben sind zahlreiche Zinssätze für die unterschiedlichen Vertragslaufzeiten und Disagio-varianten zu berücksichtigen. Geht man einmal von der längstmöglichen, hier betrachteten Vertragslaufzeit von 30 Jahren aus, dann existieren für die 5-jährige Zinsbindungsfrist allein sechs Zinsperioden, für die 10-jährige Zinsbindung drei Zinsperioden und für die 15-jährige Zinsbindung zwei Zinsperioden, wie aus der Tabelle 4.11 deutlich wird.

Index (p)	Periode	Zinssatz (i_{L_kp})
1	1-5	i_{Lk1}
2	6-10	i_{Lk2}
3	11-15	i_{Lk3}
4	16-20	i_{Lk4}
5	21-25	i_{Lk5}
6	26-30	i_{Lk6}
7	1-10	i_{Lk7}
8	11-20	i_{Lk8}
9	21-30	i_{Lk9}
10	1-15	i_{Lk10}
11	16-30	i_{Lk11}

Tabelle 4.11: Zinssätze der Lebensversicherungsdarlehen

Zu diesen 11 Zinsvarianten kommen wegen der zwei anfänglichen Disagiomöglichkeiten je Zinsbindungsfrist noch einmal sechs Zinssätze hinzu, so daß insgesamt 17 Zinssätze zu unterscheiden sind. Die verschiedenen Disagiovarianten lassen sich über den Variantenindex k berücksichtigen. Der jeweilige Zinssatz wird mit i_{Lkp} symbolisiert.

Wie bereits bei den Hypothekendarlehen im Kapitel 4.4.1.2. gesehen, können die Zinssätze der Disagiovarianten über die Effektivverzinsung ermittelt werden. Geht man von identischen Effektivzinssätzen für Lebensversicherungsdarlehen mit gleichen Zinsbindungsfristen aus, dann lassen sich die Zinssätze für die Disagiovarianten aus den Zinssätzen für Darlehen ohne Disagio (i) berechnen, indem auf die Formel zur Berechnung der Preise für Kuponanleihen zurückgegriffen wird. Der Preis entspricht dem um das Disagio verringerten Kreditbetrag (C_0), und der Kupon entspricht den Zinszahlungen. Als Diskontierungszinssatz dient die Effektivverzinsung bei einer Auszahlung zu 100 Prozent. Ausgehend von der Gleichung

$$C_0(1-d) = i \frac{q_{eff}^{T_L} - 1}{i_{eff} \cdot q_{eff}^{T_L}} + \frac{1}{q_{eff}^{T_L}}$$

(4.60)

und mit Hilfe der Formel zur Ermittlung des Effektivzinssatzes

$$i_{eff} = \left(1 + \frac{i}{m}\right)^m - 1$$

(4.26)

kann die Berechnung des gesuchten Zinssatzes (i_D) im Fall eines Disagios bei einer Normierung des Kreditbetrages auf 100 Prozent nach folgender Gleichung erfolgen:

$$i_D = \left[(1-d) - \frac{1}{q_{eff}^{T_L}}\right] \cdot \frac{i_{eff} \cdot q_{eff}^{T_L}}{q_{eff}^{T_L} - 1}$$

(4.61)

Kommen wir auf die Liquiditätsbelastung durch die LV-Darlehen zurück. Neben den Zinszahlungen fallen während der gesamten Darlehensphase die um die Überschußanteile gekürzten Versicherungsprämien an. Da sowohl die Prämienhöhe als auch die Überschußhöhe von der Vertragsdauer, und die Überschußhöhe wegen des Zinsüberschusses sogar vom jeweiligen Zeitpunkt abhängig ist, erhalten diese Größen den Index k bzw. k und t. Die durch die *LV-Darlehen bewirkte Liquiditätsbelastung* je Zeitpunkt sieht wie folgt aus:

$$\sum_{k=1}^{21}\Big[1-d_k-\big(BP_k-\ddot{U}B_{kt}\big)\Big]XL_k \qquad \text{für } t=z$$

$$-\sum_{k=1}^{21}\Big[i_{Lkp}+\big(BP_k-\ddot{U}B_{kt}\big)\Big]XL_k \qquad \text{für } t=z+1,\dots,z+15$$

$$-\sum_{k=7}^{21}\Big[i_{Lkp}+\big(BP_k-\ddot{U}B_{kt}\big)\Big]XL_k \qquad \text{für } t=z+16,\dots,z+20$$

$$-\sum_{k=13}^{21}\Big[i_{Lkp}+\big(BP_k-\ddot{U}B_{kt}\big)\Big]XL_k \qquad \text{für } t=z+21,\dots,z+30$$

(4.62)

4.4.2.1.2. Der Bausparvertrag

Der Bausparvertrag zeichnet sich dadurch aus, daß der Darlehensphase eine Ansparphase vorgeschaltet ist. In der **Ansparphase** verringern die jährlichen Sparbeträge (XB) die Liquidität. Demnach gilt

$$-\sum_{k=1}^{9} XB_{kt} \qquad \text{für } t=0,\dots,z \qquad (4.63)$$

Während der **Darlehensphase** sind die Annuitätenzahlungen und die Versicherungsprämien für die Risikolebensversicherung mit fallender Versicherungssumme liquiditätswirksam. Da es sich beim Bauspardarlehen um eine Prozentannuität handelt, bei der die Tilgungsraten um die ersparten Zinsen zunehmen, nimmt die Restschuld überproportional ab. Folglich ist die Risikolebensversicherung (RLV) mit gleichmäßig fallender Versicherungssumme für das Bauspardarlehen nicht so gut geeignet. Deswegen besteht die Restschuldversicherung in einer Aneinanderreihung einjähriger Restschuldversicherungen.[132] Die Versicherungssumme entspricht dem Darlehensstand zu Beginn eines Jahres und bleibt für die einjährige Laufzeit konstant. Eine geringe Überversicherung innerhalb eines Jahres wird dabei billigend in Kauf genommen. Die Versicherungsprämie für diesen Vertrag ist vorschüssig zu zahlen und schwankt von Jahr zu Jahr, da sie vom Alter des Bausparers und von der Versicherungssumme abhängig ist. Dabei ist ein konträrer Effekt zu verzeichnen. Wegen des von Jahr zu Jahr zunehmenden Sterberisikos steigt die Risikoprämie pro 1 DM Versicherungssumme. Da

---

[132] Vgl. Hagelschuer (1987), S. 55.

jedoch die Versicherungssumme und damit die Bemessungsgrundlage für die Prämie sinkt, ergibt sich in der Regel eine abnehmende Prämie im Zeitablauf. Wird die Risikolebensversicherung bei der Bausparkasse abgeschlossen, dann erhält der Bausparer üblicherweise ein einmaliges zusätzliches Darlehen in Höhe der insgesamt zu zahlenden Prämie, welches er über einen sogenannten Versicherungszuschlag im Laufe der Darlehenszeit mit den fälligen Annuitätenzahlungen zusammen abbezahlt. Man nennt sie deshalb auch Risikotilgungsversicherung.[133]

Will der Bausparer kein zusätzliches Darlehen aufnehmen, so bleibt ihm die Möglichkeit, seine Risikolebensversicherung bei einem anderen Institut, vielleicht bei einem günstigen Direktversicherer[134], abzuschließen. Davon wird im weiteren ausgegangen. Die Höhe der Prämie (RLVP) richtet sich wie schon bei der gemischten Lebensversicherung nach der Versicherungssumme (VSR), nach dem Alter des Bausparers (x) während der Darlehensphase, nach den Kostenanteilen (α- und γ-Kosten) des Versicherers und nach dem Überschußvolumen (ÜBR). Es gilt:

$$RLVP_{x+t-z} = BPR_t - \ddot{U}BR_t \qquad (4.64)$$

$$\text{mit} \qquad BPR_t = NPR_t + alpha + gamma \qquad (4.65)$$

$$NPR_t = \frac{d_{x+t-z}}{l_{x+t-z}} q^{-1} \qquad (4.66)$$

$$\ddot{U}BR_t = G\ddot{U}_t = G\ddot{U}P \cdot VSR_t \qquad (4.67)$$

Die Nettoprämie (NPR) für 1 DM Versicherungssumme berechnet sich aus der diskontierten einjährigen Sterbewahrscheinlichkeit eines x+t-z-jährigen.[135] Der jährliche Überschuß hängt in erster Linie von der Entwicklung der Sterblichkeit und in zweiter Linie von der Verwaltungskosteneinsparung des Versicherers ab. Diese werden über einen Grundüberschußanteil (GÜ) abgegolten, der wiederum von der Versicherungssumme abhängig ist und sich über einen Prozentsatz (GÜP) berechnet. Da die Versicherungssumme der Restschuld des Bauspardarlehens (XBRS) im Zeitpunkt t entspricht und diese sich aus der Differenz zwischen ursprünglicher Darlehensschuld (XBD) und der bis zum Zeitpunkt t aufsummierten, vertraglich vereinbarten Mindesttilgungsbeträgen und Sondertilgungen (XBST) ergibt, läßt sich die *Liquiditätsbelastung durch die Risikoversicherung* allgemein wie folgt beschreiben:

$$-RLVP_{x+t-z} \cdot XBRS_{kt} \qquad (4.68)$$

---

[133] Vgl. Laux (1992), S. 98 i.V.m. S. 101f.
[134] Vgl. die Untersuchung von Stiftung Warentest, in: o.V. (1994a), S. 25 ff.
[135] Siehe auch Anhang 5.

$$\text{mit}\qquad XBRS_{kt} = \left(1 - \frac{p'_{Bk}}{i'_{Bk}}\left(q'^{(t-z)m}_{Bk} - 1\right)\right)XBD_k - \sum_{\tau=z+1}^{t}XBST_{kt} \qquad (4.69)$$

Nimmt man die jährlichen Annuitätenzahlungen für das Bauspardarlehen und die Auszahlung der Bausparsummen in t = z hinzu, dann gehen innerhalb der Darlehensphase folgende vom *Bausparvertrag verursachte Liquiditätswirkungen* aus:

$$-\sum_k XB_{kt} + \sum_{k=1}^{4} 0,95XBS_k + \sum_{k=5}^{9} XBS_k - \sum_k RLVP_{x+t-z}\cdot XBD_k \qquad\qquad \text{für } t = z$$

$$-\sum_{k=1}^{9}\left[XBA_{kt} + RLVP_{x+t-z}\cdot\left[\left(1 - \frac{p'_{Bk}}{i'_{Bk}}\left(q'^{(t-z)m}_{Bk} - 1\right)\right)XBD_k - \sum_{t=z+1}^{t}XBST_{kt}\right]\right] \qquad \text{für } t = z+1,..., z+T_{Bk}-1$$

$$-\sum_k\left[XBA_{kt}\right] \qquad\qquad\qquad\qquad\qquad\qquad\qquad\qquad\qquad \text{für } t = T_{Bk} \qquad (4.70)$$

4.4.2.1.3. Das Hypothekendarlehen

Für das Hypothekendarlehen werden wie schon beim Bauspardarlehen die jährlichen Annuitäten, die Sondertilgungen und die Prämien für die Restschuldversicherung liquiditätswirksam. Der Annuitätenprozentsatz (a_{Hk}) setzt sich aus dem Anfangstilgungssatz (p') und dem Darlehenszinssatz (i') für die Festzinszeit zusammen und ist somit während der gesamten Zinsbindungsdauer konstant. Eine Sondertilgung (XHST) ist lediglich in den Prolongationszeitpunkten (ρ = z+5, z+10,..., z+30) möglich. Die Prämienhöhe für die Restschuldversicherung berechnet sich ebenso wie beim Bauspardarlehen. Daher gilt:

$$RLVP_{x+t-z}\cdot XHRS_k \qquad\qquad\qquad\qquad\qquad (4.71)$$

$$\text{mit}\qquad RLVP_{x+t-z} = BPR_t - ÜBR_t \qquad\qquad\qquad (4.64)$$

$$BPR_t = NPR_t + alpha + gamma \qquad\qquad\qquad (4.65)$$

$$NPR_t = \frac{d_{x+t-z}}{l_{x+t-z}}q^{-1} \qquad\qquad\qquad\qquad (4.66)$$

$$ÜBR_t = GÜ_t = GÜP\cdot VSR_t \qquad\qquad\qquad (4.67)$$

$$XHRS_k = \left[1 - \frac{p'_{Hk}}{i'_{Hkp}} \left(q'_{Hkp}{}^{(t-z)m} - 1 \right) \right] XH_k \qquad (4.31)$$

Für die einzelnen Zeitpunkte während der Darlehensphase ist dann mit den folgenden auf die *Hypothekendarlehen zurückzuführenden Liquiditätsbelastungen* zu rechnen:

Für t = z:

$$\left(1 - RLVP_{x+t-z} \right) \cdot XHY$$

Für t = z+1,..., z+4:

$$- \left[\sum_{k=1}^{18} \left[a_{Hk} + RLVP_{x+t-z} \left(1 - \frac{p'_{Hk}}{i'_{Hkp}} \left(q'_{Hkp}{}^{(t-z)m} - 1 \right) \right) \right] XH_k \right]$$

Für t = z+5:

$$- \left[\sum_{k=1}^{6} a_{Hk} XH_k + \sum_{k=7}^{18} \left[a_{Hk} + RLVP_{x+t-z} \left(1 - \frac{p'_{Hk}}{i'_{Hkp}} \left(q'_{Hkp}{}^{(t-z)m} - 1 \right) \right) \right] XH_k \right]$$

$$- \left[\sum_{k=19}^{24} \left[RLVP_{x+t-z} \left(1 - \frac{p'_{Hk}}{i'_{Hkp}} \left(q'_{Hkp}{}^{(t-z)m} - 1 \right) \right) \right] XH_k \right]$$

Für t = z+6,..., z+9:

$$- \left[\sum_{k=7}^{24} \left[a_{Hk} + RLVP_{x+t-z} \left(1 - \frac{p'_{Hk}}{i'_{Hkp}} \left(q'_{Hkp}{}^{(t-z)m} - 1 \right) \right) \right] XH_k \right]$$

Für t = z+10:

$$- \left[\sum_{k=7}^{12} a_{Hk} XH_k + \sum_{k=19}^{20} a_{Hk} XH_k \sum_{k=13}^{18} \left[a_{Hk} + RLVP_{x+t-z} \left(1 - \frac{p'_{Hk}}{i'_{Hkp}} \left(q'_{Hkp}{}^{(t-z)m} - 1 \right) \right) \right] XH_k + XHST_t \right]$$

$$- \left[\sum_{k=21}^{24} \left[a_{Hk} + RLVP_{x+t-z} \left(1 - \frac{p'_{Hk}}{i'_{Hkp}} \left(q'_{Hkp}{}^{(t-z)m} - 1 \right) \right) \right] XH_k + \sum_{k=25}^{24} \left[RLVP_{x+t-z} \left(1 - \frac{p'_{Hk}}{i'_{Hkp}} \left(q'_{Hkp}{}^{(t-z)m} - 1 \right) \right) \right] XH_k \right]$$

Für t = z+11,..., z+14:

$$-\left[\sum_{k=13}^{18}\left[a_{Hk} + RLVP_{x+t-z}\left(1 - \frac{p'_{Hk}}{i'_{Hkp}}\left(q'_{Hkp}{}^{(t-z)m} - 1\right)\right)\right]XH_k + \sum_{k=21}^{30}\left[a_{Hk} + RLVP_{x+t-z}\left(1 - \frac{p'_{Hk}}{i'_{Hkp}}\left(q'_{Hkp}{}^{(t-z)m} - 1\right)\right)\right]XH_k\right]$$

Für t = z+15:

$$-\left[\sum_{k=13}^{18}a_{Hk}XH_k + \sum_{k=21}^{22}a_{Hk}XH_k + \sum_{k=25}^{26}a_{Hk}XH_k + \sum_{k=23}^{24}\left[a_{Hk} + RLVP_{x+t-z}\left(1 - \frac{p'_{Hk}}{i'_{Hkp}}\left(q'_{Hkp}{}^{(t-z)m} - 1\right)\right)\right]XH_k\right]$$

$$-\left[\sum_{k=27}^{30}\left[a_{Hk} + RLVP_{x+t-z}\left(1 - \frac{p'_{Hk}}{i'_{Hkp}}\left(q'_{Hkp}{}^{(t-z)m} - 1\right)\right)\right]XH_k + \sum_{k=31}^{36}\left[RLVP_{x+t-z}\left(1 - \frac{p'_{Hk}}{i'_{Hkp}}\left(q'_{Hkp}{}^{(t-z)m} - 1\right)\right)\right]XH_k\right]$$

$$-\left[XHST_t\right]$$

Für t = z+16,..., z+19:

$$-\left[\sum_{k=23}^{24}\left[a_{Hk} + RLVP_{x+t-z}\left(1 - \frac{p'_{Hk}}{i'_{Hkp}}\left(q'_{Hkp}{}^{(t-z)m} - 1\right)\right)\right]XH_k + \sum_{k=27}^{36}\left[a_{Hk} + RLVP_{x+t-z}\left(1 - \frac{p'_{Hk}}{i'_{Hkp}}\left(q'_{Hkp}{}^{(t-z)m} - 1\right)\right)\right]XH_k\right]$$

Für t = z+20:

$$-\left[\sum_{k=23}^{24}a_{Hk}XH_k + \sum_{k=27}^{28}a_{Hk}XH_k + \sum_{k=31}^{32}a_{Hk}XH_k + \sum_{k=29}^{30}\left[a_{Hk} + RLVP_{x+t-z}\left(1 - \frac{p'_{Hk}}{i'_{Hkp}}\left(q'_{Hkp}{}^{(t-z)m} - 1\right)\right)\right]XH_k\right]$$

$$-\left[\sum_{k=33}^{36}\left[a_{Hk} + RLVP_{x+t-z}\left(1 - \frac{p'_{Hk}}{i'_{Hkp}}\left(q'_{Hkp}{}^{(t-z)m} - 1\right)\right)\right]XH_k + \sum_{k=37}^{40}\left[RLVP_{x+t-z}\left(1 - \frac{p'_{Hk}}{i'_{Hkp}}\left(q'_{Hkp}{}^{(t-z)m} - 1\right)\right)\right]XH_k\right]$$

$$-\left[XHST_t\right]$$

Für t = z+21,..., z+24:

$$-\left[\sum_{k=29}^{30}\left[a_{Hk} + RLVP_{x+t-z}\left(1 - \frac{p'_{Hk}}{i'_{Hkp}}\left(q'_{Hkp}{}^{(t-z)m} - 1\right)\right)\right]XH_k + \sum_{k=33}^{40}\left[a_{Hk} + RLVP_{x+t-z}\left(1 - \frac{p'_{Hk}}{i'_{Hkp}}\left(q'_{Hkp}{}^{(t-z)m} - 1\right)\right)\right]XH_k\right]$$

Für t = z+25:

$$-\left[\sum_{k=29}^{30} a_{Hk}XH_k + \sum_{k=33}^{34} a_{Hk}XH_k + \sum_{k=37}^{38} a_{Hk}XH_k + \sum_{k=35}^{36}\left[a_{Hk} + RLVP_{x+t-z}\left(1-\frac{p'_{Hk}}{i'_{Hkp}}\left(q'_{Hkp}{}^{(t-z)m}-1\right)\right)\right]XH_k\right]$$

$$-\left[\sum_{k=39}^{40}\left[a_{Hk} + RLVP_{x+t-z}\left(1-\frac{p'_{Hk}}{i'_{Hkp}}\left(q'_{Hkp}{}^{(t-z)m}-1\right)\right)\right]XH_k + \sum_{k=41}^{42}\left[RLVP_{x+t-z}\left(1-\frac{p'_{Hk}}{i'_{Hkp}}\left(q'_{Hkp}{}^{(t-z)m}-1\right)\right)\right]XH_k\right]$$

$$-\left[XHST_t\right]$$

Für t = z+26,..., z+29:

$$-\left[\sum_{k=35}^{36}\left[a_{Hk} + RLVP_{x+t-z}\left(1-\frac{p'_{Hk}}{i'_{Hkp}}\left(q'_{Hkp}{}^{(t-z)m}-1\right)\right)\right]XH_k + \sum_{k=39}^{42}\left[a_{Hk} + RLVP_{x+t-z}\left(1-\frac{p'_{Hk}}{i'_{Hkp}}\left(q'_{Hkp}{}^{(t-z)m}-1\right)\right)\right]XH_k\right]$$

Für t = z+30:

$$-\left[\sum_{k=35}^{36} a_{Hk}XH_k + \sum_{k=39}^{42} a_{Hk}XH_k + XHST_t\right]$$

(4.72)

4.4.2.1.4. Die Geldanlage

Als mögliche Geldanlage innerhalb der Ansparphase kommt der Bundesschatzbrief in Frage, wie wir weiter oben festgestellt haben. Da die Zinserträge, die über den jährlichen Sparerfreibetrag von 6.100 DM bzw. 12.200 DM bei zusammenveranlagten Ehepartnern hinausgehen, versteuert werden müssen, ist eine gleichmäßige Verteilung der Zinsen über den Anlagezeitraum ratsamer als eine Thesaurierung mit anschließender Schlußausschüttung. Folglich wird, trotz des Wiederanlagerisikos, lediglich der Bundesschatzbrief des Typs A betrachtet.

Die Einlagen des Investors verteilen sich in der Ansparphase dann auf einen eventuellen Bausparvertrag, auf Bundesschatzbriefe und Ergänzungsinvestitionen. Will man den Sparerfreibetrag nicht überschreiten, um die Zahlung von Kapitalertragsteuern zu vermeiden, dann muß eine weitere Geldanlagemöglichkeit existieren, die steuerfrei ist.[136] Denkbar wären Spekulationsgeschäfte wie z. B. der Aktienkauf, sofern die Spekulationsfrist von einem halben Jahr eingehalten wird. Auch Bandbreitenzertifikate[137] bleiben steuerfrei. Das Problem dieser Geldanlagen besteht in dem hohen Risiko und der Unkalkulierbarkeit für den Investor. Daher sind sie für die Baufinanzierung unzweckmäßig und stellen keine Alternative dar. Da die überschüssigen Gelder jedoch irgendwo bleiben müssen, wird zusätzlich eine Kassenhaltung betrachtet.

Wir wollen die Anlage in den Bundesschatzbrief vom Typ A mit XGA und den dazugehörigen Zinssatz mit $h_{G\tau,t-1}$ bezeichnen, wobei τ den Kaufzeitpunkt des Bundesschatzbriefes und t-1 den Zeitpunktbeginn der Verzinsungsperiode determiniert. Symbolisiert weiterhin XKA die Kassenhaltung, dann hat die durch die *Geldanlage verursachte Liquiditätswirkung* folgendes Aussehen:

$$-XGA_t - XKA_t \qquad\qquad \text{für } t = 0$$

$$\sum_{\tau=0}^{t-1}\left(h_{G\tau,t-1}\cdot XGA_\tau\right) - XGA_t - XKA_t + XKA_{t-1} \qquad \text{für } t = 1,...,z-1$$

$$\sum_{\tau=0}^{t-1}\left[(1+h_{G\tau,t-1})\cdot XGA_\tau\right] + XKA_{t-1} \qquad \text{für } t = z \qquad (4.73)$$

Von einer vorzeitigen Veräußerung der Bundesschatzbriefe vor dem Erwerbszeitpunkt wird hier abgesehen. Sie werden alle im Erwerbszeitpunkt z fällig.

4.4.2.1.5. Die Ergänzungsmaßnahmen

Die jährlichen Zahlungen der Ergänzungsmaßnahmen gehen mit ihrem vollen Umfang in die Liquiditätsbedingungen ein. Bezeichnen wir die Ergänzungsinvestitionen mit XEI, den dazugehörigen Habenzinssatz mit $h_{E,t-1}$, die Ergänzungsfinanzierungen mit XEF und den dazugehörigen Sollzinssatz mit $s_{E,t-1}$, dann gilt für die durch die *Ergänzungsmaßnahmen verursachte Liquiditätswirkung*:

---

[136] Eine Berücksichtigung von Geldanlagegeschäften mit Kapitalertragsteuerfolgen erhöht die Komplexität des Modells, da dann das zu versteuernde Einkommen zu einer modellendogenen Größe generiert. Aus Vereinfachungsgründen soll im weiteren darauf verzichtet werden.
[137] Bandbreitenzertifikate sind Wertpapiere, deren Rückzahlung und Ertrag nicht fest zugesichert werden. Die Möglichkeit eines totalen Verlustes des eingesetzten Kapitals ist dabei nicht ausgeschlossen. Vgl. o.V. (1994c), S. 72 und 74.

$$
\begin{array}{ll}
-\text{XEI}_t + \text{XEF}_t & \text{für } t = 0 \\[2em]
-\text{XEI}_t + \left(1 + h_{E,t-1}\right)\text{XEI}_{t-1} + \text{XEF}_t - \left(1 + s_{E,t-1}\right)\text{XEF}_{t-1} & \text{für } t = 1,.., \text{T-1} \\[2em]
+\left(1 + h_{E,t-1}\right)\text{XEI}_{t-1} - \left(1 + s_{E,t-1}\right)\text{XEF}_{t-1} & \text{für } t = T \qquad (4.74)
\end{array}
$$

4.4.2.1.6. Die Steuerersparnis

Die Liquidität je Zeitpunkt erhöht sich einerseits durch die Steuerersparnis aus den Abschreibungsbeträgen (XSE), andererseits über das Baukindergeld (BKG), das die Steuerschuld um 1.000 DM je Kind (KI) mindert. Berücksichtigt man darüber hinaus noch die Kirchensteuer, die an die zu zahlende Einkommensteuer gekoppelt ist, dann erhöht sich die Steuerersparnis aus den jährlichen Abzugsbeträgen um die anteilig zurückzuerstattende Kirchensteuer.[138] Die Rückerstattung der zuviel gezahlten Steuern erfolgt über die am Ende des Jahres einzureichende Einkommensteuererklärung. Mit einer Steuergutschrift kann dann mit einigen Monaten Verzögerung gerechnet werden. Die zinsgünstigere Variante ist jedoch die Eintragung eines Steuerfreibetrages in die Lohnsteuerkarte in Höhe der zu erwartenden Sonderausgaben. Die Steuerersparnis wird somit monatlich liquiditätswirksam und steht für anfallende Zins- und Tilgungszahlungen zur Verfügung. Davon soll hier im weiteren ausgegangen werden. Es handelt sich dann um eine unterjährliche Rente mit jährlicher Zinszahlung, die sich in eine jährliche nachschüssige Rentenzahlung mit Hilfe der Formel

$$
\text{XSE} = \text{XSE}_\tau \left(m_r + \frac{i}{2}(m_r - 1) \right) \qquad (4.75)
$$

mit   XSE   : = jährliche Steuerersparnis
         XSE_τ : = unterjährliche Steuerersparnis
         m_r : = Rentenperiode
         i   : = jährlicher Zinssatz

umformen läßt.[139] Setzt man m_r=12 und berücksichtigt weiter, daß die unterjährliche Steuerersparnis ein Zwölftel der jährlichen Steuerersparnis ist, so berechnet sich die effektive jährliche Steuerersparnis (XSE*) aus:

---

[138] Vgl. Bertele (1993), S. 50.
[139] In Anlehnung an Kruschwitz (1995a), S. 75.

$$XSE^* = \left(1 + \frac{11}{24}i\right)XSE \qquad (4.76)$$

Als geeigneter jährlicher Zinssatz i kann der Habenzinssatz $h_{E,t-1}$ der Ergänzungsinvestition verwendet werden, so daß dann die *Einkommensteuerersparnis in der Liquiditätsrestriktion* insgesamt in Form von

$$\left(1 + \frac{11}{24}h_{E,t-1}\right)(1 + KSP) \cdot XSE_t + BKG \cdot KI_t \qquad \text{für } t = z+1,...,z+8 \qquad (4.77)$$

wirkt. KSP steht dabei für den effektiven Kirchensteuerprozentsatz.

4.4.2.1.7. Die Einlagen

Bei den Einlagen handelt es sich um den Teil des Nettoeinkommens des Investors, der während des Baufinanzierungsprozesses zur Verfügung gestellt wird. Er resultiert aus der Differenz zwischen den Einnahmen und den Ausgaben eines Haushalts. Zu den Einnahmequellen zählt das Arbeitseinkommen, die Einnahmen aus Sach- und Geldvermögen wie z.b. Miet- und Zinseinkünfte sowie sonstige Transferleistungen wie z. B. Kindergeld.[140] Zum Ausgabenblock gehören die lebensnotwendigen Ausgaben wie der Private Verbrauch[141], Versicherungsbeiträge sowie evtl. Kfz-Steuern und Anschaffungskosten für notwendige langlebige Konsumgüter, die über die Abschreibungsbeträge periodisiert werden können. Der Saldo stimmt also mit dem Sparpotential des Investors überein. Der Immobilienkäufer muß nun jedes Jahr entscheiden, wieviel davon der Baufinanzierung und wieviel für weitere Konsumwünsche zur Verfügung gestellt werden sollen. Derjenige Teil, der auf die Baufinanzierung fällt, also die Einlage, entspricht den liquiden Mitteln und geht als konstanter Wert und damit als Restriktionsgrenze in die Liquiditätsbedingungen ein. Die Einlagen können aus mehreren Gründen im Zeitablauf stark schwanken. Ein Liquiditätsrisiko entsteht, wenn die künftigen Einnahmen zurückgehen oder die Ausgaben steigen. Ein Rückgang der Einnahmequellen kann beispielsweise in einem Verdienstausfall eines Ehepartners durch die Geburt eines Kindes oder in der konjunkturellen Arbeitslosigkeit begründet liegen. Ein Ansteigen der Ausgaben dagegen ist vielleicht auf die geänderten Bedürfnisse und Ansprüche der Haushaltsmitglieder oder auf inflationäre Einflüsse zurückzuführen. Anhand dieser

---

[140] Vgl. Bertele (1993), S. 24.
[141] Unter Privater Verbrauch subsumieren sich die Ausgaben für die Warmmiete bzw. Bewirtschaftungskosten, die Ernährung, Textilien, Haushaltsführung, Hygienemittel, Verkehr, Informationen und Bildung sowie persönliche Bedürfnisse wie Urlaub. Vgl. Schweitzer (1983), S. 234.

Beispiele wird auf jeden Fall deutlich, daß sowohl haushaltsexogene als auch haushalts-
endogene Einflüsse die Schwankungsbreite der künftigen Einlagen beeinflussen und dadurch
als ziemlich unsicher angesehen werden müssen.

Da die Einlagen monatlich zur Verfügung stehen, hier jedoch nur mit Jahresgrößen gerechnet
wird, sind die monatlichen Einlagen wie schon bei der Steuerersparnis mit Hilfe der Formel
(4.76) zu transformieren. Auch hier kann der Habenzinssatz $h_{E,t-1}$ der Ergänzungsmaßnahme
als geeigneter Zinssatz verwendet werden. Im Zeitpunkt t = 0 setzt sich die Einlage aus dem
liquiden Anfangsvermögen V_0 zusammnen. In den übrigen Zeitpunkten wird die jährliche
Einlage E in eine die Unterjährlichkeit berücksichtigende Einlage umgerechnet, so daß für die
Liquiditätsrestriktionsgrenze gilt:

$$
\begin{array}{ll}
V_0 & \text{für } t = 0 \\[2ex]
\left(1 + \dfrac{11}{24} h_{E,t-1}\right) E_t & \text{für } t = 1,..., T
\end{array}
\qquad (4.78)
$$

Die Einlagenhöhe je Zeitpunkt hängt von verschiedenen Faktoren ab. Ausgangspunkt stellt das
Bruttoeinkommen (BE) dar, von dem neben den regulären Abbuchungsposten wie Einkommen-
(ESt) und Kirchensteuer (KSt) sowie Sozialabgaben (SA) die lebensnotwendigen Konsumausgaben (KSA) abgezogen werden.[142] Somit stellt die Einlage eine Residualgröße dar und
berechnet sich aus:

$$
E_t = BE_t - ESt_t - KSt_t - SA_t - KSA_t \qquad (4.79)
$$

Zu den Sozialabgaben zählen die Renten-, Arbeitslosen-, Kranken- und Pflegeversicherungs-
beiträge. Die selbst zu tragenden Sozialabgaben berechnen sich über die Hälfte der gesetzlich
vorgeschriebenen Beitragssätze, sofern nicht die Beitragsbemessungsgrundlagen überschritten
werden. Andernfalls stagniert der Beitrag zur Versicherung auf dem höchsten Niveau oder
eine private Vorsorge ersetzt den gesetzlich vorgeschriebenen Anteil.

4.4.2.2.   Die Beleihungsgrenzenrestriktion

Jeder Kreditgeber ist daran interessiert, seine Darlehensforderungen während der gesamten
Darlehenszeit abzusichern. Innerhalb der Baufinanzierung ist die grundpfandrechtliche Absi-

---

[142] Der Solidaritätsbeitrag soll hier vernachlässigt werden, da er lediglich eine temporäre Steuererscheinungs-
form darstellt.

cherung die Regel. Mit der Eintragung des Gläubigers in das Grundbuch besitzt der Kreditgeber ein dingliches Verwertungsrecht, welches er bei Illiquidität des Schuldners über den Weg einer Zwangsversteigerung ausüben kann. Folglich stellt der jederzeit erzielbare Wert einer Immobilie die Obergrenze für den Beleihungswert dar. Der Beleihungswert entspricht also in der Regel nicht den Anschaffungskosten der Immobilie, sondern er soll die angemessenen Kosten widerspiegeln. Konjunkturell überhöhte Preise oder eventuell gezahlte Liebhaberpreise werden als sogenannte unrentierliche Kosten in Abzug gestellt.[143] Die Ermittlung des Beleihungswertes erfolgt entweder über den Ertragswert oder über den Sachwert einer Immobilie. Im Fall einer selbstgenutzten Wohnung wird der Sachwert von den meisten Kreditgebern bevorzugt.[144] Dieser setzt sich aus einem angemessenen Bauwert und einem Bodenwert zusammen und berechnet sich im Fall eines Neubaus über das Abschlagsverfahren und im Fall eines Altbaus über das Indexverfahren.[145] Hat man den Beleihungswert ermittelt, so stellt dieser die Grundlage des Kreditspielraums dar. Da die finanziellen Ansprüche der Darlehensgeber im Fall einer Zwangsversteigerung in der Reihenfolge ihrer Eintragung im Grundbuch berücksichtigt werden, richten sich die Beleihungsgrenzen nach dem Rang. Erstrangige Darlehen werden bis zu einer Höhe von maximal 60% des Beleihungswertes erteilt. Das gilt insbesondere für ein Hypothekendarlehen.[146] Bei LV-Darlehen sind die Grenzen mit 50 % ein wenig restriktiver. Bausparkassen genehmigen sogar ein Darlehen zusammen mit vorrangigen Krediten bis zu 80% des Beleihungswertes, weswegen sie auch gerne als nachrangiges Darlehen in Anspruch genommen werden.[147] Wählt man als Basis für die Grenzen nicht den Beleihungswert, sondern die tatsächlichen Gesamtkosten der Immobilie (IK), so liegt man mit einem 10-20%-igen Abschlag im Zielkorridor der Realkreditinstitute.[148] Als Beleihungsgrenzen gelten dann für die drei Darlehensformen als erstrangige Kredite folgende Richtwerte für die Beleihungsprozentsätze (BGP):

$$
\begin{array}{lll}
\text{LV-Darlehen :} & \text{40-45\% der Gesamtkosten} & (BGP_1) \\
\text{Hypotheken:} & \text{48-54\% der Gesamtkosten} & (BGP_2) \\
\text{Bauspardarlehen:} & \text{68-72\% der Gesamtkosten} & (BGP_3)
\end{array}
$$

Wird das Bauspardarlehen als nachrangiger Kredit genutzt, so verbleibt ein Spielraum von 14-24%. Aufgrund der unterschiedlichen Beleihungsgrenzen sind drei *Beleihungsrestriktionen* aufzustellen:

---

[143] Vgl. Laux (1992), S. 80.
[144] Vgl. Schiebel (1993), S. 221 und Laux (1992), S. 80.
[145] Detaillierte Ausführungen zum Abschlags- und Indexverfahren finden sich bei Schiebel (1993), S. 221-225.
[146] Vgl. § 11 HGB.
[147] Vgl. Schiebel (1993), S. 225.
[148] Huberty geht sogar nur von einem Abschlag zwischen 5% und 15% aus. Laux und Godefroid nehmen dagegen einen Abschlag von 20 % vor. Schiebel räumt ein, daß der Anteil der dinglich gesicherten Kredite bis zu 90% ausmachen kann. Vgl. Godefroid (1976), S. 53; Huberty (1982), S. 32; Laux (1992), S. 80 und Schiebel (1992), S. 226.

$$\sum_k XL_k \le BGP_1 \cdot IK$$

$$\sum_k XL_k + \sum_{k=1}^{18} XH_k \le BGP_2 \cdot IK$$

$$\sum_k XL_k + \sum_{k=1}^{18} XH_k + \sum_k XBD_k \le BGP_3 \cdot IK \qquad (4.80)$$

4.4.2.3.   Die Zinsabschlagsteuerrestriktion

Da auf die Zinserträge grundsätzlich Kapitalertragsteuern zu entrichten sind, ist innerhalb der Ansparphase darauf zu achten, daß der Sparerfreibetrag (SFB) pro Jahr in Höhe von 6.100 DM bzw. 12.200 DM[149] nicht überschritten wird. Bis zu dieser Summe kann der Steuerpflichtige sich von dem Zinsabschlag, welcher von dem jeweiligen Kreditinstitut vorgenommen wird, befreien.[150] Deshalb ist die Summe der Zinserträge für das Bausparguthaben[151], für die laufenden Bundesschatzbriefe und für die Ergänzungsinvestitionen auf den entsprechenden Freibetrag zu beschränken. Daraus folgt die *Zinsabschlagsteuerrestriktion*:

$$\sum_{k=1}^{9} \sum_{\tau=0}^{t-1} h_{Bk} \cdot \frac{1}{(1+h_{Bk})^{z-\tau}} XB_{k\tau} + \sum_{\tau=0}^{t-1} h_{Gt,t-1} \cdot XGA_\tau + h_{E,t-1} \cdot XEI_{t-1} \le SFB \qquad \text{für } t = 1,..,z \quad (4.81)$$

Für die Darlehensphase ist keine Restriktion dieser Art vonnöten, da davon auszugehen ist, daß sämtliche Einlagen für die Zins- und Tilgungszahlungen der aufgenommenen Fremdmittel verwendet werden.

---

[149] Der Sparerfreibetrag versteht sich derzeit incl. 100 DM bzw. 200 DM Werbungskosten-Pauschalbetrag. Vgl. § 20 AbS. 4 und § 9 a Nr 2 EStG.
[150] Zu den Einzelheiten der Zinsabschlagsbefreiung vgl. Harenberg/Irmer (1993), S. 83-91.
[151] Ein Zinsertrag oder Bonus auf ein Bausparguthaben in Höhe bis zu 1 % bleibt zinsabschlagsfrei. Vgl. Lindberg (1992), S. 75 und Bullinger/Radtke (1994), S. 43.

4.5. Zusammenfassung

Fassen wir die in den Kapiteln zuvor aufgestellten Gleichungen bzw. Ungleichungen zusammen, so ergibt sich das folgende Grundmodell, das den deterministischen Fall beschreibt:

Zielfunktion:

$$Z = -\left[\sum_{k=35}^{36} a_{Hk} XH_k + \sum_{k=39}^{40} a_{Hk} XH_k + \sum_{k=41}^{42} a_{Hk} XH_k + XHST_T\right] - \sum_{k=13}^{21}\left[\left(BP_k - \ddot{U}B_{kT}\right) + i_{Lkp}\right] \cdot XL_k$$

$$+\left(1 + h_{E,T-1}\right) XEI_{T-1} - \left(1 + s_{E,T-1}\right) XEF_{T-1} + E_T \Rightarrow Max! \tag{4.1}$$

unter den Nebenbedingungen:

I.   Finanztitelunspezifische Restriktionen

(1)   Liquiditätsbedingungen:

$t = 0$:

$$\sum_k XB_{kt} + XGA_t + XKA_t + XEI_t - XEF_t \le V_0$$

$t = 1, 2, ..., z-1$:

$$\sum_k XB_{kt} - \sum_{\tau=0}^{t-1} h_{Gt,t-1} \cdot XGA_{\tau} + XGA_t + XKA_t - XKA_{t-1} + XEI_t - (1 + h_{E,t-1}) XEI_{t-1}$$

$$-XEF_t + (1 + s_{E,t-1}) XEF_{t-1} \le \left(1 + \frac{11}{24} h_{E,t-1}\right) E_t$$

$t = z$:

$$\sum_k XB_{kt} - \sum_{k=1}^{4} 0,95 XBS_k - \sum_{k=5}^{9} XBS_k + \sum_k RLVP_{x+t-z} \cdot XBD_k - XKA_{t-1}$$

$$\sum_{\tau=0}^{t-1} \left(1 + h_{Gt,t-1}\right) \cdot XGA_{\tau} - \sum_{k=1}^{21}\left[(1 - d_k) - \left(BP_k - \ddot{U}B_{kt}\right)\right] XL_k + (1 - RLVP_{x+t-z}) \cdot XHY$$

$$+XEI_t - \left(1 + h_{E,t-1}\right) XEI_{t-1} - XEF_t + \left(1 + s_{E,t-1}\right) XEF_{t-1} \le \left(1 + \frac{11}{24} h_{E,t-1}\right) E_t - IK$$

$t = z+1,\ldots, z+4$:

$$\sum_{k=1}^{9}\left[XBA_{kt} + RLVP_{x+t-z}\cdot\left[\left(1-\frac{p'_{Bk}}{i'_{Bk}}\left(q'_{Bk}{}^{(t-z)m}-1\right)\right)XBD_k - \sum_{\tau=z+1}^{t}XBST_{k\tau}\right]\right]$$

$$+\sum_{k=1}^{21}\left[(BP_k-\ddot{U}B_{kt})+i_{Lkp}\right]\cdot XL_k +\sum_{k=1}^{18}\left[a_{Hk}+RLVP_{x+t-z}\left(1-\frac{p'_{Hk}}{i'_{Hkp}}\left(q'_{Hkp}{}^{(t-z)m}-1\right)\right)\right]XH_k$$

$$-\left(1+\frac{11}{24}h_{E,t-1}\right)(1+KSP)\cdot XSE_t +XEI_t -\left(1+h_{E,t-1}\right)XEI_{t-1}-XEF_t+\left(1+s_{E,t-1}\right)XEF_{t-1}$$

$$\leq\left(1+\frac{11}{24}h_{E,t-1}\right)E_t+BKG\cdot KI_t$$

$t = z+5$:

$$\sum_{k=1}^{9}\left[XBA_{kt}+RLVP_{x+t-z}\cdot\left[\left(1-\frac{p'_{Bk}}{i'_{Bk}}\left(q'_{Bk}{}^{(t-z)m}-1\right)\right)XBD_k-\sum_{\tau=z+1}^{t}XBST_{k\tau}\right]\right]+\sum_{k=1}^{6}a_{Hk}XH_k$$

$$+\sum_{k=1}^{21}\left[(BP_k-\ddot{U}B_{kt})+i_{Lkp}\right]\cdot XL_k+\sum_{k=7}^{18}\left[a_{Hk}+RLVP_{x+t-z}\left(1-\frac{p'_{Hk}}{i'_{Hkp}}\left(q'_{Hkp}{}^{(t-z)m}-1\right)\right)\right]XH_k$$

$$+\sum_{k=19}^{24}\left[RLVP_{x+t-z}\left(1-\frac{p'_{Hk}}{i'_{Hkp}}\left(q'_{Hkp}{}^{(t-z)m}-1\right)\right)\right]XH_k+XHST_t-\left(1+\frac{11}{24}h_{E,t-1}\right)(1+KSP)\cdot XSE_t$$

$$+XEI_t-\left(1+h_{E,t-1}\right)XEI_{t-1}-XEF_t+\left(1+s_{E,t-1}\right)XEF_{t-1}\leq\left(1+\frac{11}{24}h_{E,t-1}\right)E_t+BKG\cdot KI_t$$

$t = z+6, z+7, z+8$:

$$\sum_{k=1}^{9}\left[XBA_k+RLVP_{x+t-z}\cdot\left[\left(1-\frac{p'_{Bk}}{i'_{Bk}}\left(q'_{Bk}{}^{(t-z)m}-1\right)\right)XBD_k-\sum_{\tau=z+1}^{t}XBST_{k\tau}\right]\right]$$

$$+\sum_{k=1}^{21}\left[(BP_k-\ddot{U}B_{kt})+i_{Lkp}\right]\cdot XL_k+\sum_{k=7}^{24}\left[a_{Hk}+RLVP_{k,x+t-z}\left(1-\frac{p'_{Hk}}{i'_{Hkp}}\left(q'_{Hkp}{}^{(t-z)m}-1\right)\right)\right]XH_k$$

$$-\left(1+\frac{11}{24}h_{E,t-1}\right)(1+KSP)\cdot XSE_t+XEI_t-\left(1+h_{E,t-1}\right)XEI_{t-1}-XEF_t+\left(1+s_{E,t-1}\right)XEF_{t-1}$$

$$\leq\left(1+\frac{11}{24}h_{E,t-1}\right)E_t+BKG\cdot KI_t$$

$t = z+9$:

$$\sum_{k=1}^{9}\left[XBA_{kt} + RLVP_{x+t-z} \cdot \left[\left(1 - \frac{p'_{Bk}}{i'_{Bk}}\left(q'_{Bk}{}^{(t-z)m} - 1\right)\right)XBD_k - \sum_{\tau=z+1}^{t} XBST_{k\tau}\right]\right]$$

$$+ \sum_{k=1}^{21}\left[\left(BP_k - \ddot{U}B_{kt}\right) + i_{Lkp}\right]\cdot XL_k + \sum_{k=7}^{24}\left[a_{Hk} + RLVP_{x+t-z}\left(1 - \frac{p'_{Hk}}{i'_{Hkp}}\left(q'_{Hkp}{}^{(t-z)m} - 1\right)\right)\right]XH_k$$

$$+ XEI_t - \left(1 + h_{E,t-1}\right)XEI_{t-1} - XEF_t + \left(1 + s_{E,t-1}\right)XEF_{t-1} \le \left(1 + \frac{11}{24}h_{E,t-1}\right)E_t$$

$t = z+10$:

$$\sum_{k=1}^{9}\left[XBA_{kt} + RLVP_{x+t-z} \cdot \left[\left(1 - \frac{p'_{Bk}}{i'_{Bk}}\left(q'_{Bk}{}^{(t-z)m} - 1\right)\right)XBD_k - \sum_{\tau=z+1}^{t} XBST_{k\tau}\right]\right]$$

$$+ \sum_{k=7}^{12}a_{Hk}XH_k + \sum_{k=19}^{20}a_{Hk}XH_k + \sum_{k=13}^{18}\left[a_{Hk} + RLVP_{x+t-z}\left(1 - \frac{p'_{Hk}}{i'_{Hkp}}\left(q'_{Hkp}{}^{(t-z)m} - 1\right)\right)\right]XH_k + XHST_t$$

$$+ \sum_{k=21}^{24}\left[a_{Hk} + RLVP_{x+t-z}\left(1 - \frac{p'_{Hk}}{i'_{Hkp}}\left(q'_{Hkp}{}^{(t-z)m} - 1\right)\right)\right]XH_k + \sum_{k=25}^{24}\left[RLVP_{x+t-z}\left(1 - \frac{p'_{Hk}}{i'_{Hkp}}\left(q'_{Hkp}{}^{(t-z)m} - 1\right)\right)\right]XH_k$$

$$+ \sum_{k=1}^{21}\left[\left(BP_k - \ddot{U}B_{kt}\right) + i_{Lkp}\right]\cdot XL_k + XEI_t - \left(1 + h_{E,t-1}\right)XEI_{t-1} - XEF_t + \left(1 + s_{E,t-1}\right)XEF_{t-1}$$

$$\le \left(1 + \frac{11}{24}h_{E,t-1}\right)E_t$$

$t = z+11,\dots, z+14$:

$$\sum_{k=1}^{9}\left[XBA_{kt} + RLVP_{x+t-z} \cdot \left[\left(1 - \frac{p'_{Bk}}{i'_{Bk}}\left(q'_{Bk}{}^{(t-z)m} - 1\right)\right)XBD_k - \sum_{\tau=z+1}^{t} XBST_{k\tau}\right]\right]$$

$$+ \sum_{k=13}^{18}\left[a_{Hk} + RLVP_{x+t-z}\left(1 - \frac{p'_{Hk}}{i'_{Hkp}}\left(q'_{Hkp}{}^{(t-z)m} - 1\right)\right)\right]XH_k + \sum_{k=21}^{30}\left[a_{Hk} + RLVP_{x+t-z}\left(1 - \frac{p'_{Hk}}{i'_{Hkp}}\left(q'_{Hkp}{}^{(t-z)m} - 1\right)\right)\right]XH_k$$

$$+ \sum_{k=1}^{21}\left[\left(BP_k - \ddot{U}B_{kt}\right) + i_{Lkp}\right]\cdot XL_k + XEI_t - \left(1 + h_{E,t-1}\right)XEI_{t-1} - XEF_t + \left(1 + s_{E,t-1}\right)XEF_{t-1}$$

$$\le \left(1 + \frac{11}{24}h_{E,t-1}\right)E_t$$

$t = z+15$:

$$+\sum_{k=13}^{18} a_{Hk} XH_k + \sum_{k=21}^{22} a_{Hk} XH_k + \sum_{k=25}^{26} a_{Hk} XH_k + \sum_{k=23}^{24}\left[a_{Hk} + RLVP_{x+t-z}\left(1 - \frac{p_k'}{i_k'}\left(q'^{(t-z)m} - 1\right)\right)\right]XH_k$$

$$+\sum_{k=27}^{30}\left[a_{Hk} + RLVP_{x+t-z}\left(1 - \frac{p_{Hk}'}{i_{Hkp}'}\left(q_{Hkp}'^{(t-z)m} - 1\right)\right)\right]XH_k + \sum_{k=31}^{36}\left[RLVP_{x+t-z}\left(1 - \frac{p_{Hk}'}{i_{Hkp}'}\left(q_{Hkp}'^{(t-z)m} - 1\right)\right)\right]XH_k$$

$$+XHST_t + \sum_{k=1}^{21}\left[\left(BP_k - \ddot{U}B_{kt}\right) + i_{Lkp}\right]\cdot XL_k + +XEI_t - \left(1 + h_{E,t-1}\right)XEI_{t-1} - XEF_t + \left(1 + s_{E,t-1}\right)XEF_{t-1}$$

$$\le\left(1 + \frac{11}{24}h_{E,t-1}\right)E_t$$

$t = z+16, \ldots, z+19$:

$$+\sum_{k=23}^{24}\left[a_{Hk} + RLVP_{x+t-z}\left(1 - \frac{p_{Hk}'}{i_{Hkp}'}\left(q_{Hkp}'^{(t-z)m} - 1\right)\right)\right]XH_k + \sum_{k=27}^{36}\left[a_{Hk} + RLVP_{x+t-z}\left(1 - \frac{p_{Hk}'}{i_{Hkp}'}\left(q_{Hkp}'^{(t-z)m} - 1\right)\right)\right]XH_k$$

$$+\sum_{k=7}^{21}\left[\left(BP_k - \ddot{U}B_{kt}\right) + i_{Lkp}\right]\cdot XL_k + XEI_t - \left(1 + h_{E,t-1}\right)XEI_{t-1} - XEF_t + \left(1 + s_{E,t-1}\right)XEF_{t-1} \le \left(1 + \frac{11}{24}h_{E,t-1}\right)E_t$$

$t = z+20$:

$$+\sum_{k=23}^{24} a_{Hk} XH_k + \sum_{k=27}^{28} a_{Hk} XH_k + \sum_{k=31}^{32} a_{Hk} XH_k + \sum_{k=29}^{30}\left[a_{Hk} + RLVP_{x+t-z}\left(1 - \frac{p_{Hk}'}{i_{Hkp}'}\left(q_{Hkp}'^{(t-z)m} - 1\right)\right)\right]XH_k$$

$$+\sum_{k=33}^{36}\left[a_{Hk} + RLVP_{x+t-z}\left(1 - \frac{p_{Hk}'}{i_{Hkp}'}\left(q_{Hkp}'^{(t-z)m} - 1\right)\right)\right]XH_k + \sum_{k=37}^{40}\left[RLVP_{x+t-z}\left(1 - \frac{p_{Hk}'}{i_{Hkp}'}\left(q_{Hkp}'^{(t-z)m} - 1\right)\right)\right]XH_k$$

$$+XHST_t + \sum_{k=7}^{21}\left[\left(BP_k - \ddot{U}B_{kt}\right) + i_{Lkp}\right]\cdot XL_k + XEI_t - \left(1 + h_{E,t-1}\right)XEI_{t-1} - XEF_t + \left(1 + s_{E,t-1}\right)XEF_{t-1}$$

$$\le\left(1 + \frac{11}{24}h_{E,t-1}\right)E_t$$

$t = z+21, \ldots, z+24$:

$$+\sum_{k=29}^{30}\left[a_{Hk} + RLVP_{x+t-z}\left(1 - \frac{p_{Hk}'}{i_{Hkp}'}\left(q_{Hkp}'^{(t-z)m} - 1\right)\right)\right]XH_k + \sum_{k=33}^{40}\left[a_{Hk} + RLVP_{x+t-z}\left(1 - \frac{p_{Hk}'}{i_{Hkp}'}\left(q_{Hkp}'^{(t-z)m} - 1\right)\right)\right]XH_k$$

$$+\sum_{k=13}^{21}\left[\left(BP_k - \ddot{U}B_{kt}\right) + i_{Lkp}\right]\cdot XL_k + XEI_t - \left(1 + h_{E,t-1}\right)XEI_{t-1} - XEF_t + \left(1 + s_{E,t-1}\right)XEF_{t-1} \le \left(1 + \frac{11}{24}h_{E,t-1}\right)E_t$$

$t = z+25:$

$$+\sum_{k=29}^{30} a_{Hk} XH_k + \sum_{k=33}^{34} a_{Hk} XH_k + \sum_{k=37}^{38} a_{Hk} XH_k + \sum_{k=35}^{36}\left[a_{Hk} + RLVP_{x+t-z}\left(1 - \frac{p'_{Hk}}{i'_{Hkp}}\left(q'^{(t-z)m}_{Hkp} - 1\right)\right)\right] XH_k$$

$$+\sum_{k=39}^{40}\left[a_{Hk} + RLVP_{x+t-z}\left(1 - \frac{p'_{Hk}}{i'_{Hkp}}\left(q'^{(t-z)m}_{Hkp} - 1\right)\right)\right] XH_k + \sum_{k=41}^{42}\left[RLVP_{x+t-z}\left(1 - \frac{p'_{Hk}}{i'_{Hkp}}\left(q'^{(t-z)m}_{Hkp} - 1\right)\right)\right] XH_k$$

$$+ XHST_t + \sum_{k=13}^{21}\left[\left(BP_k - ÜB_{kt}\right) + i_{Lkp}\right]\cdot XL_k + XEI_t - \left(1 + h_{E,t-1}\right)XEI_{t-1} - XEF_t + \left(1 + s_{E,t-1}\right)XEF_{t-1}$$

$$\leq \left(1 + \frac{11}{24} h_{E,t-1}\right) E_t$$

$t = z+26,\ldots, z+29:$

$$+\sum_{k=35}^{36}\left[a_{Hk} + RLVP_{x+t-z}\left(1 - \frac{p'_{Hk}}{i'_{Hkp}}\left(q'^{(t-z)m}_{Hkp} - 1\right)\right)\right] XH_k + \sum_{k=39}^{42}\left[a_{Hk} + RLVP_{x+t-z}\left(1 - \frac{p'_{Hk}}{i'_{Hkp}}\left(q'^{(t-z)m}_{Hkp} - 1\right)\right)\right] XH_k$$

$$+\sum_{k=13}^{21}\left[\left(BP_k - ÜB_{kt}\right) + i_{Lkp}\right]\cdot XL_k + XEI_t - \left(1 + h_{E,t-1}\right)XEI_{t-1} - XEF_t + \left(1 + s_{E,t-1}\right)XEF_{t-1} \leq \left(1 + \frac{11}{24} h_{E,t-1}\right) E_t$$

$t = z+30:$

$$+\sum_{k=35}^{36} a_{Hk} XH_k + \sum_{k=39}^{42} a_{Hk} XH_k + XHST_t + \sum_{k=13}^{21}\left[\left(BP_k - ÜB_{kt}\right) + i_{Lkp}\right]\cdot XL_k$$

$$+\left(1 + h_{E,t-1}\right)XEI_{t-1} - \left(1 + s_{E,t-1}\right)XEF_{t-1} \leq \left(1 + \frac{11}{24} h_{E,t-1}\right) E_t$$

(2) Beleihungsgrenzenbedingungen:

1. $\quad \sum_k XL_k \leq BGP_1 \cdot IK$

2. $\quad \sum_k XL_k + \sum_{k=1}^{18} XH_k \leq BGP_2 \cdot IK$ (4.80)

3. $\quad \sum_k XL_k + \sum_{k=1}^{18} XH_k + \sum_k XBD_k \leq BGP_3 \cdot IK$

(3)   Zinsabschlagsbedingungen:

$$\sum_{k=1}^{9}\sum_{\tau=0}^{t-1} h_{Bk} \cdot \frac{1}{(1+h_{Bk})^{z-\tau}} XB_{k\tau} + \sum_{\tau=0}^{t-1} h_{G\tau,t-1} \cdot XGA_{\tau} + h_{E,t-1} \cdot XEI_{t-1} \le SFB \qquad (4.81)$$

II. Finanztitelspezifische Restriktionen

(1)   Bausparvertragsbedingungen:

1.   Mindestbewertungszahl:

$$\sum_{t=0}^{z-1}\sum_{\tau=t}^{z-1} \frac{2}{(1+h_{Bk})^{z-\tau}} XB_{kt} - \frac{MBWZ}{BWZF} \cdot XBS_k \ge 0 \qquad \forall k \qquad (4.8)$$

2.   Mindestbausparguthaben

$$\sum_{t=0}^{z} XB_{kt} - MSGP_k \cdot XBS_k = 0 \qquad \forall k \qquad (4.14)$$

3.   Zahlungsbedingungen

(a) $$\frac{1}{(1+h_{Bk})^{z-t}} XB_{kt} - RSP_k \cdot XBS_k \ge 0 \qquad \forall k \text{ und für } t = 0,...,z$$

$$(4.15)$$

(b) $$(1-MSGP_k)(1+DG)XBS_k - XBD_k = 0 \qquad \forall k \qquad (4.3)$$

(c) $$\sum_{\tau=z+1}^{t} XBA_{k\tau} - (t-z)a_{BS,k} \cdot XBS_k \ge 0 \qquad \forall k \text{ und für } t = z+1,..., z+T_{Bk}$$

$$(4.16)$$

(d) $$XBA_{kt} - XBT_{kt} - XBZ_{kt} = 0 \qquad \forall k \text{ und für } t = z+1,..., z+T_{Bk} \qquad (4.17)$$

(e) $$XBT_{kt} - \frac{p'_{Bk}}{i'_{Bk}}\left(q'_{Bk}{}^{(t-z)m} - q'_{Bk}{}^{(t-z-1)m}\right)XBD_k - XBST_{kt} = 0$$

$$\forall k \text{ und für } t = z+1,..., z+T_{Bk} \qquad (4.18)$$

(f) $\quad XBZ_{kt} - \left[a_{DS.k} - \dfrac{p'_{Bk}}{i'_{Bk}} \left(q'^{(t-z)m}_{Bk} - q'^{(t-z-1)m}_{Bk} \right) \right] XBD_k + i_{Bk} \sum\limits_{\tau=2}^{t} XBST_{k,\tau-1} = 0$

$$\forall k \text{ und für } t = z+1,..., z+T_{Bk} \qquad (4.19)$$

(g) $\quad \sum\limits_{t=z+1}^{z+T_{Bk}} XBT_{kt} - XBD_k = 0 \qquad\qquad \forall k \qquad\qquad (4.20)$

(2) Hypothekenbedingungen:

(a) $\quad \sum\limits_{k=1}^{18} XH_k - XHY = 0 \qquad\qquad\qquad (4.27)$

(b) $\quad \sum\limits_{k=19}^{24} XH_k - \sum\limits_{k=1}^{6} XHRS_{kt} + XHST_t = 0 \qquad\qquad t = z+5$

$\quad \sum\limits_{k=25}^{30} XH_k - \sum\limits_{k=7}^{12} XHRS_{kt} - \sum\limits_{k=19}^{20} XHRS_{kt} + XHST_t = 0 \qquad t = z+10$

$\quad \sum\limits_{k=31}^{36} XH_k - \sum\limits_{k=13}^{18} XHRS_{kt} - \sum\limits_{k=21}^{22} XHRS_{kt} - \sum\limits_{k=25}^{26} XHRS_{kt} + XHST_t = 0 \quad t = z+15$

$\quad \sum\limits_{k=37}^{40} XH_k - \sum\limits_{k=23}^{24} XHRS_{kt} - \sum\limits_{k=27}^{28} XHRS_{kt} - \sum\limits_{k=31}^{32} XHRS_{kt} + XHST_t = 0 \quad t = z+20$

$\quad \sum\limits_{k=41}^{42} XH_k - \sum\limits_{k=29}^{30} XHRS_{kt} - \sum\limits_{k=33}^{34} XHRS_{kt} - \sum\limits_{k=37}^{38} XHRS_{kt} + XHST_t = 0 \quad t = z+25$

$$(4.30)$$

(c) $\quad XHRS_k - \left[1 - \dfrac{p'_{Hk}}{i'_{Hkp}} \left(q'^{(t-z)m}_{Hkp} - 1 \right) \right] XH_k = 0 \qquad\qquad (4.31)$

(3) Steuerbedingungen:

(a) $\quad \sum\limits_{\tau=z}^{t} XAFA_\tau \leq \sum\limits_{\tau=z}^{t} ABZ_{max,\tau} \qquad\qquad \text{für } t = z+1,..., z+8 \qquad (4.38)$

(b) $\quad \sum\limits_{t=1}^{1} IB \cdot XIV_{tt} - XAFA_t - \sum\limits_{k} d_k \cdot XBD_k - \sum\limits_{k} d_k \cdot XH_k - \sum\limits_{k} d_k \cdot XL_k = 0 \quad \text{für } t = z+1$

$$\sum_{\iota=1}^{I} IB \cdot XIV_{\iota t} - XAFA_t = 0 \qquad \text{für } t = z+2,\dots, z+8 \qquad (4.41)$$

(c) $XIV_{\iota t} \leq 1$ $\forall t, \iota$ für t= z+1,..., z+8   (4.42)

(d) $\sum_{\iota=1}^{I} DSS_{\iota t} \cdot IB \cdot XIV_{\iota t} - XSE_t = 0$ für t = z+1,..., z+8   (4.43)

(4)   Ergänzungsfinanzierung:

$$XEF_t \leq EF_{max} \qquad (4.45)$$

III.   Nichtnegativitätsbedingungen[152]

$$X \geq 0$$

---

[152] Das Symbol X soll für alle Variablen stehen.

5. Anwendungsbeispiele

Nachdem wir in den vorherigen Kapiteln verschiedene Optimierungsverfahren und das zu optimierende Finanzierungsmodell in allgemeiner Form und im Detail kennengelernt haben, wollen wir uns jetzt Anwendungsbeispielen zuwenden. Zunächst widmen wir uns dem deterministischen Grundmodell. Neben dem durchschnittlichsten bzw. möglichsten aller Fälle, wollen wir zwei Extremsituationen betrachten: den schlechtesten und besten Fall. Jeden dieser drei Fälle unterteilen wir wiederum in sechs Unterfälle, womit der individuellen Familien- und Berufssituation Rechnung getragen werden soll. Für alle diese Fälle bestimmen wir dann das optimale Finanzierungsprogramm, die optimale Abschreibungs- und Finanzierungspolitik, welche die Länge der Gesamttilgungszeit, die Prolongation der Hypothekenkredite und die Sondertilgungen einschließt. Nach einer Zusammenfassung der wichtigsten Ergebnisse folgt dann die Berücksichtigung der unterschiedlichen Unschärfearten.

Innerhalb der Fuzzy-Programmierung untersuchen wir zunächst die Auswirkungen der *relationalen Unschärfe* auf die optimale Mischung der Finanzierungsinstrumente. Dazu wenden wir das Verfahren von WERNERS auf das Finanzierungsmodell an, indem für die gleichen Fälle wie oben das optimale Programm sowie die optimale Abschreibungs- und Finanzierungspolitik bestimmt wird. Im Anschluß daran kommt das Anspruchsniveauverfahren von BRUNNER zum Tragen, das die Präferenzvorstellungen des Investors genauer berücksichtigen kann. Die *intrinsische Unschärfe* soll hier keine direkte Beachtung finden, da die Angabe von Zielanspruchsniveaus a priori in unserem Fall als unrealistisch angesehen werden kann.[1]

Die possibilistische Programmierung erlaubt es uns dann, die *informationale Unschärfe* bei der Optimierung zu berücksichtigen. Hier ermitteln wir Lösungen mit Hilfe der Verfahren von WOLF und TANAKA/ASAI, die aufgrund des hier zu betrachtenden Finanzierungsproblems in modifizierter Form zur Anwendung kommen. Außerdem schränken wir die Betrachtung auf drei der bisher sechs Fälle ein.

Im vierten Teil dieses Kapitels wollen wir dann die *relationale und informationale Unschärfe* simultan bei der Optimierungsrechnung berücksichtigen, was mit Hilfe des speziell für das zu lösende Finanzierungsproblem neu entwickelten, hybriden Verfahrens möglich wird. Auch hier beschränken wir uns wieder auf die drei zuvor ausgewählten Fälle. Das Kapitel schließt mit einer Zusammenfassung der wichtigsten Ergebnisse.

---

[1] Die beiden kennengelernten Verfahren von ZIMMERMANN und CHANAS fordern diese Angaben. Vgl. dazu im einzelnen die Kapitel 3.2.1. und 3.2.3.

5.1.   Lineare deterministische Programmierung

Im deterministischen Fall wird der Unschärfe des Planungsproblems mit Hilfe eines Repräsentanten aus dem Unschärfeintervall begegnet. Dabei wird in der Regel der möglichste oder wahrscheinlichste Wert als Eingabedatum gewählt. Um Extremsituationen darzustellen, ist auch die Auswahl eines schlechtesten oder besten Wertes denkbar. Eine Überschreitung der Restriktionsgrenze ist nicht erlaubt.

In diesem Kapitel soll anhand des deterministischen Grundmodells untersucht werden, inwieweit die Kosten der Immobilie sowie die Familien- und Berufsplanung Einfluß auf das optimale Finanzierungsprogramm nehmen. Beide Bereiche beeinflussen die Höhe der Restriktionsgrenze innerhalb der Liquiditätsnebenbedingungen: die Immobilienkosten im Kaufzeitpunkt der Immobilie und die Familien- und Berufsplanung über den gesamten Zeitraum. Unter Familienplanung wird hier die Frage nach eigenen Kindern verstanden. Das Ehepaar muß sich Gedanken darüber machen, ob und wieviele Kinder sie haben möchten und wann sie sich diesen Wunsch erfüllen wollen. Mit dieser Planung ist auch die Berufsplanung eng verbunden. Kommen Kinder auf die Welt, so hört ein Ehepartner in der Regel zunächst auf zu arbeiten. Die Frage ist, ob und zu welchem Zeitpunkt er/sie später wieder halb- oder sogar ganztags arbeiten möchte. Diese Fragen sollten bei Planungsbeginn beantwortet werden, da sie annahmegemäß direkten Einfluß auf die optimale Finanzierung der Immobilie haben, und zwar sowohl in der Anspar- als auch in der eigentlichen Finanzierungsphase.

Im folgenden wollen wir drei Kostenkategorien und sechs Familien- und Berufsmöglichkeitskombinationen betrachten. Die gewählten Immobilienkosten liegen bei 200.000, 300.000 und 400.000 DM. Diese Größen beziehen sich auf den heutigen Zeitpunkt. Liegt der Kauf in der Zukunft, wie angenommen, dann erfolgt eine Korrektur um den Wertsteigerungsfaktor. Bei der Familienplanung wird zwischen kinderlosen Eheleuten, Paaren mit einem oder zwei Kindern unterschieden. Darüber hinaus findet eine Differenzierung der Geburtszeitpunkte der Kinder statt. Die zu betrachtenden Zeitpunkte für einen Kinderwunsch sollen hier entweder fünf oder zehn Jahre betragen. Die Berufsplanung schließt die Möglichkeiten ein, daß der zunächst aus dem Berufsleben ausscheidene Ehepartner entweder überhaupt nicht mehr oder nach einer gewissen Zeit zunächst wieder halbtags und später sogar ganztags arbeitet. Bei dem Berufseinstiegszeitpunkt soll zwischen einem und sechs Jahren nach Geburt des letzten Kindes unterschieden werden. Der Zeitraum zwischen Halb- und Ganztagsarbeit liegt entweder bei vier oder zehn Jahren.

Bevor mit der Analyse dieser 18 verschiedenen Fälle begonnen werden kann, muß der Investor u. a. einige Angaben über seine Person und über die geplante Immobilie machen.

Persönliche Daten:	schlecht. Fall	möglichster Fall	bester Fall
Alter des Investors (Mann)		25	
Familienstand		verheiratet	
Familienplanung:			
1. Kind (Zeitpunkt t)		5	
2. Kind (Zeitpunkt t)		7	
Berufsplanung:			
halbtags (Zeitpunkt t)		6	
ganztags (Zeitpunkt t)		16	
Veranlagung (Steuer)		Splittingtabelle	
Anfangsvermögen		25.000 DM	
Bruttoeinkommen (Mann)		60.000 DM	
Bruttoeinkommen (Frau)		50.000 DM	
Einkommenssteigerung:			
1. Jahrzehnt	4,00 %	6,00 %	8,00 %
2. und 3. Jahrzehnt	2,50 %	3,00 %	3,50 %
Werbungskosten (Mann)		2.000 DM	
Werbungskosten (Frau)		2.000 DM	
Sonderausgaben		7.830 DM	
Kirchensteuersatz		-	
Lebensnotwendige Konsumausgaben		30.000 DM	
Konsumausgaben je Kind (zuhause)		6.000 DM	
Konsumausgaben je Kind (Ausbildung)		12.000 DM	
Kaltmiete		12.000 DM	
Objektbezogene Daten			
Kaufzeitpunkt		5	
Gesamtkosten		300.000 DM	
Anteil Gebäudekosten		75 %	
Anteil Grundstückskosten		25 %	
Nebenkostensatz		5 %	
Wertsteigerungsrate	1,00 %	2,00 %	3,00 %
Objektart (Alt- oder Neubau)		Neubau	

Tabelle 5.1: Individuelle Inputdaten für die Berechnung des optimalen Finanzierungsprogramms

Finanzierungsdaten	schlechtester Fall	möglichster Fall	optimistischster Fall
Geldanlage (Bundesschatzbrief Typ A)			
Zinsen für das erste Jahr	4,00 %	5,00 %	6,00 %
Zinsen für das zweite Jahr	5,00 %	6,00 %	7,00 %
Zinsen für das dritte Jahr	5,50 %	6,50 %	7,50 %
Zinsen für das vierte Jahr	5,50 %	6,50 %	7,50 %
Zinsen für das fünfte Jahr	6,00 %	7,00 %	8,00 %
Zinsen für das sechste Jahr	6,00 %	7,00 %	8,00 %
Zinsen für das siebte Jahr	6,50 %	7,75 %	8,50 %
Hypothek			
Zinsen für 5-jährige Bindungsfrist	10,00 %	8,00 %	6,00 %
Zinsen für 10-jährige Bindungsfrist	10,50 %	8,50 %	6,50 %
Zinsen für 15-jährige Bindungsfrist	11,00 %	9,00 %	7,00 %
Lebensversicherung			
Zinsen für 5-jährige Bindungsfrist	9,50 %	7,50 %	5,50 %
Zinsen für 10-jährige Bindungsfrist	10,00 %	8,00 %	6,00 %
Zinsen für 15-jährige Bindungsfrist	10,50 %	8,50 %	6,50 %
Rechnungszinsfuß		3,50 %	
α-Kostensatz		3,50 %	
β-Kostensatz		3,00 %	
γ-Kostensatz		0,425 %	
Zinsüberschußanteil	2,25 %	4,25 %	6,25 %
Grundüberschußanteil	0,22 %	0,42 %	0,62 %
Schlußüberschußanteil	0,50 %	0,70 %	0,90 %
Risikolebensversicherung			
Rechnungszinsfuß		3,50 %	
α-Kostensatz		0,10 %	
γ-Kostensatz		0,31 %	
Grundüberschußanteil	0,20 %	0,30 %	0,40 %
Ergänzungsmaßnahmen			
Investitionszinssatz		2,50 %	
Finanzierungszinssatz		11,00 %	
Einlagenanteil vom Nettoeinkommen		50 %	

Tabelle 5.2: Finanzierungsdaten für den schlechtesten, möglichsten und besten Fall

Da die Einkommensentwicklung und die Wertsteigerung der Immobilie mit Unsicherheit behaftet sind, sollte der Anwender neben einem möglichsten auch einen schlechtesten und besten Wert angeben. Als Orientierungsgrößen eignen sich Vergangenheitswerte. Die Tabelle 5.1 gibt einen detaillierten Aufschluß über die benötigten Daten. Sie sind bereits für einen Beispielsfall einmal angegeben.

Neben den individuellen Daten benötigt man die Finanzierungdaten für die einzelnen Instrumente. Dazu gehören Zinssätze sowie Kalkulationsgrößen für die Risikolebens- und Lebensversicherung. Der Investor muß auch hier einen schlechtesten, möglichsten und besten Wert angeben. Die in der Tabelle 5.2 angegebenen Daten beziehen sich auf den gegenwärtigen Stand. Dieser wird hier aus Vereinfachungsgründen als konstant über die Zeit angesehen. Selbstverständlich können für jeden Zeitpunkt auch abweichende Daten angegeben werden. Dies erhöht jedoch den Informationsbedarf auf Seiten des Investors und damit auch die Eingabeanforderungen. Die Daten für die verschiedenen Bausparverträge fehlen an dieser Stelle, was aber nicht bedeutet, daß der Anwender nicht dazu befragt wird. Die verwendeten Baupardaten können der Tabelle 4.4 entnommen werden. Bei den folgenden Beispielrechnungen bleiben die Nullzinsvarianten (Varainte 3 und 6) jedoch unberücksichtigt.[2]

Weitere allgemeine Angaben wie z. B. die Beleihungsgrenzen der verschiedenen Darlehensformen finden sich in Tabelle 5.3. Für die Beleihungsgrenzen sind nicht die einzelnen Grenzen relevant, sondern die kumulierten Werte.

Allgemeine Daten	schl. Fall	mögl. Fall	bester Fall
Inflationsrate	1,00 %	2,00 %	3,00 %
Steuerfreibetrag für Zinsen (pro Person)		6.100 DM	
Baukindergeld		1.000 DM	
Beleihungsgrenzen:			
für Lebensversicherung (LV)		50 %	
für LV und Hypothek (HY)		60 %	
für LV, HY, und Bausparen		80 %	

Tabelle 5.3: Allgemeine Inputdaten

Auch hier soll der Investor eine subjektive Einschätzung über die Entwicklung der Inflationsrate vornehmen, indem er einen möglichsten, schlechtesten und besten Wert angibt.

---

[2] Optimierungsrechnungen mit Nullzinsvarianten haben gezeigt, daß insbesondere die Varainte 6 (ohne Disagio) die anderen Finanzierungsinstrumente klar dominiert. In Anbetracht der Tatsache, daß die Nullzinsvarianten gegenwärtig von keinem Bausparinstitut angeboten werden, soll auf sie im weiteren verzichtet werden.

Um das Nettoeinkommen bestimmen zu können, benötigt man zusätzliche Angaben über die zu leistenden Sozialabgaben. Das sind zum einen die Beitragssätze, zum anderen die Beitragsbemessungsgrenzen pro Person und je Versicherungstyp wie die Tabelle 5.4 verdeutlicht.

Sozialabgaben	Beitragssatz	Bemessungsgrenze p.a.
Rentenversicherung	18,60 %	93.600 DM
Arbeitslosenversicherung	6,50 %	93.600 DM
Krankenversicherung	12,10 %	70.200 DM
Pflegeversicherung	1,00 %	70.200 DM

Tabelle 5.4: Beitragssätze und Beitragsbemessungsgrenzen für die Sozialabgaben

Darüber hinaus ist vom Anwender ein möglichster, schlechtester und bester Wert zur Beitragshöhe und Bemessungsgrenze anzugeben. Die möglichste Entwicklung soll hier einmal eine Steigung von 1,5 % betragen. Die Extremwerte sollen bei 1 % bzw. 2 % liegen.

Mit diesem Zahlenmaterial können nun die Vergleichsrechnungen durchgeführt werden. Eine Analyse der Ergebnisse erfolgt anhand drei verschiedener Kriterien. Als erstes werden die optimalen Finanzierungsprogramme miteinander verglichen, indem eine Rangfolge der Instrumente in Form eines Kreisdiagramms aufgestellt und die Eigenkapitalquote berechnet wird. Das zweite Vergleichskriterium betrifft die Abschreibungspolitik und als letztes wird die optimale Fremdfinanzierungspolitik betrachtet. Darunter werden die Zinsbindungsfristen, die Sondertilgungen, die Prolongation von Darlehen sowie der Zeitpunkt der Schuldenfreiheit subsumiert.

Die Problemgröße im linearen deterministischen Fall liegt bei unserem Anwendungsbeispiel bei 548 Variablen und 505 Nebenbedingungen. Bei den Variablen handelt es sich zum Teil wegen zahlreicher Definitionsgleichungen um abhängige Variablen.

Alle Berechnugen werden mit der Software LINDO 5.0[3] durchgeführt.

---

[3] LINDO steht für **L**inear, **IN**teractive, and **D**iscrete **O**ptimizer.

5.1.1.   Der möglichste Fall

a)   Das optimale Finanzierungsprogramm im möglichsten Fall

In Tabelle 5.5 sind die Ergebnisse zusammengefaßt.[4] Es wird deutlich, daß sowohl die Höhe der Immobilienkosten als auch die Familien- und Berufsplanung einen erheblichen Einfluß auf das optimale Finanzierungsprogramm haben.[5]

Betrachtet man zunächst den **Fall höchster Kosten** (463.700 DM), dann fällt auf, daß in vier von sechs Fällen (Fall 23, 33, 43 und 63) keine Lösung existiert. Die für die Baufinanzierung zur Verfügung gestellten Mittel reichen offenbar nicht aus, um die Kosten innerhalb des Planungszeitraums von 35 Jahren zu erwirtschaften, ohne daß man illiquide wird. Die Ursache liegt in dem frühen Kinderwunsch. Dabei besitzt die Kinderanzahl keine Bedeutung. Erfüllt man sich diesen Wunsch erst in zehn Jahren, so ist eine Finanzierung wiederum möglich (Fall 53). In diesem Fall dominiert die Hypothek des zweiten Typs mit fünfjähriger Zinsbindungs-frist und zweiprozentigem Anfangstilgungssatz.[6] Der Anteil an der Gesamtfinanzierung entspricht knapp 50 %. Die restlichen 50 % fallen zu etwa gleichen Teilen auf die Geldanlage und den Bausparvertrag des neunten Typs mit 19 bzw. 18 %, der für die Schnelltarifvariante steht, gefolgt von einer Lebensversicherung des fünfzehnten Typs mit zehnprozentigem Dis-agio, dreißigjähriger Laufzeit und fünfjähriger Zinsbindungsfrist, die einen Anteil von 10 % ausmacht. Die 60%ige Beleihungsgrenze für Hypothek und Lebensversicherung wird damit vollständig in Anspruch genommen.[7] Die Eigenkapitalquote liegt bei 31 %.

Im Fall eines kinderlosen Ehepaares (Fall 13) wechseln Lebensversicherung und Hypothek die Positionen. Die Lebensversicherung des dritten Typs mit ebenfalls zehnprozentigem Disagio und fünfjähriger Zinsbindungsfrist, jedoch mit einer halb so langen Laufzeit von 15 Jahren, übernimmt mit 43 % die führende Rolle innerhalb des optimalen Finanzierungsprogramms.

---

[4] Wenn die Summe der Finanzierungsprogramme nicht 100 % ergibt, liegt das an Rundungsfehlern. Die verwendeten Symbole stehen für:

GA   = Geldanlage
BS(k) = Bausparsumme (der Variante k): Einzelheiten siehe Tabelle 4.4
HY(k) = Hypothek (der Variante k): Einzelheiten siehe Tabelle 4.6 und 4.7
EL   = Einlage
EF   = Ergänzungsfinanzierung
LV(k) = Lebensversicherungsdarlehen (der Variante k): Einzelheiten siehe Tabelle 4.10.

[5] Die Lösung für den Fall 11 kann dem Anhang 6 entnommen werden.
[6] Um welchen Typ von Finanzierung je Art es sich im einzelnen handelt, kann aus den entsprechenden Tabellen entnommen werden. Vgl. dazu die Tabellen 4.4, 4.6, 4.10.
[7] Die Summe aus Hypothek und Lebensversicherung ergibt zwar 53 und nicht 60 %, da der effektive Finan-zierungsanteil der Lebensversicherung 43 % beträgt. Der tatsächliche Anteil an der Gesamtfinanzierung liegt jedoch wegen des zehnprozentigen Disagios und der Versicherungsprämie bei 50 %. Im weiteren wird auf diesen Sachverhalt nicht mehr explizit hingewiesen.

Familien- und Berufsplanung	Immobilienkosten 1 200.000 (231.900)	Immobilienkosten 2 300.000 (347.800)	Immobilienkosten 3 400.000 (463.700)
1. Kinderloses Ehepaar: beide berufstätig	Fall 11: Z = 2,02 Mio EK-Quote = 61 %	Fall 12: Z = 1,73 Mio EK-Quote = 41 %	Fall 13: Z = 1,38 Mio EK-Quote = 28 %
	EL 6% EF 2% HY(2) 9% BS(9) 54% GA 28%	EL 5% EF 1% LV(3) 17% HY(2) 30% BS(9) 18% GA 28%	HY(2) 10% EL 3% EF 0.47% GA 10% LV(3) 43% BS(9) 24% BS(8) 10%
2. Ehepaar mit zwei Kindern: 1.Kind: t = 5 2.Kind: t = 7 Berufseinstieg: halbt.: nein ganzt: nein	Fall 21: Z = 0,73 Mio EK-Quote = 62 %	Fall 22: Z = 0,28 Mio EK-Quote = 40 %	Fall 23: keine Lösung
	BS(9) 5% EF 2% EL 8% LV(3) 12% GA 54% HY(2) 19%	BS(9) 5% EF 0.30% EL 5% HY(1) 18% LV(15) 28% GA 35% LV(9) 9%	
3. Ehepaar mit zwei Kindern: 1.Kind: t = 5 2.Kind: t = 7 Berufseinstieg: halbt.: t = 14 ganzt: t = 24	Fall 31: Z = 1,22 Mio EK-Quote = 62 %	Fall 32: Z = 0,82 Mio EK-Quote = 41 %	Fall 33: keine Lösung
	BS(9) 5% EF 2% EL 8% LV(3) 12% GA 54% HY(2) 19%	EL 6% BS(9) 1% LV(9) 20% HY(1) 36% GA 37%	

Tabelle 5.5: Optimale Finanzierungsprogramme in Abhängigkeit der Familien- und Berufsplanung sowie der Immobilienkosten im möglichsten Fall (Teil 1)

FuB-planung	Immobilienkosten 1	Immobilienkosten 2	Immobilienkosten 3
4. Ehepaar mit **zwei Kindern:** 1.Kind: t = 5 2.Kind: t = 7 Berufseinstieg: halbt.: t = 9 ganzt: t = 13	Fall 41: Z = 1,51 Mio EK-Quote = 64 %	Fall 42: Z = 1,15 Mio EK-Quote = 38 %	Fall 43: keine Lösung
5. Ehepaar mit **zwei Kindern:** 1.Kind: t = 10 2.Kind: t = 12 Berufseinstieg: halbt.: t = 19 ganzt: t = 29	Fall 51: Z = 1,23 Mio EK-Quote = 61 %	Fall 52: Z = 0,94 Mio EK-Quote = 41 %	Fall 53: Z = 0,43 Mio EK-Quote = 31 %
6. Ehepaar mit **einem Kind:** 1.Kind: t = 5 Berufseinstieg: halbt.: t = 7 ganzt: t = 11	Fall 61: Z = 1,74 Mio EK-Quote = 64 %	Fall 62: Z = 1,42 Mio EK-Quote = 39 %	Fall 63: keine Lösung

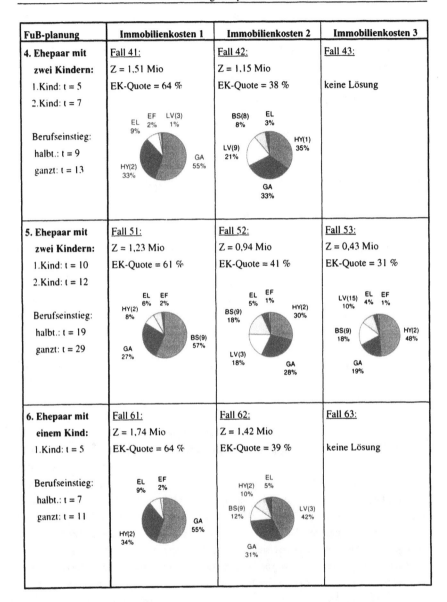

Tabelle 5.5: Optimale Finanzierungsprogramme in Abhängigkeit der Familien- und Berufsplanung sowie der Immobilienkosten im möglichsten Fall (Teil 2)

Die Hypothek des zweiten Typs liegt genauso wie die Geldanlage nur noch bei 10 %. Interessant ist die zweite Position, auf der der Bausparvertrag als Finanzierungsinstrument mit 34 % landet. Dabei wird nicht auf einen einzigen Vertrag zurückgegriffen, sondern es findet eine Aufteilung zwischen dem Schnellspartarif (Variante 9) und dem Hochzinstarif (Variante 8) statt. Der Schwerpunkt liegt bei der Schnellsparvariante (24 %), die innerhalb der nächsten fünf Jahre vollständig zurückgezahlt werden muß. Bei der Hochzinsvariante mit 10 %igem Anteil liegt die Tilgungsdauer bei neun Jahren. Die Eigenkapitalquote fällt mit 28 % recht gering aus.

Für die unterschiedlichen Programme im Fall 13 und 53 sind Rentabilitäts- und Liquiditätsgedanken ursächlich. Aus Rentabilitätsgründen wird man in erster Linie auf einen Bausparvertrag zurückgreifen. Da dieses Finanzierungsinstrument jedoch in den ersten Jahren eine enorme Liquiditätsbelastung aufgrund der hohen und schnellen Tilgung darstellt, muß zum Ausgleich eine weniger stark liquiditätsbelastende Finanzierungsquelle in das Programm aufgenommen werden. Dies ist ohne Zweifel die Lebensversicherung, da neben den Zinszahlungen lediglich geringe Versicherungsbeiträge fällig werden. Der Nachteil dieses Instruments liegt sicherlich in der schlechteren Rentabilität. Folglich müssen die Lebensversicherung und der Bausparvertrag als Kombinationspaket betrachtet werden, das für diesen speziellen Fall eine optimale Rentabilitäts- und Liquiditätskombination verspricht. Im Fall 53 dagegen ist die Liquiditätssituation wegen des trotz späten Kinderwunsches angespannter. Daher ist in diesem Fall die Kombination aus Hypothekendarlehen und Geldanlage optimaler.

Komplexer wird die Analyse der Ergebnisse im **Fall mittlerer Kosten** in Höhe von 347.800 DM. Viermal wird die optimale Kombination in der Hypothek und in der Geldanlage gesehen. Diese vier Fälle lassen sich wiederum in zwei Lager aufteilen. Fall 12 und 52 weisen ein sehr ähnliches Programm auf. Die Hypothek des zweiten Typs und die Geldanlage bilden mit knapp 60 % den Schwerpunkt innerhalb des Programms. Zu fast gleichen Teilen sind die Lebensversicherung des dritten Typs und der Bausparvertrag des neunten Typs an 35 bzw. 36 % der Gesamtfinanzierung beteiligt. Das andere Lager bilden Fall 32 und 42, also die Fälle mit zwei frühen Kindern und einem späteren Berufswiedereinstieg eines Ehepartners. Hier nimmt die Kombination aus Hypothek und Geldanlage ein noch größeres Gewicht mit rund 70 % ein. Der Anteil der Lebensversicherung steigt dagegen nur unwesentlich an. Insgesamt wird jedoch die Beleihungsgrenze von 60 % für diese beiden Fremdfinanzierungsinstrumente vollständig ausgenutzt. Der Bausparvertrag spielt mit 8 % bzw. 1 % nur noch eine untergeordnete Rolle und wird wegen der vollen Inanspruchnahme der Beleihungsgrenze als drittrangiges Finanzierungsinstrument seinem herkömmlichen Ruf gerecht. Der Grund für die leichten Verschiebungen innerhalb des Finanzierungsprogramms kann wiederum in der angespannteren Liquiditätssituation in den zuletzt genannten Fällen gesehen werden. Dies wird auch durch die Wahl der Hypothek mit 1 %iger Anfangstilgung (Typ 1) und einer zwanzig-jährigen Lebensversicherung (Typ 9) manifestiert.

Ganz anders verhält es sich bei den verbleibenden zwei Fällen (Fall 22 und 62). Dort kommt wiederum der Lebensversicherung größere Bedeutung zu, jedoch nicht aus Rentabilitäts-, sondern aus Liquiditätsgründen, was an dem geringen Anteil des Bausparvertrags deutlich wird. Im Fall 62 liegt er immerhin noch bei 12 %, jedoch ist dieser Anteil wohl auch auf die schon erschöpften Quellen der Hypothek und der Lebensversicherung zurückzuführen, die zusammen die Beleihungsgrenze von 60 % voll ausschöpfen. Im Fall 22 ist die Situation noch extremer. Hier teilt sich die Lebensversicherung in eine zwanzigjährige Laufzeit (Typ 9) und zum größten Teil in eine dreißigjährige Laufzeit (Typ 15) auf. Des weiteren wird eine 1 %ige Anfangstilgung bei der Hypothek (Typ 1) gewählt. Der Anteil der Bausparfinanzierung beträgt lediglich 5 %. Die Eigenkapitalquote beträgt 40 %.

Für den **Fall geringster Kosten** (231.900 DM) ist die Ergebnisanalyse wieder einfacher. In vier von sechs Fällen nimmt die Geldanlage mit 54 bzw. 55 % den größten Stellenwert ein (Fall 21, 31, 41, und 61). Auf der zweiten Position findet sich mit deutlichem Abstand die Hypothek des zweiten Typs mit 19 bzw. 33 und 34 %. Eine untergeordnete Rolle kommt dem Bausparvertrag des neunten Typs zu. In den Fällen 21 und 31 beträgt seine Quote 5 % und in den Fällen 41 und 61 ist er überhaupt nicht vertreten. Eine Erklärung dafür findet sich wiederum in der Liquiditätssituation. In allen vier Fällen wollen die Ehepaare frühzeitig Kinder. Die Anzahl der Kinder und der Zeitpunkt des Berufsneueinstiegs sind dabei relativ unwichtig (Fall 31, 41, und 61). Auch wenn ein Partner ganz aufhört zu arbeiten, hat dies keinen bemerkenswerten Einfluß auf das optimale Programm (Fall 21). Wenn dagegen kein oder ein später Kinderwunsch vorhanden ist (Fall 11 und 51), dann nimmt der Bausparvertrag des neunten Typs mit 54 bzw. 57 % eine führende Position im Finanzierungsprogramm ein. Auf der zweiten Position findet sich die Geldanlage mit 27 bzw. 28 % wieder. Die Hypothek ist mit bescheidenen 8 bzw. 9 % unterrepräsentiert und die Lebensversicherung bleibt als Finanzierungsinstrument gänzlich ungenutzt. Anscheinend erlaubt die ausreichende Liquidität eine stark rentabilitätsorientierte Lösung. Darüber hinaus ist das optimale Finanzierungs-programm im Fall geringer Immobilienkosten abhängig vom Zeitpunkt des Kinderwunsches. Die Eigenkapitalquote fällt mit rund 61-64 % sehr hoch aus.

Als erstes Fazit kann an dieser Stelle die Wichtigkeit und Notwendigkeit einer umfassenden Lebensplanung gezogen werden, wenn man an einer optimalen Lösung des Finan-zierungsproblems interessiert ist. Besonders wichtig erscheint der Zeitpunkt der Familien-gründung und die Frage, ob und wenn ja wann ein Berufswiedereinstieg geplant ist. Die Eigenkapitalquote ist von den Kosten der Immobilie abhängig. Je höher die Kosten, desto geringer der Eigenkapitalanteil an der Gesamtfinanzierung. Dieses Ergebnis entspricht den allgemeinen Erwartungen.

Darüber hinaus läßt sich bereits jetzt konstatieren, daß die ökonomisch richtige Wahl zwischen Geldanlage mit anschließender Aufnahme einer Hypothek und Bausparvertrag nicht von der Höhe der relevanten Zinssätze allein abhängig gemacht werden kann. Diese Betrachtung wäre viel zu einseitig, da sie lediglich die Rentabilität als alleiniges Entscheidungskriterium zugrunde legt.[8] Wie gezeigt, bestimmt die vorhandene Liquidität ebenfalls das optimale Programm. Die Frage ist, mit welchem Gewicht die beiden Kriterien bei der Kombination der Finanzierungsinstrumente eingehen. Auf jeden Fall ergibt sich die optimale Lösung aus einem Zusammenspiel von Rentabilität und Liquidität.

b)   Die optimale Abschreibungspolitik im möglichsten Fall

Da das Steuergesetz eine Nachholung der nicht beanspruchten jährlichen Abschreibungsbeträge vorsieht, kann eine Abweichung von der "normalen" Abschreibungspolitik[9] aus Rentabilitäts- oder auch Liquiditätsgründen sinnvoll sein. Eine Verschiebung der Abschreibungsbeträge nach hinten kann ökonomisch sinnvoll sein, wenn man mit steigenden Bruttoeinkommen rechnet. Es tritt dann ein sogenannter Steuerspareffekt ein. Diesem Effekt ist jedoch der gegenläufige Zinseffekt gegenüberzustellen. Je eher von der Steuerersparnis Gebrauch gemacht wird, desto eher findet eine Tilgung der Kredite und damit eine Zinsersparnis statt. Darüber hinaus muß die jeweilige Liquiditätslage beachtet werden. Eine Entscheidung über die optimale Abschreibungspolitik ist folglich simultan mit der Ermittlung des optimalen Finanzierungsprogramms zu fällen. Wie der Tabelle 5.6 ersichtlich wird, sollen im folgenden die Abschreibungsstrategien für alle sechs Fälle untersucht werden. Dabei wird auch hier zwischen drei Kostenkategorien unterschieden. Zum besseren Vergleich wird die Abschreibung im Normalfall gegenübergestellt.

Zunächst ist auffällig, daß für keinen der hier betrachteten Fälle eine Normalabschreibung zustande kommt. Eine näherungsweise Normalabschreibung kann immer dann festgestellt werden, wenn die Liquidität besonders stark angespannt ist, wie im Fall 22 oder auch 32. Lediglich in den ersten beiden Jahren weicht die Abschreibungspolitik in der Weise ab, daß der im ersten Jahr nicht voll ausgenutzte Abschreibungsbetrag im darauffolgenden Jahr nachgeholt wird. Dies wird im Fall 22 besonders deutlich. Der Grund liegt wohl in der dominie-

---

[8] Einen ausschließlich rentabilitätsorientierten Vergleich nehmen z. B. vor: Laux (1992), S. 171ff., o.V. (1994e), S. 23.
[9] Die "normale" Abschreibungspolitik besteht in der Inanspruchnahme der maximalen, gesetzlichen, jährlichen Beträge. Also werden in den ersten vier Jahren 6 % und in den darauf folgenden vier Jahren 5 % abgeschrieben.

renden Rolle der Lebensversicherung. Mit ihr ist eine zusätzliche Steuerersparnis verbunden, die mit der Inanspruchnahme des zehnprozentigen Disagios einhergeht. Ähnliches trifft auch auf die Fälle 12, 21, 42, 51, 52 und 62 zu. Die Fälle 12, 13, 21, 31, 51, 52 und 53 fahren nach den ersten fünf Jahren mit der normalen Abschreibung fort. Der Hauptabschreibungszeitraum fällt dabei in den meisten Fällen auf den Zeitpunkt zehn (Fall 12, 21, 31, 51, 52). Die Erklärung dafür liegt in der Sondertilgung für die Hypothek, die genau in diesem Zeitpunkt das erste mal möglich wird. Der Zinseffekt überwiegt hier offensichtlich den Steuerspareffekt, weil die reguläre Einkommenssteigerung je Jahr nicht ausreicht.

Von besonderem Interesse sind die Fälle 41 und 61. Im erstgenannten Fall wird in den ersten drei Jahren und in den Zeitpunkten elf und zwölf völlig auf eine Abschreibung verzichtet, um sie in den nachfolgenden Perioden nachzuholen. Dabei fällt der hohe Abschreibungsbetrag im zehnten und dreizehnten Zeitpunkt auf. Ein kausaler Zusammenhang ist zum einen in der Aufnahme einer Halbtagsarbeit im Zeitpunkt neun bzw. einer Volltagsarbeit im Zeitpunkt dreizehn und zum anderen wiederum in dem Sondertilgungszeitpunkt zehn zu sehen. In der Zeit davor ist ein Ehepartner ohne Anstellung, da das erste Kind im fünften Jahr und das zweite Kind im siebten Jahr zur Welt kommt. Es handelt sich hier um eine rentabilitätsgesteuerte Abschreibungsstrategie, da sowohl der Zins- als auch der Steuerspareffekt deutlich zum Tragen kommt. Ähnliches gilt auch für den Fall 61. Dort wird bereits im elften Jahr die Vollzeitarbeit aufgenommen. Die gesamte Abschreibung fällt damit in den Zeitraum der Ganztagsarbeit. Offensichtlich dominiert hier klar der Steuerspareffekt.

Immobilienkosten Familien- und Berufsplanung	1 200.000 (231.900)	2 300.000 (347.800)	3 400.000 (463.700)
Normale Afa-Politik:	Fall 01:	Fall 02:	Fall 03:
Afa-Betrag im 1. Jahr (t = 6)	11.592,85 DM	17.389,27 DM	19.800,00 DM
Afa-Betrag im 2. Jahr (t = 7)	11.592,85 DM	17.389,27 DM	19.800,00 DM
Afa-Betrag im 3. Jahr (t = 8)	11.592,85 DM	17.389,27 DM	19.800,00 DM
Afa-Betrag im 4. Jahr (t = 9)	11.592,85 DM	17.389,27 DM	19.800,00 DM
Afa-Betrag im 5. Jahr (t = 10)	9.660,71 DM	14.491,06 DM	16.500,00 DM
Afa-Betrag im 6. Jahr (t = 11)	9.660,71 DM	14.491,06 DM	16.500,00 DM
Afa-Betrag im 7. Jahr (t = 12)	9.660,71 DM	14.491,06 DM	16.500,00 DM
Afa-Betrag im 8. Jahr (t = 13)	9.660,71 DM	14.491,06 DM	16.500,00 DM
1. Fall: (Kinderloses Ehepaar)	Fall 11:	Fall 12:	Fall 13:
Afa-Betrag im 1. Jahr (t = 6)	-	3.618,95 DM	18.000,00 DM
Afa-Betrag im 2. Jahr (t = 7)	-	10.800,00 DM	21.600,00 DM
Afa-Betrag im 3. Jahr (t = 8)	10.800,00 DM	21.600,00 DM	19.800,00 DM
Afa-Betrag im 4. Jahr (t = 9)	10.800,00 DM	21.600,00 DM	18.318,07 DM
Afa-Betrag im 5. Jahr (t = 10)	10.800,00 DM	26.429,05 DM	17.981,93 DM
Afa-Betrag im 6. Jahr (t = 11)	21.600,00 DM	14.491,00 DM	16.500,00 DM
Afa-Betrag im 7. Jahr (t = 12)	20.214,00 DM	14.491,00 DM	16.500,00 DM
Afa-Betrag im 8. Jahr (t = 13)	10.800,00 DM	14.491,00 DM	16.500,00 DM

Tabelle 5.6: Optimale Abschreibungspolitik in Abhängigkeit der Familien- und Berufsplanung sowie der Immobilienkosten im möglichsten Fall (Teil 1)

2. Fall: (Ehepaar mit zwei KI)	Fall 21:	Fall 22:	Fall 23:
BE halbt.: nein; BE ganzt: nein			
Afa-Betrag im 1. Jahr (t = 6)	7.404,38 DM	13.179,00 DM	keine Lösung
Afa-Betrag im 2. Jahr (t = 7)	10.800,00 DM	21.600,00 DM	
Afa-Betrag im 3. Jahr (t = 8)	10.800,00 DM	17.389,00 DM	
Afa-Betrag im 4. Jahr (t = 9)	10.800,00 DM	17.389,00 DM	
Afa-Betrag im 5. Jahr (t = 10)	16.227,62 DM	14.491,00 DM	
Afa-Betrag im 6. Jahr (t = 11)	9.661,00 DM	14.491,00 DM	
Afa-Betrag im 7. Jahr (t = 12)	9.661,00 DM	14.491,00 DM	
Afa-Betrag im 8. Jahr (t = 13)	9.660,00 DM	14.491,00 DM	
3. Fall: (Ehepaar mit zwei KI)	Fall 31:	Fall 32:	Fall 33:
BE halbt.: t = 14; BE ganzt: t = 24			
Afa-Betrag im 1. Jahr (t = 6)	7.404,38 DM	16.033,41 DM	keine Lösung
Afa-Betrag im 2. Jahr (t = 7)	10.800,00 DM	18.745,58 DM	
Afa-Betrag im 3. Jahr (t = 8)	10.800,00 DM	17.389,00 DM	
Afa-Betrag im 4. Jahr (t = 9)	10.800,00 DM	17.389,00 DM	
Afa-Betrag im 5. Jahr (t = 10)	16.227,62 DM	14.491,00 DM	
Afa-Betrag im 6. Jahr (t = 11)	9.661,00 DM	14.491,00 DM	
Afa-Betrag im 7. Jahr (t = 12)	9.661,00 DM	14.491,00 DM	
Afa-Betrag im 8. Jahr (t = 13)	9.660,00 DM	14.491,00 DM	
4. Fall: (Ehepaar mit zwei KI)	Fall 41:	Fall 42:	Fall 43:
BE halbt.: t = 9; BE ganzt: t = 13			
Afa-Betrag im 1. Jahr (t = 6)	-	12.783,91 DM	keine Lösung
Afa-Betrag im 2. Jahr (t = 7)	-	21.995,09 DM	
Afa-Betrag im 3. Jahr (t = 8)	-	17.389,00 DM	
Afa-Betrag im 4. Jahr (t = 9)	21.600,00 DM	10.800,00 DM	
Afa-Betrag im 5. Jahr (t = 10)	31.014,00 DM	21.080,00 DM	
Afa-Betrag im 6. Jahr (t = 11)	-	4.787,17 DM	
Afa-Betrag im 7. Jahr (t = 12)	-	-	
Afa-Betrag im 8. Jahr (t = 13)	32.400,00 DM	38.685,83 DM	
5. Fall: (Ehepaar mit zwei KI)	Fall 51:	Fall 52:	Fall 53:
BE halbt.: t = 19; BE ganzt: t = 29			
Afa-Betrag im 1. Jahr (t = 6)	2.032,00 DM	3.245,14 DM	18.767,00 DM
Afa-Betrag im 2. Jahr (t = 7)	10.800,00 DM	10.800,00 DM	20.832,74 DM
Afa-Betrag im 3. Jahr (t = 8)	10.800,00 DM	21.600,00 DM	12.900,00 DM
Afa-Betrag im 4. Jahr (t = 9)	10.800,00 DM	21.600,00 DM	21.600,00 DM
Afa-Betrag im 5. Jahr (t = 10)	21.600,00 DM	26.802,00 DM	21.600,00 DM
Afa-Betrag im 6. Jahr (t = 11)	9.661,00 DM	14.491,00 DM	16.500,00 DM
Afa-Betrag im 7. Jahr (t = 12)	9.661,00 DM	14.491,00 DM	16.500,00 DM
Afa-Betrag im 8. Jahr (t = 13)	9.660,00 DM	14.491,00 DM	16.500,00 DM
6. Fall: (Ehepaar mit einem KI)	Fall 61:	Fall 62:	Fall 63:
Afa-Betrag im 1. Jahr (t = 6)	-	13.179,00 DM	keine Lösung
Afa-Betrag im 2. Jahr (t = 7)	-	21.600,00 DM	
Afa-Betrag im 3. Jahr (t = 8)	-	16.017,04 DM	
Afa-Betrag im 4. Jahr (t = 9)	-	11.651,96 DM	
Afa-Betrag im 5. Jahr (t = 10)	-	21.600,00 DM	
Afa-Betrag im 6. Jahr (t = 11)	32.400,00 DM	14.491,00 DM	
Afa-Betrag im 7. Jahr (t = 12)	31.014,00 DM	14.491,00 DM	
Afa-Betrag im 8. Jahr (t = 13)	21.600,00 DM	14.491,00 DM	

Tabelle 5.6: Optimale Abschreibungspolitik in Abhängigkeit der Familien- und
Berufsplanung sowie der Immobilienkosten im möglichsten Fall (Teil 2)

Diese rentabilitätsgesteuerte Abschreibungspolitik scheint jedoch nur dann möglich zu sein, wenn die Liquiditätslage in den ersten acht Jahren nach Kauf der Immobilie nicht sonderlich kritisch ist. Eine Bestätigung dieser These findet sich in den Fällen 42 und 62. Im Fall 42 ist die Abschreibungspolitik dreigeteilt. Die Hauptabschreibung liegt zwar nach wie vor im dreizehnten und damit rentabelsten Jahr, jedoch verschieben sich die übrigen Beträge deutlich nach vorne. Dabei nimmt zum einen die Disagiovariante der Lebensversicherung Einfluß, indem die niedrigere Abschreibung im ersten Jahr in der darauffolgenden Periode kompensiert wird. Zum anderen liegt ein weiterer Abschreibungsschwerpunkt im bereits des öfteren erwähnten Sondertilgungszeitpunkt zehn.

Noch ernster ist die Lage im Fall 62. Dort ist die Liquiditätssituation deutlich angespannter, was bereits durch den ersten Rang der Lebensversicherung innerhalb der Fremdfinanzierung dokumentiert wird. Die Hauptabschreibungszeitpunkte liegen nun im zweiten und fünften Jahr, was anscheinend den Vorteil hoher Steuerersparnisse in Zeiten hoher Einkommen überkompensiert.

c)   Die optimale Finanzierungspolitik im möglichsten Fall

Allen Finanzierungsprogrammen ist die kurze Zinsbindungsfrist von fünf Jahren bei den Lebensversicherungsdarlehen und Hypotheken gemeinsam. Deutliche Unterschiede können in der Länge der Tilgungsdauer festgestellt werden. Wenn geringe Objektkosten von 231.900 DM anfallen, dann ist man in vier Fällen bereits nach fünf Jahren schuldenfrei (Fall 11, 41, 51 und 61). Liegt der Kinderwunsch recht früh, der Berufseinstieg dagegen spät oder ist überhaupt nicht mehr geplant, dann dauert die Tilgungszeit fünfzehn Jahre (Fall 21 und 31). Ein ähnliches Ergebnis erhält man für den Fall mittlerer Immobilienkosten. In den gleichen vier Fällen wie oben ist man im zwanzigsten Zeitpunkt schuldenfrei. Im Fall 32 endet die Tilgungszeit erst nach zwanzig Jahren, im Fall 22 sogar erst nach dreißig Jahren. Verantwortlich dafür ist die angespannte finanzielle Lage, die sich zum einen durch die Lebensversicherung und die prolongierten Hypotheken manifestiert. Zum anderen macht dies die wiederholte Inanspruchnahme der kurzfristigen Ergänzungsfinanzierungen deutlich. Im Fall 32 wird diese teure Finanzierungsmöglichkeit, die einem Kontokorrentkredit gleichkommt, sowohl im zwölften als auch im fünfzehnten Jahr voll ausgenutzt. Für Objekte mit einem Preis von 463.700 DM liegt die Tilgungszeit bei 15 Jahren, wenn es sich um ein kinderloses Ehepaar handelt (Fall 13) oder bei 30 Jahren, wenn ein Paar spät seinen Kinderwunsch verwirklicht (Fall 53).

Mit der Tilgungsdauer geht auch die Prolongation von Hypothekendarlehen einher. Je länger sie dauert, desto öfter wird ein Darlehen mit identischen Zinsbindungsfristen verlängert. Beim bereits angesprochenen Fall 32 beginnt die Hypothek mit einem Anfangstilgungssatz in Höhe von einem Prozent. Bei der ersten Verlängerung wird die verbleibende Restschuld in eine Hypothek mit zweiprozentiger (XH20) und einprozentiger Tilgung (XH19) aufgeteilt, wobei der Schwerpunkt eindeutig bei der höheren Tilgung liegt. Bei der zweiten Prolongation wird dann ganz auf eine zweiprozentige Tilgung umgestiegen (XH26). Im Fall 22 ist der Sachverhalt ähnlich, jedoch bleibt es bei der Zweiteilung der Hypothek im zweiten Prolongationszeitpunkt. Das Verhältnis liegt außerdem eindeutig bei der einprozentigen Tilgungsvariante. Erst im dritten Verlängerungszeitpunkt gilt dann der Tilgungssatz von zwei Prozent (XH32).[10]

Im übrigen gilt für die Hypotheken, daß zu jedem möglichen Zeitpunkt, also nach Ende der Zinsbindungsfrist, eine Sondertilgung vorgenommen wird, sofern es die Liquiditätssituation erlaubt. Die Sondertilgung fällt zum Teil so hoch aus, daß die Hypotheken bereits nach fünf Jahren vollständig getilgt sind (Fall 11, 41, 51 und 61). Bei Vertragsgestaltung sollte man deshalb in jedem Fall auf Sondertilgungen beharren. Sondertilgungen werden auch beim Bausparvertrag geleistet, sofern wir es mit einem kinderlosen Paar oder mit Eheleuten mit spätem Kinderwusch zu tun haben (Fall 13 und 53).

5.1.2. Der schlechteste Fall

Der schlechteste Fall zeichnet sich dadurch aus, daß über den gesamten Planungszeitraum die schlechtmöglichste Zinsentwicklung sowohl für die Finanzinvestitionen als auch für die Finanzierungsinstrumente unterstellt wird. Das bedeutet eine geringes Zinsniveau innerhalb der Ansparphase und ein hohes Zinsniveau innerhalb der Finanzierungsphase. Da die Soll- und Habenzinsen mit dem allgemeinen Zinsniveau korrelieren, gilt bei der Lebensversicherung im schlechtesten Fall ein überdurchschnittlich hoher Zins- und Schlußüberschußanteil. Die Zinsen für die kurzfristigen Ergänzungsmaßnahmen sollen aus Vereinfachungsgründen als konstant betrachtet werden. Darüber hinaus wird von einer geringen Einkommensentwicklung, hoher Inflationsrate und Wertsteigerungsrate und einer ungünstigen Sozialabgabenentwicklung ausgegangen. Im folgenden soll wiederum eine Analyse des optimalen Finanzierungsprogramms, der optimalen Abschreibungsstrategie und der Finanzierungsstruktur durchgeführt werden.

---

[10] Im übrigen ist es in der Praxis nicht erforderlich, zwei Hypothekendarlehen mit unterschiedlichen Tilgungssätzen aufzunehmen. Der gleiche Effekt wird erzielt, wenn ein Darlehen mit einem Tilgungssatz vereinbart wird, der zwischen einem und zwei Prozent liegt. Es muß lediglich eine Gewichtung erfolgen. Im Fall 22 läge der anfängliche Tilgungssatz im ersten Prolongationszeitpunkt bei 1,4244 % und im zweiten bei 1,0497 %.

a)   Das optimale Finanzierungsprogramm im schlechtesten Fall

Wie Tabelle 5.7 zu entnehmen ist, kann in keinem der sechs angenommenen Fälle eine Lösung für die **höchste Kostenkategorie** gefunden werden.

Sogar für einen niedrigen Immobilienpreis von 243.400 DM gibt es im Fall eines Ehepaares mit zwei Kindern und ohne erneuten Berufseinstieg des einen Ehepartners (2. Fall) keine Lösung. In den anderen Fällen überwiegt die Finanzierung über den Bausparvertrag (Fall 11, 51 und 61). Dabei spielt es für das optimale Programm in der **kleinsten Kostenkategorie** keine Rolle, ob das Paar kinderlos (Fall 11) bleibt, oder erst spät zwei Kinder bei spätem Berufswiedereinstieg bekommt (Fall 51). In den beiden anderen Fällen ist die finanzielle Lage wegen der Kinder derart angespannt, daß auf den Bausparvertrag ganz verzichtet (Fall 31) oder lediglich in Höhe von 5 % (Fall 41) beansprucht wird. Dort ist eine Kombination aus Geldanlage und Hypothek optimal. Im Vergleich zum möglichsten Fall ist in der Regel eine Verstärkung der dominanten Finanzierungsinstrumente festzustellen. Eine Ausnahme bildet Fall 61. Die vorher präferierte Hypothek fällt auf den 3. Rang ab und wird durch den Bausparvertrag mit 71 % deutlich überschattet. Die Tendenz zum Bausparvertrag ist aus Rentabilitätsgründen nachvollziehbar. Eine angespannte Liquiditätslage schränkt die Ausdehnung dieses Instruments jedoch ein. Die Eigenkapitalquoten bewegen sich zwischen 50 und 57 % und fallen damit um ca. 10 % geringer aus als im möglichsten Fall.

Betrachten wir nun die **mittlere Kostenkategorie**. In den Fällen 32, 42 und 52 kann keine Lösung mehr gefunden werden, und in den Fällen 12 und 62 hat sich die Liquiditätssituation derart verschlechtert, daß die Bedeutung des Bausparvertrags sehr stark abgenommen hat, und zwar bis zu 44 %. Im ersten Fall beträgt der Anteil nur noch knapp 50 %, wobei sich dieser zu einem Drittel auf den längerlaufenden Typ acht und zu den restlichen zwei Dritteln auf den Typ neun aufteilt. Der Anteil der Hypothek des zweiten Typs liegt bei 39 %. Die Eigenkapitalquote fällt im Vergleich zum möglichsten Fall nur um 6 Prozentpunkte ab.

Der Fall 62 stellt einen ganz besonderen Fall dar. Die Hypothek übernimmt die Spitzenposition mit 60 % und geht damit bis an die Beleihungsgrenze. Auf der zweiten Position findet sich der längerlaufende Bausparvertrag des achten Typs mit 39 %. Lediglich mit einem Prozent ist die Geldanlage an der Immobilienfinanzierung beteiligt. Den Einlagenanteil vermißt man gänzlich. Dagegen sieht das Programm im Zeitpunkt 5 eine Ergänzungsinvestition vor, die in erster Linie über die Einlagen und in zweiter Linie über das angesparte restliche Geldvermögen finanziert wird. Sie wird notwendig, um in den Folgeperioden die hohe Belastung durch den Bausparvertrag und das Hypothekendarlehen tragen zu können.

Familien- und Berufsplanung	Immobilienkosten 1 200.000 (231.900)	Immobilienkosten 2 300.000 (347.800)	Immobilienkosten 3 400.000 (463.700)
1. Kinderloses Ehepaar: beide berufstätig	Fall 11: Z = 1,22 Mio EK-Quote = 51 %	Fall 12: Z = 0,86 Mio EK-Quote = 35 %	Fall 13: keine Lösung
2. Ehepaar mit zwei Kindern: 1.Kind: t = 5 2.Kind: t = 7 Berufseinstieg: halbt.: nein ganzt: nein	Fall 21: keine Lösung	Fall 22: keine Lösung	Fall 23: keine Lösung
3. Ehepaar mit zwei Kindern: 1.Kind: t = 5 2.Kind: t = 7 Berufseinstieg: halbt.: t = 14 ganzt: t = 24	Fall 31: Z = 0,37 Mio EK-Quote = 57 %	Fall 32: keine Lösung	Fall 33: keine Lösung

In Fall 11: GA 4%, HY(2) 2%, EL. 2%, BS(9) 93%.
In Fall 12: GA 9%, EL 2%, EF 1%, BS(8) 16%, HY(2) 39%, BS(9) 33%.
In Fall 31: EL 7%, EF 1%, GA 49%, HY(1) 43%.

Tabelle 5.7: Optimale Finanzierungsprogramme in Abhängigkeit der Familien- und Berufsplanung sowie der Immobilienkosten im schlechtesten Fall (Teil 1)

FuB-planung	Immobilienkosten 1	Immobilienkosten 2	Immobilienkosten 3
4. Ehepaar mit **zwei Kindern:** 1.Kind: t = 5 2.Kind: t = 7 Berufseinstieg: halbt.: t = 9 ganzt: t = 13	Fall 41: Z = 0,61 Mio EK-Quote = 56 % BS(9) 5% EL 7% GA 47% HY(2) 41%	Fall 42: keine Lösung	Fall 43: keine Lösung
5. Ehepaar mit **zwei Kindern:** 1.Kind: t = 10 2.Kind: t = 12 Berufseinstieg: halbt.: t = 19 ganzt: t = 29	Fall 51: Z = 0,45 Mio EK-Quote = 51 % GA 4% HY(2) 2% EL 2% BS(9) 93%	Fall 52: keine Lösung	Fall 53: keine Lösung
6. Ehepaar mit **einem Kind:** 1.Kind: t = 5 Berufseinstieg: halbt.: t = 7 ganzt: t = 11	Fall 61: Z = 0,88 Mio EK-Quote = 50 % HY(2) 13% EL 2% GA 14% BS(9) 71%	Fall 62: Z = 0,41 Mio EK-Quote = 20 % GA 1% BS(8) 39% HY(1) 60%	Fall 63: keine Lösung

Tabelle 5.7: Optimale Finanzierungsprogramme in Abhängigkeit der Familien- und Berufsplanung sowie der Immobilienkosten im schlechtesten Fall (Teil 2)

Bemerkenswert ist auch die Tatsache, daß in allen Fällen auf die Finanzierung über die Lebensversicherung vollkommen verzichtet wird. Die Eigenkapitalquote ist um fast die Hälfte gesunken und mit 20 % an der untersten Grenze angelangt.

b)   Die optimale Abschreibungspolitik im schlechtesten Fall

Betrachtet man Tabelle 5.8, dann fällt die gleichmäßigere Verteilung der Abschreibungs- beträge innerhalb der vorgesehenen Frist auf. In besonders angespannten finanziellen Situa- tionen, wie in den Fällen 12 und 31, besteht die optimale Abschreibungspolitik in der Normalabschreibung. Im Fall 12 ist die kritische Liquiditätslage innerhalb der Abschreibungs- frist durch die beiden Bausparverträge zu erklären, die mit knapp 50 % den Hauptteil der Gesamtfinanzierung einnehmen. Entsprechendes gilt auch für den Fall 11 und 61, wo fast die Normalabschreibung als optimale Strategie gewählt wird. Jedoch scheint in diesen Fällen die Liquiditätslage nicht ganz so stark angespannt zu sein. Im Fall 31 ist die Normalabschreibung damit zu erklären, daß innerhalb der Abschreibungsfrist lediglich ein Ehepartner berufstätig ist.

Interessant sind wiederum diejenigen Fälle, bei denen ein Berufswiedereinstieg in die Abschreibungsfrist fällt. Im Fall 41 ist die Abschreibungsstrategie zweigeteilt. Zum einen findet eine einigermaßen konstante Abschreibung innerhalb der ersten fünf Jahre statt. Der Grund ist im Bausparvertrag des Schnelltarifs zu sehen, obwohl dieser nur einen Anteil von 5 % ausmacht. Jedoch wird die Liquiditätslage wegen der Hypothek bereits strapaziert. Der zweite und nicht geringe Teil der Abschreibung erfolgt im dreizehnten Jahr, also in dem Jahr, wo beide Eheparnter wieder einer Arbeit nachgehen. Trotz der sehr pessimistischen Zukunftslage kann sich hier der Steuerspareffekt nach wie vor durchsetzen.

Im Fall 62 setzt ebenfalls ein Steuerspareffekt ein, jedoch fällt dieser aus Liquiditätsgründen nicht in den rentableren Zeitpunkt elf, sondern in den Zeitraum sieben bis zehn, wo der Ehe- partner zumindest wieder halbtags beschäftigt ist. Die relativ konstante Verteilung der Abschreibungsbeträge läßt sich wiederum auf den Bausparvertrag und die Hypothek zurück- führen, die konstante Zahlungen nach sich ziehen.

Immobilienkosten Familien- und Berufsplanung	1 200.000 (243.400)	2 300.000 (365.200)
Normale Afa-Politik:	Fall 01:	Fall 02:
Afa-Betrag im 1. Jahr (t = 6)	12.172,38 DM	18.258,57 DM
Afa-Betrag im 2. Jahr (t = 7)	12.172,38 DM	18.258,57 DM
Afa-Betrag im 3. Jahr (t = 8)	12.172,38 DM	18.258,57 DM
Afa-Betrag im 4. Jahr (t = 9)	12.172,38 DM	18.258,57 DM
Afa-Betrag im 5. Jahr (t = 10)	10.143,65 DM	15.215,47 DM
Afa-Betrag im 6. Jahr (t = 11)	10.143,65 DM	15.215,47 DM
Afa-Betrag im 7. Jahr (t = 12)	10.143,65 DM	15.215,47 DM
Afa-Betrag im 8. Jahr (t = 13)	10.143,65 DM	15.215,47 DM
1. Fall: (Kinderloses Ehepaar)	Fall 11:	Fall 12:
Afa-Betrag im 1. Jahr (t = 6)	12.172,00 DM	18.259,00 DM
Afa-Betrag im 2. Jahr (t = 7)	12.173,00 DM	18.258,00 DM
Afa-Betrag im 3. Jahr (t = 8)	10.800,00 DM	18.259,00 DM
Afa-Betrag im 4. Jahr (t = 9)	10.919,00 DM	18.258,00 DM
Afa-Betrag im 5. Jahr (t = 10)	10.800,00 DM	15.216,00 DM
Afa-Betrag im 6. Jahr (t = 11)	10.800,00 DM	15.215,00 DM
Afa-Betrag im 7. Jahr (t = 12)	10.800,00 DM	15.216,00 DM
Afa-Betrag im 8. Jahr (t = 13)	10.800,00 DM	15.215,00 DM
3. Fall: (Ehepaar mit zwei KI)	Fall 31:	Fall 32:
BE halbt.: t = 14; BE ganzt: t = 24		
Afa-Betrag im 1. Jahr (t = 6)	12.172,00 DM	keine Lösung
Afa-Betrag im 2. Jahr (t = 7)	12.173,00 DM	
Afa-Betrag im 3. Jahr (t = 8)	12.172,00 DM	
Afa-Betrag im 4. Jahr (t = 9)	12.173,00 DM	
Afa-Betrag im 5. Jahr (t = 10)	10.143,00 DM	
Afa-Betrag im 6. Jahr (t = 11)	10.144,00 DM	
Afa-Betrag im 7. Jahr (t = 12)	10.143,00 DM	
Afa-Betrag im 8. Jahr (t = 13)	10.144,00 DM	
4. Fall: (Ehepaar mit zwei KI)	Fall 41:	Fall 42:
BE halbt.: t = 9; BE ganzt: t = 13		
Afa-Betrag im 1. Jahr (t = 6)	12.172,00 DM	keine Lösung
Afa-Betrag im 2. Jahr (t = 7)	12.173,00 DM	
Afa-Betrag im 3. Jahr (t = 8)	12.172,00 DM	
Afa-Betrag im 4. Jahr (t = 9)	11.516,00 DM	
Afa-Betrag im 5. Jahr (t = 10)	10.800,00 DM	
Afa-Betrag im 6. Jahr (t = 11)	-	
Afa-Betrag im 7. Jahr (t = 12)	-	
Afa-Betrag im 8. Jahr (t = 13)	30.431,00 DM	
5. Fall: (Ehepaar mit zwei KI)	Fall 51:	Fall 52:
BE halbt.: t = 19; BE ganzt: t = 29		
Afa-Betrag im 1. Jahr (t = 6)	12.172,00 DM	keine Lösung
Afa-Betrag im 2. Jahr (t = 7)	12.173,00 DM	
Afa-Betrag im 3. Jahr (t = 8)	10.800,00 DM	
Afa-Betrag im 4. Jahr (t = 9)	12.888,00 DM	
Afa-Betrag im 5. Jahr (t = 10)	10.800,00 DM	
Afa-Betrag im 6. Jahr (t = 11)	10.144,00 DM	
Afa-Betrag im 7. Jahr (t = 12)	10.143,00 DM	
Afa-Betrag im 8. Jahr (t = 13)	10.144,00 DM	

Tabelle 5.8: Optimale Abschreibungspolitik in Abhängigkeit der Familien- und Berufsplanung sowie der Immobilienkosten im schlechtesten Fall (Teil 1)

Immobilienkosten Familien- und Berufsplanung	1 200.000 (243.400)	2 300.000 (365.200)
6. Fall: (Ehepaar mit einem KI)	Fall 61:	Fall 62:
Afa-Betrag im 1. Jahr (t = 6)	12.172,00 DM	-
Afa-Betrag im 2. Jahr (t = 7)	12.173,00 DM	23.450,00 DM
Afa-Betrag im 3. Jahr (t = 8)	12.172,00 DM	21.600,00 DM
Afa-Betrag im 4. Jahr (t = 9)	11.516,00 DM	21.600,00 DM
Afa-Betrag im 5. Jahr (t = 10)	10.800,00 DM	21.600,00 DM
Afa-Betrag im 6. Jahr (t = 11)	10.144,00 DM	15.215,00 DM
Afa-Betrag im 7. Jahr (t = 12)	10.143,00 DM	15.216,00 DM
Afa-Betrag im 8. Jahr (t = 13)	10.144,00 DM	15.215,00 DM

Tabelle 5.8: Optimale Abschreibungspolitik in Abhängigkeit der Familien- und Berufsplanung sowie der Immobilienkosten im schlechtesten Fall (Teil 2)

c)   Die optimale Finanzierungspolitik im schlechtesten Fall

Im **unteren Kostensegment** verlängert sich die Tilgungsdauer im Vergleich zum möglichsten Fall in drei von fünf Fällen. So geschehen im Fall 31, 41 und 61, was in der Liquiditätslage wegen der frühen Kinder begründet liegt. In diesen Fällen ist man erst fünf Jahre später schuldenfrei. Im Fall keiner (Fall 11) oder spät geborener Kinder (Fall 51) bleibt die Tilgungszeit gleich lang.

Für den **mittleren Kostenbereich** tritt ein bemerkenswerter Fall ein. Wünscht sich das Paar frühzeitig ein Kind (Fall 62), so verlängert sich auch hier die Tilgungszeit um fünf Jahre. Die schuldenfreie Zeit beginnt erst im 26. Jahr. Handelt es sich jedoch um ein kinderloses Ehepaar, dann verkürzt sich die Tilgungszeit um fünf Jahre. Man ist bereits nach zehn Jahren schuldenfrei. Der Grund liegt am geänderten Finanzierungsprogramm, da die Lebensversicherung als Finanzierungsinstrument im schlechtesten Fall herausfällt.

Daß die Finanzlage im schlechtesten Fall erheblich angespannter ist, zeigen auch die Prolongationen der Hypotheken. Im Gegensatz zum möglichsten Fall wird im Fall 31 und 72 auch auf zehnjährige Zinsbindungsfristen zurückgegriffen. Sie verlängern damit, wie oben schon erwähnt, die Tilgungszeit.

5.1.3.   Der beste Fall

Für den besten Fall gilt das Gegenteil vom schlechtesten Fall. Wir haben es in der Ansparphase mit einem hohen und in der Finanzierungsphase mit einem niedrigen Zinsniveau zu tun.

Genauso drehen sich die Entwicklungen für die anderen unsicheren Größen um. Die verwendeten Daten können wieder den Tabellen 5.1 bis 5.3 entnommen werden. Wie bereits aus den anderen Fällen bekannt, findet eine getrennte Analyse nach dem optimalen Finanzierungsprogramm, der optimalen Abschreibungsstrategie und der optimalen Finanzierungspoltik statt.

a)   Das optimale Finanzierungsprogramm im besten Fall

Auffällig ist zunächst einmal, daß alle achtzehn untersuchten Fälle im besten Fall finanzierbar sind. Des weiteren ergibt es keinen Unterschied, ob der Ehepartner nach der Geburt von zwei Kindern spät oder aber überhaupt nicht mehr arbeiten geht, egal welcher der betrachteten Kostenbereiche relevant ist (vgl. die Fälle 21 bis 33). Weiterhin fällt auf, daß die Bedeutung des Bausparvertrages und der Lebensversicherung abgenommen hat. Ganz besonders gilt dies für den Bausparvertrag, der im unteren und mittleren Kostenbereich nicht mehr zu finden ist und im oberen Bereich lediglich einen bescheidenen Anteil von 9-15 % ausmacht, womit er nur noch einen nachrangigen Finanzierungscharakter aufweist. Der sehr hohe Anteil der Bausparfinanzierung für die Fälle 11 und 51 im möglichsten Fall wird komplett durch die Kombination Geldanlage und Hypothek substituiert. Überhaupt ist in allen Fällen eine Zunahme dieser Kombination festzustellen.

Im **unteren Kostensegment** ist für alle Fälle das gleiche Programm optimal, wenn man von kleinen Nuancen in der Höhe der Anteile einmal absieht. Zu 86 bzw. 87 % ist die Geldanlage-Hypotheken-Kombination an der Gesamtfinanzierung beteiligt. Die Eigenkapitalquote steigt im Vergleich zum möglichsten Fall um ca. 10 Prozentpunkte an.

Im **mittleren Kostensegment** ergibt sich ein zweigeteiltes Bild. Im Fall nach wie vor hoher Liquidität bleibt es bei der bewährten Kombination aus Geldanlage und Hypothek (Fall 12 und 52). Für die Fälle mit geringerer Liquidität stößt die Lebensversicherung als weiteres Finanzierungsinstrument zu dem Duo dazu (Fall 32, 42 und 62). Die Eigenkapitalquote steigt auch hier an, jedoch nur um ca. 8 Prozentpunkte.

Im **oberen Kostensegment** kommt ohne die Lebensversicherung kein Programm mehr aus. Die führende Position nimmt aber weiterhin die Hypothek ein. Bemerkenswert ist auch die volle Ausnutzung der Beleihungsgrenze für die Hypothek und die Lebensversicherung von 60 % in allen Fällen. Dies spricht wiederum gegen den Bausparvertrag, da er hier nur noch eine Lückenbüßerfunktion einnimmt. Ein Vergleich der Eigenkapitalquoten wird etwas schwierig, da im möglichsten Fall lediglich zwei optimale Lösungen existieren. An dieser Stelle läßt sich aber auch eine Abnahme der Quote vorhersagen, die mit 3-6 Prozentpunkten am geringsten von allen drei Kostenbereichen ausfällt.

Familien- und Berufsplanung	Immobilienkosten 1 200.000 (231.900)	Immobilienkosten 2 300.000 (347.800)	Immobilienkosten 3 400.000 (463.700)
1. Kinderloses Ehepaar: beide berufstätig	**Fall 11:** Z = 3,00 Mio EK-Quote = 74 %	**Fall 12:** Z = 2,77 Mio EK-Quote = 49 %	**Fall 13:** Z = 2,49 Mio EK-Quote = 34 %
	EF 2% EL 12% HY(2) 24% GA 62%	EL 8% EF 2% GA 41% HY(2) 49%	BS(9) 15% EL 5% EF 1% HY(2) 31% GA 23% LV(3) 25%
2. Ehepaar mit zwei Kindern: 1.Kind: t = 5 2.Kind: t = 7 Berufseinstieg: halbt.: nein ganzt: nein	**Fall 21:** Z = 2,16 Mio EK-Quote = 73 %	**Fall 22:** Z = 1,90 Mio EK-Quote = 46 %	**Fall 23:** Z = 1,56 Mio EK-Quote = 34 %
	EL 11% EF 2% HY(2) 25% GA 62%	EL 7% EF 2% HY(2) 17% GA 41% LV(3) 33%	LV(9) 17% EL 4% HY(1) 40% BS(9) 16% GA 23%
3. Ehepaar mit zwei Kindern: 1.Kind: t = 5 2.Kind: t = 7 Berufseinstieg: halbt.: t = 14 ganzt: t = 24	**Fall 31:** Z = 2,16 Mio Z = 1,90 Mio EK-Quote = 73 %	**Fall 32:** Z = 1,90 Mio EK-Quote = 46 %	**Fall 33:** Z = 1,56 Mio EK-Quote = 34 %
	EL 11% EF 2% HY(2) 25% GA 62%	EL 7% EF 2% HY(2) 17% GA 41% LV(3) 33%	LV(9) 17% EL 4% HY(1) 40% BS(9) 16% GA 23%

Tabelle 5.9: Optimale Finanzierungsprogramme in Abhängigkeit der Familien- und Berufsplanung sowie der Immobilienkosten im besten Fall (Teil 1)

FuB-planung	Immobilienkosten 1	Immobilienkosten 2	Immobilienkosten 3
4. Ehepaar mit **zwei Kindern:** 1.Kind: t = 5 2.Kind: t = 7 Berufseinstieg: halbt.: t = 9 ganzt: t = 13	Fall 41: Z = 2,52 Mio EK-Quote = 73 %	Fall 42: Z = 2,27 Mio EK-Quote = 46 %	Fall 43: Z = 1,96 Mio EK-Quote = 35 %
5. Ehepaar mit **zwei Kindern:** 1.Kind: t = 10 2.Kind: t = 12 Berufseinstieg: halbt.: t = 19 ganzt: t = 29	Fall 51: Z = 2,14 Mio EK-Quote = 74 %	Fall 52: Z = 1,90 Mio EK-Quote = 49 %	Fall 53: Z = 1,63 Mio EK-Quote = 34 %
6. Ehepaar mit **einem Kind:** 1.Kind: t = 5 Berufseinstieg: halbt.: t = 7 ganzt: t = 11	Fall 61: Z = 2,74 Mio EK-Quote = 73 %	Fall 62: Z = 2,50 Mio EK-Quote = 47 %	Fall 63: Z = 2,19 Mio EK-Quote = 34 %

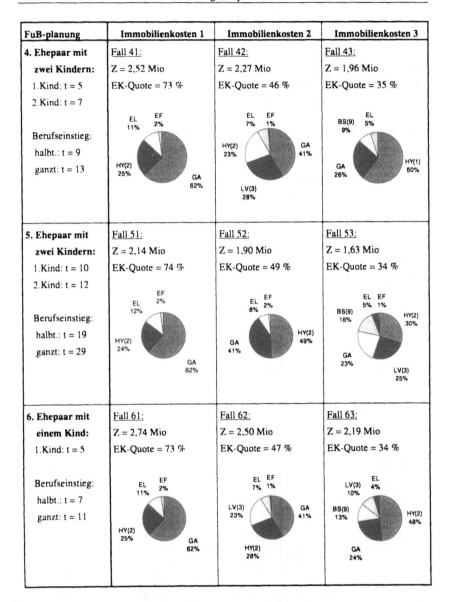

Tabelle 5.9: Optimale Finanzierungsprogramme in Abhängigkeit der Familien- und
Berufsplanung sowie der Immobilienkosten im besten Fall (Teil 2)

b)   Die optimale Abschreibungspolitik im besten Fall

Im besten Fall geht die Tendenz zur Verschiebung der Abschreibungsbeträge zeitlich gesehen nach hinten, wie Tabelle 5.10 entnommen werden kann. Der Steuerspareffekt nimmt damit ein viel größeres Gewicht bei der Abschreibungsstrategie als im möglichsten Fall ein. Dies ist auch leicht verständlich, wenn man sich das niedrigere Zinsniveau innerhalb der Finanzierungsphase vergegenwärtigt. Der Zinseffekt verliert damit erheblich an Bedeutung. Besonders deutlich wird dies in allen Fällen mit geringen Immobilienkosten und darüber hinaus in den Fällen 12, 42 und 62. Lediglich in zwei von achtzehn Fällen läßt sich eine Normalabschreibung feststellen. Dies trifft wiederum auf Situationen zu, wo die Liquidität äußerst angespannt ist, wie bei einem Ehepaar mit zwei Kindern, ohne oder mit spätem Berufseinstieg und höchster Kostenkategorie (Fall 23 und 33).

Immobilienkosten Familien- und Berufsplanung	1 200.000 (220.700)	2 300.000 (331.100)	3 400.000 (441.400)
Normale Afa-Politik:	Fall 01:	Fall 02:	Fall 03:
Afa-Betrag im 1. Jahr (t = 6)	11.035,61 DM	16.553,41 DM	19.800,00 DM
Afa-Betrag im 2. Jahr (t = 7)	11.035,61 DM	16.553,41 DM	19.800,00 DM
Afa-Betrag im 3. Jahr (t = 8)	11.035,61 DM	16.553,41 DM	19.800,00 DM
Afa-Betrag im 4. Jahr (t = 9)	11.035,61 DM	16.553,41 DM	19.800,00 DM
Afa-Betrag im 5. Jahr (t = 10)	9.196,34 DM	13.794,51 DM	16.500,00 DM
Afa-Betrag im 6. Jahr (t = 11)	9.196,34 DM	13.794,51 DM	16.500,00 DM
Afa-Betrag im 7. Jahr (t = 12)	9.196,34 DM	13.794,51 DM	16.500,00 DM
Afa-Betrag im 8. Jahr (t = 13)	9.196,34 DM	13.794,51 DM	16.500,00 DM
1. Fall: (Kinderloses Ehepaar)	Fall 11:	Fall 12:	Fall 13:
Afa-Betrag im 1. Jahr (t = 6)	-	-	
Afa-Betrag im 2. Jahr (t = 7)	-	-	10.800,00 DM
Afa-Betrag im 3. Jahr (t = 8)	-	-	21.600,00 DM
Afa-Betrag im 4. Jahr (t = 9)	5.328,00 DM	10.800,00 DM	30.900,00 DM
Afa-Betrag im 5. Jahr (t = 10)	10.800,00 DM	21.600,00 DM	32.400,00 DM
Afa-Betrag im 6. Jahr (t = 11)	21.600,00 DM	24.192,00 DM	11.400,00 DM
Afa-Betrag im 7. Jahr (t = 12)	21.600,00 DM	32.400,00 DM	21.600,00 DM
Afa-Betrag im 8. Jahr (t = 13)	21.600,00 DM	32.400,00 DM	16.500,00 DM
2. Fall: (Ehepaar mit zwei KI) BE halbt.: nein; BE ganzt: nein	Fall 21:	Fall 22:	Fall 23:
Afa-Betrag im 1. Jahr (t = 6)	-	4.857,68 DM	19.800,00 DM
Afa-Betrag im 2. Jahr (t = 7)	-	10.800,00 DM	19.800,00 DM
Afa-Betrag im 3. Jahr (t = 8)	10.800,00 DM	21.150,00 DM	19.800,00 DM
Afa-Betrag im 4. Jahr (t = 9)	10.800,00 DM	21.600,00 DM	19.800,00 DM
Afa-Betrag im 5. Jahr (t = 10)	10.800,00 DM	21.600,00 DM	16.500,00 DM
Afa-Betrag im 6. Jahr (t = 11)	21.600,00 DM	13.795,00 DM	16.500,00 DM
Afa-Betrag im 7. Jahr (t = 12)	16.128,00 DM	13.794,00 DM	16.500,00 DM
Afa-Betrag im 8. Jahr (t = 13)	10.800,00 DM	13.795,00 DM	16.500,00 DM

Tabelle 5.10: Optimale Abschreibungspolitik in Abhängigkeit der Familien- und Berufsplanung sowie der Immobilienkosten im besten Fall (Teil 1)

Immobilienkosten Familien- und Berufsplanung	1 200.000 (220.700)	2 300.000 (331.100)	3 400.000 (441.400)
3. Fall: (Ehepaar mit zwei KI) BE halbt.: t = 14; BE ganzt: t = 24	Fall 31:	Fall 32:	Fall 33:
Afa-Betrag im 1. Jahr (t = 6)	-	4.857,68 DM	19.800,00 DM
Afa-Betrag im 2. Jahr (t = 7)	-	10.800,00 DM	19.800,00 DM
Afa-Betrag im 3. Jahr (t = 8)	10.800,00 DM	21.150,00 DM	19.800,00 DM
Afa-Betrag im 4. Jahr (t = 9)	10.800,00 DM	21.600,00 DM	19.800,00 DM
Afa-Betrag im 5. Jahr (t = 10)	10.800,00 DM	21.600,00 DM	16.500,00 DM
Afa-Betrag im 6. Jahr (t = 11)	21.600,00 DM	13.795,00 DM	16.500,00 DM
Afa-Betrag im 7. Jahr (t = 12)	16.128,00 DM	13.794,00 DM	16.500,00 DM
Afa-Betrag im 8. Jahr (t = 13)	10.800,00 DM	13.795,00 DM	16.500,00 DM
4. Fall: (Ehepaar mit zwei KI) BE halbt.: t = 9; BE ganzt: t = 13	Fall 41:	Fall 42:	Fall 43:
Afa-Betrag im 1. Jahr (t = 6)	-	-	19.800,00 DM
Afa-Betrag im 2. Jahr (t = 7)	-	-	18.692,65 DM
Afa-Betrag im 3. Jahr (t = 8)	-	-	-
Afa-Betrag im 4. Jahr (t = 9)	-	21.600,00 DM	21.600,00 DM
Afa-Betrag im 5. Jahr (t = 10)	-	21.600,00 DM	31.107,35 DM
Afa-Betrag im 6. Jahr (t = 11)	10.800,00 DM	10.800,00 DM	-
Afa-Betrag im 7. Jahr (t = 12)	5.328,00 DM	2.592,00 DM	-
Afa-Betrag im 8. Jahr (t = 13)	64.800,00 DM	64.800,00 DM	54.000,00 DM
5. Fall: (Ehepaar mit zwei KI) BE halbt.: t = 19; BE ganzt: t = 29	Fall 51:	Fall 52:	Fall 53:
Afa-Betrag im 1. Jahr (t = 6)	-	-	-
Afa-Betrag im 2. Jahr (t = 7)	-	10.800,00 DM	10.800,00 DM
Afa-Betrag im 3. Jahr (t = 8)	10.800,00 DM	15.208,00 DM	21.600,00 DM
Afa-Betrag im 4. Jahr (t = 9)	20.939,00 DM	21.600,00 DM	30.900,00 DM
Afa-Betrag im 5. Jahr (t = 10)	21.600,00 DM	32.400,00 DM	32.400,00 DM
Afa-Betrag im 6. Jahr (t = 11)	9.196,00 DM	13.795,00 DM	16.500,00 DM
Afa-Betrag im 7. Jahr (t = 12)	9.196,00 DM	13.794,00 DM	16.500,00 DM
Afa-Betrag im 8. Jahr (t = 13)	9.197,00 DM	13.795,00 DM	16.500,00 DM
6. Fall: (Ehepaar mit einem KI)	Fall 61:	Fall 62:	Fall 63:
Afa-Betrag im 1. Jahr (t = 6)	-	-	16.385,99 DM
Afa-Betrag im 2. Jahr (t = 7)	-	-	11.662,37 DM
Afa-Betrag im 3. Jahr (t = 8)	-	-	-
Afa-Betrag im 4. Jahr (t = 9)	-	-	9.151,64 DM
Afa-Betrag im 5. Jahr (t = 10)	-	-	10.800,00 DM
Afa-Betrag im 6. Jahr (t = 11)	21.600,00 DM	34.992,00 DM	32.400,00 DM
Afa-Betrag im 7. Jahr (t = 12)	32.400,00 DM	43.200,00 DM	32.400,00 DM
Afa-Betrag im 8. Jahr (t = 13)	26.928,00 DM	43.200,00 DM	32.400,00 DM

Tabelle 5.10: Optimale Abschreibungspolitik in Abhängigkeit der Familien- und Berufsplanung sowie der Immobilienkosten im besten Fall (Teil 2)

Ganz ohne Bedeutung ist der Zinseffekt jedoch im besten Fall auch nicht, wie die verstärkte Abschreibung in den Zeitpunkten neun und zehn bei den Fällen 13, 42, 43, 51, 52 und 53 zeigt. Hier nehmen die Sondertilgungsmöglichkeiten insbesondere für die Hypothek direkten Einfluß auf die Abschreibungspolitik. Abschließend sei noch einmal darauf hingewiesen, daß die Inanspruchnahme der Steuerverschiebung direkt abhängig von der jeweiligen Liquiditätslage ist, wie aus den Fällen mit höchsten Kosten ersichtlich wird.

c)   Die optimale Finanzierungspolitik im besten Fall

Bei optimistischster Zukunftslage verringert sich in der Regel die Tilgungsdauer. Für den **unteren Kostenbereich** trifft dies auf die Fälle 21 und 31 zu. Sie sind bereits fünf Jahre eher schuldenfrei. Bei den übrigen Fällen ändert sich diesbezüglich nichts.

Im **mittleren Kostenbereich** sind dagegen deutliche Verkürzungen der Tilgungsdauer festzustellen. Im Fall 22 halbiert sich diese Zeit auf fünfzehn Jahre. In den Fällen 12 und 52 gilt entsprechendes. Dort ist man bereits nach zehn Jahren schuldenfrei. Eine Reduzierung der Tilgungszeit um fünf Jahre kann immerhin noch im Fall 32 registriert werden.

Im **oberen Kostenbereich** bleibt die Tilgungsdauer für den Fall des kinderlosen Ehepaares konstant (Fall 13), und im Fall 53 sinkt sie um 15 Jahre. Die zum Teil erhebliche Verkürzung der Tilgungszeiten erklärt sich durch die Lebensversicherungen, die im besten Fall eine geringere Beachtung erfahren. So fehlen beispielsweise die Lebensversicherungen mit einer Laufzeit von dreißig Jahren in den optimalen Programmen der Fälle 22 und 53, auf die im möglichsten Fall noch zurückgegriffen wurde. Eine Verringerung der Tilgungsdauer um 15 Jahre wird damit möglich.

5.1.4.   Zusammenfassung

Wie die obigen Fälle gezeigt haben, gibt es kein allgemeingültiges optimales Finanzierungsprogramm. Vielmehr ist die optimale Kombination der Finanzierungsinstrumente von verschiedenen Kriterien abhängig. Neben der allgemeinen Finanz- und Wirtschaftsentwicklung nimmt die individuelle Planung einen großen Einfluß auf das Ergebnis. Dies betrifft insbesondere die Familien- und die damit einhergehende Berufsplanung sowie die Planung des Immobilienobjektes, die über die finanziellen Ressourcen direkt in die Optimierungsrechnung eingehen. Je enger die Liquiditätssituation ist, sei es durch den Kinderwunsch oder den Berufswiedereinstiegszeitpunkt oder durch die Kosten der Immobilie, desto weniger wird das Programm rentabilitätsorientiert sein. Die Hypothek bzw. die Lebensversicherung ersetzt dann mehr und mehr den Bausparvertrag.

Betrachtet man die Entwicklung der wichtigen Finanzmarkt- und Wirtschaftsdaten, dann wird der Bausparvertrag im schlechtesten Fall präferiert, im besten Fall überwiegt dagegen die Geldanlage-Hypothek-Kombination. Auch diese Programme werden sehr stark über die zur Verfügung stehende Liquidität beeinflußt. Dieses Liquiditätspotential ist jedoch mit großer Unsicherheit in Form von Unschärfe verbunden. Sie ist auf beinflußbare und weniger bein-flußbare Faktoren zurückzuführen. Zu dem beeinflußbaren Faktor zählt die Aufteilung des Nettoeinkommens für Konsum- und Sparzwecke, zu den nicht beeinflußbaren Faktoren gehört die allgemein konjunkturelle und die finanzmarkttechnische Entwicklung.

Als zweites Fazit läßt sich an dieser Stelle ziehen, daß man sich in Anlehnung an die Portfoliotheorie gegen Unsicherheiten dieser Art am besten durch eine Mischung der Finanzierungsinstrumente schützt. Die Frage, wie sich das optimale Mischungsverhältnis bestimmen läßt, soll uns später im Rahmen der possibilistischen Programmierung beschäf-tigen.

Zur optimalen Abschreibungsstrategie ist zu sagen, daß die Wahl der Abschreibungsbeträge ebenfalls von der allgemeinen Wirtschaftslage und der individuellen Planung bestimmt wird. Je günstiger die Finanzlage, desto stärker setzt sich der Steuerspar- bzw. Zinseffekt durch. Ist die Liquiditätslage dagegen angespannter, dann verlieren die beiden Effekte ihre Wirkung. Liegt eine sehr angespannte Liquiditätssituation vor, so wird von einer Steuerverschiebungs-möglichkeit gänzlich abgesehen.

Die verschiedenen Finanzierungsprogramme haben auch gezeigt, daß in jedem Fall Sonder-tilgungen, insbesondere bei der Hypothek nach Ablauf der Zinsbindungsfrist, vereinbart werden sollten.

5.2.   Lineare Fuzzy-Programmierung

Bisher sind wir stillschweigend davon ausgegangen, daß der Investor klare Vorstellungen über die Verteilung der zur Verfügung stehenden Finanzmittel besitzt. In unseren Beispiels-rechnungen sollte der potentielle Sparbetrag zu gleichen Teilen der Baufinanzierung und dem zusätzlichen Konsum zugute kommen. Besitzt der Investor jedoch a priori keine genauen Vorstellungen über seine Präferenzen, sondern kann sie nur vage formulieren, dann hat man es mit einem unscharfen Problem der Form

$$\max \ c^T x$$
$$Ax \overset{\sim}{\leq} b \qquad\qquad (3.4)$$
$$x \geq 0$$

zu tun, für das hier erstmals eine Lösung gefunden werden soll. Wie aus dem zweiten Kapitel bereits bekannt, bieten sich dafür verschiedene Verfahren der Fuzzy-Optimierung an. Hier soll auf die Verfahren von WERNERS und BRUNNER zurückgegriffen werden. Dazu ist es zunächst notwendig, für den Zielwert eine Zugehörigkeitsfunktion aufzustellen. Geht man vom einfachsten Fall der Linearität aus, so benötigt man dafür den minimalen und maximalen Wert. Aus Vereinfachungsgründen soll hier einmal davon ausgegangen werden, daß der Investor 50 bis 80 % des jährlich zur Verfügung stehenden Nettoeinkommens für die Bausparfinanzierung bereitstellen will. Der minimale Zielwert ergibt sich dann bei einem Einlagenanteil von 50 % und der maximale Wert bei 80 %. Die optimalen Lösungen bei einem Anteil von 50 % kennen wir bereits aus Kapitel 5.1. Die optimalen Programme bei einer Erhöhung des Einlagenpotentials müssen dagegen noch ermittelt werden. Deswegen soll zunächst im folgenden Abschnitt eine Lösung für die volle Überschreitung der Restriktionsgrenze ermittelt und die Auswirkungen der Einlagenerhöhung untersucht werden, um anschließend eine Lösung für die unscharf formulierten Restriktionsgrenzen zu finden. Dabei beschränken wir unsere Betrachtungen ausschließlich auf den uns bereits aus dem vorherigen Kapitel bekannten möglichsten Fall. Darüber hinaus sollen die Auswirkungen von Anspruchsniveaus der Ziele auf das optimale Programm nach einem Verfahren von BRUNNER analysiert werden.

5.2.1. Das Verfahren von Werners

Der maximale Zielwert ergibt sich, indem eine volle Überschreitung der Restriktionsgrenze in Höhe von p erlaubt wird. Dazu ist das folgende Problem zu lösen:

$$\max \ Z_{max} = c^T x$$
$$Ax \leq b + p \qquad\qquad (3.26b)$$
$$x \geq 0$$

In unserem Beispiel beträgt b 50 % und p 30 % des möglichen Einlagenpotentials. Der Zugehörigkeitswert für das Ziel der Endwertmaximierung liegt bei eins, der für die Einhaltung der Restriktionsgrenze dagegen bei null. Führt man für die verschiedenen, uns bereits bekannten Fälle die Optimierungsrechnungen durch, so erhält man die in Tabelle 5.11 aufgelisteten optimalen Baufinanzierungsprogramme.

Familien- und Berufsplanung	Immobilienkosten 1 200.000 (231.900)	Immobilienkosten 2 300.000 (347.800)	Immobilienkosten 3 400.000 (463.700)
1. Kinderloses Ehepaar: beide berufstätig	Fall 11: Z = 3,50 Mio EK-Quote = 96 %	Fall 12: Z = 3,23 Mio EK-Quote = 58 %	Fall 13: Z = 2,94 Mio EK-Quote = 45 %
2. Ehepaar mit zwei Kindern: 1.Kind: t = 5 2.Kind: t = 7 Berufseinstieg: halbt.: nein ganzt: nein	Fall 21: Z = 1,42 Mio EK-Quote = 94 %	Fall 22: Z = 1,12 Mio EK-Quote = 60 %	Fall 23: keine Lösung
3. Ehepaar mit zwei Kindern: 1.Kind: t = 5 2.Kind: t = 7 Berufseinstieg: halbt.: t = 14 ganzt: t = 24	Fall 31: Z = 2,20 Mio EK-Quote = 94 %	Fall 32: Z = 1,90 Mio EK-Quote = 60 %	Fall 33: Z = 1,51 Mio EK-Quote = 44 %

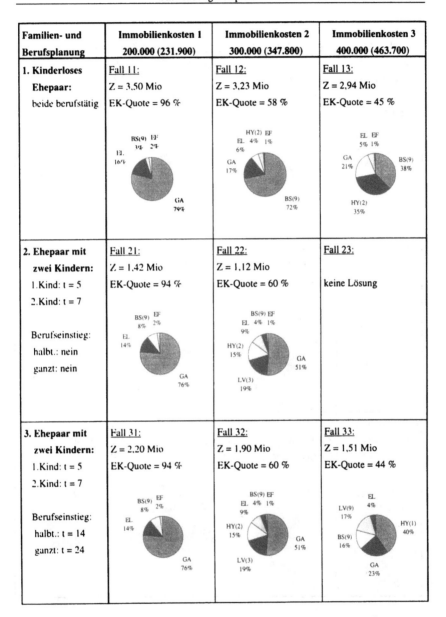

Tabelle 5.11: Optimale Finanzierungsprogramme im möglichsten Fall bei voller Überschreitung der Restriktionsgrenze (Teil 1)

FuB-planung	Immobilienkosten 1	Immobilienkosten 2	Immobilienkosten 3
4. Ehepaar mit zwei Kindern: 1.Kind: t = 5 2.Kind: t = 7 Berufseinstieg: halbt.: t = 9 ganzt: t = 13	Fall 41: Z = 2,65 Mio EK-Quote = 94 %	Fall 42: Z = 2,37 Mio EK-Quote = 62 %	Fall 43: Z = 2,00 Mio EK-Quote = 43 %
5. Ehepaar mit zwei Kindern: 1.Kind: t = 10 2.Kind: t = 12 Berufseinstieg: halbt.: t = 19 ganzt: t = 29	Fall 51: Z = 2,22 Mio EK-Quote = 96 %	Fall 52: Z = 1,95 Mio EK-Quote = 58 %	Fall 53: Z = 1,65 Mio EK-Quote = 45 %
6. Ehepaar mit einem Kind: 1.Kind: t = 5 Berufseinstieg: halbt.: t = 7 ganzt: t = 11	Fall 61: Z = 3,04 Mio EK-Quote = 94 %	Fall 62: Z = 2,76 Mio EK-Quote = 63 %	Fall 63: Z = 2,42 Mio EK-Quote = 44 %

Tabelle 5.11: Optimale Finanzierungsprogramme im möglichsten Fall bei voller Überschreitung der Restriktionsgrenze (Teil 2)

Betrachtet man zunächst die **untere Kostenkategorie**, so lassen sich nahezu keine großen Unterschiede zwischen den Programmen feststellen. Etwa drei Viertel der Gesamtfinanzierung werden über die Geldanlage finanziert. Ergänzt werden die Programme über kleine Bausparverträge. Die deutlich höheren Rücklagen während der Vorsparphase erlauben eine zu ca. 95 % eigenfinanzierte Lösung.

Bei **mittleren Immobilienkosten** in Höhe von 347.800 DM macht sich die unterschiedliche Familien- und Berufsplanung wieder bemerkbar. Im Fall einer kinderlosen Ehe (Fall 12) und bei Eheleuten mit zwei spät geborenen Kindern (Fall 52) nimmt der Bausparvertrag mit 72 bzw. 73 % eine dominierende Rolle innerhalb des Finanzierungsprogramms ein. In den anderen Fällen steht die Geldanlage mit 51 bis 53 % nach wie vor mit deutlichem Abstand auf Platz eins.

Die wichtigste Fremdfinanzierungsquelle stellt die Hypothek im Fall früher Kinder und frühem Berufseinstieg (Fall 42 und 62) mit 28 bzw. 35 % dar, wohingegen in den Fällen früher Kinder und spätem bzw. keinem Berufsneueinstieg (Fall 22 und 32) die Lebensversicherung und die Hypothek zu fast gleichen Teilen auftreten. Die Eigenkapitalquote liegt mit ca. 60 % auf einem sehr hohen Niveau.

Im **oberen Kostensegment** bleibt es im Prinzip bei der Dreieinteilung der Fälle. Für kinderlose Ehepaare (Fall 13) bzw. Paare mit zwei spät geborenen Kindern (Fall 53), die die *erste Gruppe* darstellen, teilen sich der Bausparvertrag und die Hypothek mit etwas mehr als einem Drittel die führende Position innerhalb des Programms. Auf dem dritten Rang folgt die Geldanlage, die mit rund einem Viertel auch noch ziemlich stark vertreten ist. Der Eigenfinanzierungsanteil kann mit 43 bis 45 % als recht hoch eingestuft werden.

Die Fälle 23 und 33 repräsentieren die *zweite Gruppe*. Im erstgenannten Fall gibt es keine und im zweiten Fall eine sehr kritische Lösung, was einerseits in der Hauptfinanzierungsquelle der Lebensversicherung und andererseits in der vollen Ausnutzung der Beleihungsgrenze für Lebensversicherung und Hypothek zum Ausdruck kommt.

In der *dritten Gruppe* (Fall 43 und 63) übernimmt die Geldanlage mit 40 % die führende Rolle, gefolgt von der Lebensversicherung mit 32 bzw. 35 % und der Hypothek mit 22 bzw. 18 %.

Im Vergleich zu den optimalen Programmen bei einer Einlage von 50 % des möglichen Potentials (vgl. Tabelle 5.5), also bei Einhaltung der Restriktionsgrenze, kann zunächst einmal festgestellt werden, daß die Geldanlage unabhängig von der Kostenkategorie und der Familien- und Berufsplanung ein erheblich größeres Gewicht innerhalb der Baufinanzierung erhält.

Dieser Effekt ist auch nicht besonders verwunderlich, da der Eigenanteil durch die höheren Rücklagen innerhalb der Ansparphase ansteigt. Zum anderen kann in den Fällen 12, 13, 22, 52 und 62 eine Abnahme der Lebensversicherung und eine Zunahme des Bausparvertrags in allen Fällen von 1 und 5 verzeichnet werden. Dies ist sicherlich auf die weniger angespannte Liquiditätslage innerhalb der Finanzierungsphase zurückzuführen, was sich wiederum durch

Immobilienkosten Familien- und Berufsplanung	1 200.000 (231.900)	2 300.000 (347.800)	3 400.000 (463.700)
Normale Afa-Politik:	Fall 01:	Fall 02:	Fall 03:
Afa-Betrag im 1. Jahr (t = 6)	11.592,85 DM	17.389,27 DM	19.800,00 DM
Afa-Betrag im 2. Jahr (t = 7)	11.592,85 DM	17.389,27 DM	19.800,00 DM
Afa-Betrag im 3. Jahr (t = 8)	11.592,85 DM	17.389,27 DM	19.800,00 DM
Afa-Betrag im 4. Jahr (t = 9)	11.592,85 DM	17.389,27 DM	19.800,00 DM
Afa-Betrag im 5. Jahr (t = 10)	9.660,71 DM	14.491,06 DM	16.500,00 DM
Afa-Betrag im 6. Jahr (t = 11)	9.660,71 DM	14.491,06 DM	16.500,00 DM
Afa-Betrag im 7. Jahr (t = 12)	9.660,71 DM	14.491,06 DM	16.500,00 DM
Afa-Betrag im 8. Jahr (t = 13)	9.660,71 DM	14.491,06 DM	16.500,00 DM
1. Fall: (Kinderloses Ehepaar)	Fall 11:	Fall 12:	Fall 13:
Afa-Betrag im 1. Jahr (t = 6)	-	8.721,00 DM	10.800,00 DM
Afa-Betrag im 2. Jahr (t = 7)	-	10.800,00 DM	10.800,00 DM
Afa-Betrag im 3. Jahr (t = 8)	10.800,00 DM	10.800,00 DM	21.600,00 DM
Afa-Betrag im 4. Jahr (t = 9)	10.800,00 DM	10.800,00 DM	21.600,00 DM
Afa-Betrag im 5. Jahr (t = 10)	10.800,00 DM	21.600,00 DM	30.900,00 DM
Afa-Betrag im 6. Jahr (t = 11)	21.600,00 DM	21.600,00 DM	16.500,00 DM
Afa-Betrag im 7. Jahr (t = 12)	20.214,20 DM	21.600,00 DM	16.500,00 DM
Afa-Betrag im 8. Jahr (t = 13)	10.800,00 DM	21.600,00 DM	16.500,00 DM
2. Fall: (Ehepaar mit zwei KI) BE halbt.: nein; BE ganzt: nein	Fall 21:	Fall 22:	Fall 23:
Afa-Betrag im 1. Jahr (t = 6)	10.553,50 DM	3.020,64 DM	keine Lösung
Afa-Betrag im 2. Jahr (t = 7)	10.800,00 DM	16.227,36 DM	
Afa-Betrag im 3. Jahr (t = 8)	10.800,00 DM	21.600,00 DM	
Afa-Betrag im 4. Jahr (t = 9)	10.800,00 DM	21.600,00 DM	
Afa-Betrag im 5. Jahr (t = 10)	10.800,00 DM	21.600,00 DM	
Afa-Betrag im 6. Jahr (t = 11)	10.800,00 DM	14.491,00 DM	
Afa-Betrag im 7. Jahr (t = 12)	10.800,00 DM	14.491,00 DM	
Afa-Betrag im 8. Jahr (t = 13)	9.660,70 DM	14.491,00 DM	
3. Fall: (Ehepaar mit zwei KI) BE halbt.: t = 14; BE ganzt: t = 24	Fall 31:	Fall 32:	Fall 33:
Afa-Betrag im 1. Jahr (t = 6)	10.553,50 DM	3.020,65 DM	7.200,00 DM
Afa-Betrag im 2. Jahr (t = 7)	10.800,00 DM	16.227,36 DM	32.400,00 DM
Afa-Betrag im 3. Jahr (t = 8)	10.800,00 DM	21.600,00 DM	19.800,00 DM
Afa-Betrag im 4. Jahr (t = 9)	10.800,00 DM	21.600,00 DM	19.800,00 DM
Afa-Betrag im 5. Jahr (t = 10)	10.800,00 DM	21.600,00 DM	16.500,00 DM
Afa-Betrag im 6. Jahr (t = 11)	10.800,00 DM	14.491,00 DM	16.500,00 DM
Afa-Betrag im 7. Jahr (t = 12)	10.800,00 DM	14.491,00 DM	16.500,00 DM
Afa-Betrag im 8. Jahr (t = 13)	9.660,70 DM	14.491,00 DM	16.500,00 DM

Tabelle 5.12: Optimale Abschreibungspolitik in Abhängigkeit der Familien- und Berufsplanung sowie der Immobilienkosten im möglichsten Fall bei voller Überschreitung der Restriktionsgrenze (Teil 1)

FuB\ Immobilienkosten	1	2	3
4. Fall: (Ehepaar mit zwei KI)	Fall 41:	Fall 42:	Fall 43:
BE halbt.: t = 9; BE ganzt: t = 13			
Afa-Betrag im 1. Jahr (t = 6)	-	-	7.200,00 DM
Afa-Betrag im 2. Jahr (t = 7)	-	-	32.400,00 DM
Afa-Betrag im 3. Jahr (t = 8)	-	-	19.800,00 DM
Afa-Betrag im 4. Jahr (t = 9)	-	32.400,00 DM	14.700,00 DM
Afa-Betrag im 5. Jahr (t = 10)	9.414,20 DM	43.200,00 DM	21.600,00 DM
Afa-Betrag im 6. Jahr (t = 11)	10.800,00 DM	-	-
Afa-Betrag im 7. Jahr (t = 12)	10.800,00 DM	-	-
Afa-Betrag im 8. Jahr (t = 13)	54.000,00 DM	51.921,00 DM	49.500,00 DM
5. Fall: (Ehepaar mit zwei KI)	Fall 51:	Fall 52:	Fall 53:
BE halbt.: t = 19; BE ganzt: t = 29			
Afa-Betrag im 1. Jahr (t = 6)	2.032,10 DM	10.800,00 DM	10.343,76 DM
Afa-Betrag im 2. Jahr (t = 7)	10.800,00 DM	10.800,00 DM	10.800,00 DM
Afa-Betrag im 3. Jahr (t = 8)	10.800,00 DM	19.248,20 DM	21.600,00 DM
Afa-Betrag im 4. Jahr (t = 9)	10.800,00 DM	21.600,00 DM	21.600,00 DM
Afa-Betrag im 5. Jahr (t = 10)	21.600,00 DM	21.600,00 DM	31.356,24 DM
Afa-Betrag im 6. Jahr (t = 11)	9.660,70 DM	14.491,00 DM	16.500,00 DM
Afa-Betrag im 7. Jahr (t = 12)	9.660,70 DM	14.490,80 DM	16.500,00 DM
Afa-Betrag im 8. Jahr (t = 13)	9.660,70 DM	14.491,00 DM	16.500,00 DM
6. Fall: (Ehepaar mit einem KI)	Fall 61:	Fall 62:	Fall 63:
Afa-Betrag im 1. Jahr (t = 6)	-	-	-
Afa-Betrag im 2. Jahr (t = 7)	-	-	10.800,00 DM
Afa-Betrag im 3. Jahr (t = 8)	-	-	21.600,00 DM
Afa-Betrag im 4. Jahr (t = 9)	-	-	21.600,00 DM
Afa-Betrag im 5. Jahr (t = 10)	-	-	21.600,00 DM
Afa-Betrag im 6. Jahr (t = 11)	32.400,00 DM	43.200,00 DM	26.400,00 DM
Afa-Betrag im 7. Jahr (t = 12)	31.014,00 DM	43.200,00 DM	21.600,00 DM
Afa-Betrag im 8. Jahr (t = 13)	21.600,00 DM	41.121,00 DM	21.600,00 DM

Tabelle 5.12: Optimale Abschreibungspolitik in Abhängigkeit der Familien- und Berufsplanung sowie der Immobilienkosten im möglichsten Fall bei voller Überschreitung der Restriktionsgrenze (Teil 2)

die höheren Einlagen erklären läßt. Im Fall 62 ist dagegen ein Rückgang des Bausparanteils zu erkennen. Die Erklärung dafür findet sich in der Zunahme der Hypothek, die im Zusammenspiel mit der Geldanlage liquiditätsbelastend wirkt. Die Fälle 33, 43 und 63 zeigen jedoch, daß die Lebensversicherung nach wie vor ein wichtiges Finanzierungsinstrument darstellt. Mit ihrer Hilfe können nun Lösungen gefunden werden.

Die Überschreitung der Restriktionsgrenze in Form höherer Einlagen erlaubt folglich die Realisierung eines teureren Objekts, andererseits finden sich, wie die Zielwerte verdeutlichen, für Immobilien mit gleicher Kostenstruktur rentablere Lösungen. Dieser Vorteil wird jedoch über einen dauerhaften Konsumverzicht während der Finanzierungsphase erkauft. Dieser

maximal erlaubte Verzicht wird vom Investor mit einem Zufriedenheitswert von null
bewertet.

Bevor mit Hilfe der Fuzzy-Optimierung eine Kompromißlösung erzeugt wird, soll zuvor ein
kurzer Blick auf die Abschreibungspolitik bei maximaler Überschreitung der Restriktionsgrenze geworfen werden. Wie ersichtlich, weist die Tabelle 5.12 einige Änderungen im Vergleich zur Tabelle 5.6 auf. Die Abschreibungsbeträge in Fällen erhöhter Bausparverträge
verlagern sich nach vorne (Fall 12, 52, 21 und 31). Eine verstärkte steuersparende Abschreibungsstrategie läßt sich in den Fällen 41, 42 und 62 feststellen. Die Hauptabschreibungs-
beträge fallen noch stärker als zuvor in die Zeit des Wiederberufseinstiegs. Eine unveränderte
Abschreibungspolitik ist in den Fällen 11, 52 und 61 zu verzeichnen. Die hohen Abschreibungen im Zeitpunkt sieben in den Fällen 33 und 43 sind auf den hohen Anteil der Lebensversicherung mit steuersparender Disagiovariante zurückzuführen. Die erhöhte Abschreibung
im Zeitpunkt 10 im Fall 13 läßt sich mit dem erhöhten Anteil der Hypothek erklären.

Wie eben gesehen, hängt das optimale Finanzierungsprogramm nicht nur von der Kostenstruktur der Immobilie sowie von der Familien- und Berufsplanung, sondern auch von der
Bereitschaft zu allgemeinem Konsumverzicht ab, der sich über die Höhe der Einlage steuern
läßt. Gibt der Investor diese Einlage als unscharfe Größe an, dann kann mit Hilfe des Verfahrens von WERNERS eine Lösung ermittelt werden, die sich als Kompromiß zwischen den
beiden Extremwerten Z_{min} und Z_{max} versteht. Nach Berechnung dieser Werte läßt sich ein
lineares Ersatzmodell der Form

$$\max \gamma$$
$$(Z_{max} - Z_{min})\gamma - c^T x \leq -Z_{min}$$
$$p_i \gamma + a_i^T x \leq b_i + p_i$$
$$\gamma \leq 1$$
$$\gamma \geq 0$$
$$x \geq 0$$

$$(3.27)$$

aufstellen, bei dem statt des Vermögensendwertes die Gesamtzufriedenheit γ maximiert wird.
Im folgenden soll lediglich für die mittlere Kostenkategorie eine Kompromißlösung gesucht
werden. In der Tabelle 5.13 sind die Extremzielwertlösungen und die Kompromißlösung Z_{fuz}
für die verschiedenen Fälle gegenübergestellt. Als Kompromißlösung erwartet man im Prinzip
ein Programm, das von der Struktur her der Minimal- bzw Maximallösung ähnelt und vom
Volumen her einen Mittelwert zwischen diesen Extremlösungen bildet.

Familien- und Berufsplanung	Minimallösung[*]	Maximallösung[**]	Fuzzy-Lösung nach WERNERS
1. Kinderloses Ehepaar: beide berufstätig	Fall 12: Z_{min} = 1,73 Mio EK-Quote = 41 %	Fall 12: Z_{max} = 3,23 Mio EK-Quote = 58 %	Fall 12: Z_{fuz} = 2,94 Mio EK-Quote = 50 % γ = 50,27 %
2. Ehepaar mit zwei Kindern: 1.Kind: t = 5 2.Kind: t = 7 Berufseinstieg: halbt.: nein ganzt: nein	Fall 22: Z_{min} = 0,28 Mio EK-Quote = 40 %	Fall 22: Z_{max} = 1,12 Mio EK-Quote = 60 %	Fall 22: Z_{fuz} = 0,72 Mio EK-Quote = 49 % γ = 52,54 %
3. Ehepaar mit zwei Kindern: 1.Kind: t = 5 2.Kind: t = 7 Berufseinstieg: halbt.: t = 14 ganzt: t = 24	Fall 32: Z_{min} = 0,82 Mio EK-Quote = 41 %	Fall 32: Z_{max} = 1,90 Mio EK-Quote = 60 %	Fall 32: Z_{fuz} = 1,36 Mio EK-Quote = 49 % γ = 50,79 %

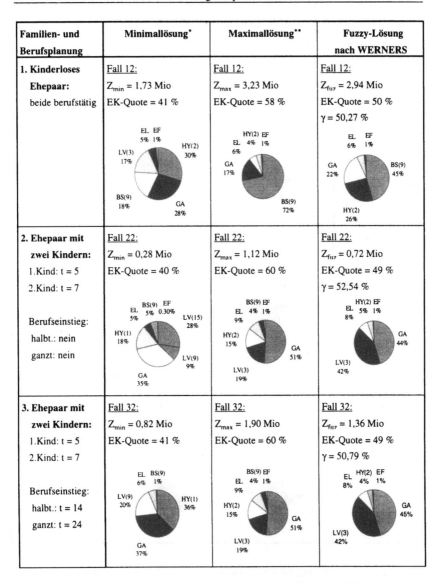

Tabelle 5.13: Fuzzy-Lösung nach WERNERS für den mittleren Kostenbereich und den möglichsten Fall (Teil 1)

---

[*] Vgl. Tab. 5.5, Sp. Immobilienkosten 2
[**] Vgl. Tab. 5.11, Sp. Immobilienkosten 2.

FuB-planung	Minimallösung	Maximallösung	Fuzzy-Lösung
4. Ehepaar mit zwei Kindern: 1.Kind: t = 5 2.Kind: t = 7 Berufseinstieg: halbt.: t = 9 ganzt: t = 13	Fall 42: Z_{min} = 1,15 Mio EK-Quote = 38 % BS(8) 8% · EL 3% · HY(1) 35% · LV(9) 21% · GA 33%	Fall 42: Z_{max} = 2,37 Mio EK-Quote = 62 % LV(3) 7% · BS(9) 2% · EF 1% · EL 9% · GA 52% · HY(2) 28%	Fall 42: Z_{fuz} = 1,76 Mio EK-Quote = 50 % γ = 49,76 % EL 8% · EF 0.33% · HY(2) 14% · GA 45% · LV(3) 33%
5. Ehepaar mit zwei Kindern: 1.Kind: t = 10 2.Kind: t = 12 Berufseinstieg: halbt.: t = 19 ganzt: t = 29	Fall 52: Z_{min} = 0,94 Mio EK-Quote = 41 % EL 5% · EF 1% · HY(2) 30% · BS(9) 18% · LV(3) 18% · GA 28%	Fall 52: Z_{max} = 1,95 Mio EK-Quote = 58 % HY(2) 4% · EF 1% · EL 6% · GA 16% · BS(9) 73%	Fall 52: Z_{fuz} = 1,44 Mio EK-Quote = 50 % γ = 50,15 % EL 5% · EF 1% · GA 21% · BS(9) 47% · HY(2) 25%
6. Ehepaar mit einem Kind: 1.Kind: t = 5 Berufseinstieg: halbt.: t = 7 ganzt: t = 11	Fall 62: Z_{min} = 1,42 Mio EK-Quote = 39 % HY(2) 10% · EL 5% · BS(9) 12% · LV(3) 42% · GA 31%	Fall 62: Z_{max} = 2,76 Mio EK-Quote = 63 % BS(9) 2% · EF 1% · EL 9% · HY(2) 35% · GA 53%	Fall 62: Z_{fuz} = 2,09 Mio EK-Quote = 51 % γ = 49,88 % EL 8% · EF 1% · LV(3) 19% · GA 45% · HY(2) 27%

Tabelle 5.13: Fuzzy-Lösung nach WERNERS für den mittleren Kostenbereich und den möglichsten Fall (Teil 2)

Betrachtet man zunächst die Fälle 12 und 52, so wird eben gesagtes bestätigt. Knapp die Hälfte des gesamten Finanzierungsvolumens läuft über einen Bausparvertrag, die andere Hälfte über die Geldanlage-Hypothek-Kombination. Die Lebensversicherung, die im Fall einer Einlage von 50 % des möglichen Potentials noch mit 17 bzw. 18 % vertreten war (Minimallösung), fällt in der Kompromißlösung völlig heraus. Die Eigenkapitalquote liegt in beiden Fällen bei 50 %, und die Gesamtzufriedenheit mit der gefundenen Lösung beträgt 50,27 bzw. 50,15 %. Diese Kennzahl entspricht einem Gewichtungsfaktor, mit dessen Hilfe sich der Zielfunktionswert für die Kompromißlösung und die benötigte Einlage (E) berechnen läßt, denn es gilt:[11]

$$Z_{fuz} = Z_{min}\gamma + Z_{max}(1 - \gamma) \quad \text{bzw.} \tag{5.1}$$

$$E_{fuz} = E_{min}\gamma + E_{max}(1 - \gamma) \tag{5.2}$$

Bildet man die Differenz zwischen E_{fuz} und E_{min} kennt man die absolute Überschreitung der Restriktionsgrenzen, die für den Zielwert Z_{fuz} notwendig wird.[12]

Auch im Fall 62 ergibt sich keine überraschende Kompromißlösung. Die Geldanlage-Hypothek-Kombination führt das Finanzierungsfeld mit einem Anteil von über 70 % an. Die Lebensversicherung liegt mit 19 % auf dem dritten Rang und bewegt sich damit zwischen 0 und 42 % im erwarteten Bereich (vgl. die Extremwertlösungen). Die Eigenkapitalquote beträgt 51 % und die Gesamtzufriedenheit 49,88 %.

Ein erstaunliches Ergebnis bieten dagegen die Fälle 22 bis 42. Bei der Kompromißlösung für ein Ehepaar mit zwei Kindern und keinem Berufswiedereinstieg liegt der Anteil der Lebensversicherung mit 42 % über den Anteilen, die sich im Fall keiner (37 %) und voller Überschreitung (19 %) der Restriktionsgrenzen ergeben. Noch deutlicher wird der Unterschied im Fall 32, wo die Anteile für die Lebensversicherung bei den Extremlösungen 19 bzw. 20 % betragen. Im Fall 42 übertrifft der Lebensversicherungsanteil mit 33 % bei der Kompromiß-lösung ebenfalls die Anteile der Extremlösungen. Darüber hinaus verliert der Hypotheken-anteil mit 14 % überproportional an Boden. Bei der Minimallösung lag der Anteil noch bei 35 % und bei der Maximallösung bei immerhin noch 28 %.

---

[11] Die Gleichung erinnert an das Hurwicz-Prinzip, bei dem ebenfalls eine Gewichtung zwischen einem maxi-malen und minimalen Wert vorgenommen wird, um zu einer Kompromißlösung zu kommen. Der Unterschied liegt hier jedoch in der modellendogenen Bestimmung des Gewichtungsfaktors γ.
[12] Unterstellt man sowohl für die Zielwerte als auch für die Restriktionsgrenzen lineare Zugehörigkeits-funktionen, so ist ein Wert von nahezu 50 % für die Gesamtzufriedenheit nicht verwunderlich. Ein davon deutlich abweichender Wert wird sich im Fall stückweiser linearer Zugehörigkeitsfunktionen ergeben.

Auffällig ist auch, daß der Bausparvertrag in den Fällen zwei bis vier und sechs nicht mehr in der Kompromißlösung auftaucht, obwohl er sowohl bei der Minimal- als auch bei der Maximallösung noch vertreten war.

5.2.2.   Das Anspruchsniveauverfahren von Brunner

Die oben ermittelte Fuzzylösung stellt eine Kompromißlösung dar, die auf dem umstrittenen Minimum-Operator basiert. Das optimale Programm ergibt sich aus der Maximierung des kleinsten Zugehörigkeitswertes. Der Entscheidungsträger ist dabei nicht in der Lage, direkten Einfluß auf die verschiedenen Ungleichungen zu nehmen. Damit wird ihm die Gelegenheit genommen, seine Präferenzen zwischen Zielwert und Einlage bei den Liquiditätsrestriktionen zu artikulieren. Sie erhalten automatisch alle das gleiche Gewicht. Ist der Entscheidungsträger nicht mit der gefundenen Lösung und diesem Procedere einverstanden, so kann er mit Hilfe von Anspruchsniveaus seine Vorstellungen gezielt in die Optimierungsrechnung einfließen lassen; zum einen über das Setzen von Anspruchsniveaus für den Zielwert, zum anderen über das Setzen von Anspruchsniveaus für einzelne Nebenbedingungen. Die Maximierung der Gesamtzufriedenheit bleibt dabei immer bestehen. Jedoch beeinflußt die Restriktion mit Anspruchsniveau nun nicht mehr die Gesamtzufriedenheit, sondern sie verhält sich wie eine scharf formulierte Nebenbedingung. Wird sie eingehalten, so ist man voll zufrieden, was einem Wert von eins entspricht. Kann sie jedoch nicht eingehalten werden, so ergibt sich ein Zufriedenheitswert von null und damit keine Lösung für das präferenzorientierte Modell. Je nach Präferenzvorstellung läßt sich dann eine andere pareto-optimale Lösung finden. Im folgenden wollen wir anhand des Beispielfalls 42 die Optimierung mit Anspruchsniveaus und damit die Auswirkungen von subjektiven Präferenzvorstellungen auf das optimale Finanzierungsprogramm untersuchen.

Beginnen wir mit der Formulierung von **Mindestanspruchsniveaus für den Zielwert**. Wie bereits aus Kapitel 3.2.5 bekannt, läßt sich aus der Zugehörigkeitsfunktion für den Vermögensendwert eine scharf formulierte Nebenbedingung ableiten, die die transformierte Fuzzy-Zielrestriktion ersetzt.

Das lineare Ersatzmodell lautet dann:

$$\max \ \gamma$$

$$- c^T x \le -\left(Z_{max} - Z_{min}\right) f_Z^A - Z_{min}$$

$$p_i \gamma + a_i^{\ T} x \le b_i + p_i \qquad\qquad (3.29)$$

$$\gamma \le 1$$

$$\gamma \ge 0$$

$$x \ge 0$$

Da der Entscheidungsträger sowohl dem Vermögensendwert als auch dem zusätzlichen Konsum ein größeres Gewicht verleihen kann, soll im weiteren zwischen einem niedrigen und hohen Anspruchsniveau unterschieden werden. Ein niedriges Anspruchsniveau bedeutet den Verzicht auf einen hohen Zielwert zugunsten eines höheren und gleichbleibenden Konsums innerhalb des gesamten Planungszeitraums. Für ein hohes Anspruchsniveau gilt das Gegenteil. Das Schwergewicht liegt dann beim Zielwert.

Wählt man zunächst ein *Mindestanspruchsniveau von 0,2*, was einem Zielwert von rund 1,4 Mio. entspricht, dann fällt die deutlich höhere Gesamtzufriedenheit mit 78,47 % auf, wie aus Tabelle 5.14 ersichtlich ist. Die Restriktionsgrenzen werden lediglich bis zu 21,53 % über-schritten.[13] Im Vergleich zur Fuzzylösung ohne Anspruchsniveau kann in jeder Periode ein zusätzlicher Konsum in Höhe von 28,7 % erzielt werden[14], was die Zufriedenheit des Entscheidungsträgers natürlich erhöht. Dieser zusätzliche Konsum kostet den Entscheidungs-träger ein um 360 TDM geringeres Endvermögen. Das entspricht einem Wert von ca. 12.539 DM pro Prozentpunkt. Die optimale Programmstruktur bleibt nahezu unverändert. Der Geld-anlageanteil nimmt 4 und der Einlagenanteil um 2 Prozentpunkte ab, was sich natürlich in der gesunkenen Eigenkapitalquote auch bemerkbar macht. Der Hypothekenanteil nimmt um 6 Prozentpunkte zu, jedoch wird ein geringerer Anfangstilgungssatz von 1 % gewählt. Das Programm kann damit als weniger liquiditätsbelastend bezeichnet werden.

Eine Erhöhung des *Mindestanspruchsniveaus auf 0,8* führt zu einem Vermögen von 2,12 Mio DM, also einen um 360 TDM höheren Zielwert. Die Gesamtzufriedenheit sinkt jedoch um 29,83 Prozentpunkte auf 19,93 %, was ein enormer zusätzlicher Konsumverzicht während der gesamten Planungszeit bedeutet. Dieser Verzicht wirkt sich dann positiv auf das Programm aus. Die Geldanlage kann um rund 5 und die Hypothek um ca. 9 Prozentpunkte gesteigert werden, wohingegen die Lebensversicherung um fast die Hälfte an Gewicht verliert. Dieses Programm spricht eindeutig für eine rentabilitätsorientiertere Lösung.

---

[13] Zu diesem Wert gelangt man über die Differenz $1-\gamma_A$.
[14] Dieser Wert ergibt sich aus der Differenz der beiden Gesamtzufriedenheitswerte $\gamma_A - \gamma_{Fuz}$.

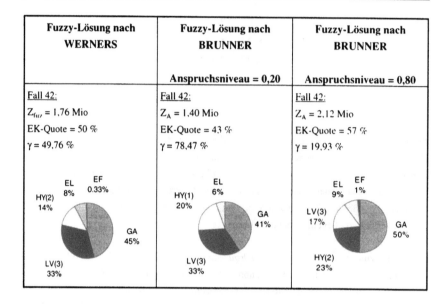

Fuzzy-Lösung nach WERNERS	Fuzzy-Lösung nach BRUNNER	Fuzzy-Lösung nach BRUNNER
	Anspruchsniveau = 0,20	Anspruchsniveau = 0,80
Fall 42:	Fall 42:	Fall 42:
Z_{fuz} = 1,76 Mio	Z_A = 1,40 Mio	Z_A = 2,12 Mio
EK-Quote = 50 %	EK-Quote = 43 %	EK-Quote = 57 %
γ = 49,76 %	γ = 78,47 %	γ = 19,93 %

Tabelle 5.14: Optimale Programme für verschiedene Zielanspruchsniveaus anhand des Beispielfalls 42

Ebenso kann der Investor **Mindestanforderungen an die Liquiditätsrestriktionen** stellen. Wünscht er beispielsweise in ganz bestimmten Zeitpunkten einen höheren Konsum, so muß er ein hohes Anspruchsniveau wählen. Ist er dagegen gewillt, auf zusätzlichen Konsum zugunsten der Baufinanzierung zu verzichten, dann wäht er ein niedriges Niveau. Wie schon oben bei dem Zielanspruchsniveau, wird die ursprüngliche transformierte Fuzzy-Restriktion durch eine scharfe Nebenbedingung ersetzt, die auf der Zugehörigkeitsfunktion für die entsprechende Liquiditätsrestriktion basiert.

Im weiteren wollen wir die Auswirkungen von gesetzten Anspruchsniveaus innerhalb der Ansparphase und der Finanzierungsphase untersuchen. Betrachten wir zunächst die **Ansparphase**, die annahmegemäß von t = 1 bis 5 dauern soll, so erhält man das folgende lineare Ersatzmodell:[15]

---

[15] Es ist bei der Formulierung des Modells darauf zu achten, daß die Einzahlungen mit einem negativen und die Auszahlungen mit einem positiven Vorzeichen versehen werden, da die Differenz zwischen Einnahmen und Ausgaben positiv sein muß. Denn aus $a_i^T x + b_i \geq 0$ folgt $-a_i^T x \leq b_i$. Für (3.30) folgt daraus: $-a_i^T x \leq b_i + (1 - f_i^A) p_i$

$$\max \gamma$$

$$(Z_{max} - Z_{min})\gamma - c^T x \le -Z_{min}$$

$$-a_i^T x \le \left(1 - f_i^\wedge\right)p_i + b_i \qquad \text{für } i = 1,\ldots,5$$

$$p_i\gamma + a_i^T x \le b_i + p_i \qquad \text{für } i = 6,\ldots,35 \qquad (3.31)$$

$$\gamma \le 1$$

$$\gamma \ge 0$$

$$x \ge 0$$

Im Fall eines geringen *Anspruchsniveaus von 0,2* erhöht sich die Gesamtzufriedenheit um genau 3 Prozentpunkte auf 52,76 % wie Tabelle 5.15 zeigt. Das bedeutet zum einen, daß der Investor am Ende des Planungszeitraums über ein höheres Vermögen, hier sind es 1,79 Mio. DM, verfügen kann, und zum anderen, daß aufgrund der geringeren Überschreitung der Restriktionsgrenzen während der Finanzierungsphase mehr Geld für zusätzlichen Konsum zur Verfügung steht. Dies wird jedoch nur dadurch möglich, weil der Entscheidungsträger innerhalb der Ansparphase auf zusätzlichen Konsum in Höhe von 29,76 % verzichtet. Die Folge ist eine um 6 Prozentpunkte höhere Eigenkapitalquote, die auf den höheren Geldanlage- und Einlagenanteil zurückzuführen ist.

Fuzzy-Lösung nach WERNERS	Fuzzy-Lösung nach BRUNNER	Fuzzy-Lösung nach BRUNNER
	Anspruchsniveau = 0,20	Anspruchsniveau = 0,80
Fall 42:	Fall 42:	Fall 42:
Z_{maz} = 1,76 Mio	Z_A = 1,79 Mio	Z_A = 1,72 Mio
EK-Quote = 50 %	EK-Quote = 56 %	EK-Quote = 43 %
γ = 49,76 %	γ = 52,76 %	γ = 46,59 %

Tabelle 5.15: Optimale Programme für verschiedene Anspruchsniveaus der Liquiditätsrestriktionen innerhalb der Ansparphase (t = 1-5) anhand des Beispielfalls 42

Der geringere Fremdkapitalanteil an der Gesamtfinanzierung erlaubt eine Umverteilung der
Anteile bei der Lebensversicherung und der Hypothek. Der Lebensversicherungsanteil nimmt
um 10 Prozentpunkte ab, der der Hypothek dagegen um 3 Prozentpunkte zu.

Im Fall eines höheren *Anspruchsniveaus in Höhe von 0,8* kann der Investor zwar innerhalb der
Ansparphase 30,24 % mehr konsumieren als vorher, jedoch sinkt die Gesamtzufriedenheit
dann um 3,18 Prozentpunkte auf nur noch 46,59 %. Der Zielfunktionswert sinkt um 40 TDM
auf 1,72 Mio. DM, und während der Finanzierungsphase muß sich der Entscheidungsträger
mit seinem Konsum ein wenig einschränken. Der erhöhte Mehrkonsum während der Ansparphase bleibt natürlich nicht ohne Folgen auf das optimale Programm. Die Geldanlage fällt von
ihrem ersten Platz der Finanzierungsrangliste auf den zweiten zurück. Gleichzeitig nimmt
auch der Hypothekenanteil ab. Statt dessen übernimmt die Lebensversicherung die dominierende Rolle mit 42prozentigem Anteil. Die Folge ist eine um 7 % geringere Eigenkapitalquote.

Bleibt zum Schluß die Analyse eines Anspruchsniveaus innerhalb der **Finanzierungsphase**.
Im folgenden sollen lediglich die Zeitpunkte sechs bis einschließlich zehn als mögliche Zeit-
punkte für das Setzen von Niveaus in Frage kommen. Betrachtet man die Ergebnisse in
Tabelle 5.16, so fällt zunächst die unveränderte Eigenkapitalquote und der quasi unveränderte
Geldanlage- und Einlagenanteil auf. Auch die Zielwertänderung fällt mit 20 TDM geringer
aus als in den obigen Fällen. Bei einem *Anspruchsniveau von 0,2* ergibt sich von der
Programmstruktur her gesehen keine Änderung. Lediglich der Lebensversicherungsanteil
nimmt um 5 Prozentpunkte ab und der Hypothekenanteil um 4 Prozentpunkte zu. Diese
Verschiebung bedeutet eine Liquiditätsanspannung, die jedoch durch den gewollten erhöhten
Konsumverzicht in Höhe von 29,76 % kompensiert wird. Nach der Tilgung der Hypothek im
Zeitpunkt 10 erlaubt das Programm einen zusätzlichen Konsum von 1,47 % für die restliche
Planungszeit. Die Gesamtzufriedenheit steigt um genau diesen Betrag auf 51,22 %, was auch
am Vermögenswert zu erkennen ist.

Im Fall eines erhöhten *Anspruchsniveaus von 0,8*, was einem höheren Konsum entspricht,
sinkt der Zielwert auf 1,74 Mio. DM und die Gesamtzufriedenheit um 1,54 Prozentpunkte auf
48,22 %. Die in dem Zeitraum sechs bis zehn angespanntere Liquiditätssituation führt zu einer
Ausweitung des Lebensversicherungsanteils um 5 Prozentpunkte und zu einer Verringerung
des Hypothekenvolumens um ebenfalls 5 Prozentpunkte. Darüber hinaus wird eine geringere
Anfangstilgung von 1 % gewählt. Auf eine Ergänzungsfinanzierung im Kaufzeitpunkt der
Immobilie wird ganz verzichtet.

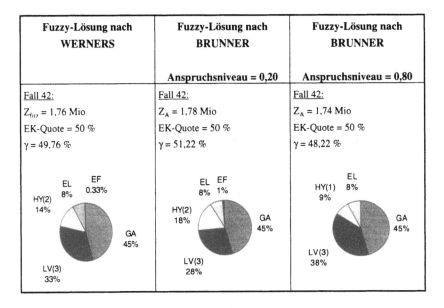

Fuzzy-Lösung nach WERNERS	Fuzzy-Lösung nach BRUNNER	Fuzzy-Lösung nach BRUNNER
	Anspruchsniveau = 0,20	Anspruchsniveau = 0,80
Fall 42:	Fall 42:	Fall 42:
$Z_{f_{117}}$ = 1,76 Mio	Z_A = 1,78 Mio	Z_A = 1,74 Mio
EK-Quote = 50 %	EK-Quote = 50 %	EK-Quote = 50 %
γ = 49,76 %	γ = 51,22 %	γ = 48,22 %

Tabelle 5.16: Optimale Programme für verschiedene Anspruchsniveaus der Liquiditätsrestriktionen innerhalb der Finanzierungsphase (t = 6-10) anhand des
Beispielfalls 42

Die Frage lautet jetzt, wie der Investor diese Änderungen hinsichtlich des Zielwertes und des
Konsums bewertet. Dazu könnten die unterschiedlichen Differenzzahlungsströme hinsichtlich
des Konsums und des Zielwertes zunächst einmal gegenüber gestellt werden. Da sich diese
Zahlungsgrößen jedoch alle auf einen anderen Zeitpunkt beziehen, lassen sie sich so nicht
ohne weiteres miteinander vergleichen. Eine Transformation der Zahlungen auf einen Zeitpunkt bzw. die Berechnung eines Kapitalwertes erweist sich hier jedoch als problematisch, da
die Wahl eines geeigneten Kalkulationszinsfußes Schwierigkeiten bereitet. Zum einen haben
wir unterschiedlich hohe Anlage- und Aufnahmezinssätze (unvollkommener Kapitalmarkt),
zum anderen differieren auch noch die zuletzt genannten Zinssätze wegen der unterschiedlichen Finanzierungsinstrumente erheblich. Darüber hinaus müßte zur adäquaten Bewertung
des Zahlungsstroms der Nutzen in die Berechnung miteinfließen, was wiederum eine Quantifizierung des Nutzens zur Folge hätte. In Anbetracht dieser Situation soll hier auf eine Bewertung verzichtet werden. Statt dessen sollte der Anwender im Fall der Unzufriedenheit oder
Unsicherheit über seine Präferenzvorstellungen seine Anspruchsniveaus variieren und eine
nochmalige Optimierung starten. Im Laufe der Zeit wird er so die Auswirkungen seiner
Vorstellungen in begrenzter Zeit immer besser einschätzen und auch intuitiv bewerten
können.

Als Fazit läßt sich trotz alledem an dieser Stelle ziehen, daß die optimale Lösung des Finanzierungsprogramms sehr stark von den individuellen Präferenzvorstellungen des Investors abhängt. Eine allgemeingültige Finanzierungslösung gibt es nicht.

5.3. Lineare possibilistische Programmierung

Bisher haben wir den deterministischen Fall für die Parameter und das Fuzzyproblem für die Restriktionsgrenzen betrachtet. Nun wollen wir uns dem possibilistischen Problem widmen, das sich dadurch auszeichnet, daß für die Parameter lediglich unscharfe Werte in Form von Möglichkeitswerten vom Anwender des Modells subjektiv angegeben werden können. Das zu behandelnde Problem besitzt dann folgendes Aussehen:

$$\max \tilde{c}^T x$$
$$\tilde{A}x \le \tilde{b} \qquad (3.70)$$
$$x \ge 0$$

Die geringsten Anforderungen werden an den Entscheidungsträger gestellt, wenn man von symmetrischen, triangulären und linearen Möglichkeitsfunktionen ausgeht, die für alle unscharfen Parameter $\tilde{a} = (a, \lambda, \mu)$, $\tilde{b} = (b, \tau, \nu)$ und $\tilde{c} = (c, \chi, \varphi)$ im Zeitablauf unveränderlich sind. Das heißt, die linke und die rechte Spannweite der Funktion entsprechen sich und basieren damit auf der gleichen linearen Referenzfunktion.

Im weiteren sollen hier zwei ausgewählte Verfahren auf das Finanzierungsproblem angewandt werden. Zum einen das Verfahren von WOLF, das in bezug auf die Möglichkeitsfunktion für die Restriktionsgrenze ein wenig modifiziert wird. Auch für die rechte Seite der Nebenbedingung soll eine trianguläre und nicht, wie im Original vorgesehen, eine halbtrianguläre Funktion gelten. Die Unschärfe der Zielfunktionskoeffizienten wird dabei über die Formulierung einer möglichsten und einer die Unschärfe repräsentierenden Restriktion berücksichtigt, wobei als Zielfunktion die möglichste Liquiditätsnebenbedingung in umgeformter Weise steht.

Zum anderen wird das pessimistische Verfahren von TANAKA/ASAI betrachtet, das insofern ebenfalls ein wenig abgeändert wird, als daß die Zielfunktionskoeffizienten wegen der Beziehung zur Liquiditätsbedingung in gleicher Weise wie die Restriktionen unscharf formuliert werden müssen.

5.3.1. Das modifizierte Verfahren nach Wolf

Das in oben beschriebener Form modifizierte Verfahren nach WOLF berücksichtigt die Unschärfe, indem das Ursprungsproblem in das folgende Ersatzmodell transformiert wird:[16]

$$\max \ c^T x$$
$$a_i^T x \le b_i$$
$$\left[a_i + (1 - \delta) \mu_i \right]^T x \le b_i + (1 - \delta) v_i \tag{5.3}$$
$$x \ge 0$$

$$\text{mit } \delta \in [0, 1]$$

Der Parameter δ entspricht einem subjektiv empfundenen Pessimismusgrad, der vom Anwender auszuwählen ist. Handelt es sich bei dem Anwender um einen äußerst pessimistischen Menschen, dann wird er den Grad null wählen. Wählt er dagegen den Grad eins, so kann von einem unschärfeneutralen Menschen[17] gesprochen werden, weil die Unschärfe der Parameter bei der Optimierungsrechnung unberücksichtigt bleibt.

Von den uns bereits bekannten sechs Beispielsfällen sollen hier einmal drei repräsentative Fälle für den mittleren Immobilienkostenbereich - Gegenwartswert 300.000 DM - näher betrachtet werden. Der erste Fall entspricht einem kinderlosen, berufstätigen Ehepaar (Fall 12). Bei dem zweiten Fall handelt es sich um ein Ehepaar mit zwei früh geborenen Kindern, bei dem ein Ehepartner nach der Geburt des ersten Kindes für die gesamte restliche Planungszeit zuhause bleibt (Fall 22). Der dritte Fall geht von einem Ehepaar mit einem früh geborenen Kind aus, wo der eine Partner nach einem Jahr Pause wieder halbtags und nach vier weiteren

---

[16] Es ist zu beachten, daß der Ausdruck $a + (1 - \delta)\mu$ innerhalb des Restriktionssystems nur im Fall symmetrischer triangulärer Möglichkeitsfunktionen korrekt ist. Dies soll hier kurz bewiesen werden:
Der unscharfe Parameter $\tilde{a}$ steht für die Summe aus Einzahlungen und Auszahlungen. Da bei den Liquiditätsrestriktionen die Einzahlungen (E) mit einem negativen und die Auszahlungen (A) mit einem positiven Vorzeichen wegen $A - E \le EL$ versehen sind - EL symbolisiert die Einlagen - , gilt $\tilde{a} = \tilde{A} - \tilde{E}$. Die negative unscharfe Größe $-\tilde{E} = -\left(E, \lambda_E, \mu_E \right)$ entspricht wegen Definition 16 aus Kapitel 3 $\tilde{E} = \left(-E, \mu_E, \lambda_E \right)$. Damit läßt sich für die unscharfe negative Einzahlungsgröße $-E + (1 - \delta)\lambda_E$ und für die unscharfe positive Auszahlungsgröße $A + (1 - \delta)\mu_A$ schreiben. Da im Fall symmetrischer triangulärer Möglichkeitsfunktionen $\lambda_E = \mu_E$ gilt, ergibt sich aus

$$\tilde{a} = \tilde{A} - \tilde{E}$$
$$= A + (1 - \delta)\mu_A - E + (1 - \delta)\mu_E$$
$$= A - E + (1 - \delta)\left(\mu_A + \mu_E \right)$$
$$= a + (1 - \delta)\mu.$$

[17] Die Bedeutung eines unschärfeneutralen Menschen läßt sich mit dem Begriff eines risikoneutralen Menschen aus der Wahrscheinlichkeitsrechnung vergleichen. Auch dort bleibt im Fall der Neutralität die Unsicherheit in Form des Risikos unbeachtet.

Jahren wieder ganztags arbeiten geht (Fall 62). Da wir es hier annahmegemäß mit symmetrischen, triangulären und linearen Möglichkeitsfunktionen zu tun haben, muß der Anwender
lediglich den seiner Meinung nach möglichsten Wert und die äußerste Spannweite auf dem
Nullniveau angeben. Aus Vereinfachungs- und Vergleichbarkeitsgründen gelten die Daten aus
den Tabellen 5.1 bis 5.4. Des weiteren sollen die Auswirkungen des Pessimismusgrades auf
das Finanzierungsprogramm analysiert werden, indem der Grad 0, 0,3 und 1 gewählt wird.

Wie aus Tabelle 5.17 ersichtlich, tritt im Fall 12 keine Änderung des Finanzierungsprogramms ein, wenn der Pessimismusgrad variiert wird. Die Erklärung für eine solch stabile
Lösung ist wohl in der ausreichenden Liquidität während der gesamten Planungszeit zu
suchen. Die negative Entwicklung der Finanzierungsinstrumente - linke Seite der Nebenbedingung - wird durch die positive Entwicklung bei den Einlagen - rechte Seite der Nebenbedingung - vollständig kompensiert.

Für die Fälle 22 und 62 läßt sich ebenfalls eine gewisse Stabilität feststellen, da die optimalen
Programme von der Struktur her im Prinzip unverändert bleiben und lediglich das Volumen
der Finanzierungsinstrumente geringen Schwankungen unterworfen ist. Anhand der relativ
konstanten Zielwerte wird dies noch einmal bestätigt. Die Programme können somit als
ziemlich unabhängig vom Pessimismusgrad bezeichnet werden. Die Ursache liegt auch hier in
der Kompensationswirkung der erhöhten Einlagen.

Wird der Pessimismusgrad auf eins festgelegt, so ergibt sich das Finanzierungsprogramm im
möglichsten Fall.[18]

---

[18] Vgl. dazu auch Tabelle 5.5, mittlere Immobilienkosten.

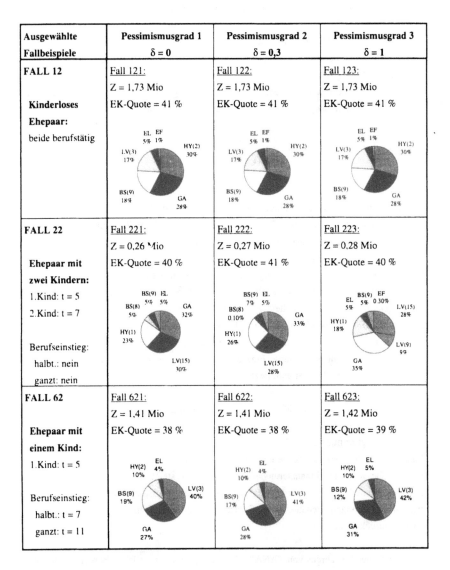

Ausgewählte Fallbeispiele	Pessimismusgrad 1 $\delta = 0$	Pessimismusgrad 2 $\delta = 0,3$	Pessimismusgrad 3 $\delta = 1$
FALL 12 **Kinderloses Ehepaar:** beide berufstätig	Fall 121: Z = 1,73 Mio EK-Quote = 41 %	Fall 122: Z = 1,73 Mio EK-Quote = 41 %	Fall 123: Z = 1,73 Mio EK-Quote = 41 %
FALL 22 **Ehepaar mit zwei Kindern:** 1.Kind: t = 5 2.Kind: t = 7 Berufseinstieg: halbt.: nein ganzt: nein	Fall 221: Z = 0,26 Mio EK-Quote = 40 %	Fall 222: Z = 0,27 Mio EK-Quote = 41 %	Fall 223: Z = 0,28 Mio EK-Quote = 40 %
FALL 62 **Ehepaar mit einem Kind:** 1.Kind: t = 5 Berufseinstieg: halbt.: t = 7 ganzt: t = 11	Fall 621: Z = 1,41 Mio EK-Quote = 38 %	Fall 622: Z = 1,41 Mio EK-Quote = 38 %	Fall 623: Z = 1,42 Mio EK-Quote = 39 %

Tabelle 5.17: Optimale Finanzierungsprogramme für den mittleren Kostenbereich im possibilistischen Fall nach dem modifizierten Verfahren nach WOLF

5.3.2.   Das modifizierte Verfahren nach TANAKA/ASAI

Das Verfahren von TANAKA/ASAI wird im allgemeinen als pessimistisch bezeichnet, da mit kleiner werdendem Pessimismusgrad k jetzt nicht nur die linke Seite der Restriktion zunimmt, sondern gleichzeitig auch die verfügbaren Ressourcen abnehmen. Außerdem beeinflußt die Unschärfe der Restriktionsparameter direkt die Zielfunktion, so daß sich das ursprünglich unscharfe Problem in das folgende scharfe Modell überführen läßt:

$$\max \left[c - (1-k)\chi\right]^T x$$
$$\left[a_i + (1-k)\mu_i\right]^T x \le b_i - (1-k)\tau_i \qquad (5.4)$$
$$x \ge 0$$

Wendet man dieses Verfahren auf unsere drei Beispielsfälle an, so ergeben sich schon deutliche Unterschiede zum modifizierten Verfahren nach WOLF. Zum einen verändern sich mit variiertem Pessimismusgrad die optimalen Finanzierungsstrukturen und damit die Vermögenswerte zum Teil sehr deutlich, zum anderen können im Fall 22 bei einem Grad von 0 und 0,3 keine Finanzierungslösungen gefunden werden. Des weiteren zeigt Tabelle 5.18, daß sich im Fall von k = 0 der schlechteste Fall ergibt, den wir bereits im Kapitel zuvor kennengelernt haben (vgl. Tabelle 5.7). Nimmt der Pessimismusgrad dagegen den Wert eins an, dann haben wir es wieder mit dem möglichsten Fall zu tun (Fall 223). Der Anwender kann also über die auch als Sicherheitsparameter bekannte Größe k ein seiner pessimistischen Grundeinstellung entsprechendes Finanzierungsmodell auswählen, das zwischen dem schlechtesten und möglichsten Fall liegt.

Betrachtet man Fall 12, dann fällt die Tendenz zu einem größeren Anteil der Baufinanzierung mit zunehmendem Pessimismus bzw. geringerem Pessimismusgrad auf. Im möglichsten Fall (Fall 123) liegt er nur bei 18 %, im Fall von k = 0,3 dagegen bei 55 % (Fall 122). Darüber hinaus spielt die Lebensversicherung mit zunehmendem Pessimismus eine geringere bzw. keine Rolle mehr im Finanzierungsprogramm. Dafür steigt der Anteil der Hypotheken-darlehen. Weiterhin nimmt der Eigenfinanzierungsanteil mit zunehmendem Pessimismus ab, was auf die geringere Bedeutung der Geldanlage und die zunehmende Bedeutung des Bausparens zurückzuführen ist.

Der Vorteil des Verfahrens von TANAKA/ASAI liegt in der möglichen Berücksichtigung des schlechtesten Falls, sofern der Anwender darüber informiert werden möchte.

Ausgewählte Fallbeispiele	Pessimismusgrad 1[*] k = 0	Pessimismusgrad 2 k = 0,3	Pessimismusgrad 3 k = 1
FALL 12 **Kinderloses Ehepaar:** beide berufstätig	Fall 121: Z = 0,86 Mio EK-Quote = 35 %	Fall 122: Z = 1,12 Mio EK-Quote = 36 %	Fall 123: Z = 1,73 Mio EK-Quote = 41 %
FALL 22 **Ehepaar mit zwei Kindern:** 1.Kind: t = 5 2.Kind: t = 7 Berufseinstieg: halbt.: nein ganzt: nein	Fall 221: keine Lösung	Fall 222: keine Lösung	Fall 223: Z = 0,28 Mio EK-Quote = 40 %
FALL 62 **Ehepaar mit einem Kind:** 1.Kind: t = 5 Berufseinstieg: halbt.: t = 7 ganzt: t = 11	Fall 621: Z = 0,41 Mio EK-Quote = 20 %	Fall 622: Z = 0,73 Mio EK-Quote = 37 %	Fall 623: Z = 1,42 Mio EK-Quote = 39 %

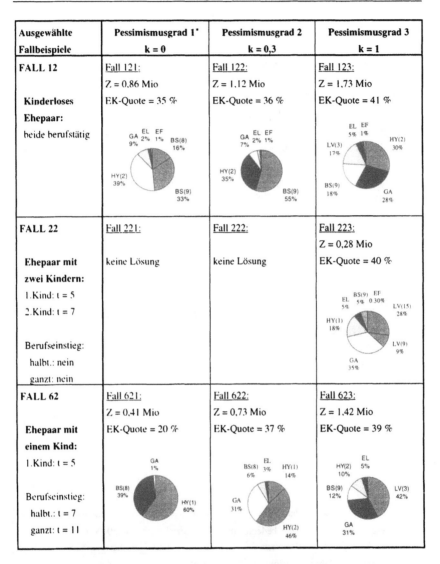

Tabelle 5.18: Optimale Finanzierungsprogramme für den mittleren Kostenbereich im possibilistischen Fall nach dem modifizierten Verfahren nach TANAKA/ASAI

[*] Vgl. Tabelle 5.7, Spalte Immobilienkosten 2.

Bei dem Verfahren nach WOLF wird der mögliche finanzielle Ruin in keinem Fall angezeigt, weil eine Negativentwicklung bei den Finanzierungsinstrumenten durch eine implizit unterstellte Positiventwicklung der finanziellen Ressourcen zum größten Teil kompensiert wird. Tritt jedoch nicht eine Steigerung des Einkommens und damit die Erhöhung der Einlagen ein, geht die angenommene Einlagensteigerung auf Kosten der Zufriedenheit des Anwenders, da mit der Erhöhung der Einlagen ein erhöhter Konsumverzicht einhergeht. Darüber wird der Entscheidungsträger jedoch nicht explizit informiert. Dem Anwender kann somit eine geschönte Zukunftsentwicklung auf Kosten seiner Gesamtzufriedenheit simuliert werden. Ehrlicher und für den Anwender auch existentiell wichtig ist dagegen die Offenlegung der Information über das gesamte Spektrum aller möglichen Programme. Mit dem Wissen über die Konsequenzen der möglichen Zukunftsentwicklungen kann er dann immer noch darüber befinden, ob er eine Ausweitung der Einlagen wünscht und welche Auswirkungen das auf die Gesamtzufriedenheit hat.

5.4. Lineare hybride Programmierung. Die Anwendung des neuen Verfahrens

Bisher haben wir eine Überschreitung der Restriktionsgrenzen mittels der Fuzzy-Programmierung und die unscharfen Parameter mittels der possibilistischen Programmierung getrennt voneinander behandelt. Die hybride Programmierung versucht nun die informationale Unschärfe mit der unscharfen Relation zu verbinden. Also liegt folgendes Problem vor:

$$\max \tilde{c}^T x$$
$$\tilde{A}x \lesssim \tilde{b} \qquad (3.122)$$
$$x \geq 0$$

Die unscharfe Relation $\lesssim$ erlaubt eine Überschreitung der unscharfen Größe $\tilde{b}$ in Höhe von $\tilde{p}$. Für unsere Beispielrechnungen bedeutet das, daß b nach wie vor 50 % und p 30 % des möglichen Einlagenpotentials entspricht. Da $\tilde{p}$ als eine relative unscharfe Größe zu verstehen ist, schwankt diese Zahl proportional zur Einlagenentwicklung.

Ist der Anwender ausschließlich an einer scharfen Lösung interessiert, wovon wir hier einmal ausgehen wollen, dann erfordert dies zunächst, wie beim Verfahren von WERNERS, die Aufstellung einer Zugehörigkeitsfunktion für das Ziel, und zwar für jeden betrachteten Pessimismusgrad. Dazu müssen zwei Optimierungsrechnungen je Pessimismusgrad der eigentlichen Rechnung vorgeschaltet werden, wenn von einer linearen Funktion ausgegangen wird.

Zum einen benötigt man den minimalen Vermögensendwert, der sich bei Einhaltung der Restriktionsgrenze ergibt. Das Optimierungsmodell

$$\max Z_{min} = \left[c - (1-k)\chi \right]^T x$$
$$\left[a_i + (1-k)\mu_i \right]^T x \leq b_i - (1-k)\tau_i \qquad (3.124)$$
$$x \geq 0$$

entspricht dem Modell von TANAKA/ASAI, so daß wir auf diese Vermögenswerte je Pessimismusgrad zurückgreifen können.

Zum anderen ist der maximale Vermögensendwert, der sich bei voller Überschreitung der Restriktionsgrenze ergibt, für das anschließende Kompromißmodell von Bedeutung. Das entsprechende Modell besitzt dann folgendes Aussehen:

$$\max Z_{max} = \left[c - (1-k)\chi \right]^T x$$
$$\left[a_i + (1-k_i)\mu_i \right]^T x \leq b_i - (1-k_i)\tau_i + p_i - (1-k_i)\psi_i \qquad (3.125)$$
$$x \geq 0$$

Die sich ergebenden maximalen Zielwerte und die dazugehörenden optimalen Finanzierungsprogramme können der Tabelle 5.19 entnommen werden.

Auffällig ist die große Bedeutung des Bausparens im Fall 12, die mit zunehmendem Pessimismus wächst. Im Fall 62 steigt der Anteil des Bausparens sogar von 2 % im möglichsten Fall (Fall 623) auf 73 % im pessimistischsten Fall (Fall 621) an, wobei sich dieser Anteil auf zwei verschiedene Bausparverträge verteilt: 50 % entfallen auf den Schnelltarif, die restlichen Prozentpunkte auf die Hochzinsvariante. Noch höher ist sein Anteil jedoch bei einem Pessimismusgrad von 0,3: hier liegt er sogar bei 76 %.

Im Fall 221 kann trotz voller Überschreitung der Restriktionsgrenze keine Finanzierungslösung gefunden werden. Liegt dagegen der Pessimismusgrad bei 0,3, dann ergibt sich wiederum ein optimales Programm, bei dem die Geldanlage und die Hypothek zu fast gleichen Teilen mit insgesamt knapp 90 % den Schwerpunkt bilden (Fall 222).

Weder im Fall 12 noch im Fall 62 taucht die Lebensversicherung in irgendeiner Form als Finanzierungsinstrument auf. Lediglich im Fall 223 bei Unschärfeneutralität trägt die Lebensversicherung mit einem Anteil von 19 % zur Baufinanzierung bei.

Ausgewählte Fallbeispiele	Pessimismusgrad 1 k = 0	Pessimismusgrad 2 k = 0,3	Pessimismusgrad 3 k = 1
FALL 12 **Kinderloses Ehepaar:** beide berufstätig	Fall 121: Z = 1,96 Mio EK-Quote = 49 % HY(2) EF GA EL 1% 1% 1% 2% BS(9) 94%	Fall 122: Z = 2,34 Mio EK-Quote = 52 % GA EF EL 3% 1% 4% BS(9) 92%	Fall 123: Z = 3,23 Mio EK-Quote = 58 % HY(2) EF EL 4% 1% 6% GA 17% BS(9) 72%
FALL 22 **Ehepaar mit zwei Kindern:** 1.Kind: t = 5 2.Kind: t = 7 Berufseinstieg: halbt.: nein ganzt: nein	Fall 221: keine Lösung	Fall 222: Z = 0,29 Mio EK-Quote = 58 % EL EF 9% 1% GA 49% HY(2) 41%	Fall 223: Z = 1,12 Mio EK-Quote = 60 % BS(9) EF EL 4% 1% 9% HY(2) 15% GA 51% LV(3) 19%
FALL 62 **Ehepaar mit einem Kind:** 1.Kind: t = 5 Berufseinstieg: halbt.: t = 7 ganzt: t = 11	Fall 621: Z = 1,39 Mio EK-Quote = 48 % GA EL 11% 1% BS(8) 23% HY(2) 15% BS(9) 50%	Fall 622: Z = 1,81 Mio EK-Quote = 50 % GA EL 11% 2% HY(2) 11% BS(9) 76%	Fall 623: Z = 2,76 Mio EK-Quote = 63 % BS(9) EF EL 2% 1% 9% HY(2) 35% GA 53%

Tabelle 5.19: Optimale Finanzierungsprogramme für den mittleren Kostenbereich im possibilistischen Fall nach dem Verfahren von TANAKA/ASAI bei voller Überschreitung der Restriktionsgrenze.

Nach Berechnung der Extremzielwerte können wir nun unter der Annahme einer linearen Zugehörigkeitsfunktion für das Ziel und unter Verwendung des Minimum-Operators das folgende Kompromißmodell

$$\max \gamma$$

$$(Z_{max} - Z_{min})\gamma - \left[c - (1-k)\chi\right]^T x \leq -Z_{min}$$

$$\left(p_i - (1-k_i)\psi_i\right)\gamma + \left[a_i + (1-k_i)\mu_i\right]^T x \leq b_i - (1-k_i)\tau_i + p_i - (1-k_i)\psi_i \qquad (3.128b)$$

$$\gamma \leq 1$$

$$x, \gamma \geq 0$$

für jeden gewünschten Pessimismusgrad lösen.

Problematisch ist der Fall 221, bei dem es bei strikter Einhaltung der finanziellen Ressourcen keine Lösung und damit keinen minimalen Zielwert gibt. Damit trotzdem eine Kompromißlösung berechnet werden kann, wird der Vermögensendwert auf Null gesetzt.

Betrachten wir zunächst die optimalen Hybrid-Lösungen (Z_{hyb}) je Pessimismusgrad für den **Fall 12** (vgl. Tabelle 5.20), dann fällt die Stabilität der optimalen Programmstruktur auf. Unabhängig vom Pessimismusgrad dominiert die Schnelltarifvariante des Bausparvertrags (Typ 9) alle anderen Finanzierungsinstrumente. Mit zum Teil großem Abstand folgt die Hypothek mit fünfjähriger Zinsbindungsfrist und zweiprozentiger Anfangstilgung (Typ 2). Der Zufriedenheitsgrad liegt in allen betrachteten Fällen bei etwas mehr als 50 % und die Eigenkapitalquote schwankt zwischen 41 und 50 %.

FALL 12	Minimallösung	Maximallösung	Hybridlösung
Pessimismusgrad 1 **k = 0**	Z_{min} = 0,86 Mio * EK-Quote = 35 % GA 9% EL 2% EF 1% BS(8) 16% HY(2) 39% BS(9) 33%	Z_{max} = 1,96 Mio EK-Quote = 49 % EL 2% HY(2) 1% EF 1% GA 1% BS(9) 94%	Z_{hvh}= 1,42 Mio EK-Quote = 41 % γ = 50,72 % EF 1% EL 1% HY(2) 16% BS(9) 82%
Pessimismusgrad 2 **k = 0,3**	Z_{min} = 1,12 Mio EK-Quote = 36 % GA 7% EL 2% EF 1% HY(2) 35% BS(9) 55%	Z_{max} = 2,34 Mio EK-Quote = 52 % EL 4% GA 3% EF 1% BS(9) 92%	Z_{hvh} = 1,74 Mio EK-Quote = 43 % γ = 50,77 % EF 3% EL 1% HY(2) 13% BS(9) 83%
Pessimismusgrad 3 **k = 1**	Z_{min} = 1,73 Mio ** EK-Quote = 41 % EL 5% EF 1% LV(3) 17% HY(2) 30% BS(9) 18% GA 28%	Z_{max} = 3,23 Mio *** EK-Quote = 58 % HY(2) EF EL 4% 1% 6% GA 17% BS(9) 72%	Z_{hvh} = 2,48 Mio EK-Quote = 50 % γ = 50,27 % EL 6% EF 1% GA 22% BS(9) 45% HY(2) 26%

Tabelle 5.20:   Optimale Finanzierungsprogramme für ein kinderloses Ehepaar und mittleren Immobilienkosten (Fall 12) im hybriden Fall

---

* Vgl. Tabelle 5.7, Spalte Immobilienkosten 2.
** Vgl. Tabelle 5.5, Spalte Immobilienkosten 2.
*** Vgl. Tabelle 5.11, Spalte Immobilienkosten 2.

Im **Fall 22** findet sich für eine äußerst pessimistische Einstellung (k = 0) keine Lösung, für eine etwas abgeschwächte Pessimismuseinstellung (k = 0,3) jedoch schon (vgl. Tabelle 5.21). Die optimale Hybrid-Lösung weist einen geringen Vermögenswert in Höhe von 43.845 DM auf und kommt nur dadurch zustande, weil die finanziellen Ressourcen weit über die vorgesehenen Grenzen hinaus überschritten werden. Dies führt dann zwangsweise zu einer insgesamt geringen Zufriedenheit (γ = 11,27 %) mit dem optimalen Programm. Die Baufinanzierung erfolgt durch eine Geldanlage-Hypothek-Kombination, die zu fast gleichen Teilen über 90 % der Gesamtfinanzierung ausmacht. Ergänzt werden diese beiden Finanzierungsmittel lediglich noch durch die Einlagen, so daß insgesamt noch ein recht hoher Eigenkapitalanteil mit 56 % zu verzeichnen ist.

FALL 22	Minimallösung	Maximallösung	Hybridlösung
Pessimismusgrad 1 **k = 0**	keine Lösung	keine Lösung	keine Lösung
Pessimismusgrad 2 **k = 0,3**	keine Lösung	Z_{max} = 0,29 Mio EK-Quote = 58 %	Z_{hvh} = 0,04 Mio EK-Quote = 56 % γ = 11,27 %
Pessimismusgrad 3 **k = 1**	Z_{min} = 0,28 Mio * EK-Quote = 40 %	Z_{max} = 1,12 Mio ** EK-Quote = 60 %	Z_{hvh} = 0,72 Mio EK-Quote = 49 % γ = 52,54 %

Tabelle 5.21: Optimale Finanzierungsprogramme für ein Ehepaar mit zwei Kindern und mittleren Immobilienkosten (Fall 22) im hybriden Fall

---

* Vgl. Tab. 5.5, Sp. Immobilienkosten 2.
** Vgl. Tab. 5.11, Sp. Immobilienkosten 2.

Der lukrative Bausparvertrag spielt hier wegen der angespannten Liquiditätslage keine Rolle und wird daher auch nicht im möglichsten Fall vermißt. Bleibt die Unschärfe bei der Berechnung unberücksichtigt ($k = 1$), dann wird die Hypothek durch die Lebensversicherung bis auf einen unbedeutenden Teil fast gänzlich ersetzt. Der Anteil der Geldanlage bleibt dagegen nahezu konstant. Die Eigenkapitalquote fällt mit 49 % etwas geringer aus als im pessimistischsten Fall. Dafür liegt die Gesamtzufriedenheit mit 52,54 % auf einem recht hohen Niveau.

Betrachtet man den **Fall 62**, dann fällt zunächst einmal die wichtige Rolle der Hypothek mit fünfjähriger Zinsbindungsfrist auf (vgl. Tabelle 5.22). Je pessimistischer die Einstellung des Anwenders, desto größer wird ihr Anteil, der mit knapp 50 % sein Maximum im Fall von $k = 0$ und sein Minimum im möglichsten Fall mit 27 % erreicht. Überhaupt dominiert hier die Geldanlage-Hypothek-Kombination im möglichsten und pessimistischsten Fall (72 bzw. 81 % der Gesamtfinanzierung).

Bei einem Pessimismusgrad von 0,3 fallen diese beiden Finanzierungsinstrumente mit 60 % ein wenig zurück. Dafür steigt der Bausparanteil auf sein Maximum mit 36 % und liegt damit fast gleichauf mit der Hypothek (38 %). Dies ist erstaunlich, da im möglichsten Fall überhaupt nicht und im pessimistischsten Fall lediglich mit einem Anteil von 17 % auf ihn zurückgegriffen wird. Noch erstaunlicher wird die Nichtbeachtung des Bausparvertrags im möglichsten Fall, wenn man sich die Minimal- und Maximallösung anschaut. Dort ist er mit immerhin 2 bzw. 12 % vertreten. Ebenso fällt der erheblich höhere Geldanlageanteil bei der Hybrid-Lösung im Fall $k = 0$ im Vergleich zur Minimal- und Maximallösung auf.

Die Gesamtzufriedenheit ist im schlechtesten Fall mit 51,6 % am größten und im möglichsten Fall mit 49,88 % am geringsten. Die Eigenkapitalquoten schwanken zwischen 43 und 51 %.

FALL 62	Minimallösung	Maximallösung	Hybridlösung
Pessimismusgrad 1 k = 0	Z_{min} 0,41 Mio * EK-Quote = 20 %	Z_{max} = 1,39 Mio EK-Quote = 48 %	Z_{hvh} = 0,91 Mio EK-Quote = 43 % γ = 51,60 %
Pessimismusgrad 2 k = 0,3	Z_{min} 0,73 Mio EK-Quote = 37 %	Z_{max} = 1,81 Mio EK-Quote = 50 %	Z_{hvh} = 1,27 Mio EK-Quote = 44 % γ = 50,30 %
Pessimismusgrad 3 k = 1	Z_{min} = 1,42 Mio ** EK-Quote = 39 %	Z_{max} = 2,76 Mio *** EK-Quote = 63 %	Z_{hvh} = 2,09 Mio EK-Quote = 51 % γ = 49,88 %

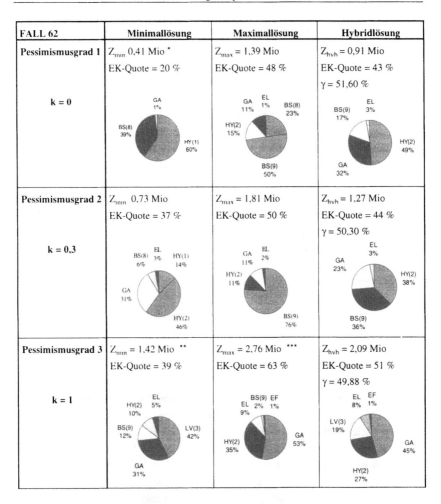

Tabelle 5.22: Optimale Finanzierungsprogramme für ein Ehepaar mit einem Kind und
mittleren Immobilienkosten (Fall 62) im hybriden Fall

---

* Vgl. Tab. 5.7, Spalte Immobilienkosten 2.
** Vgl. Tab. 5.5, Sp. Immobilienkosten 2.
*** Vgl. Tab. 5.11, Sp. Immobilienkosten 2.

Insgesamt läßt sich feststellen, daß die optimalen Programme mit Hilfe der hybriden Programmierung, die auf den Verfahren von TANAKA/ASAI und WERNERS beruhen, zu zufriedenstellenden Lösungen führen. Zum einen können sie sich auf den jeweiligen Pessimismusgrad des Anwenders einstellen, zum anderen berücksichtigen sie die Zufriedenheit mit dem zu leistenden Konsumverzicht. Damit existiert ein System, das hinsichtlich der Unsicherheit über die eigenen Präferenzen und über die Entwicklung der Modellparameter flexibel reagieren kann, ohne relevante und existentielle Informationen zu verschleiern. Das wird insbesondere bei Fällen deutlich, wo die angespannte Liquiditätslage eine Finanzierungslösung fast unmöglich macht, wie der Beispielsfall 22 gezeigt hat.

Ein Nachteil dieses Verfahrens ist vielleicht darin zu sehen, daß lediglich die Spannweite zwischen möglichstem und schlechtestem Fall betrachtet wird und nicht auch die optimistischere Einstellung zum Zuge kommt, womit eine rentablere Lösung vielleicht von vornherein ausgeschlossen wird. Dafür wird über die Möglichkeit des Ruins informiert, was in Anbetracht der Größenordnung des Finanzierungsvolumens und der damit verbundenen Konsequenzen für einen Privathaushalt im Vordergrund stehen sollte.

5.5.   Zusammenfassung und Fazit

Die fallartigen Beispielrechnungen unter Annahme deterministischer Daten haben gezeigt, daß es kein allgemeingültiges optimales Baufinanzierungsprogramm gibt. Vielmehr lassen sich eine Vielzahl optimaler Finanzierungsprogramme aufstellen. Das optimale Mischungsverhältnis der Finanzierungsinstrumente ist von der individuellen Situation des einzelnen Investors abhängig. Insbesondere spielt hier die Familien- und Berufsplanung eine entscheidende Rolle, die sich auf der Liquiditätsseite bemerkbar macht. Deshalb wird für die Erreichung einer optimalen Lösung die gründliche Auseinandersetzung mit der individuellen Lebensplanung erforderlich. Je früher diese erfolgt, desto mehr Aussicht auf finanziellen Erfolg. An dieser Stelle muß darauf hingewiesen werden, daß die ermittelte Optimallösung nur im Fall absoluter Sicherheit auch tatsächlich eintritt. Änderungen innerhalb der Lebensplanung können die gefundene Lösung zur Suboptimalität degradieren.

Nun läßt sich fragen, worin dann überhaupt die Berechtigung für ein so umfangreiches Optimierungsmodell besteht, wenn gegenwärtig wegen der erwähnten Unsicherheit sowieso keine optimale Lösung gefunden werden kann? Drei Argumente lassen sich anführen. Erstens werden durch so ein komplexes Optimierungsmodell erst die Interdependenzen zwischen den verschiedenen Finanzierungsinstrumenten berechenbar. Der Mensch ist ohne Hilfsmittel nicht imstande, solch komplizierten Zusammenhänge zu verarbeiten und zu einer Simultanlösung zu kommen. Zweitens sorgt dieses Modell für Transparenz hinsichtlich der finanziellen Konsequenzen, die den Kauf einer Immobilie mit sich bringen. Der Investor wird umfangreich informiert und für die Unwägbarkeiten sensibilisiert. Zum dritten ist die Formulierung eines Optimierungsmodells hinsichtlich der Quantifizierung der Präferenzen sinnvoll. Man wird gezwungen, sich mit ihnen auseinanderzusetzen und sie zu konkretisieren. Zusätzlich werden mit der Präsentation der Optimallösung die Auswirkungen der Präferenzvorstellungen sichtbar gemacht.

Im übrigen kann kein Planungsinstrument die Sicherheit der Ausgangsdaten gewährleisten. Deshalb bietet sich auch von Zeit zu Zeit eine Überprüfung der Rahmenbedingungen an. Im Fall von geänderten Daten muß eine auf Basis der bis dahin getroffenen Entscheidungen neue Lösung gefunden werden, indem eine weitere Optimierungsrechnung durchgeführt wird. Diese Vorgehensweise wird als rollierende Planung bezeichnet.[19] Sie läßt sich hier ohne weiteres auf dieses Problem übertragen, indem kleine Modifikationen am Modell vorgenommen werden. Darauf soll hier jedoch verzichtet werden.

Die Beispielsrechnungen unter der Annahme sicherer Daten haben darüber hinaus zu einem anderen wichtigen Ergebnis geführt. Bei der Entscheidung zwischen Bausparen und Geldanlage-Hypotheken-Kombination spielt nicht nur die Zinsentwicklung, sondern auch die individuelle Liquiditätssituation des Investors eine große Rolle. Dieser Tatbestand wird bei einem Vergleich oft nicht beachtet.

Im zweiten Teil dieses Kapitels haben wir uns dann mit dem Fall unsicherer Präferenzvorstellungen beschäftigt. Der Investor ist lediglich imstande, einen prozentualen Bereich anzugeben, den er von seinem zur Verfügung stehenden Einkommen für die Baufinanzierung bereitstellen möchte. Mit anderen Worten haben wir es mit einem Investor zu tun, der seine Bereitschaft zum Konsumverzicht nicht eindeutig und klar quantifizieren kann. Bevor wir uns diesem Problem der Unschärfe mit Hilfe des Fuzzy-Optimierungsverfahrens von WERNERS gewidmet haben, hatten wir die Auswirkungen einer maximalen Überschreitung der Restriktionsgrenzen analysiert. Als Fazit läßt sich ziehen, daß die Optimallösung auch von den individuellen Präferenzvorstellungen des Investors beeinflußt wird. Dem Immobilienerwerber sei daher angeraten, sich eingehend mit seinen Wertvorstellungen auseinanderzusetzen, um sich über seine Gewichtung Konsumverzicht versus hoher Lebensstandard klar zu werden.

Auch wenn dem Investor eine eindeutige Abgrenzung seiner Präferenzen a priori gelingen sollte, was schwierig genug sein wird, herrscht trotzdem Unsicherheit über die künftigen Präferenzen. Niemand kann die Beständigkeit der einmal als zutreffend artikulierten Präfe-

---

[19] Der interessierte Leser sei in diesem Zusammenhang beispielsweise an Adam (1995), Sp.1019 verwiesen.

renzen garantieren. Im zuletzt genannten Fall hilft nur eine ständige Überprüfung und im Fall einer Veränderung eine nochmalige Berechnung auf Grundlage der bereits getroffenen Entscheidungen. Im ersten Fall dagegen, wenn der Investor also a priori seine Präferenzen lediglich unscharf artikulieren und quantifizieren kann, wird ihm mit dem Verfahren von WERNERS eine geeignete Methode zur Seite gestellt, die ihm zu einer Kompromißlösung verhilft.

Die Einwände gegen den verwendeten Minimum-Operator lassen sich mit Hilfe eines Anspruchsniveauverfahrens weitgehend abwehren. Die Beispielsfälle haben gezeigt, wie der Investor gezielt Einfluß auf die Lösungen nehmen kann, indem er seine Präferenzen direkt über die Restriktionen oder indirekt über den Zielwert über gesetzte Anspruchsniveaus artikulieren kann. Nach ersten Informationen über die finanziellen Konsequenzen von extremen Optimallösungen wird sich der Investor auch imstande fühlen, seine Präferenzen mehr oder weniger fein auszudrücken. Problematisch erweist sich jedoch die Bewertung unterschiedlich hoher Zielwerte in Verbindung mit variierendem Konsumverzicht. Hier wird der Vorschlag gemacht, daß der Anwender über mehrmalige Optimierungsrechnungen ein Gefühl für seine individuellen Wertvorstellungen entwickeln sollte.

Der dritte Teil dieses Kapitels war der Unsicherheit über die im Modell relevanten Parameter gewidmet. Anhand der modifizierten Verfahren nach WOLF und TANAKA/ASAI, die auf der possibilistischen Programmierung basieren, haben wir die Eignung für unser Finanzierungsproblem getestet. Das modifizierte Verfahren nach WOLF hat sich gegenüber Änderungen des Pessimismusgrades als sehr stabil gezeigt. Eine Erklärung dafür haben wir im kompensatorischen Effekt der Einlagen gesehen. Die Negativentwicklung der Finanzierungsinstrumente wird durch die implizite Positiventwicklung der Einlagen ausgeglichen. Es ist jedoch zu bezweifeln, daß in der Realität dieser systemimmanente Effekt auch tatsächlich eintritt. Tut er es nicht, dann hat das konsequenterweise eine zwanghafte Steigerung des Einlagenpotentials zur Folge, worüber der Investor nicht explizit informiert wird. Die Gesamtzufriedenheit mit dem Programm sinkt damit automatisch. Auch darüber bleibt der Anwender uninformiert. Aus diesen Gründen ist dieses Verfahren für unser Finanzierungsproblem ungeeignet und ist folglich abzulehnen.

Mit dem modifizierten Verfahren nach TANAKA/ASAI läßt sich dagegen sogar der finanzielle Ruin berücksichtigen, was dem schlechtesten Fall entspricht. Dem Anwender bleibt es über die Wahl des Pessimismusgrades selbst überlassen, welcher der zahlreichen Fälle zwischen dem schlechtesten und möglichsten Fall ihm am nächsten kommt. Er kann damit seine individuelle Unsicherheitseinstellung zum Ausdruck bringen, die dann adäquat bei der Modellösung berücksichtigt wird. Optimistische Menschen müssen sich damit trösten, daß bei Anwendung dieses Verfahrens die ständige Finanzierbarkeit eines Programms einen höheren Stellenwert genießt als rentabilitätsorientiertere Lösungen.

Im vierten und letzten Teil dieses Kapitels wurde dann für einen Beispielsfall ein selbstentwickeltes hybrides Verfahren betrachtet, das sowohl die Unsicherheit hinsichtlich der Parameter als auch der Präferenzen gleichzeitig berücksichtigt. Dieses auf WERNERS und TANAKA/ASAI basierende Verfahren ist in der Lage, sich auf die individuellen Unsicherheitsgrade des Investors einzustellen. Über die Gesamtzufriedenheit wird der Anwender stets informiert. Natürlich läßt sich im Anschluß an die eigentlichen Optimierungsrechnungen das Anspruchsniveauverfahren von BRUNNER auch hier anwenden, womit sich die Schwächen des Minimum-Operators begrenzen lassen.

6. Schlußbetrachtung

Am Anfang dieser Arbeit steckten wir uns das Ziel, ein individuelles optimales Baufinanzierungsprogramm unter Beachtung zweier Unschärfearten zu finden. Die erste Unschärfe betrifft die Zukunftsentwicklung der relevanten Planungsdaten und die zweite Unschärfe die ungenau formulierbaren Präferenzvorstellungen des Investors hinsichtlich seiner finanziellen Zielsetzung.

Dazu haben wir im zweiten Kapitel zunächst die wesentlichen Unterscheidungsmerkmale für die Behandlung des Finanzierungsproblems herausgearbeitet und diese als Anhaltspunkt für einen Vergleich der unterschiedlichen Ansätze in der Literatur genommen. Dabei ließ sich feststellen, daß im Fall eines fixierten Erwerbszeitpunktes der Immobilie die so wichtige Ansparphase unberücksichtigt blieb, und damit ein optimales Finanzierungsprogrammm von vornherein nicht mehr gefunden werden konnte. Die gefundenen Lösungen innerhalb der Literatur gehen entweder von einem bereits in der Vergangenheit abgeschlossenen Bausparvertrag aus oder, was die Regel darstellt, von einem vorfinanzierten Bausparvertrag, der als recht teuer bezeichnet werden kann und im Fall einer Beachtung der Vorsparphase vermeidbar ist. Lediglich im Fall eines variablen, modellendogenen Erwerbszeitpunktes fand die Ansparphase zwangsweise Beachtung. Die Variabilität des Kaufzeitpunktes war nicht Gegenstand dieser Arbeit, da mit ihr ungelöste Probleme nichtmonetärer Bewertungen und erschwerte Bedingungen bei der Optimierungsrechnung unter Unschärfe wegen der einzuführenden Binärvariablen verbunden sind. Weiterhin hat der Literaturüberblick über die vorhandenen Modelle und Verfahrenstechniken deutlich gemacht, daß nach wie vor das Problem der Unsicherheit aus pragmatischer Sicht nicht zufriedenstellend gelöst ist. Die vorgeschlagenen klassischen Methoden erlauben lediglich, die Stabilität einer gefundenen Lösung zu analysieren - man denke hier insbesondere an die Variationsrechnung und die Sensitivitätsanalyse - oder mit Hilfe klassischer Entscheidungsregeln zu einer eindeutigen Lösung zu kommen. Diese Entscheidungsregeln erweisen sich jedoch als anwenderunfreundlich, da sie zum einen die Gefahr des Informationsverlustes in sich bergen und zum anderen das Unsicherheitsempfinden des Investors nicht hinreichend genau widerspiegeln können. Deshalb besteht auch auf diesem Gebiet ein Defizit.

Im dritten Kapitel sind deshalb verschiedene Fuzzy- und possibilistische Optimierungsverfahren vorgestellt und diskutiert worden, um zu prüfen, ob sie in der Lage sind, die Planungs- und Präferenzunsicherheit adäquat zu berücksichtigen. Adäquat bedeutet in diesem Fall in anwenderfreundlicher Form, also extrem individuell und flexibel. Dazu war eine ausführliche Einführung in die Welt der Fuzzy Set-Theorie sowie die detaillierte Vorstellung verschiedener Verfahren notwendig, um einerseits die Grundlagen für das Verständnis dieser "neuen"

Methodik zu schaffen und andererseits die Vielfalt dieser Optimierungsverfahren deutlich werden zu lassen. In diesem Zusammenhang mußte eine klare Abgrenzung der Verfahren nach Art der Unschärfe erfolgen, da insbesondere in der deutschsprachigen Literatur hier ein gewaltiger Nachholbedarf besteht. Eine Unterscheidung zwischen Fuzzy- und possibilistischer Optimierungsverfahren wird heutzutage von niemandem mehr ernsthaft angezweifelt. Die Diskussion über die "richtige" Zuordnung der Verfahren hält jedoch bis dato an. Der Grund ist in der mangelhaften Auseinandersetzung mit den unterschiedlichen Unschärfearten zu sehen. Deshalb geht diesem Kapitel eine Begriffsabgrenzung voran, die sich durch das gesamte Kapitel wie ein roter Faden zieht. Das Kapitel endet nach der Vorstellung von zwei verschiedenen hybriden Optimierungsverfahren, die sämtliche Unschärfearten miteinander zu verbinden versuchen, mit der Darstellung eines neu entwickelten hybriden Verfahrens, das für die simultane Lösung eines Investitions- und Finanzierungsprogrammproblems und damit des zu betrachtenen Finanzierungsproblems am geeignetsten erscheint. Alle vorgestellten Fuzzy-Verfahren haben den großen Vorteil, daß sie mit Standardsoftware für lineare Programmierung auskommen. Der Grund dafür liegt in der Transformation der Unsicherheit in eine standardisierte Form der linearen Programmierungstechnik.

Im vierten Kapitel ging es dann um den Aufbau eines vollständig umfassenden, realitätsnahen und flexiblen Modells. Als vollständig kann es deshalb bezeichnet werden, weil die klassischen Finanzierungsinstrumente wie Bausparen, Hypotheken- und Lebensversicherungsdarlehen in zahlreichen Variationen vertreten sind. Darüber hinaus findet während der Ansparphase auch die Geldanlage am Kapitalmarkt Berücksichtigung. Flexibilität zeichnet sich im Modell durch die endogene Steueroptimierung, die optimalen Ansparraten des Bausparvertrags und der Geldanlagebeträge sowie durch die endogene Ermittlung der optimalen Prolongationszeitpunkte und Volumina der Hypotheken aus. Sogar Sondertilgungen für die Bausparverträge und für die Hypothekendarlehen am Ende der Zinsfestschreibungsfrist werden im Modell variabel gehalten. Die detaillierte Berechnung der Einlagen schärft das Problembewußtsein des Investors und erhöht die Realitätsnähe um ein Vielfaches. Neben den geplanten Einkommensteigerungsraten gehen die lebensnotwendigen Konsumausgaben inklusive der Inflationserwartung, die genau tarifierten Einkommensteuerbeträge, die Entwicklung der Sozialversicherungsbeiträge und der Aufteilungswunsch des zur Verfügung stehenden Einkommens in die Einlagenermittlung ein. Die berufliche Karriere- und Familienplanung lassen sich ebenso problemlos in das Modell integrieren, wie die drohende Zinsabschlagsteuer für Kapitalerträge bei Überschreitung der gültigen Pauschalfreibeträge.

Die Analyse der Anwendungsbeispiele im fünften Kapitel führten zu folgenden Erkenntnissen: Einerseits ist die Wichtigkeit der individuellen Situation des Investors deutlich hervorgetreten, nachdem zwischen verschiedenen Fällen hinsichtlich der Familienplanung und der Objektkosten differenziert wurde. Andererseits hat sich herausgestellt, daß die Liquidität eine sehr große Rolle bei der optimalen Zusammenstellung des Finanzierungsprogramms spielt. Damit wird noch einmal die Bedeutung und Wichtigkeit einer sorgfältigen und genauen Liquiditätserfassung innerhalb des Modells bestätigt. Je detaillierter sich der Investor mit seiner Karriere- und Familienplanung auseinandersetzt, desto optimaler gestaltet sich seine Finanzplanung im deterministischen Fall. Durch die explizite Berücksichtigung der Anspar-phase konnte weiterhin der Disput über Bausparen versus Hypothek in ein etwas anderes Licht gerückt werden. In der Regel wird in der Literatur lediglich ein kritischer Kapitalmarkt-zinssatz als alleiniges Kriterium für das Für und Wider eines Bausparvertrages genannt. Dieser Vergleich stellt sich bei näherer Betrachtung jedoch als zu einseitig dar, weil er die Liquiditätsbelastung der beiden Finanzierungsinstrumente vernachlässigt. In einem simultanen Investitions- und Finanzierungsprogrammproblem, wie es hier vorliegt, werden dagegen die vielseitigen Interdependenzen in angemessener Form beachtet und verarbeitet.

Betrachtet man die Anwendung der ausgewählten Fuzzy- bzw. possibilistischen Optimie-rungsverfahren, die zum Teil modifiziert wurden, dann läßt sich trotz der einfach gewählten Verfahrensstruktur - man denke an die lineare Zugehörigkeits- bzw. Möglichkeitsfunktionen und den Minimum-Operator als Aggregationsvorschrift für unscharfe Zahlen - das Potential einer Fuzzy-Optimierung erkennen. Das subjektive Unsicherheitsempfinden des Investors kann individuell bei der Optimierungsrechnung berücksichtigt werden. Das gilt sowohl für unsichere Planungsdaten als auch für unscharf artikulierte Präferenzvorstellungen. Dies geschieht über die Zugehörigkeitsfunktionen, die die subjektive Zufriedenheit mit einer Größe oder die subjektive Möglichkeitsverteilung einer Größe ausdrücken. Eine feine Abstufung dieser subjektiven Einschätzungen bzw. Bewertungen läßt sich mit Hilfe einer stückweise linearen Funktion erreichen, die nichtlineare Funktionsverläufe approximiert. Der damit ver-bundene erhöhte Aufwand sollte dabei jedoch beachtet und gegengerechnet werden. Gegen die Kritik des verwendeten Minimum-Operators, der eine zu pessimistische Einstellung zur Unsicherheit unterstellt, weil die Systemungleichung mit dem niedrigsten Zufriedenheitsgrad die Optimallösung determiniert, konnte das Anspruchsniveauverfahren entgegengesetzt werden. Anhand eines Beispielfalls wurde deutlich, wie der Investor über gesetzte Mindest-anspuchsniveaus gezielt - entsprechend seiner subjektiven Präferenzen - Einfluß auf die Optimallösung nehmen kann. Die Anwendung des neu entwickelten linearen hybriden Verfah-rens hat darüber hinaus gezeigt, daß es sich um ein anpassungsfähiges Verfahren handelt, das sich sehr individuell auf das subjektive Planungs- und Präferenzunsicherheitsempfinden des Investors einstellen kann. Damit ist man dem eigentlichen Ziel ein Schritt näher gekommen, die Akzeptanz und Zufriedenheit des Investors mit der modellgestützten Lösung zu erhöhen.

Anhang 1

Beweisführung: Die Saldenmethode unterscheidet sich von der Zuwachsmethode durch den Bewertungsfaktor.

(1) Saldenmethode:
$$BWZ_t = \frac{BWZF}{XBS} \cdot \sum_{\tau=1}^{t} BSG_\tau \qquad (4.4)$$

(2) Zuwachsmethode:
$$BWZ_t = \frac{1000}{XBS} \cdot BSG_t + BWZ_{t-1} \qquad (4.5)$$

Die Gleichungen (4.4) und (4.5) werden gleichgesetzt:

$$\frac{BWZF}{XBS} \cdot \sum_{\tau=1}^{t} BSG_\tau = \frac{1000}{XBS} \cdot BSG_t + BWZ_{t-1}$$

$$= \frac{1000}{XBS} \cdot BSG_t + \frac{1000}{XBS} \cdot BSG_{t-1} + ... + \frac{1000}{XBS} \cdot BSG_2 + \frac{1000}{XBS} \cdot BSG_1$$

$$= \frac{1000}{XBS} \cdot (BSG_t + BSG_{t-1} + ... + BSG_2 + BSG_1)$$

$$= \frac{1000}{XBS} \cdot \sum_{\tau=1}^{t} BSG_\tau \qquad \text{q.e.d.}$$

Setzt man für 1000 das Symbol BWZF in die rechte Seite der Gleichung ein, dann entsprechen sich beide Seiten.

Anhang 2

Herleitungen der Mindestbewertungsrestriktionsformeln für unterschiedliche Bewertungsmethoden und Bewertungsstichtage:

1.) **Die Salden- bzw. Zuwachsmethode**

Es gilt:[1]
$$\sum_{\tau=1}^{z} BSG_{\tau} - \frac{MBWZ}{BWZF} \cdot XBS \geq 0 \tag{4.7}$$

a) *Summe aller Bausparguthaben im Zeitpunkt z bei halbjährlicher Bewertung (März/September):*

$$BSG_1 = \frac{2}{(1+h_B)^z} XB_0$$

$$BSG_2 = \frac{2}{(1+h_B)^{z-1}} XB_0 + \frac{2}{(1+h_B)^{z-1}} XB_1$$

$$\vdots \qquad \vdots \qquad \vdots$$

$$BSG_z = \frac{2}{(1+h_B)^1} XB_0 + \frac{2}{(1+h_B)^1} XB_1 + \ldots + \frac{2}{(1+h_B)^1} XB_{z-1}$$

Zusammengefaßt ergibt das:

$$\sum_{\tau=1}^{z} BSG_{\tau} = \left(\frac{2}{(1+h_B)^z} + \frac{2}{(1+h_B)^{z-1}} + \ldots + \frac{2}{(1+h_B)^1} \right) XB_0$$

$$+ \left(\frac{2}{(1+h_B)^{z-1}} + \ldots + \frac{2}{(1+h_B)^1} \right) XB_1$$

$$+ \ldots + \frac{2}{(1+h_B)^1} XB_{z-1}$$

$$\sum_{\tau=1}^{z} BSG_{\tau} = \sum_{t=0}^{z-1} \sum_{\tau=t}^{z-1} \frac{2}{(1+h_B)^{z-\tau}} XB_t \tag{A.1}$$

Gleichung (A.1) in (4.7) eingesetzt ergibt unter Berücksichtigung des Variantenindex k die Mindestbewertungzahl-Restriktion:

---

[1] Aus Veinfachungsgründen wird hier und im folgenden auf den Index k verzichtet.

$$\sum_{t=0}^{z-1}\sum_{\tau=t}^{z-1}\frac{2}{(1+h_{Bk})^{z-\tau}}XB_{kt}-\frac{MBWZ}{BWZF}\cdot XBS_k \geq 0 \qquad (4.8)$$

b)   *Summe aller Bausparguthaben im Zeitpunkt z bei Quartalsendebewertung:*

$$\sum_{\tau=1}^{z}BSG_\tau = \left(\frac{3}{(1+h_B)^z}+\frac{4}{(1+h_B)^{z-1}}+...+\frac{4}{(1+h_B)^1}+1\right)XB_0$$

$$+\left(\frac{4}{(1+h_B)^{z-1}}+...+\frac{4}{(1+h_B)^1}+1\right)XB_1$$

$$+...+\left(\frac{4}{(1+h_B)^1}+1\right)XB_{z-1}$$

$$+XB_z$$

$$=\sum_{t=0}^{z-1}\sum_{\tau=t}^{z-1}\frac{4}{(1+h_B)^{z-\tau}}XB_t-\frac{1}{(1+h_B)^z}XB_0+\sum_{t=0}^{z}XB_t \qquad (A.2)$$

Gleichung (A.2) in (4.6) eingesetzt ergibt unter Berücksichtigung des Variantenindex k
die Mindestbewertungzahl-Restriktion:

$$\sum_{t=0}^{z-1}\sum_{\tau=t}^{z-1}\frac{4}{(1+h_{Bk})^{z-\tau}}XB_t-\frac{1}{(1+h_{Bk})^z}XB_{k0}+\sum_{t=0}^{z}XB_{kt}-\frac{MBWZ}{BWZF}\cdot XBS_k \geq 0 \qquad (4.9)$$

2.)   Die Mischformel:

Es gilt: $$BSG_z+ZF\sum_{\tau=1}^{z}Z_\tau-MBWZ\cdot RSP\cdot XBS \geq 0 \qquad (4.11)$$

mit $$BSG_z=\sum_{t=0}^{z}XB_t \qquad (A.3)$$

a)   *Summe aller Zinszahlungen im Zeitpunkt z bei halbjährlicher Bewertung
(März/September):*[2]

$$Z_1=\frac{1}{(1+h_B)^z}\frac{1}{4}h_B\cdot XB_0$$

---

[2] Üblicherweise werden die bis zum Bewertungsstichtag angefallenen und im Bausparguthaben noch nicht
enthaltenen Zinsen des laufenden Kalenderjahres wie bereits gutgeschriebene Zinsen bewertet. Vgl. dazu Laux
(1992), S. 62. Ein Zinseszinseffekt darf dabei jedoch nicht entstehen, da am Ende eines Jahres auch nur die
einfachen Zinsen dem Konto gutgeschrieben werden.

$$Z_2 = \frac{1}{(1+h_B)^z}\frac{3}{4}h_B \cdot XB_0$$

$$Z_3 = \frac{1}{(1+h_B)^{z-1}}\frac{1}{4}h_B \cdot XB_0 + \frac{1}{(1+h_B)^{z-1}}\frac{1}{4}h_B \cdot XB_1$$

$$Z_4 = \frac{1}{(1+h_B)^{z-1}}\frac{3}{4}h_B \cdot XB_0 + \frac{1}{(1+h_B)^{z-1}}\frac{3}{4}h_B \cdot XB_1$$

$$\begin{array}{ccc} \cdot & \cdot & \cdot \\ \cdot & \cdot & \cdot \\ \cdot & \cdot & \cdot \end{array}$$

$$Z_z = \frac{1}{(1+h_B)^1}\frac{3}{4}h_B \cdot XB_0 + \frac{1}{(1+h_B)^1}\frac{3}{4}h_B \cdot XB_1 +...+ \frac{1}{(1+h_B)^1}\frac{3}{4}h_B \cdot XB_{z-1}$$

Zusammengefaßt ergibt das:

$$\sum_{\tau=1}^{z} Z_\tau = \left(\frac{1}{(1+h_B)^z} + \frac{1}{(1+h_B)^{z-1}} +...+ \frac{1}{(1+h_B)^1} \right) h_B \cdot XB_0$$

$$+ \left(\frac{1}{(1+h_B)^{z-1}} +...+ \frac{1}{(1+h_B)^1} \right) h_B \cdot XB_1$$

$$+...+ \frac{1}{(1+h_B)^1} h_B \cdot XB_{z-1}$$

$$\sum_{\tau=1}^{z} Z_\tau = \sum_{t=0}^{z-1}\sum_{\tau=t}^{z-1} \frac{1}{(1+h_B)^{z-\tau}} h_B \cdot XB_t \tag{A.4}$$

Gleichungen (A.3) und (A.4) in (4.11) eingesetzt ergibt wieder unter Berücksichtigung des Variantenindex k die Mindestbewertungzahl-Restriktion:

$$\sum_{t=0}^{z} XB_{kt} + ZF\sum_{t=0}^{z-1}\sum_{\tau=t}^{z-1} \frac{1}{(1+h_{Bk})^{z-\tau}} h_{Bk} \cdot XB_{kt} - MBWZ \cdot RSP \cdot XBS_k \geq 0 \tag{4.12}$$

b)   *Summe aller Zinszahlungen im Zeitpunkt z bei Quartalsendebewertung:*

$$\sum_{\tau=1}^{z} Z_\tau = \left(\begin{array}{l} \dfrac{1}{4}\dfrac{1}{(1+h_B)^z} + \dfrac{2}{4}\dfrac{1}{(1+h_B)^z} + \dfrac{3}{4}\dfrac{1}{(1+h_B)^z} + \dfrac{4}{4}\dfrac{1}{(1+h_B)^z} \\[2mm] + \dfrac{1}{4}\dfrac{1}{(1+h_B)^{z-1}} + \dfrac{2}{4}\dfrac{1}{(1+h_B)^{z-1}} + \dfrac{3}{4}\dfrac{1}{(1+h_B)^{z-1}} + \dfrac{4}{4}\dfrac{1}{(1+h_B)^{z-1}} \\[2mm] +...+ \dfrac{1}{4}\dfrac{1}{(1+h_B)^1} + \dfrac{2}{4}\dfrac{1}{(1+h_B)^1} + \dfrac{3}{4}\dfrac{1}{(1+h_B)^1} + \dfrac{4}{4}\dfrac{1}{(1+h_B)^1} \end{array} \right) h_B \cdot XB_0$$

$$+\left(\begin{array}{l}\dfrac{1}{4}\dfrac{1}{(1+h_B)^{z-1}}+\dfrac{2}{4}\dfrac{1}{(1+h_B)^{z-1}}+\dfrac{3}{4}\dfrac{1}{(1+h_B)^{z-1}}+\dfrac{4}{4}\dfrac{1}{(1+h_B)^{z-1}}\\[2mm]+\ldots+\dfrac{1}{4}\dfrac{1}{(1+h_B)^1}+\dfrac{2}{4}\dfrac{1}{(1+h_B)^1}+\dfrac{3}{4}\dfrac{1}{(1+h_B)^1}+\dfrac{4}{4}\dfrac{1}{(1+h_B)^1}\end{array}\right)h_B\cdot XB_1$$

$$+\ldots+\left(\dfrac{1}{4}\dfrac{1}{(1+h_B)^1}+\dfrac{2}{4}\dfrac{1}{(1+h_B)^1}+\dfrac{3}{4}\dfrac{1}{(1+h_B)^1}+\dfrac{4}{4}\dfrac{1}{(1+h_B)^1}\right)h_B\cdot XB_{z-1}$$

$$\sum_{\tau=1}^{z}Z_\tau=\frac{5}{2}\sum_{t=0}^{z-1}\sum_{\tau=t}^{z-1}\frac{1}{(1+h_B)^{z-\tau}}h_B\cdot XB_t \qquad\qquad (A.5)$$

Gleichungen (A.3) und (A.5) in (4.11) eingesetzt ergibt wieder unter Berück-sichtigung des Variantenindex k die Mindestbewertungzahl-Restriktion:

$$\sum_{t=0}^{z}XB_{kt}+\frac{5}{2}ZF\sum_{t=0}^{z-1}\sum_{\tau=t}^{z-1}\frac{1}{(1+h_{Bk})^{z-\tau}}h_{Bk}\cdot XB_{kt}-MBWZ\cdot RSP\cdot XBS_k\geq 0 \qquad (4.13)$$

Anhang 3

Herleitung der Zinszahlungen und Tilgungszahlungen pro Jahr für das Bauspardarlehen bei monatlicher Zins- und Tilgungsverrechnung (30-Tage-Methode):

1.) Herleitung der Zinsformel

Der Zinsbetrag (XBZ) im ersten Jahr ergibt sich aus der Summe der unterjährigen Zinszahlungen pro Jahr. Bezeichnet man die Anzahl der Zinsperioden mit m, dann gilt:

$$XBZ_1 = \sum_{\tau=1}^{m} XBZ_\tau \tag{A.6}$$

Desweiteren läßt sich die finanzmathematische Beziehung zwischen Zinsbetrag und Restschuld (XBRS) nach einer der Grundgleichungen der Tilgungsrechnung darstellen.:[1] Unter Zuhilfenahme des nominellen Zinssatzes (i_B) folgt:

$$XBZ_\tau = \frac{i_B}{m} XBRS_{\tau-1} \tag{A.7}$$

Gleichung (A.7) in (A.6) eingesetzt, ergibt:

$$XBZ_1 = \sum_{\tau=1}^{m} \frac{i_B}{m} XBRS_{\tau-1} = \frac{i_B}{m} \sum_{\tau=1}^{m} XBRS_{\tau-1} \tag{A.8}$$

Im Fall der Prozentannuität berechnet sich die Restschuld in Abhängigkeit von der Darlehenshöhe (XBD), dem anfänglichen relativen Tilgungssatz (p_B') und dem relativen Zinssatz (i_B') nach folgender Formel:[2]

$$XBRS_{\tau-1} = \left(1 - \frac{p_B'}{i_B'}\left((1 + i_B')^{\tau-1} - 1\right)\right) XBD \tag{A.9}$$

$$\text{mit} \quad p_B' = a_B' - i_B'$$
$$i_B = \frac{i_B}{m}$$
$$a_B' = \frac{a_B}{m}$$

---

[1] Vgl. Kruschwitz (1995a), S. 145.
[2] Vgl. Locarek (1994), S. 129.

Führt man den Variantenindex k für die verschieden Bausparverträge ein und setzt Gleichung (A.9) in (A.8) ein, dann ergibt sich nach einigen Umformungen:

$$XBZ_{1k} = \frac{i_{Bk}}{m} \sum_{\tau=1}^{m} \left[1 - \frac{p'_{Bk}}{i'_{Bk}} \left((1+i'_{Bk})^{\tau-1} - 1 \right) \right] XBD_k$$

$$= \frac{i_{Bk}}{m} \left[\left(1 - \frac{p'_{Bk}}{i'_{Bk}} \left((1+i'_{Bk})^0 - 1 \right) \right) XBD_k + \left(1 - \frac{p'_{Bk}}{i'_{Bk}} \left((1+i'_{Bk})^1 - 1 \right) \right) XBD_k \right.$$

$$\left. + ... + \left(1 - \frac{p'_{Bk}}{i'_{Bk}} \left((1+i'_{Bk})^{11} - 1 \right) \right) XBD_k \right]$$

$$= \frac{i_{Bk}}{m} \left[m + m \frac{p'_{Bk}}{i'_{Bk}} - \frac{p'_{Bk}}{i'_{Bk}} \left({q'_{Bk}}^0 + {q'_{Bk}}^1 + ... + {q'_{Bk}}^{m-1} \right) \right] XBD_k$$

$$= \left(m(i'_{Bk} + p'_{Bk}) - \frac{p'_{Bk}}{i'_{Bk}} \left({q'_{Bk}}^m - 1 \right) \right) XBD_k$$

$$XBZ_{1k} = \left(a_{DS,k} - \frac{p'_{Bk}}{i'_{Bk}} \left({q'_{Bk}}^m - 1 \right) \right) XBD_k \qquad (A.10)$$

Für die Zinszahlung im Zeitpunkt 2 gilt:

$$XBZ_2 = \frac{i_B}{m} \sum_{\tau=m+1}^{2 \cdot m} XBRS_{\tau-1} \qquad (A.11)$$

Gleichung (A.9) in Gleihung (A.11) eingesetzt ergibt unter Berücksichtigung des Index k:

$$XBZ_{2k} = \frac{i_{Bk}}{m} \left[\left(1 - \frac{p'_{Bk}}{i'_{Bk}} \left((1+i'_{Bk})^{12} - 1 \right) \right) XBD_k + \left(1 - \frac{p'_{Bk}}{i'_{Bk}} \left((1+i'_{Bk})^{13} - 1 \right) \right) XBD_k \right.$$

$$\left. + ... + \left(1 - \frac{p'_{Bk}}{i'_{Bk}} \left((1+i'_{Bk})^{23} - 1 \right) \right) XBD_k \right]$$

$$= \frac{i_{Bk}}{m} \left[m \left(1 + \frac{p'_{Bk}}{i'_{Bk}} \right) - \frac{p'_{Bk}}{i'_{Bk}} \sum_{\tau=m+1}^{2 \cdot m} {q'_{Bk}}^{\tau-1} \right] XBD_k$$

$$= \frac{i_{Bk}}{m}\left[m\left(1 + \frac{p'_{Bk}}{i'_{Bk}}\right) - \frac{p'_{Bk}}{i'_{Bk}}\left(\sum_{\tau=1}^{2 \cdot m} q'_{Bk}{}^{\tau-1} - \sum_{\tau=1}^{m} q'_{Bk}{}^{\tau-1}\right)\right]XBD_k$$

$$= \left(m(i'_{Bk} + p'_{Bk}) - \frac{p'_{Bk}}{i'_{Bk}}\left(q'_{Bk}{}^{2m} - q'_{Bk}{}^{m}\right)\right)XBD_k$$

$$XBZ_{2k} = \left(a_{DS,k} - \frac{p'_{Bk}}{i'_{Bk}}\left(q'_{Bk}{}^{2m} - q'_{Bk}{}^{m}\right)\right)XBD_k \qquad (A.12)$$

Allgemein läßt sich für die Zinszahlung im Zeitpunkt t

$$XBZ_{tk} = \frac{i_{Bk}}{m} \sum_{\tau=(t-1)m+1}^{t \cdot m} XBRS_{\tau-1,k} \qquad bzw.$$

$$XBZ_{tk} = \left[a_{DS,k} - \frac{p'_{Bk}}{i'_{Bk}}\left(q'_{Bk}{}^{m \cdot t} - q'_{Bk}{}^{m(t-1)}\right)\right]XBD_k \qquad (A.13)$$

schreiben.

Diese Formel zur Berechnung der Zinszahlung im Zeitpunkt t berücksichtigt lediglich die Mindestannuitäten. Sind zusätzlich Sondertilgungen am Jahresende möglich, so spart man die bis zum Zeitpunkt t aufgelaufenden Zinsen durch Sondertilgungen (XBST). Es ergibt sich die modifizierte Gleichung

$$XBZ_{tk} = \left[a_{DS,k} - \frac{p'_{Bk}}{i'_{Bk}}\left(q'_{Bk}{}^{m \cdot t} - q'_{Bk}{}^{m(t-1)}\right)\right]XBD_k - i_{Bk}\sum_{\tau=2}^{t} XBST_{\tau-1,k} \qquad (A.14)$$

Beachten wir, daß die Zinszahlungen erst nach dem Erwerb der Immobilie im Zeitpunkt z+1 beginnen, dann lautet Gleichung (A.14):

$$XBZ_{tk} = \left[a_{DS,k} - \frac{p'_{Bk}}{i'_{Bk}}\left(q'_{Bk}{}^{(t-z)m} - q'_{Bk}{}^{(t-z-1)m}\right)\right]XBD_k - i_{Bk}\sum_{\tau=2}^{t} XBST_{\tau-1,k}$$

$$\text{für } t = z+1,..., z+T_{Bk} \qquad (4.19)$$

2.)   Herleitung der Tilgungsformel

Die jährliche Tilgungszahlung im Zeitpunkt t = 1 setzt sich aus den tariflichen Tilgungszahlungen und den Sondertilgungen zusammen.

Betrachtet man zunächst ausschließlich die tariflichen Tilgungszahlungen (XBT') und berücksichtigt ferner, daß die tariflich vereinbarten Tilgungsbeträge monatlich geleistet werden, so ergibt sich formal:

$$XBT'_1 = \sum_{\tau=1}^{m} XBT'_\tau \qquad (A.15)$$

Charakteristisch für Annuitätentilgung ist die im Laufe der Zeit um die ersparten Zinsen zunehmende Tilgungszahlung, so daß folgende Beziehung gilt:[3]

$$XBT'_2 = XBT'_1 \cdot q'_B \qquad (A.16)$$

Die erste Tilgungszahlung hängt von der Darlehenshöhe (XBD) und dem anfänglichen unterjährigen Tilgungsprozentsatz p'_B ab:

$$XBT'_1 = p'_B \cdot XBD \qquad (A.17)$$

Unter Beachtung der Gleichungen (A.16) und (A.17) läßt sich Gleichung (A.15) auch wie folgt darstellen:

$$XBT'_1 = \sum_{\tau=1}^{m} p'_B \cdot XBD \cdot q'^{\,\tau-1}_B$$

$$= p'_B \cdot XBD \sum_{\tau=1}^{m} q'^{\,\tau-1}_B$$

$$= p'_B \cdot XBD \frac{q'^{\,m}_B - 1}{i'_B} \qquad (A.18)$$

Für die Tilgungszahlung im Zeitpunkt t gilt:

$$XBT'_t = \sum_{\tau=(t-1)m+1}^{t \cdot m} p'_B \cdot XBD \cdot q'^{\,\tau-1}_B$$

---

[3] Vgl. Kruschwitz (1995a), S. 153.

$$= p'_B \cdot \left(\sum_{\tau=1}^{t \cdot m} q'_B{}^{\tau-1} - \sum_{\tau=1}^{(t-1)m} q'_B{}^{\tau-1} \right) XBD$$

$$= p'_B \cdot \left(\frac{q'_B{}^{t \cdot m} - q'_B{}^{(t-1)m}}{i'_B} \right) XBD \qquad\qquad (A.19)$$

Berücksichtigen wir neben den tariflichen Tilgungszahlungen jetzt auch die Sondertilgungen (XBST) und führen den Index k wieder ein, dann erhalten wir für die jährliche Tilgungszahlung (XBT):

$$XBT_{tk} = p'_{Bk} \left(\frac{q'_{Bk}{}^{t \cdot m} - q'_{Bk}{}^{(t-1)m}}{i'_{Bk}} \right) XBD_k + XBST_{tk} \qquad\qquad (A.20)$$

Beachten wir wieder, daß die Tilgungszahlungen erst nach dem Erwerb der Immobilie im Zeitpunkt z+1 beginnen, dann lautet Gleichung (A.20):

$$XBT_{tk} = \frac{p'_{Bk}}{i'_{Bk}} \left(q'_{Bk}{}^{(t-z)m} - q'_{Bk}{}^{(t-z-1)m} \right) XBD_k + XBST_{tk} \qquad \text{für } t = z+1,\ldots, z+T_{Bk}$$

$$(4.18)$$

Anhang 4

Herleitung der Formel zur Berechnung der Restschuld beim Hypothekendarlehen:

Es gilt bei jährlicher und nachschüssiger Zins- und Tilgungsverrechnung:[1,2]

$$XHRS_t = XH - \sum_{\tau=1}^{t} XHT_\tau \qquad \text{für } t = 1,2,\ldots,T_H \qquad (A.21)$$

$$\begin{aligned}
&= XH - \left(XHT_1 + XHT_2 + \ldots + XHT_t \right) \\
&= XH - \left(XHT_1 + XHT_1 q_H + XHT_1 q_H^2 + \ldots + XHT_1 q_H^{t-1} \right) \\
&= XH - XHT_1 \left(1 + q_H + q_H^2 + \ldots + q_H^{t-1} \right) \\
&= XH - XHT_1 \frac{q_H^t - 1}{q_H - 1} \\
&= XH \left[1 - \frac{p_H}{i_H} \left(q_H^t - 1 \right) \right] \qquad\qquad\qquad (A.22)
\end{aligned}$$

mit $XHRS_t$:= Restschuld im Zeitpunkt t

XH := Kreditsumme im Zeitpunkt 0

XHT_τ := Tilgungsbetrag im Zeitpunkt τ

q_H := Aufzinsungsfaktor $(1 + i_H)$

i_H := Darlehenszinssatz p.a.

p_H := Anfangstilgungsprozentsatz p.a.

Im Fall der unterjährlichen Zins- und Tilgungsverrechnung gilt:

$$XHRS_t = XH \left[1 - \frac{p_H'}{i_H'} \left(q_H'^{(t-z)m} - 1 \right) \right] \qquad \text{für } t = z+1,\ldots, z+T_H \qquad (A.23)$$

$$\text{mit} \quad i_H' = \frac{i_H}{m}$$

$$p' = \frac{p}{m} \qquad\qquad\qquad (A.24)$$

mit q_H' := relativer Aufzinsungsfaktor $(1 + i_H')$

i_H' := relativer Darlehenszinssatz (pro Tilgungsperiode)

p_H' := relativer Anfangstilgungsprozentsatz p.a.

m := Anzahl Tilgungperioden p.a.

---

[1] Es gilt $XHT_t = XHT_{t-1} \cdot q_H$ und $XHT_t = XHT_1 \cdot q_H^{t-1}$. Vgl. Kruschwitz (1995a), S.153.

[2] $XHT_1 = p \cdot XH_0$

Beachten wir wieder, daß die Tilgungszahlungen erst nach dem Erwerb der Immobilie im Zeitpunkt z+1 beginnen und führen den Index k für die verschiedenen Typen des Hypothekendarlehens und den Index p zur Identifizierung der Zinsperiode ein, dann lautet Gleichung (A.23):

$$XHRS_{kt} = XH_k \left[1 - \frac{p'_{Hkp}}{i'_{Hkp}} \left(q'^{(t-z)m}_{Hkp} - 1 \right) \right] \qquad \text{für } t = z+1,\ldots, z+T_{Hk} \qquad (4.31)$$

Anhang 5

Herleitung der verwendeten Lebensversicherungsformeln aus den Formeln mit Kommutationswerten:

Kommutationswerte:

$$D_x = l_x \cdot q^{-x} \qquad (A.25)$$

$$C_x = d_x \cdot q^{-(x+1)} \qquad (A.26)$$

$$N_x = \sum_{t=x}^{100} D_t \qquad (A.27)$$

$$M_x = \sum_{t=x}^{100} C_t \qquad (A.28)$$

mit
- l_x : = Anzahl der Lebenden des Alters x.
- d_x : = Anzahl der Toten, die zwischen dem Alter x und x+1 gestorben sind.
- D_x : = diskontierte Lebende des Alters x
- C_x : = diskontierte Tote des Alters x
- N_x : = aufsummierte diskontierte Lebende
- M_x : = aufsummierte diskontierte Tote
- q : = Zinsfaktor ($q = 1 + i_R$)
- i_R : = gesetzlicher Rechnungszinsfuß

Formeln: 1.)   **Barwert der Nettoeinmalprämie (NP$_E$):[1]**

$$NP_E = \frac{M_x - M_{x+n} + D_{x+n}}{D_x} = \frac{M_x - M_{x+n}}{D_x} + \frac{D_{x+n}}{D_x} \qquad (A.29)$$

Einsetzen der Gleichungen (A.25) und (A.28) in (A.29):

$$NP_E = \frac{\displaystyle\sum_{t=x}^{100} d_t \cdot q^{-(t+1)} - \sum_{t=x+n}^{100} d_t \cdot q^{-(t+1)}}{l_x \cdot q^{-x}} + \frac{l_{x+n}}{l_x} \cdot q^{-n}$$

$$= \frac{\displaystyle\sum_{t=x}^{x+n-1} d_t \cdot q^{-(t+1)}}{l_x \cdot q^{-x}} + \frac{l_{x+n}}{l_x} \cdot q^{-n}$$

$$NP_E = \sum_{t=0}^{n-1} \frac{d_{x+t}}{l_x} \cdot q^{-(t+1)} + \frac{l_{x+n}}{l_x} \cdot q^{-n} \qquad (A.30)$$

---

[1] Vgl. Hagelschuer (1987), S. 152.

Der Quotient d_{x+t}/l_x wird i.a. auch als t+1-jährige Sterbewahrscheinlichkeit eines x-jährigen und der Quotient l_{x+n}/l_x als n-jährige Überlebenswahrscheinlichkeit eines x-jährigen bezeichnet.[2] Nennen wir die
t+1-jährige Sterbewahrscheinlichkeit $\Pi_{x,v}$ und die n-jährige
Überlebenswahrscheinlichkeit $\Omega_{x,n}$, dann gilt:

$$\sum_{v=1}^{n} \Pi_{x,v} = \frac{d_x}{l_x} + \frac{d_{x+1}}{l_x} + \ldots + \frac{d_{x+n-1}}{l_x} = \sum_{t=0}^{n-1} \frac{d_{x+t}}{l_x} \qquad (A.31)$$

$$\Omega_{x,n} = \frac{l_{x+n}}{l_x} \qquad (A.32)$$

Gleichung (A.31) und (A.32) in (A.30) eingesetzt ergibt:

$$NP_E \quad = \underbrace{\sum_{v=1}^{n} \Pi_{x,v} \cdot q^{-v}}_{\text{Risikoprämie}} + \underbrace{\Omega_{x,n} \cdot q^{-n}}_{\text{Sparprämie}} \qquad (A.33)$$

2.)   Erwarteter vorschüssiger Rentenbarwertfaktor:[3]

$$a_{x,n} \quad = \frac{N_x - N_{x+n}}{D_x} \qquad (A.34)$$

Einsetzen der Gleichungen (A.25) und (A.27) in (A.34):

$$a_{x,n} \quad = \frac{\sum\limits_{t=x}^{100} l_t \cdot q^{-t} \; \sum\limits_{t=x+n}^{100} l_t \cdot q^{-t}}{l_x \cdot q^{-x}}$$

$$= \frac{\sum\limits_{t=x}^{x+n-1} l_t \cdot q^{-t}}{l_x \cdot q^{-x}}$$

$$a_{x,n} \quad = \sum_{t=0}^{n-1} \frac{l_{x+t}}{l_x} \cdot q^{-t} = E\left[RBFV_x^n\right] \qquad (A.35)$$

---

[2] Vgl. Isenbart/Münzner (1987), S. 22.
[3] Vgl. Hagelschuer (1987), S. 148.

3.) Nettodeckungskapital (NDK):[4]

$$NDK_\tau = \frac{M_{x+\tau} - M_{x+n} + D_{x+n}}{D_{x+\tau}} - NP_j \cdot a_{x+\tau, n-\tau} \qquad (A.36)$$

mit NP_j := jährliche Nettoprämie

Einsetzen der Gleichungen (A.25), (A.28) und (A.34) in (A.36):

$$NDK_\tau = \frac{\displaystyle\sum_{t=x+\tau}^{100} d_t \cdot q^{-(t+1)} - \sum_{t=x+n}^{100} d_t \cdot q^{-(t+1)}}{l_{x+\tau} \cdot q^{-(x+\tau)}} + \frac{l_{x+n}}{l_{x+\tau}} \cdot q^{-(n-\tau)} - NP_j \cdot E\left[RBFV_{x+\tau}^{n-\tau}\right]$$

Nach einigen Umformungen ergibt sich:

$$NDK_\tau = \sum_{t=0}^{n-\tau-1} \frac{d_{x+\tau+t}}{l_{x+\tau}} \cdot q^{-(t+1)} + \frac{l_{x+n}}{l_{x+\tau}} \cdot q^{-(n-\tau)} - NP_j \cdot E\left[RBFV_{x+\tau}^{n-\tau}\right] \qquad (A.37)$$

Setzt man Gleichung (A.31) und (A.32) in (A.36) ein, dann erhält man:

$$NDK_\tau = \underbrace{\sum_{v=1}^{n-\tau} \Pi_{x+\tau, v} \cdot q^{-v} + \Omega_{x+\tau, n} \cdot q^{-(n-\tau)}}_{\text{erwarteter Barwert der zukünftigen Auszahlungen}} - \underbrace{NP_j \cdot E\left[RBFV_{x+\tau}^{n-\tau}\right]}_{\substack{\text{erwarteter Barwert der} \\ \text{zukünftigen Einzahlungen}}} \qquad (A.38)$$

Setzt man nun noch für die Laufzeit n die Tilgungszeit T_L ein, dann lautet Gleichung (A.38):

$$NDK_\tau = \sum_{v=1}^{T_L-\tau} \Pi_{x+\tau, v} \cdot q^{-v} + \Omega_{x+\tau, T_L} \cdot q^{-(T_L-\tau)} - NP_j \cdot E\left[RBFV_{x+\tau}^{T_L-\tau}\right] \qquad (4.55)$$

---

[4] Vgl. ebenda, S. 165.

Anhang 6

<u>Lösungstableau für den möglichsten Fall (Fall 11):</u>

OBJECTIVE FUNCTION VALUE

2018508.5

VARIABLE	VALUE
XEI34	1969276.625000
XB90	10032.531250
XGA0	14967.468750
XB91	9835.756836
XGA1	9812.616211
XB92	9885.640625
XGA2	11703.038086
XB93	14993.320313
XGA3	8553.474609
XB94	9268.519531
XGA4	15972.041992
XB95	9086.764648
XBS9	126205.070313
XBD9	64364.582031
XEF5	5000.000000
XH2	21401.976563
XBA96	23766.621094
XBST96	11651.276367
XBA97	11649.294922
XEI7	19161.941406
XBA98	11649.938477
XSE8	4402.000000
XEI8	45076.402344
XBA99	11649.938477
XSE9	4570.000000
XEI9	73932.468750
XBA910	11649.293945
XHST10	18781.091797
XSE10	4750.000000
XEI10	87214.625000
XSE11	9682.000000
XEI11	140887.953125
XSE12	9255.583008
XEI12	196571.796875
XSE13	5126.000000
XEI13	250570.828125

VARIABLE	VALUE
XEI14	301835.093750
XEI15	355680.968750
XEI16	411872.968750
XEI17	470669.781250
XEI18	532136.500000
XEI19	596539.937500
XEI20	663653.437500
XEI21	733744.750000
XEI22	806888.312500
XEI23	883160.500000
XEI24	962639.500000
XEI25	1045505.500000
XEI26	1131943.125000
XEI27	1222041.625000
XEI28	1316192.625000
XEI29	1414097.375000
XEI30	1516149.875000
XEI31	1622653.500000
XEI32	1733419.875000
XEI33	1848855.250000
XBT96	21369.041016
XBZ96	2397.580811
XBT97	10113.607422
XBZ97	1535.687500
XBT98	10526.184570
XBZ98	1123.7542720
XBT99	10954.852539
XBZ99	695.085999
XBT910	11400.898438
XBZ910	248.395813
XHY	21401.976563
XAFA8	10800.000000
XAFA9	10800.000000
XAFA10	10800.000000
XAFA11	21600.000000
XAFA12	20214.000000
XAFA13	10800.000000
XIV18	1.000000
XIV19	1.000000
XIV110	1.000000
XIV111	1.000000
XIV211	1.000000
XIV112	1.000000
XIV212	0.871667
XIV113	1.000000

Literaturverzeichnis

Abkürzungen

BB	Der Betriebs-Berater
BFuP	Betriebswirtschaftliche Forschung und Praxis
DB	Der Betrieb
DLK	Der langfristige Kredit
ECECSR	Economic Computation an Economic Cybernetics Studies and Research
EJOR	European Journal of Operational Research
FSS	Fuzzy Sets and Systems
Hauswirtsch. Wiss.	Hauswirtschaft und Wissenschaft
HSM	Human Systems Management
HWB	Handwörterbuch
JoB	The Journal of Business
JoF	The Journal of Finance
MS	Management Science
NRL	Naval Research Logistics
OR	Operations Research
OR-Proceedings	Operation Research Proceedings
WiSt	Wirtschaftswissenschaftliches Studium
WPg	Die Wirtschaftsprüfung
ZfB	Zeitschrift für Betriebswirtschaft
ZfbF	Schmalenbachs Zeitschrift für betriebswirtschaftliche Forschung
ZOR	Zeitschrift für Operations Research

Adam, Dietrich (1995): Investitionsrechnungen unter Unsicherheit, Strukturmerkmale des Entscheidungsproblems, in: Gerke, W. und M. Steiner (Hrsg.): HWB des Bank- und Finanzwesens. 2. Auflage, Stuttgart 1995, Sp. 1011-1022.

Adamo, J. M. (1980): Fuzzy Decision Trees, in: FSS 4, 1980, S. 207-219.

Albach, Horst (1962): Investition und Liquidität. Die Planung des optimalen Investitions-budgets. Wiesbaden 1962.

Albach, Horst (1967): Das optimale Investitionsbudget bei Unsicherheit, in: ZfB, 37. Jg., 1967, S. 503-518.

Bamberg, Günter und Gerhard Coenenberg (1992): Betriebswirtschaftliche Entscheidungslehre. 7. Auflage, München 1992.

Bandemer, Hans und Siegfried Gottwald (1993): Einführung in die Fuzzy-Methoden. Theorie und Anwendungen unscharfer Mengen. 4. Auflage, Berlin 1993.

Bellman, R. E. and M. Giertz (1973): On the Analytic Formalism of the Theory of Fuzzy Sets, in: Information Sciences 5, 1973, S. 149-156.

Bellman, R.E. and L.A. Zadeh (1970): Decision-Making in a Fuzzy Enviroment, in: Management Science 4, 1970, S. B-141-B-164.

Bertele, Barbara (1993): Optimale Finanzierung von selbstgenutztem Wohneigentum unter Unsicherheit. (Diss.), Frankfurt a.M. et al. 1993.

Bock, Hartmut (1984): Überlegungen zur Verstetigung der Zuteilungen beim kollektiven Bausparen, in: Göppl, Hermann und Rudolf Henn (Hrsg.): Geld, Banken und Versicherungen, Karlsruhe 1984, Bd.1, S. 805-815.

Bortolan, G. and R. Degani (1985): A Review of some Methods for Ranking Fuzzy Subsets, in: FSS 15, 1985, S. 1-19.

Brunner, Johannes (1994): Interaktive Fuzzy-Optimierung. Entwicklung eines Entscheidungsunterstützungssystems. (Diss.), Heidelberg 1994.

Buckley, J. J. (1988): Possibilistic Linear Programming with Triangular Fuzzy Numbers, in: FSS 26, 1988, S. 135-138.

Buckley, J. J. (1989): Solving Possibilistic Linear Programming Problems, in: FSS 31, 1989, S. 329-341.

Buckley, J. J. (1990): Stochastic versus Possibilistic Programming, in: FSS 34, 1990, S. 173-177.

Bühler, Wolfgang und Erwin Huberty (1982): Modellgestützte Finanzierung privaten Wohnungseigentums, in: DLK, H.2, 1982, S. 36-45.

Bullinger, Michael und Jürgen Radtke (1994): Handkommentar zum Zinsabschlag. C & L Deutsche Revision AG, Wirtschaftsprüfungsgesellschaft (Hrsg.). Frankfurt a. M. 1994.

Buscher, Udo und Volker Roland (1992): Fuzzy-Set-Modelle in der simultanen Investitions- und Produktionsplanung. Arbeitsbericht des Instituts für Betriebswirtschaftliche Produktions- und Investitionsforschung der Georg-August-Universität Göttingen, H.1, 1992.

Buscher, Udo und Volker Roland (1993): Fuzzy Sets in der Linearen Optimierung, in: WiSt, H.6, 1993, S. 313-317.

Campos, Lourdes (1989): Fuzzy Linear Programming Models to Solve Fuzzy Matrix Games, in: FSS 32, 1989, S. 275-289.

Campos, L. and J. L. Verdegay (1989): Linear Programming Problems and Ranking of Fuzzy Numbers, in: FSS 32, 1989, S. 1-11.

Carlsson, Christer and Pekka Korhonen (1986): A Parametric Approach to Fuzzy Linear Programming, in: FSS 20, 1986, S. 17-30.

Chanas, Stefan (1983): The Use of Parametric Programming in Fuzzy Linear Programming, in: FSS 11, 1983, S. 243-251.

Chang, Ping-Teng and E. S. Lee (1994): Fuzzy Arithmetics and Comparison of Fuzzy Numbers, in: Delgado, M., J. Kacprzyk, J.L. Verdegay and M.A. Vila (eds.): Fuzzy Optimization. Heidelberg 1994, S. 69-82.

Charnes, A. und C.E. Lemke (1954): Minimization of Non-Linear Separable Convex Functionals, in: NRLQ 1, 1954, S. 301-312.

Chen, Shu-Jen und Ching-Lai Hwang (1992): Fuzzy Multiple Attribute Decision Making. Methods and Applications. Berlin et al. 1992.

Copeland, Thomas E. und J. Fred Weston (1988): Financial Theory and Corporate Policy, 3th ed., Reading (Mass.) 1988.

Czyzak, Piotr und Roman Slowinski (1991): 'FLIP': Multiobjective Fuzzy Linear Programming Software with Graphical Facilities, in: Fedrizzi, Mario, Janusz Kacprzyk und M. Rubens (eds.): Interactive Fuzzy Optimization and Mathematical Programming. Berlin, Heidelberg 1991, S. 168-187.

Dantzig, Georg B. (1966): Lineare Programmierung und Erweiterungen. Übersetzt und bearbeitet von Arno Jaeger. Berlin et al. 1966.

Dantzig, Georg, Selmer Johnson und Wayne White (1958/59): A Linear Programming Approach to the Chemical Equilibrium Problem, in: MS 5, 1958/59, S. 38-43.

Dean, Joel (1951): Capital Budgeting, New York 1951.

Delgado, M., J. L. Verdegay and M. A. Vila (1987): Imprecise Costs in Mathematical Programming Problems, in: Control and Cybernetics 16, 1987, S. 111-121.

Delgado, M., J. L. Verdegay and M. A. Vila (1989): A General Model for Fuzzy Linear Programming, in: FSS 29, S. 21-29.

Delgado, M., J. L. Verdegay and M. A. Vila (1990): Relating Different Approaches to Solve Linear Programming Problems with Imprecise Costs, in: FSS 37, 1990, S. 33-42.

Delgado, M., J. L. Verdegay and M. A. Vila (1994): Fuzzy Linear Programming. From Classical Methods to New Applications, in: Delgado, M., J. Kacprzyk, J.L. Verdegay and M.A. Vila (eds.): Fuzzy Optimization. Heidelberg 1994, S. 111-134..

Dubois, Didier (1987): Linear Programming with Fuzzy Data, in: James C. Bezdek: Analysis of Fuzzy Information, Vol. III: Applications in Engineering and Science. Boca Raton 1987, S. 241-263.

Dubois, Didier und Henri Prade (1978): Operations on Fuzzy Numbers, in: International Journal of Systems and Science 6, 1978, S. 613-626.

Dubois, Didier und Henri Prade (1980a): Fuzzy Sets and Systems. New York et al. 1980.

Dubois, Didier und Henri Prade (1980b): Systems of Linear Fuzzy Constraints, in: FSS 3, 1980, S. 37 -48.

Dubois, Didier und Henri Prade (1983): Ranking Fuzzy Numbers in the Setting of Possibility Theory, in: Information Sciences 30, 1983, S. 183-224.

Fedrizzi, Mario, Janusz Kacprzyk and Jose L. Verdegay(1991): A Survey of Fuzzy Optimization and Mathematical Programming, in: M. Fedrizzi, J. Kacprzyk and M. Roubens (eds.): Interactive Fuzzy Optimization. Berlin et al. 1991.

Friedmann, M. and L. J. Savage (1948): The Utility Analysis of Choices Involving Risk, in: Journal of Political Economy 56, 1948, S. 279-304.

Geiger, Andreas und Frank Thiede (1992): Der Einfluß der Besteuerung auf den Erwerb selbstgenutzten Wohneigentum, in: DB, H.15, 1992, S. 745-749.

Gerber, Hans U. (1986): Lebensversicherungsmathematik. Berlin et al. 1986.

Geyer-Schulz, Andreas (1986). Unscharfe Mengen im Operations Research. (Diss.), Wien 1986.

Godefroid, Peter (1976): Optimale Baufinanzierung mit linearer und gemischt-ganzzahliger Programmierung. (Diss.), Berlin 1976.

Göbel, Michael (1989): Die private Eigenheiminvestition unter dem Einfluß der Besteuerung. (Diss.), Hamburg 1989.

Gramer, Wolfgang (1983): Das Wartezeitproblem der Bausparkassen. Eine kritische Analyse der Theorie des kollektiven Kreditsparsystems. (Diss.), Berlin 1983.

Greb, Werner, Dieter Lührs und Jürgen Strobel (1992): Lebensversicherung, in: Sieper, Hartmut (Hrsg.): Handbuch Vermögensanlage. Wiesbaden 1992, S. 379-456.

Günther, Thomas (1995): Investitions- und Finanzplanung, simultane, in: Gerke, W. und M. Steiner (Hrsg.): HWB des Bank- und Finanzwesens. 2. Auflage, Stuttgart 1995, Sp. 957-967.

Gupta, Chandra Prakash (1993): A Note on the Transformation of Possibilistic Information into Probabilistic Information for Investment Decisions, in: FSS 56, 1993, S. 175-182.

Haberstock, Lothar (1971): Zur Integrierung der Ertragsbesteuerung in die simultane Produktions-, Investitions- und Finanzierungsplanung mit Hilfe der Linearen Programmierung. (Diss.), Köln et al. 1971.

Hadley, G. (1964): Nonlinear und Dynamic Programming. London et al. 1964.

Haegert, Lutz: (1971): Der Einfluß der Steuern auf das optimale Investitions- und Finanzierungsprogramm. Wiesbaden 1971.

Haegert, Lutz: (1978): Die Rolle der Steuern in den Modellen der Unternehmensforschung, in: Müller-Merbach, Heiner: Quantitative Ansätze in der Betriebswirtschaftslehre. München 1978, S. 317-331.

Hagelschuer, Paul (1987): Lebensversicherung. 2. Auflage, Wiesbaden 1987.

Hamacher, H. (1978): Über logische Aggregationen nicht-binär expliziter Entscheidungskriterien. (Diss.), Frankfurt a. M. 1978.

Hannan, Edward L. (1981): Linear Programming with Multiple Fuzzy Goals, in: FSS 6, 1981, S. 235-248.

Hanuscheck, Randolf (1985): Flexible Investitionsplanung mit Fuzzy-Zahlungsreihen, in: OR-Proceedings 1984, S. 120-127.

Hanuscheck, Randolf (1986a): Fuzzy-Sets versus Wahrscheinlichkeiten. Zur Eignung beider Konzepte für die quantitative Investitionsplanung unter Unsicherheit, in: OR-Proceedings 1985, S. 437-442.

Hanuscheck, Randolf (1986b): Investitionsplanung auf der Grundlage vager Daten. Formulierung und Analyse linearer Entscheidungsmodelle mit Hilfe der Theorie unscharfer Mengen. (Diss.), Idstein 1986.

Hanuscheck, Randolf und Goedecke, U. (1987): Reduktion komplexer Erwartungsstrukturen in mehrstufigen Entscheidungssituationen, in: OR-Proceedings 1986, S. 479-486.

Hanuscheck, Randolf und Rommelfanger, Heinrich (1987): Lineare Entscheidungsmodelle mit vagen Zielkoeffizienten, in: OR-Proceedings 1986, S. 589-596.

Harenberg, Friedrich E. und Gisbert Irmer (1993): Die Besteuerung privater Kapitaleinkünfte. Herne/Berlin 1993.

Hax, Herbert (1964): Investitions- und Finanzplanung mit Hilfe der linearen Programmierung, in: ZfbF, 1964, S. 430-446.

Hax, Herbert (1980): Unternehmenspolitik und betriebliche Finanzpolitik, in: Rühli, v. E. und J. P. Thommen (Hrsg.): Unternehmensführung aus finanz- und bankwirtschaftlicher Sicht. Stuttgart 1980, S. 7-22.

Heigel, Anton (1970): Zur betriebswirtschaftlichen Planung der Besitzsteuerforschung, in: Finanz-Rundschau 25, 1970, S. 53-60, 87-91 und 113-120.

Heinold, Michael (1982): Ein Ansatz zur simultanen Planung von Gewinnausweis, Gewinn-ausschüttung und Wiedereinlage, in: ZfB , S. 846-861.

Hersh, H. M. and A. Caramazza (1976): A Fuzzy Set Approach to Modifiers an Vagueness in Natural Language, in: Journal of Experimental Psychology 105, 1976, S. 254-276.

Hillier, Frederick und Gerald J. Liebermann (1988): Operations Research. München 1989.

Hirner, Anton (1982): Optimale Baufinanzierung unter besonderer Berücksichtigung der Rentabilität und Liquiditätsanspannung. Ein Beitrag zur Bestimmung optimaler Finanzierungsalternativen bei der Baufinanzierung. Frankfurt a.M. 1982.

Hirshleifer, Jack (1958): On the Theory of Optimal Investment Decision, in: The Journal of Political Economy, Vol. 66, 1958, S. 329-352.

Huberty, Erwin (1982): Optimale Finanzierung von Wohnungseigentum. (Diss.), Würzburg 1982.

Hwang, C. L. and K. Yoon (1981): Multiple Attribute Decision Making. Methods and Applications. Heidelberg 1981.

Isenbart, Fritz und Hans Münzer (1987): Lebensversicherungsmathematik für Praxis und Studium. 2. Auflage, Wiesbaden 1987.

Jääskeläinen, Veikko (1966): Optimal Financing and Tax Policy of the Corporation. Helsinki 1966.

Jaser, Gerhard und Roland Wacker (1993): Die neue Eigenheimbesteuerung. Steuervorteile durch Haus- und Grundbesitz. 6.Auflage, Freiburg i. Br. 1993.

Jockel, Rudolf (1936): Einfluß von Fremdgeld beim Bausparen. (Diss.), Berlin 1936.

Karg, Georg (1980): Informationsbedarf bei der Finanzierung von Wohnungen (Bau bzw. Erwerb), in: Bayerisches Landwirtschaftliches Jahrbuch, Sonderheft 2, 1980, S. 93-106.

Karg, Georg (1987): Risiken und ihre Bewältigung im Bereich Wohnen. Beschaffung und Finanzierung von selbstgenutztem Wohneigentum, in: Hauswirtschaft. Wiss., H.5, 1987, S. 257-262.

Karg, Georg und Markus Lehmann (1983): Optimale Finanzierung von selbstgenutztem Wohneigentum (Teil I-III), in: Hauswirtsch. Wiss., H. 2-4, 1983, S. 88-101, S. 152-165, S. 205-225.

Kargl, Herbert und Anton Mauerer (1971): Optimale Finanzierung von Wohnbauten, Eine praktische Methode zur Ermittlung individuell-optimaler Finanzierungspläne, in: ZfB, H.12, 1971, S. 845-866.

Kaufmann, Arnold und Madan M. Gupta (1984): Introduction to Fuzzy Arithmetic. Theory and Applications. New York 1984.

Kickert, Walter J.M. (1978): Fuzzy Theories on Decision-Making. A Critical Review. Leiden et al. 1978.

Kleiner, Horst: Struktur der Bausparkassen, in: Gerke, Wolfgang und Manfred Steiner (Hrsg.): HWB des Bank- und Finanzwesens. 2. Auflage, Stuttgart 1995, Sp. 244-250.

Knoche, Konstanze (1992): Festverzinsliche Wertpapiere, in: Sieper, Hartmut (Hrsg.): Handbuch Vermögensanlage. Wiesbaden 1992, S. 1-51.

Kovalerchuk, B and V. Taliansky (1992): Comparison of Empirical and Computed Values of Fuzzy Conjunction, in: FSS 46, 1992, S. 49-53.

Krahn, Arved (1955): Technik des deutschen Bausparens. Ludwigsburg 1955.

Kruschwitz, Lutz (1995a): Finanzmathematik. Lehrbuch der Zins-, Renten-, Tilgungs-, Kurs- und Renditerechnung. 2. Auflage, München 1995.

Kruschwitz, Lutz (1995b): Investitionsrechnung. 6. Auflage, Berlin, New York 1995.

Kürble, Gunter (1991): Analyse von Gewinn und Wachstum deutscher Lebensversicherungsunternehmen. Ein Beitrag zur empirischen Theorie der Versicherung. Wiesbaden 1991.

Lai, Young-Jou und Ching-Lai Hwang (1992a): Fuzzy Mathematical Programming. Methods and Applications. Heidelberg 1992.

Lai, Young-Jou und Ching-Lai Hwang (1992b): Interactive Fuzzy Linear Programming, in: FSS 45, 1992, S. 169-183.

Lai, Young-Jou und Ching-Lai Hwang (1992c): A New Approach to some Possibilistic Linear Programming Problems, in: FSS 49, 1992, S. 121-133.

Lai, Young-Jou und Ching-Lai Hwang (1993): IFLP-II: A Decision Support System, in: FSS 54, 1993, S. 47-56.

Lai, Young-Jou und Ching-Lai Hwang (1994): Fuzzy Multiple Objective Decision Making. Methods and Applications. Berlin et al. 1994.

Lang, Peter: (1992): Ein PC-Modell zur Bestimmung einer optimalen Finanzierung fremdgenutzten Wohneigentums. (Diss.), Frankfurt a.M. et al. 1992.

Laux, Hans (1987): Wie kann man den Bausparvertrag als Spar- und Kreditinstrument optimal nutzen?, in: BB, Beilage 19, 1987, S. 25-29.

Laux, Hans (1992): Die Bausparfinanzierung. Die finanziellen Aspekte des Bausparvertrages als Spar- und Kreditinstrument. 6. Auflage, Heidelberg 1992.

Laux, Hans (1993): Vorsorgeaufwendungen 1993. Arbeitnehmer-Information über die Vorsorgepauschale und die verbleibenden Möglichkeiten des steuerwirksamen Sonderausgabenabzugs von Versicherungs- und Bausparbeiträgen, in: BB, Beilage 7, 1993, S. 1-32.

Laux, Helmut (1971): Flexible Investitionsplanung. Opladen 1971.

Leberling, Heiner (1981): On Finding Compromise Solutions in Multicriteria Problems Using the Fuzzy Min-Operator, in: FSS 6, 1981, S. 105-118.

Leberling, Heiner (1983): Entscheidungsfindung bei divergierenden Faktorinteressen und relaxierten Kapazitätsrestriktionen mittels eines unscharfen Lösungsansatzes, in: ZfbF, H.5, 1983, S. 398-419.

Lehmann, Hans-Jörg (1992): Der Fonds zur bauspartechnischen Absicherung. Modellberechnungen zu seinem Einsatz bei Annahme eines einmaligen Neugeschäftseinbruchs. (Diss.), Ulm 1992.

Lehmann, Hans-Jörg (1994): Zuverlässige Zuteilungspolitik bei Bausparkassen, in: DLK, H.12, 1994, S. 423-427.

Lehmann, Ingo, Richard Weber und Hans-Jürgen Zimmermann (1992): Fuzzy Set Theory. Die Theorie der unscharfen Mengen, in: OR Spektrum, H.14, 1992, S. 1-9.

Lehmann, Werner, Otto Schäfer und Ekkehard Cirpka: Bausparkassengesetz und Bausparkassenverordnung. Kommentar. 4. Auflage, Bonn 1992.

Lindberg, Klaus (1992): Das Zinsabschlaggesetz. Die Besteuerung des Kapitalertrags. München 1992.

Locarek, Hermann (1994): Finanzmathematik. Lehr- und Übungsbuch. 2.Auflage, München, Wien 1994.

Lorie, James H. und Leonhard J. Savage (1955): Three Problems in Rationing Capital, in: JoB, Vol. 28, 1955, S. 229-239.

Luhandjula, M. K. (1986): On Possibilistic Linear Programming, in: FSS 18, 1986, S. 15-30.

Marettek, Alexander (1970): Entscheidungsmodell der betrieblichen Steuerbilanzpolitik unter Berücksichtigung ihrer Stellung der Unternehmenspolitik, in: BFuP, 1970, S. 7-31.

Massé, P. und R. Gibrat (1957): Application of Linear Programming to Investments in the Electric Power Industry, in: MS, Vol. 3, S. 149-166 (deutsche Übersetzung in: Albach, H. (Hrsg.): Investitionstheorie, Köln 1975, S. 290-305).

Miller, Clair E. (1963): The Symplex Method for Local Separable Programming, in: Graves, Robert L. und Philip Wolfe (eds.): Recent Advances in Mathematical Programming. New York et al. 1963, S. 89-100.

Milling, Peter (1982): Entscheidungen bei unscharfen Prämissen. Betriebswirtschaftliche Aspekte der Theorie unscharfer Mengen, in: ZfB, H.8, 1982, S. 716-734.

Müller-Kröncke, Gerhard A. (1974): Entscheidungsmodelle für die Steuerbilanzpolitik. Analyse der Möglichkeiten zur Bilanzbeeinflussung nach geltendem und künftigem Ertragsteuerrecht. (Diss.), Berlin 1974.

Näslund, Bertil (1966): A Model of Capital Budgeting Under Risk, in: JoB, Vol. 39, 1966, S. 257-271.

Nakamura, Kazuo (1984): Some Extensions of Fuzzy Linear Programming, in: FSS 14, 1984, S. 211-229.

Negoita, G.V. und M. Sularia (1976): On Fuzzy Mathematical Programming and Tolerances in Planning, in: ECECSR, 1976, S. 3-15.

Negoita, G.V., S. Minoiu und E. Stan (1976): On Considering Imprecision in Dynamic Linear Programming, in: ECECSR, 1976, S. 83-95.

Obst, Georg und Otto Hintner (1993): Geld-, Bank- und Börsenwesen: ein Handbuch, hrsg. von N. Kloten und J. H. von Stein. 39. Auflage, Stuttgart 1993.

Oder, C. und O. Rentz (1992): Entwicklung eines auf der Theorie der unscharfen Mengen basierenden Energie-Emissions-Modells, in: OR-Proceedings 1991, 1992, S. 111-118.

o.V. (1993): Eigenheimförderung. Bald können Käufer von Gebrauchtimmobilien weniger absetzen, in: FINANZtest, H.6, 1993, S. 52-56.

o.V. (1994a): Restschuldversicherung. Direktversicherer haben die günstigsten Beiträge, in: FINANZtest, H.3, 1994, S. 25-27.

o.V. (1994b): Anschlußfinanzierung. Bankentreue und Bequemlichkeit können teuer sein, in: FINANZtest, H.4, 1994, S. 34-37.

o.V. (1994c): Zinsabschlag. Schon wieder ist eine Nachbesserung bei der Zinsbesteuerung geplant., in: FINANZtest, H.4, 1994, S. 70-74.

o.V. (1994d): Hypothekendarlehen. Die besten Angebote von Banken und Sparkassen, in: FINANZtest, H.3, 1994, S. 14-24.

o.V. (1994e): Bausparen kontra Banksparen. Vorteile für Bausparer oft nur bei steigendem Zinsniveau, in: FINANZtest, H.5, 1994, S. 23.

o.V. (1995a): Vorsparmodelle der Lebensversicherer verteuern die Eigenheimfinanzierung, in: FINANZtest, H.3, 1995, S. 34-36.

o.V. (1995b): Nur zwei von acht Baufinanzierungsprogrammen bestanden den Test, in: FINANZtest, H.4, 1995, S. 21-27.

o.V. (1995c): Vorsicht bei überhöhten Versicherungssummen, in: FINANZtest, H.5, 1995, S. 28.

Orlovsky, S. A. (1977): On Programming with Fuzzy Constraint Sets, in: Kybernetes 6, 1977, S. 197-201.

Polzer, Helmut (1980): Personalplanung mit unscharfen LP-Ansätzen auf der Grundlage der Fuzzy-Set-Theorie. (Diss.), Regensburg 1980.

Ramik, Jaroslav und Josef Rimanek (1985): Inequality Relation between Fuzzy Numbers and its Use in Fuzzy Optimization, in: FSS 16, 1985, S. 123-138.

Ramik, Jaroslav and Heinrich Rommelfanger (1993): A Single- and a Multi-Valued Order on Fuzzy Numbers and its Use in Linear Programming with Fuzzy Coefficients, in: FSS 57, 1993, S. 203-208.

Reichel, Georg (1987): Grundlagen der Lebensversicherungsmathematik. Wiesbaden 1987.

Requena, Ignacio, Miguel Delgado and Jose Luis Verdegay (1994): Automatic Ranking of Fuzzy Numbers with the Criterion of a Decision-Maker Learnt by an Artificial Neural Network, in: FSS 64, 1994, S. 1-19.

Rödder, W. und Hans-Jürgen Zimmermann (1977): Analyse, Beschreibung und Optimierung von unscharf formulierten Problemen, in: ZOR, Bd.21, 1977, S. 1-18.

Roglin, Otto (1986): Zur Steuerbilanzoptimierung von Personengesellschaften, in: ZfB, H.2, 1986, S. 152-177.

Rommelfanger, Heinrich (1984): Zur Lösung linearer Vektoroptimierungssysteme mit Hilfe der Fuzzy Set-Theorie, in: OR-Proceedings, 1984, S. 431-438.

Rommelfanger, Heinrich (1986): Rangordnungsverfahren für unscharfe Mengen. Ein kritischer Vergleich mit empirisch ermittelten Präferenzaussagen, in: OR Spektrum, H.8, 1986, S. 219-228.

Rommelfanger, Heinrich (1988): Lineare Fuzzy-Optimierungsmodelle, in: OR-Proceedings, 1988, S. 368-373.

Rommelfanger, Heinrich (1989): FULPAL. Ein interaktives Verfahren zur Lösung linearer (Mehrziel)-Optimierungsprobleme mit vagen Daten, in: OR-Proceedings, 1989, S. 530-537.

Rommelfanger, Heinrich (1991a): FULPAL. An Interactive Method for Solving (Multiobjective) Fuzzy Linear Programming Problems, in: Slowinski, Roman und Jacques Teghem (eds.): Stochastic versus Fuzzy Approaches to Multiobjective Mathematical Programming under Uncertainty. Dodrecht et al. 1991, S. 279-299.

Rommelfanger, Heinrich (1991b): FULP. A PC-Supported Procedure for Solving Multicriteria Linear Programming Problems with Fuzzy Data, in: Fedrizzi, Mario, Janusz Kacprzyk und M. Roubens (eds.): Interactive Fuzzy Optimization and Mathematical Programming. Berlin, Heidelberg 1991, S. 154-167.

Rommelfanger, Heinrich (1992): Fuzzy Mathematical Programming. Modelling of Vague Data by Fuzzy Sets and Systems and Solution Procedures, in: Bandemar, Hans (ed.): Modelling Uncertain Data. Berlin 1992, S. 142-152.

Rommelfanger, Heinrich (1994): Fuzzy Decision Support-Systeme. Entscheiden bei Unschärfe. 2. Auflage, Berlin et al. 1994.

Rommelfanger, Heinrich und Dieter Unterharnscheidt (1987): Zur Kompensation divergierender Kennzahlenausprägungen bei der Kreditwürdigkeitsprüfung mittelständischer Unternehmen, in: OR-Proceedings 1986, 1987, S. 361-369.

Rommelfanger, Heinrich, Randolf Hanuscheck und Jochen Wolf (1989): Linear Programming with Fuzzy Objectives, in: FSS 29, 1989, S. 31-48.

Rosenberg, Otto (1975): Investitionsplanung im Rahmen einer simultanen Gesamtplanung. (Diss.), Köln et al. 1975.

Roubens, Marc and Jacques Teghem Jr. (1991): Comparison of Methodologies for Fuzzy and Stochastic Multi-Objective Programming, in: FSS 42, 1991, S. 119-132.

Sakawa, M.: Interactive Computer Programs for Fuzzy Linear Programming with Multiple-Objectives, in: International Journal of Man-Machine Studies 18, 1983, S. 489-503.

Sakawa, M. and H. Yano (1990): An Interactive Fuzzy Satisficing Method for Generalized Multiobjective Linear Programming Problems with Fuzzy Parameters, in: FSS 35, 1990, S. 125-142.

Schiebel, Heinrich (1993): So finanziere ich Haus und Wohnung. Die Kunst, Vermögen zu bilden. 6. Auflage, München 1993.

Schmidt, Reinhard H. (1986): Grundzüge der Investitions- und Finanzierungstheorie. 2. Auflage, Wiesbaden 1986.

Schneider, Dieter (1992): Investition, Finanzierung und Besteuerung. 7. Auflage, Wiesbaden 1992.

Schult, Eberhard (1979): Grenzsteuerrechnung versus Differenzsteuerrechnung, in: WPg, 1979, S. 376-386.

Schulze, Konrad (1985): Ein ökonomischer Ansatz zur Erklärung des Bausparens. (Diss.), Bonn 1985.

Schulze, Konrad (1992): Bausparen, in: Sieper, Hartmut (Hrsg.): Handbuch Vermögensanlage. Wiesbaden 1992, S. 457-510.

Schwab, K.-D. (1983): Ein auf dem Konzept unscharfer Mengen basierendes Entscheidungsmodell bei mehrfacher Zielsetzung. (Diss.), Frankfurt a. M. et al. 1983.

Schweitzer, Rosemarie von (1983): Haushaltsführung. Stuttgart 1983.

Siegel, Theodor (1980): Differenzsteuersätze und Grenzsteuersätze in ihrer Bedeutung für die Steuerplanung, in: WPg, H.10, 1980, S. 266-271.

Simon, H. A. (1955): A Behavioral Model of Rational Choice, in: Quaterly Journal of Economics 69, 1955, S. 99-118.

Singer, Dieter (1971): Lineare Programmierung mit Intervallkoeffizienten. (Diss.), Augsburg 1971.

Slowinski, Roman (1986): A Multicriteria Fuzzy Linear Programming Method for Water Supply Development Planning, in: FSS 19, S. 217-237.

Slowinski, Roman (1991): 'FLIP': An Interactive Method for Solving Multiobjective Linear Programming with Fuzzy Coefficients, in: Slowinski, Roman und Jacques Teghem (eds.): Stochastic versus Fuzzy Approaches to Multiobjective Mathematical Programming under Uncertainty. Dordrecht et al. 1991, S. 249-277.

Slowinski, Roman and Jacques Teghem Jr. (1988): Fuzzy Versus Stochastic Approaches to Multicriteria Linear Programming under Uncertainty, in: NRL, Vol. 35, 1988, S. 673-695.

Slowinski, Roman and Jacques Teghem (1991): A Comparison Study of "Strange" and "Flip", in: Roman Slowinski and Jacques Teghem (eds.): Stochastic versus Fuzzy Approaches to Multiobjective Mathematical Programming under Uncertainty. Dordrecht et al. 1991, S. 365-393.

Sommer, Goetz (1978): Lineare Ersatzprogramme für unscharfe Entscheidungsprobleme zur Optimumbestimmung bei unscharfer Problembeschreibung, in: ZOR, Bd.22, 1978, S. B1-B24.

Soyster, A.L. (1973): Convex Programming with Set-Inclusive Constraints and Applications to Inexact Linear Programming, in: OR, N.21, 1973, S. 1154-1157.

Soyster, A.L. (1979): Inexact Linear Programming with Generalized Recource Sets, in: EJOR 3, 1979, S. 316-321.

Spengler, Thomas (1993): Lineare Entscheidungsmodelle zur Organisations- und Personalplanung. (Diss.), Heidelberg 1993.

Stephan, Rudolf (1993): Die Besteuerung selbstgenutzten Wohneigentums. 4. Auflage, Stuttgart 1993.

Tanaka, Hideo, Tetsuji Okuda and Kiyoji Asai (1974): A Formulation of Fuzzy Decision Problems and its Application to an Investment Problem, in: Kybernetes 5, 1976, S. 25-30.

Tanaka, H. und K. Asai (1984a): Fuzzy Linear Programming Problems with Fuzzy Numbers, in: FSS 13, 1984, S. 1-10.

Tanaka, H. und K. Asai (1984b): Fuzzy Solution in Fuzzy Linear Programming Problems, in: IEEE Transactions on Systems, Man, and Cybernetics 14, 1984, S. 325-328.

Tanaka, H., H. Ichihashi und K. Asai (1984): A Formulation of Fuzzy Linear Programming Problem based on Comparison of Fuzzy Numbers, in Control and Cybernetics 13, 1984, S. 185-194.

Tanaka, H., H. Ichihashi und K. Asai (1985): Fuzzy Decision in Linear Programming Problems with Trapezoid Fuzzy Parameters, in: Kacprzyk, Janusz und Ronald R. Yager (eds.): Management Decision Support Systems Using Fuzzy Sets and Possibility Theory. Köln 1985, S. 146-154.

Teichmann, H. (1972): Die optimale Komplexion des Entscheidungskalküls, in: ZfbF 24, S. 519-539.

Thole, U., H.-J. Zimmermann und P. Zysno (1979): On the Suitability of Minimum and Product Operators for the Intersection of Fuzzy Sets, in: FSS 2, 1979, S. 167-180.

Tilli, Thomas (1991): Fuzzy-Logik. Grundlagen, Anwendungen, Hard- und Software. München 1991.

Verdegay, Jose L. (1982): Fuzzy Mathematical Programming, in: M. M. Gupta and E. Sanchez (eds.): Fuzzy Information and Decision Processes. Amsterdam, New York 1982, S. 231-237.

Verdegay, Jose L. (1984): A Dual Approach to Solve the Fuzzy Linear Programming Problem, in: FSS 14, 1984, S. 131-141.

Weber, S. (1983): A General Concept of Fuzzy Connectives, Negations and Implications Based on t-norms and t-conorms, in: FSS 11, S. 115-134.

Weingartner, H. Martin (1963): Mathematical Programming and the Analysis of Capital Budgeting Problems, Englewood Cliffs 1963.

Weingartner, H. Martin (1977): Capital Rationing: n Authors in Search of a Plot, in: JoF, Vol. 32, 1977, S. 1403-1431.

Werners, Brigitte (1984): Interaktive Entscheidungsunterstützung durch ein flexibles mathematisches Programmierungssystem. (Diss.), München 1984.

Werners, Brigitte (1987a): Interactive Multiple Objective Programming to Flexible Constraints, in: EJOR 31, 1987, S. 342-349.

Werners, Brigitte (1987b): An Interactive Fuzzy Programming System, in: FSS 23, 1987, S. 131-147.

Wielens, Hans (1993): Die neue Dimension des Bausparens, in: Die Bank, H.8, 1993, S. 469-474.

Wielens, Hans (1994a): Bausparen ohne Zinsabschlag, in: Die Bank, H.5, 1994, S. 280-284.

Wielens, Hans (1994b): Anmerkung zur Rolle von Produktinnovationen im Bausparen, in: DLK, H.12, 1994, S. 416-422.

Wielens, Hans (1995): Bausparen, in: Gerke, Wolfgang und Manfred Steiner (Hrsg.): HWB des Bank- und Finanzwesens. 2. Auflage, Stuttgart 1995. Sp. 237-244.

Wolf, Jochen (1988a): Lineare Fuzzy-Modelle zur Unterstützung der Investitionsent-scheidung. Modellierung und Lösung von Investitionsproblemen mittels der Theorie un-scharfer Mengen. (Diss.), Frankfurt a.M. 1988.

Wolf, Jochen (1988b): Zur Integration vager Größen in LP-Ansätzen: Das δ-niveaubegrenzte Fuzzy-Modell, in: ZfB, H.9, 1988, S. 952-962.

Yager, Ronald (1981): A Procedure for Ordering Fuzzy Subsets of the Unit Interval, in: Information Sciences 24, 1981, S. 143-161.

Yazenin, A. V. (1987): Fuzzy and Stochastic Programming, in: FSS 22, 1987, S. 171-180.

Zadeh, L. A. (1965): Fuzzy Sets, in: Information and Control 8, 1965, S. 338-353.

Zadeh, L. A. (1978): Fuzzy Sets as a Basis for a Theory of Possibility, in: FSS 1, 1978, S. 3-28.

Zeleny, Milan (1984): On the (Ir)relevancy of Fuzzy Sets Theories, in: HSM 4, 1984, S. 301-324.

Zentes, J. (1976): Die Optimalkomplexion von Entscheidungsmodellen. Köln et al. 1976.

Zietemann, Ulrich (1986): Ein Investitionskalkül zur Finanzierung von privatem Wohneigen-tum, in: OR-Proceedings, 1986, S. 370-379.

Zietemann, Ulrich (1987): Die Finanzierung von selbstgenutztem Wohneigentum. Eine computergestützte Systemanalyse. (Diss.), Karlsruhe 1987.

Zimmermann, Hans-Jürgen (1975): Optimale Entscheidungen bei unscharfen Problembeschreibungen, in: ZfbF, 1975, S. 785-795.

Zimmermann, Hans-Jürgen (1981): Strategische Planung. Eine potentielle Anwendung der Theorie unscharfer Mengen, in: OR-Proceedings, 1981, S. 369-376.

Zimmermann, Hans-Jürgen (1985a): Fuzzy Sets in Operations Research. Eine Einführung in Theorie und Anwendung, in: OR-Proceedings 1984, S. 594-608.

Zimmermann, Hans-Jürgen (1985b): Applications of Fuzzy Set Theory to Mathematical Programming, in: Information Sciences 36, 1985, S. 29-58.

Zimmermann, Hans-Jürgen (1986a): Die Formulierung und Lösung schlecht-strukturierter Entscheidungsprobleme, in: OR-Proceedings, 1986, S. 340-368.

Zimmermann, Hans-Jürgen (1986b): Fuzzy Set Theory and Mathematical Programming, in: Jones, A., A. Kaufmann und H.J. Zimmermann (eds.): Fuzzy Sets Theory and Applications. Dordrecht et al. 1986, S. 99-114.

Zimmermann, Hans-Jürgen (1986c): Multi Criteria Decision Making in Crisp and Fuzzy Environments, in: Jones, A., A. Kaufmann und H.J. Zimmermann (eds.): Fuzzy Sets Theory and Applications. Dordrecht et al. 1986, S. 233-256.

Zimmermann, Hans-Jürgen (1987a): Fuzzy Sets, Decision Making and Expert Systems. Boston et al. 1987.

Zimmermann, Hans-Jürgen (1987b): Methoden und Modelle des Operation Research. Braunschweig, Wiesbaden 1987.

Zimmermann, Hans-Jürgen (1987c): Modeling and Solving Ill-Structured Problems in Operation Research, in: James C. Bezdek: Analysis of Fuzzy Information, Vol. III: Applications in Engineering and Science. Boca Raton 1987, S. 217-240.

Zimmermann, Hans-Jürgen (1991): Fuzzy Set Theory and Its Applications. 2nd ed., Boston et al. 1991.

Zimmermann, Hans-Jürgen und P. Zysno (1980): Latent Connectives in Human Decision Making, in: FSS 4, 1980, S. 37-51.

Zimmermann, Hans-Jürgen et al. (1993): Fuzzy Technologien. Prinzipien, Werkzeuge, Potentiale. Düsseldorf 1993.

Deutscher Universitäts Verlag _____

GABLER · VIEWEG · WESTDEUTSCHER VERLAG

Aus unserem Programm

Michaela Beinert
Kurssprünge und der Wert deutscher Aktienoptionen
Auswirkungen von Aktienkurssprüngen auf den Optionswert im
Zeitraum 1983 - 1991
1997. XVIII, 257 Seiten, 39 Abb., Br. DM 98,-/ ÖS 715,-/ SFr 89,-
GABLER EDITION WISSENSCHAFT
ISBN 3-8244-6281-8
Nach den Börsencrashs der jüngsten Vergangenheit ist es nahelie-
gend, bei der Modellierung von Aktienkursverläufen sogenannte
Kurssprünge zu berücksichtigen. M. Beinert zeigt, daß für deutsche
Aktien und deutsche Aktienindizes die Sprungkomponente ökono-
misch und statistisch signifikant ist.

Olaf Ehrhardt
Börseneinführungen von Aktien am deutschen Kapitalmarkt
1997. XXIV, 232 Seiten, Broschur DM 98,-/ ÖS 715,-/ SFr 89,-
"Empirische Finanzmarktforschung/Empirical Finance",
hrsg. von Prof. Dr. Jan Pieter Krahnen u. Prof. Richard Stehle, Ph.D.
GABLER EDITION WISSENSCHAFT
ISBN 3-8244-6466-7
Der Autor untersucht die Ursachen für das Entstehen positiver
Emissionsrenditen. Er zeigt, daß den anfänglich hohen Emissions-
renditen am deutschen Kapitalmarkt keine statistisch signifikanten
Preiskorrekturen in den Monaten nach der Börseneinführung folgen.

Gisbert Grasses
Steuerbegünstigte Kapitalanlagen
Ein Leitfaden zur Analyse von Beteiligungsangeboten
1997. XVI, 172 Seiten, 26 Abb., Br. DM 89,-/ ÖS 650,-/ SFr 81,-
DUV Wirtschaftswissenschaft
ISBN 3-8244-0328-5
Das Buch analysiert die Problematik der Anlageentscheidung für
steuerbegünstigte Kapitalanlagen und gibt dem Investor, seinem
Anlage- oder Steuerberater und auch Emissionsgesellschaften Ver-
fahren an die Hand, die investitionsspezifischen Unsicherheiten zu
minimieren.

DUV Deutscher UniversitätsVerlag
GABLER · VIEWEG · WESTDEUTSCHER VERLAG

Michaela Hellerforth
Kleine und mittlere Unternehmen der Immobilienwirtschaft im Binnenmarkt
1996. XXII, 521 Seiten, Broschur DM 138,-/ ÖS 1.007,-/ SFr 122,-
GABLER EDITION WISSENSCHAFT
ISBN 3-8244-6396-2
Die EU-Kommission legt besonderen Wert auf die Stärkung der Wettbewerbsfähigkeit kleiner und mittlerer Unternehmen. Eine Analyse der Wohnungswirtschaft zeigt jedoch, daß die Maßnahmen die Besonderheiten dieser Unternehmen nicht zu erfassen vermögen.

Ralf Hohmann
Portfolio Insurance in Deutschland
Strategien gegen Aktienkursverluste
1996. XXV, 411 Seiten, 66 Abb., 7 Tab.,
Broschur DM 118,-/ ÖS 861,-/ SFr 105,-
DUV Wirtschaftswissenschaft
ISBN 3-8244-0278-5
Ergebnis des Buches ist, daß die Portfolio-Insurance-Strategien in Deutschland anwendbar sind und bestimmte Strategien zu hohen positiven Renditen führen.

Gisela Loos
Zeitvariable Beta-Faktoren am deutschen Aktienmarkt
Modellierung - Schätzung - Prognose
1997. IX, 164 Seiten, Broschur DM 89,-/ ÖS 650,-/ SFr 81,-
GABLER EDITION WISSENSCHAFT
ISBN 3-8244-6417-9
G. Loos erweitert den üblichen Ansatz dahingehend, daß der Fehlerprozeß im Beobachtungsmodell als GARCH-Prozeß modelliert wird. Das so erhaltene Zustandsraummodell mit bedingter Normalität und Heteroskedastizität führt in der Regel zu besseren Prognosen.

Stefan Marx
Aktienprognosen zur Portfolio-Optimierung
1996. XVII, 252 Seiten, Broschur DM 98,-/ ÖS 715,-/ SFr 89,-
GABLER EDITION WISSENSCHAFT
ISBN 3-8244-6404-7
Stefan Marx verknüpft die Portfolio Section Theorie mit der Zeitreihenanalyse und erreicht dadurch, daß die benötigten Parameter zur Verfügung gestellt werden.

DUV Deutscher Universitäts Verlag
GABLER · VIEWEG · WESTDEUTSCHER VERLAG

Dirk Neuhaus
Wissensbasierte Unterstützung von Leasing-/Kreditkauf-Entscheidungen
1996. XXVII, 261 Seiten, Broschur DM 98,-/ ÖS 715,-/ SFr 89,-
GABLER EDITION WISSENSCHAFT
ISBN 3-8244-6290-7
Steigender Kapitalbedarf in Verbindung mit einer meist geringen Eigenkapitalausstattung erfordert bei Investitionen eine intensive Auseinandersetzung mit Fragen der Finanzierung. Das Buch beschreibt ein System zur Unterstützung der Entscheidung.

Rolf Scheffels
Fuzzy-Logik in der Jahresabschlußprüfung
Entwicklung eines wissensbasierten Systems zur Analyse der Vermögens-, Finanz- und Ertragslage
1996. XXVIII, 245 Seiten, Broschur DM 98,-/ ÖS 715,-/ SFr 89,-
GABLER EDITION WISSENSCHAFT
ISBN 3-8244-6313-X
Im Mittelpunkt des Systems steht eine umfassende Kennzahlenhierarchie. Das zur Interpretation der Kennzahlen und der Interdependenzen notwendige heuristische Expertenwissen wird mit Hilfe der Fuzzy-Logik abgebildet und in der Wissensbasis des Systems hinterlegt.

Karsten Tiemann
Investor Relations
Bedeutung für neu am Kapitalmarkt eingeführte Publikumsgesellschaften
1997. XXVIII, 398 Seiten, Broschur DM 118,-/ ÖS 861,-/ SFr 105,-
GABLER EDITION WISSENSCHAFT
ISBN 3-8244-6461-6
Die Notwendigkeit der „Pflege" derzeitiger und potentieller Kapitalgeber wird von vielen Unternehmen betont. K. Tiemann hinterfragt den Nutzen der Investor-Relations-Maßnahmen.

Die Bücher erhalten Sie in Ihrer Buchhandlung!
Unser Verlagsverzeichnis können Sie anfordern bei:

Deutscher Universitäts-Verlag
Postfach 30 09 44
51338 Leverkusen

GPSR Compliance
The European Union's (EU) General Product Safety Regulation (GPSR) is a set
of rules that requires consumer products to be safe and our obligations to
ensure this.

If you have any concerns about our products, you can contact us on

ProductSafety@springernature.com

In case Publisher is established outside the EU, the EU authorized
representative is:

Springer Nature Customer Service Center GmbH
Europaplatz 3
69115 Heidelberg, Germany

www.ingramcontent.com/pod-product-compliance
Lightning Source LLC
Chambersburg PA
CBHW071924080326
R17960400001B/R179604PG40689CBX00014B/7